上财文库

刘元春　主编

数字经济哲学讲义

Lecture on the Philosophy of the Digital Economy

张雄　等　著

上海财经大学出版社
上海学术·经济学出版中心

图书在版编目(CIP)数据

数字经济哲学讲义 / 张雄等著. -- 上海：上海财经大学出版社, 2025. 1. -- (上财文库). -- ISBN 978-7-5642-4483-5

Ⅰ. F49; F0

中国国家版本馆 CIP 数据核字第 2024ZL0369 号

上海财经大学中央高校双一流引导专项资金、中央高校基本科研业务费资助

本著作是国家社会科学基金重大项目"新时代中国马克思主义经济哲学重大理论问题研究"(批准号：22&ZD033)的阶段性成果。感谢国家社科基金重大课题资助！

□ 责任编辑　林佳依
□ 封面设计　贺加贝

数字经济哲学讲义
张　雄　等著

上海财经大学出版社出版发行
（上海市中山北一路 369 号　邮编 200083）
网　　址：http://www.sufep.com
电子邮箱：webmaster@sufep.com
全国新华书店经销
上海华业装潢印刷厂有限公司印刷装订
2025 年 1 月第 1 版　2025 年 1 月第 1 次印刷

787mm×1092mm　1/16　23.75 印张(插页:2)　438 千字
定价 118.00 元

总　序

更加自觉推进原创性自主知识体系的建构

中国共产党二十届三中全会是新时代新征程上又一次具有划时代意义的大会。随着三中全会的大幕拉开,中国再次站在了新一轮改革与发展的起点上。大会强调要创新马克思主义理论研究和建设工程,实施哲学社会科学创新工程,构建中国哲学社会科学自主知识体系。深入学习贯彻二十届三中全会精神,就要以更加坚定的信念和更加担当的姿态,锐意进取、勇于创新,不断增强原创性哲学社会科学体系构建服务于中国式现代化建设宏伟目标的自觉性和主动性。

把握中国原创性自主知识体系的建构来源,应该努力处理好四个关系。习近平总书记指出:"加快构建中国特色哲学社会科学,归根结底是建构中国自主的知识体系。要以中国为观照、以时代为观照,立足中国实际,解决中国问题,不断推动中华优秀传统文化创造性转化、创新性发展,不断推进知识创新、理论创新、方法创新,使中国特色哲学社会科学真正屹立于世界学术之林。"习近平总书记的重要论述,为建构中国自主知识体系指明了方向。当前,应当厘清四个关系:(1)世界哲学社会科学与中国原创性自主知识体系的关系。我们现有的学科体系就是借鉴西方文明成果而生成的。虽然成功借鉴他者经验也是形成中国特色的源泉,但更应该在主创意识和质疑精神的基础上产生原创性智慧,而质疑的对象就包括借鉴"他者"而形成的思维定式。只有打破定式,才能实现原创。(2)中国式现代化建设过程中遇到的问题与原创性自主知识体系的关系。建构中国原创性自主知识体系,其根本价值在于观察时代、解读时代、引领时代,在研究真正的时代问题中回答"时代之问",这也是推动建构自主知识体系最为重要的动因。只有准确把握中国特色社会主义的历史新方位、时代新变化、实践新要求,才能确保以中国之理指引中国之路、回答人民之问。(3) 党的创新理论与自主知识体系的关系。马克思主义是建构中国自主知识体系的"魂脉",坚持以马克思主义为指导,是当代中国哲学社会科学区别于其他哲学社会科学的根本标志,必须旗帜鲜明加以坚持。党的创新理论是中国特色哲学社会科学的主体内容,也是中国特色哲学社会科学发展的最大增量。(4) 中华传统文化与原创性自主知识体系的关系。中华优秀传统文化是原创性自主知识体系的"根脉",要加强对优秀传统文化的挖掘和阐发,更有效地推动优秀传统文化创造性转化、创新性发展,创造具有鲜明"自主性"的新的知识生命体。

探索中国原创性自主知识体系的建构路径,应该自觉遵循学术体系的一般发展规律。 建构中国原创性自主知识体系,要将实践总结和应对式的策论上升到理论、理论上升到新的学术范式、新的学术范式上升到新的学科体系,必须遵循学术体系的一般发展规律,在新事实、新现象、新规律之中提炼出新概念、新理论和新范式,从而防止哲学社会科学在知识化创新中陷入分解谬误和碎片化困境。当前应当做好以下工作:(1) 掌握本原。系统深入研究实践中的典型事实,真正掌握清楚中国模式、中国道路、中国制度和中国文化在实践中的本原。(2) 总结规律。在典型事实的提炼基础上,进行特征事实、典型规律和超常规规律的总结。(3) 凝练问题。将典型事实、典型规律、新规律与传统理论和传统模式进行对比,提出传统理论和思想难以解释的新现象、新规律,并凝练出新的理论问题。(4) 合理解释。以问题为导向,进行相关问题和猜想的解答,从而从逻辑和学理角度对新问题、新现象和新规律给出合理性解释。(5) 提炼范畴。在各种合理性解释中寻找到创新思想和创新理论,提炼出新的理论元素、理论概念和理论范畴。(6) 形成范式。体系化和学理化各种理论概念、范畴和基本元素,以形成理论体系和新的范式。(7) 创建体系。利用新的范式和理论体系在实践中进行检验,在解决新问题中进行丰富,最后形成有既定运用场景、既定分析框架、基本理论内核等要件的学科体系。

推进中国原创性自主知识体系的建构实践,应该务实抓好三个方面。 首先,做好总体规划。自主知识体系的学理化和体系化建构是个系统工程,必须下定决心攻坚克难,在各个学科知识图谱编制指南中,推进框定自主知识体系的明确要求。

各类国家级教材建设和评定中,要有自主知识体系相应内容审核;推进设立中国式现代化发展实践典型案例库,作为建构自主知识体系的重要源泉。其次,推动评价引领。科学的评价是促进原创性自主知识体系走深走实的关键。学术评价应该更加强调学术研究的中国问题意识、原创价值贡献、多元成果并重,有力促进哲学社会科学学者用中国理论和学术做大学问、做真学问。高校应该坚决贯彻"破五唯"要求,以学术成果的原创影响力和贡献度作为认定依据,引导教师产出高水平学术成果。要构建分类评价标准,最大限度激发教师创新潜能和创新活力,鼓励教师在不同领域做出特色、追求卓越,推动哲学社会科学界真正产生出一批引领时代发展的社科大家。最后,抓好教研转化。自主知识体系应该转化为有效的教研体系,才能发挥好自主知识体系的育人功能,整体提升学校立德树人的能力和水平。

上海财经大学积极依托学校各类学科优势,以上财文库建设为抓手,以整体学术评价改革为动力,初步探索了一条富有经管学科特色的中国特色哲学社会科学建构道路。学校科研处联合校内有关部门,组织发起上财文库专项工程,该工程旨在遵循学术发展一般规律,更加自觉建构中国原创性自主知识体系,推动产生一批有品牌影响力的学术著作,服务中国式现代化宏伟实践。我相信自主知识体系"上财学派"未来可期。

上海财经大学 校长

2024 年 12 月

序

回应现实问题既是马克思主义哲学研究的灵魂,也是马克思主义哲学研究的使命所在。面对重大现实问题,必须坚持跨学科的视野和态度;而在跨学科研究方面,经济哲学具有独特的优势和优良的传统。我们欣喜地发现,在近年来中国马克思主义哲学研究所取得的丰硕成果中,经济哲学研究的贡献尤为引人注目。一批才思敏捷的学者活跃在学术研究的前沿,一批立意高远的优秀作品频频面世。其中,颇具代表性的作品,就是呈现在读者面前的这本由张雄教授带领团队写就的新作《数字经济哲学讲义》。

过去几年,我们见证了大数据、云计算、人工智能、量子科技等多种颠覆性技术的不断涌现,感受到第四次技术革命和产业革命的独特魅力与前所未有的冲击。一方面,数字技术、数字经济可以推动各类资源要素快捷流动、各类市场主体加速融合,帮助市场主体重构组织模式,打破时空壁垒,畅通国内外经济循环。另一方面,在数字经济发展、数字资本积累的过程中,人类也面临着日益严重的存在危机。数字技术加速了隐私的消失,人变成了无处藏身的人;人的存在为数字所定义,人的异化程度加剧;在算法和大数据面前,人的主体性遭受严峻挑战。历史表明,社会大变革的时代,一定是哲学社会科学大发展的时代。数字通信技术在深刻改变人类信息传输方式、资源配置方式、生产要素组合方式和日常生产生活方式的同时,也必将为理论创造、学术繁荣提供强大的动力和广阔的空间。张雄教授带领团队打造的《数字经济哲学讲义》体现出对技术革新及时代变迁的敏锐嗅觉,是将理论创造与重大现实问题有机结合的典范。

《数字经济哲学讲义》体现出如下的基本旨趣:用哲学的范畴去探究数字化生存时代的"时代精神"内涵。它有着宏大的哲学视野:不是就技术谈技术,就算力谈算力,而是从人本主义角度论述数字化生存,以及人类的当下境遇和未来命运关系的问题。全书对与数字经济及数字化生存紧密相关的现实问题进行了深入剖析,激活了马克思主义政治经济学批判的相关理论资源,从中国马克思主义经济哲学创新的高度构建把握数字经济时代的方法论体系。当前从计算机科学、经济学、法学等学科角度对数字经济的研究已取得了丰硕的成果,相关成果可谓数不胜数,但从哲学角度特别是马克思主义经济哲学角度,反思数字经济时代及其对人类生存的深刻影响的成果尚付阙如,这就使本书在数字经济研究领域具有了开创性意义和显著的学术价值。相信在本书的引领和启发下,将会有大量进一步的研究成果不断涌现。

从批判性视角审视数字经济时代、关注数字时代的人类生存境遇,是本书重要的学术特色。具体来说,本书主要关注并探讨了以下几方面的问题:

其一,对数字化生存的经济哲学追问。本书认为,关于"数字化生存"问题的探讨,要认识到数字化生存是以互联网、计算机等技术领域的革新为基础的,我们既需要考虑数字化生存的技术与方法的自然属性和延伸属性,也需要探究其作为一种思维与观念的社会属性。前者作为技术发挥的是工具理性作用,后者作为思维则是其价值理性的显现,而数字技术变革背后潜藏的是深刻的社会和观念变革。纵观人类进入互联网技术革命以来,数字化生存自身就包含着从工具到思维的转换。作者强调,"数字化生存"是人类长期追求自由、创造历史活动的产物。它有着三个鲜明的哲学特征:虚拟世界与真实世界共存、比特与原子同在、理性计算与非理性情感共生。首先,我们正在迈向一个真实世界与虚拟世界交互共生的时代。其次,数字经济时代"比特"单位的出场打破了物质世界的"原子"宇宙观的单一局面,出现了虚拟世界的"比特"宇宙观,二者同时存在。最后,在数字化生存的世界里,人的理性与非理性充盈其中,人的对象化劳动无论在原子世界还是比特世界,都是理性与非理性的产物。比特和原子、虚拟和真实、虚拟现实和数字原生所编织的人类生存新世界,亟待伦理反思和忧患意识的哲学出场,进一步引发人对数字化生存的经济哲学追问。《数字经济哲学讲义》的问世,标志着当代中国马克思主义经济哲学研究开启了面向数字化时代的问题阈。

其二,对数字化生存未来境遇的积极思考。哲学存在论的追问,关联着对现实人类生存境遇和未来命运的思考。计算机硬件和软件组合逐渐取代人类,如"阿尔法狗"(AlphaGo)打败人类围棋冠军,未来世界的主体是数字智联,抑或是人?人类会成为机器人的质料吗?机械唯物主义思潮盛行的18世纪,法国哲学家拉美特利曾放言"人是机器",试图将当时刚刚兴起的牛顿力学应用到包括解释人的行为在内的一切领域。数字化时代的今天,世界随时随地都可互联互通,社会呈现永久在线状态的便捷化,也开始脱离生活的本质和技术发展的初衷,人逐渐为技术所奴役,由"人是机器"转向了"机器是人"。人类创造了机器,发明了技术;人类在享用技术带来的各项便利的同时,也满怀焦虑地努力破除机器和技术对人类社会的异化。本书对上述一系列与人类未来境遇息息相关的重大问题都给予了深邃的思考,并尝试给出可能的解决方案。作者认为,中国式现代化道路的顶层设计,为人类走出极端形式化迷宫提供了新的方案。我国数字化战略的实施,是数字智能化时代下追求人类命运共同体的中国方案的出场,这为丰富马克思主义世界历史的数字化进程提供了新的时空视野,更为人类社会的共同进步探索了新的方向。

其三,面向数字经济时代重新阐发了马克思主义哲学的基本原理及当代意义。作者认为,必须将对数字经济的反思建立在劳动价值论、唯物史观生产力理论、剩余价值学说等马克思主义基本原理的基础上。首先,数字经济深刻改变了人类劳动范畴与资本范畴的内涵,对马克思劳动价值论提出了新挑战、新问题,但这并不意味着这一理论已经过时。事实上,适应数字经济时代的价值理论,仍然是马克思劳动价值论的核心原理在当代的延伸与深化,而辩证把握数字化时代人类生存境遇的实质,依然离不开马克思劳动价值论核心原理坐标。其次,在唯物史观视阈内,数字经济是生产力发生质变后最新的经济形态。作为国家战略的数字经济,其有着极为丰富的政治哲学内涵,它链接着马克思主义政治经济学批判精神的价值指向:追求经济社会发展的"政治与哲学最佳目标"的实现。核心问题是利用数字经济发展机遇,大力推进中国新质生产力的发展,进一步加快经济基础和上层建筑领域理性化、现代化的纵深改革,推进中国式现代化的快速实现。最后,数字经济时代见证了无形经济的崛起,带来了当代资本主义发展的新情况、新问题、新原理。关键之处在于,资本的剥削形式和剥削程度变得更加难以量化、难以精准把握。不过,无形资本虽然带来资本增殖形式的改变,出现了新的数字剥削,但在数字资本生产方式中,资本寻求最大化增殖的逻辑从未改变,其实质仍旧是"剩余价值的生产"。

难能可贵的是,在探讨上述问题的过程中,本书的作者始终展现出强烈的人文关怀与忧患意识。在当下学界正在探讨如何构建中国特色社会主义政治经济学、如何更好推进中国式现代化伟大进程的时刻,本书的面世无疑十分及时,它为理解和解决新时代中国经济社会发展中不断出现的一系列重大问题提供了有益的思想启迪。

当然，面向重大现实问题，把握时代精神，哲学研究永远在路上。从经济哲学视野出发讨论数字经济发展带来的问题，需要结合经济学、哲学乃至计算机学科的力量以推进对上述问题的研究和反思，让哲学社会科学的理论智慧服务于推动我国数字经济健康发展及构建人民美好生活的伟大事业。相信本书的出版将有助于学界加深对相关问题的思考和理解。我们期待张雄教授及其所带领的研究团队在经济哲学研究这一领域取得更辉煌的成就！

是为序。

吴晓明[①]
2024 年 12 月

[①] 吴晓明，上海市哲学学会会长，复旦大学文科资深教授，当代国外马克思主义研究中心主任。

前　言

哲学家海德格尔说过,哲学就是用范畴和思想去追问一个时代。今天,我们用"数字经济"范畴去追问数字化生存的"时代精神"内涵。它有着更为宏大的哲学视野。它不是就技术谈技术、就算力谈算力,而是从人本主义角度论述数字化生存与人类的当下境遇和未来命运关系的问题。问题式思考、知识论批判、存在论追问,是哲学叙事的理性工具。

"数字化生存"有着三个鲜明的哲学特征:虚拟世界与真实世界共存、比特与原子同在、理性计算与非理性情感共生。它直接关乎人类生存境遇以及未来命运的下列哲学问题:一是数字创生与文明起源;二是改变 21 世纪人类生存世界的两个核心概念——原子和比特;三是数字化生存——真实世界与虚拟世界共存;四是数字化生存——两种宇宙观同在;五是数字化生存——理性计算与非理性情感共生;六是辩证法"量的无限性"原理;七是数字幻象与"后真相"时代;八是数字化生存的忧患意识;九是数字化生存时代的无形经济读写;十是数字经济劳动价值论分析;十一是数字经济与伦理价值观的冲突;十二是唯物史观与中国数字经济发展战略;十三是数字资本主义的政治经济学批判;十四是数字化生存与人类社会进步;等等。

对上述问题进行形而上学追问,去批判、去预测。数字经济就不再是一个未加反思的范畴,也不仅仅是单纯的经济技术演算问题,而是一个以什么样的姿态来迎接新的时代精神到来的问题。知变、应变、策变。关涉人们在数字经济时代的世界观定位、方法论思考及各种道说。对这样一个崭新的时代精神的到来,我们应当持有一种批判意识、对策意识、忧患意识、建构意识。这才是数字经济时代的哲学思考的问题定位。正如哲学家康德指出的,越出经验范围却正是形而上学这门科学最本质的意图和抱负。

本书共有 14 章内容。第一章探讨数字创生与文明起源问题。首先，文明起源于人类自我意识的觉醒，它表现为主体对外部世界的好奇和符号寓意的表达。原始思维有一个特征：原始人以感知、图像符号表达为基本思维方式。著名的符号学家罗兰·巴特把语言符号分为能指和所指，能指是具体存在的事物，所指是抽象化的概念。巴特认为，人们在获取物的过程中，不是因为物的某种功能性需求，更重要的是，想要获取附加在物上的符号，真正追求的并非物本身，而是隐藏于深处的意义。从物里面逐步分离出具有指代含义的符号，进而反过来讨论符号怎样逐步深入物中，最后实现对意识的广泛渗透以及被完全吸收内化。可见，用抽象思辨来看待事物：从模糊的定性认识到精确的定量认识，然后把它们经验化、日常生活化。这说明数字、数学的问世，一方面受人类生产实践活动的推动；另一方面证明了如此事实：数字创生乃人类精神自觉和自我意识萌动的产物。其次，数字、数学对早期文明的赋能，符合人的认识规律：从定性分析到定量分析。从这是什么到这是几个什么，也就是黑格尔在《小逻辑》中指出的，从没有任何规定性的"这是"，到有规定性的"这是"，某物"有"或者存在，必须指出它所具有的性质或属性。古埃及金字塔的建造，从抽象的宗教象征意义的想象物——"这是"，到有精密数字计算的工程建构形成的"这个"，才有如此辉煌的金字塔文明历史景观。古埃及人将数学应用于实际生活，如纸草、陶书中记载大量期票、抵押契约、待发款以及商业利润等事项，算术、代数被用于商业交易，几何公式被用于推算土地、粮仓、房屋面积等，金字塔以及水利工程的兴建都离不开数学。同样，中华古老文明开启，也离不开数字、数学的赋能。黑格尔认为："易经包含着中国人的智慧"，易经把占卜数字化，看似有迷信成分，但蕴含着原始的朴素辩证法思想。在罗素的《西方哲学史》中，专辟一章讨论数学与早期希腊文明起源的关系。数学具有逻辑推理与理性特征，因而真正成为科学并呈现了希腊数学哲学化的特征。毕达哥拉斯从物的经验事实中抽象出代表宇宙密码符号的数字哲学深意，为希腊文明留下了古希腊人的智力符号，巧妙地用"数"化解了许多争论。用"万物皆数"来定于一尊。

第二章深度解析改变 21 世纪人类生存世界的两个核心概念：原子和比特。原子代表着西方古希腊哲学开启的物质本体论宇宙之砖的思考传统，比特代表着 21 世纪人类进入数字经济时代数字信息的微小单位。当下人类生存世界中，原子与比特共生、真实世界与虚拟世界同在。显然，真实世界是物的世界，原子是真实世界的基本粒子；虚拟世界则是数字信息的世界，比特是虚拟世界的基本单位。比特出场带来的断裂，让世界的本质属性发生了根本转变，"数字化秩序祛除了世界的物化"。但我们不应忘记,比特世界是建基在原子世界之上的。非物世界,显然不是无物的世界,我们行将面临的是信息对物的嵌入,而不是取代;是"硬件对软件的恭顺"(韩炳哲语),而不是被消灭。这使得赋予信息"灵魂"的物,能够摆脱受动或被动状态,成为能动或智能的存在,从而使人类的精神能动性从意识进入存在,提升对物的调动能力,从而极大地拓展和丰富了人类的生存世界。人类生存新世界中的虚拟,是对虚空的超越,它不是空无,而是大有,是不断数字化的信息、人类自己和原子世界的其他一切。虚拟,使数字化生存世界的疆域不断拓展,一切变得可计算了。虚拟之外,虚拟现实还有着弥合二重世界、统一世界图景的强烈愿望。它在进步观念的驱动下,不断拓展着虚拟世界的疆域,大有吞并真实世界之势。比特和原子、虚拟和真实、虚拟现实和数字原生所编织的人类生存新世界,亟待伦理反思和具有忧患意识的哲学出场与在场。

第三章探讨数字化生存:真实世界与虚拟世界共存问题。互联网技术、信息技术、人工智能技术,以及模拟仿真技术的发展为人们创生出一个新的世界——虚拟世界。借助于数据手套、传感器、头戴式显示器、电子屏幕等工具,人们被带入虚拟世界中。虚拟世界与人们日常所居住的真实世界并存,二者并非彼此分割的存在。这二者的交互状态使人类社会进入崭新的生存境地。一方面打破了传统时间、空间的界限,创造出新的沉浸式体验空间,诸如大型3D交互式游戏、虚拟实验室、数字博物馆等,从而在经济、文化、政治、娱乐等各个方面极大地延展了人们的活动方式,促进了人们交往形式的丰富性、多样性和便利性,为人们精神生活的满足和文化的繁荣提供更多可能性;另一方面超越了传统的农耕社会和机械化发展阶段,不仅使人们的生活更加智能化,而且大大延展了人类智能,比如家用机器人、无人驾驶技术、神经网络算法等的应用,让人们有了新的生活体验。与此同时,虚拟世界的诞生虽然是人类技术进步的体现,但仍然局限于技术的发展而体现出消极的方面,诸如情感的缺失、体验感的模糊、生存安全问题、人与人之间关系的疏离等。而让人最为困惑的还是把虚拟世界当成真实世界,甚至忽视真实世界转而在虚拟世界中寻找存在的意义与价值。需要澄清的是,虚拟世界仍然是人类意识流的延展,是人类探索世界、改造世界的新的实践活动的体现。总而言之,我们正在迈向一个真实世界与虚拟世界交互共生的时代,拥抱未来或许才是明智之选。

第四章探讨数字化生存:两种宇宙观同在的学术问题。我们正进入一个数字化生存的时代,也打开了一个新的宇宙观。在这一转变过程中,物质世界的"原子"宇宙观和虚拟世界的"比特"宇宙观同时存在。理解什么是宇宙观,并在正确宇宙观的指引下调整自身的观念和行为，无论是对微观层面的个体，还是对宏观层面的国家民族，都具有非常重要的指导意义。以传统牛顿定律为底板的人类"原子"宇宙观指引着人们在"原子"世界的行为准则。21世纪的人类正加速进入数字化生存世界，比特是数字化计算的基本粒子，以其为基础构造的虚拟世界对应的是以熵的定律为底板的"比特"宇宙观。本书分别分析了这两种宇宙观叠加的生存方式和人的行为准则。应当指出，解读数字化生存世界两种宇宙观的共生同在，在经济基础和生活方式上追问数字化生存的历史寓意，生存于其中的人们要适应这两种世界观的转换和衔接，尤其是，对由心理上极度不适而导致的认知幻觉、焦灼、忧虑等的戒除。唯有这样才能在数字化生存世界中健康生活。

第五章探讨数字化生存：理性计算和非理性情感共生问题。在数字化生存的世界里，人的理性与非理性充盈其中，无论是在原子世界，还是在比特世界，一切属人的存在都是理性与非理性的产物。数字理性呈现在算法、算力、AI自动生成中，确保我们生活目的世界的品质和质量，在科学逻辑框架中达到精准、快速、便捷、创新；非理性情感因素的关涉，沉浸在数字智能化的程序的设计和控制中，摆脱不了康德认识论的主观因素的渗透，正是这种渗透，才使得一切数字智能化的进步被打上智力符号，最终服务于感性的人类自身。非理性因素会导致数字理性逻辑的偏离，也会带来意外的惊喜。总之，数字经济会更加肆无忌惮地彰显人的意识和无意识哲学问题。需要在数字经济的运用中，不断提高公民的情感认知、人机互动、情感素养以及隐私保护立法。从原始图像到认知图像，再到艺术图像，都是人类以图像的形式来表达对外部世界的认知方式，数字化生存图像叠加的背后是程序的主观设计，不管是数字化的图像叠加，还是程序的主观设计，都既是人类理性计算与非理性情感的统一，也是形式化人类与人类形式化的集中体现。

第六章讨论辩证法"量的无限性"原理。自然科学的数学化原理影响了近代哲学的认知理路：运用数学知识将经验对象或思维以"量"的方式呈现出来，以逻辑上的必然性和有效性使之可以被认识，从而打开了自古希腊以来就非常重要的无限观念的研究视野。但从笛卡尔、斯宾诺莎、洛克一直到康德，都倾向于将有限和无限对立起来研究，使得对无限性问题的研究陷入了僵局。黑格尔超越了将有限与无限相对立的传统形而上学框架，运用量和数学中的无限奠定了质量辩证统一的哲学基础，解决了这一问题。恩格斯进一步突破了黑格尔仅从概念自身来推演无限唯心主义，提出在与客观世界的现实联系中认识"量的无限性"，为我们认识以数量观念为核心的数字化世界提供了理论分析工具。数字化将真实世界中的物质性都转化为数字化的比特。物所具有的质都被转化成了量的表达,质和量在比特的统一化和标准化形式表现中似乎被消解了,时间和空间获得了无限的延展,量的无限性构成了事物发展和不断迭代的推动力。数字比特运动的(量)无限递进规则在与现实世界的内在联系中超越限制及其规定的否定,呈现量的无限进展向真无限运动的圆圈式的运动过程,量的无限性通过对现实世界的改变来实现质的飞跃。

第七章透析数字幻象与"后真相"时代。从哲学上审视传统的真相时代,真相的"实际性",或来自求善的过程,或来自上帝意志的崇高,又或来自理性的演绎。这包含了真相的三个支点,即道德、神学和理性。虚无主义的来临抽离了人之存在的实际性,"后真相"问题在后现代主义的滥觞中逐步浮现出来。信息社会产生的最重要影响即"生存世界数据化",其在社会存在的深层领域意味着人的生存活动受到"抽象数据"的现实统治。这带来认知领域的变革,催生了"数字幻象",主要表现为两个方面:一是"数字拜物教"的产生,二是虚实空间的变幻对思维与存在关系结构的冲击。从数字幻象产生的认知后果中可以解析"后真相"的发生机制:一方面,数据的加速性造成认知结构的流散化,最终带来"无限制的主观性";另一方面,数据的抽象统治带来虚拟主体对现实主体的反向生产,从而带来"被制造的真相"。对"后真相"问题的哲学追问推动我们思考数字化时代中普遍性与特殊性、"一"与"多"的关系。这一思考的结果表明,真理只有在多元主体的碰撞中才能自为地显现出来。由此,"后真相"显现出一种解放维度,通过负载于流动、开放、虚拟的比特,过去内沉于主体的意志、意念、想象、创意等精神要素获得了向外的空间。由此,数字化未来是一个将现实更加精神化的过程。

第八章讨论数字化生存的忧患意识问题。数字经济的崛起及与之相伴随的数字技术的更新换代共同推动了当代社会生产方式、生活方式的剧烈变革。人们在体会到数字技术广泛应用带来的便捷和高效的同时,也深陷数字化生存之网,并引发了种种忧患意识。时间和空间的被剥夺、社会凝聚力的丧失、算法技术的隐蔽操控、数字拜物教以及人工智能对人类存在的挑战,凡此种种都显示出数字技术对当代人类生存世界的深度介入和重塑。立足于唯物史观的历史性视域,数字化生存既有其来历,也必然存在着自身的限度。数字化生存并不单纯是数字技术应用于人类生存世界所造成的结果,毋宁说,它是数字技术嵌入资本积累及流通过程中的产物。从这一视角出发,理解数字化生存既不能以形式主义的方式将资本运动的一般逻辑套用在数字经济领域,也不能只看到数字技术的更新换代而迷失在新技术不断涌现带来的进步幻象中。对数字化生存的思考必须立足于把握资本逻辑与数字技术相互勾连的内在机制的基础上。表面上看，数字技术及其所带来的生存方式似乎蕴含着克服资本积累矛盾的潜力，但事实上，生存世界的数字化不仅未能一劳永逸地克服当代资本主义的困境，反倒使当代资本主义的矛盾呈现更为复杂、更为微妙的局面。

第九章主要探讨数字化生存时代的无形经济读写问题。基于智能化时代利用数字技术和 AI 来推动资源优化配置和生产力发展的经济范式，通过追问"无形经济"的历史生成，指出其与有形经济发展的逻辑勾连，在充分辨析其概念内涵的基础上，明确指出狭义无形经济使得传统的物质第一性原理被深度解构，从而造成人们对唯物主义物质始基论、物质决定论的质疑和挑战，进而从马克思主义经济哲学的角度对这一经济新态势予以思考和回应，不仅阐明了狭义无形经济崛起并没有驳倒马克思主义哲学的"物质第一性原理"，而且指出了哲学世界观的物质论追问与经济性物质内涵的追问之间的根本性差异。从辩证唯物主义意识能动性原理出发，本章还在 20 世纪以来人类关于意识能动性认知发展的知识背景下论述了人工智能所显示的"意识"范畴内涵的新变化，以及狭义无形经济意识能动性所凸显的三个方面的主要表现：（1）经济的抽象和工具的智能化，使得意识对物质商品的嵌入赋予了商品灵魂和意义；（2）精神意象性智能造物；（3）以实证分析为底板的智能机器人具有极强的"意识能动性"，强调指出狭义无形经济彰显的意识能动性依然是在物质本体论基础上展开的。最后，本章对狭义无形经济的"真相"认识和"真理"判断进行了澄清。

第十章讨论数字经济的劳动价值论挑战问题。21 世纪"无形经济"的崛起，深刻地改变了人类劳动范畴和资本范畴的内涵，对马克思劳动价值理论提出了挑战。本章系统地回答了数字经济带来的价值形成与价值创造、价值实现与价值分配、价值认定与价值评估等问题，站在新的时代精神的高度，重点提出物质劳动与精神劳动、客观价值论与主观价值论以及商品的社会必要劳动时间与商品的科技含量和知识产权转让等新的原理探索，旨在证明：辩证把握数字化智能时代人类生存境遇的本质，依然离不开马克思劳动价值论核心原理坐标。追求数字经济时代财富创造、价值创造与人的全面发展的价值世界相协同，经济正义与效率的价值观衡定，我们不但不能丢弃"老祖宗"，更要表达 21 世纪学者应有的学术自白。我们以为，劳动价值论所关涉的核心问题，本质上是思想观念的解放与回到事物本身的哲学问题。

第十一章讨论数字经济与价值观冲突问题。数字经济在促进新质生产力发展的同时,对传统伦理观念产生了双重影响——既提升了人的自由、权利、公正、责任等伦理价值,也引发了一些价值观的冲突。首先,从权利伦理的角度看,数字经济促进了人的发展权和生存权、扩大了人的能力与自由权利、增强了人们对数据资源所有权的认识。与此同时,价值冲突逐渐显现:数字垄断、算法控制、失业威胁以及隐私权等问题接踵而来。因此,提高尊重个人权利的意识显得尤为重要。其次,从公平伦理的角度看,随着信息的快速流通和数据的广泛应用,资源配置更加精准和高效。但同时加剧了资源分配的不平等现象,如数据要素的不正当竞争,数字鸿沟、算力歧视带来的机会不平等以及数字资源分配不公与贫富差距的扩大等。如何在数字经济发展过程中更加注重平衡效率与公平的关系,实现经济发展与社会公平的良性互动,成为当前发展数字经济的重要课题。最后,从责任伦理看,数字经济在给我们生活带来便利、选择更加自由的同时,也面临了新的矛盾和挑战。这要求企业承担更大的社会责任,保护消费者和数字劳动者的权益;政府也要承担制定法律法规、推动技术研发和应用、维护市场公平竞争等多重责任,以确保数字经济的健康发展。

第十二章是对唯物史观与数字经济发展战略的内涵解读。作为国家战略的数字经济,有着极为丰富的政治哲学内涵,它链接着马克思主义政治经济学批判精神的价值指向:追求经济社会发展的"政治与哲学最佳目标"的实现。核心问题是利用数字经济发展机遇,大力推进中国新质生产力的发展,进一步加快经济基础和上层建筑领域理性化、现代化的纵深改革,推进中国式现代化的快速实现。我们更应当从唯物史观的原理向度,深究其内在深意。其一,生产力是社会存在本体论的核心范畴。马克思认为,任何社会中总是存在着不同层次的物质生产力,因此也就产生了与之相适应的不同类型的生产关系,而在其中占支配地位的"生产关系的总和"就是这个社会的"经济结构",它是整个社会的"现实基础"。显然,新质生产力的提出,抓住了中国社会发展最基础、最重要的根本问题。其二,生产力是推动社会发展的终极动力。新质生产力诸要素的迭代与构成,使生产力内涵发生了深刻变化。以颠覆性技术和前沿技术催生新产业、新模式、新动能而组成的新质生产力,实现了人类从本能化生产向智能化生产的跨越。唯物史观认为,在生产方式和整个社会系统结构中,生产力是最活跃、最积极、最革命的因素。这种革命的因素主要来自被最新科技成果物化为先进生产力的功能发挥上。先进生产力之所以能够充当牵引人类社会变化发展和进步的原始动力机,是因为它可以运用科技发展对生产工具的变革来促使社会原有分工的变化,最后引起整个社会产业结构、社会结构和社会体制与制度的变革。在一定历史阶段中作为科学物化的先进生产工具,先进生产力既是特定历史阶段物质生产力发展水平的重要标志,也是区别不同历史时期和经济形态的社会关系的指示器。

第十三章论述数字资本主义的政治经济学批判问题。在数字化、智能化、自动化技术推动下,当代资本主义进入了无形经济崛起后的数字资本主义新形态:高度垄断的晚期资本主义、高度发达的科技资本主义、高度金融化的资本主义。它们共有的特征是:资本的扩张贯通两个世界(原子世界和比特世界);资本获取剩余往往在高度隐形或高度柔性的领域中;拥有全球化垄断金融资本体系。无形经济的崛起,带来了数字资本主义发展的新情况、新问题、新原理:其一,资本主义社会财富总量有了巨大提升,呈现有形财富和无形财富的累加。其二,资本的剥削形式和剥削程度变得更加难以量化、难以精准把握。但数字资本主义并没有证伪马克思《资本论》的经济哲学经典判断。数字资本主义的发展,出现了新的资本形态和劳动形态——数字资本与数字劳动。数字资本在"新技术、新组织形式、新剥削模式、新就业机会和新市场都会出现,创造出一种积累资本的新途径"[①]。它依托于数字技术来提高资本周转率、降低生产及流通成本以获取更丰厚的资本增殖,是资本对真实世界和比特世界的双重加持。数字劳动已是我们难以用感觉经验来把握的活动,无颜色、无尺寸、无重量、无气味是它特有的存在形式。数字资本虽然带来资本增殖形式的改变,出现了新的数字剥削,但在数字资本生产方式中,资本寻求最大化增殖的逻辑从未改变,其实质仍旧是"剩余价值的生产"。

第十四章探讨数字化生存与人类社会进步问题。首先,社会进步是在人类多次工业革命推动下实现的。第一次工业革命(18世纪60年代至19世纪中期),标志着人类进入蒸汽时代。社会成为时间和效率的产物。工业文明打开了人类活动的自由空间。交换、交往、交流渗透到社会肌体的细胞中,社会的声音大大超越了自然声响。第二次工业革命(19世纪70年代至20世纪初),标志着人类进入电气时代。社会获得了强电的驱动,人类的生存方式变得简单、便捷、快速。世界成为一个整体。第三次工业革命(第二次世界大战后至20世纪70年代),标志着人类进入信息时代。社会又进行了一次重组,人类的生存空间和认识的触角进入未曾涉及的领域,追求自由秉性达到极致。第四次工业革命(21世纪初至今),标志着人类进入绿色能源时代。社会进步主要表现在:对新质生产力、智能制造、数字政府以

[①] [加拿大]尼克·斯尔尼塞克:《平台资本主义》,程水英译,广东人民出版社2018年版,第42页。

及人类命运共同体目标的追求。可是，在生活世界里，社会进步给人类带来了更多的自由和问题。例如，退出繁重的体力劳动后人类下一步重点干什么？工作方式的变化，退出工厂、车间、办公室后，人类在家中和休闲场所仍然能工作。社会管理怎么办？交往形式的变化，现场面对面感觉形式的交往被隔屏相望的虚拟想象空间的交往所替代。人类走向未来，还会有感觉文化、感觉艺术、感觉美学、感觉哲学吗？如果还存在，又是以什么形式呈现呢？视频交往从今天的事实出发，加上对未来的预测，后果要比我们想象的更加令人自信和担忧。再如，AI的自我生成、自我革命、自我颠覆、自我纠错的特点，会给人类未来发展带来喜剧还是悲剧？哈姆雷特式的追问——"是存在还是不存在"，这个根本问题永远找不到答案。我们不禁想起：先秦时代老子对技术进步而带来人性泯灭的担忧，法国思想家卢梭对技术异化而带来的戴镣铐的自由的联想。尽管如此，人类还要走向更高的自信。追求命运打击不到的领域，永远是人类追求自由解放的主题。在忧患中诞生，在实践中生成，在建构中进步，在希望中走向未来。这是人类追求社会进步的永恒格律。

习近平总书记指出："数字经济是全球未来的发展方向，创新是亚太经济腾飞的翅膀。我们应该主动把握时代机遇，充分发挥本地区人力资源广、技术底子好、市场潜力大的特点，打造竞争新优势，为各国人民过上更好日子开辟新可能。"[1]显然，数字经济正在改变着人类走向未来的一切生存秩序，很快影响人类所涉足的几乎每一个领域。我们很可能又将遇到一次尼采意义上的认识幻象和文明再启蒙运动。无论如何，寻求人类命运打击不到的领域，追求人类命运共同体的意志，是不可抗拒的历史发展大趋势。

张　雄
2024 年 10 月

---

[1] 2020 年 11 月 20 日，习近平以视频方式出席亚太经合组织第二十七次领导人非正式会议时的讲话。

目　录

导论 / 001

　　本章思考题　/ 017

　　本章阅读文献　/017

第一章　数字创生与文明起源 / 018

　　第一节　古埃及人的数字崇拜 / 018

　　第二节　先秦时期《易经》与道家宇宙观的数字密码 / 021

　　第三节　"万物皆数"——希腊哲学的数学化特征 / 027

　　第四节　黑格尔的数字观 / 032

　　第五节　数学的与时俱进——计算机信息领域的"数字"起源 / 034

　　本章思考题　/ 040

　　本章阅读文献　/ 041

第二章　改变人类生存世界的原子和比特 / 042

　　第一节　原子:真实世界运动的基本粒子 / 043

　　第二节　比特:虚拟世界运动的基本单位 / 049

　　第三节　虚拟概念对虚空概念的超越 / 053

　　第四节　虚拟现实概念的出现 / 056

　　本章思考题　/ 059

本章阅读文献 / 059

第三章　数字化生存：真实世界与虚拟世界共存　/ 060

第一节　真实世界及其特点　/ 060

第二节　虚拟世界及其特点　/ 064

第三节　两个世界的共生互联　/ 068

本章思考题　/ 072

本章阅读文献　/ 072

第四章　数字化生存：两种宇宙观同在　/ 074

第一节　何谓宇宙观　/ 074

第二节　传统牛顿定律为底板的人类"原子"宇宙观　/ 079

第三节　20世纪以熵的定律为底板的人类"比特"宇宙观　/ 085

第四节　两种宇宙观同在的数字化生存世界　/ 091

本章思考题　/ 093

本章阅读文献　/ 094

第五章　数字化生存：理性计算与非理性情感共生　/ 096

第一节　理性逻辑与算力　/ 096

第二节　数字化叙事的非理性情感　/ 104

第三节　数字化的图像叠加与程序主观设计　/ 112

第四节　技术图像时代的数字化生存　/ 115

本章思考题　/ 121

本章阅读文献　/ 121

第六章　辩证法"量的无限性"原理　/ 122

第一节　自然科学的"数量"观对哲学认识论的影响　/ 122

第二节　辩证法"量的无限性"原理　/ 129

第三节　数字化生存是辩证法"量的无限性"的发展过程　/ 138

　本章思考题　/ 144

　本章阅读文献　/ 145

第七章　数字幻象与"后真相"时代　/ 146

第一节　真相时代：支点与绵延　/ 147

第二节　信息社会："后真相"时代的到来　/ 153

第三节　人类文明：将现实逐步精神化　/ 162

　本章思考题　/ 168

　本章阅读文献　/ 168

第八章　数字化生存的忧患意识　/ 170

第一节　作为一种存在方式的数字化生存　/ 170

第二节　数字化生存的五大忧患　/ 177

第三节　数字化生存的限度　/ 184

　本章思考题　/ 190

　本章阅读文献　/ 191

第九章　数字化生存经济读写：无形经济崛起　/ 192

第一节　"无形经济"范畴解析　/ 192

第二节　无形经济的辩证唯物主义世界观　/ 200

第三节　无形经济的意识能动性　/ 204

第四节　狭义无形经济认识的"真相"与"真理"　/ 209

　本章思考题　/ 212

　本章阅读文献　/ 212

第十章　数字经济的劳动价值论分析 / 213

第一节　马克思劳动价值论新挑战 / 213

第二节　马克思的劳动价值论核心原理没有过时 / 217

第三节　数字经济提出了劳动价值论的三种矛盾关系 / 226

本章思考题 / 232

本章阅读文献 / 233

第十一章　数字经济的三大伦理学追问 / 235

第一节　数字经济的权利伦理追问 / 235

第二节　数字经济发展中效率与公平的伦理追问 / 242

第三节　数字经济发展中自由与责任伦理追问 / 253

本章思考题 / 261

本章阅读文献 / 261

第十二章　唯物史观与数字经济战略 / 262

第一节　习近平论数字经济 / 262

第二节　数字经济与高质量发展 / 272

第三节　数字经济与人民福祉 / 279

本章思考题 / 286

本章阅读文献 / 286

第十三章　数字资本主义的政治经济学批判 / 287

第一节　数字资本主义的事实判断 / 287

第二节　数字资本主义的价值判断 / 292

本章思考题 / 309

本章阅读文献 / 310

第十四章　数字化生存与人类社会进步　/ 311

第一节　数字化智能与新质生产力提升　/ 311

第二节　数字化智能与制造业的智能化　/ 320

第三节　数字化智能与数字政府服务的智能化　/ 324

第四节　数字化智能与追求人类命运共同体　/ 331

第五节　数字化生存与人类社会的未来选择　/ 339

　　本章思考题　/ 342

　　本章阅读文献　/ 342

本书参考资料　/ 343

后记　/ 353

导 论

"数字化生存"是人类长期追求自由、创造历史活动的产物。它有着三个鲜明的哲学特征:虚拟世界与真实世界共存、比特与原子同在、理性计算与非理性情感共生。严格地说,"数字化生存"既是技术向度深究的问题,更是哲学向度追问的问题。任何对宇宙自然密码的解读,也是对宇宙的理性化、真理化的哲学认知过程。冰冷的数字逻辑运动,改变了人类传统的生产方式、生活方式、交往方式,人的认识世界、改造世界的能力获得极大提升。但数字化生存也给我们带来了新的生存忧患:"人类的形式化"存在、人的感知能力衰减、数字化崇拜等认识幻象值得反思。马克思主义哲学的出场和在场势所必然。

一、数字化生存:哲学分析的语境

千百年来,哲学存在论的追问,是人类精神自觉的内省状态,也是人类为了追求自由和解放所持有的深刻反思素养。它本质地反映了"寻求命运打击不到的领域"是人类永恒的生存主题。

中国古代早期哲学思想的存在论追问,是从《易经》开始的。"易"代表圣贤对原始混沌世界的存在论思考。"易"的追问,衍生出知变、应变、策变的人文规则意识。从自然规则追问到人的规则,生成了先秦文化的"礼乐"讨论。

在西方,古希腊哲人巴门尼德关于存在范畴的思考,圣哲亚里士多德"存在之为存在"(being as being)命题的提出,西方哲学似乎开始了存在论追问的历史。这里有三个存在论追问的内涵:其一,在古代,存在与变化的追问。哲学即形而上学之问,主要讨论:本体论与实体论;存在与非存在;抽象与想象;存在着的东西就是有思想的东西;万物变形的、共有的、永恒的本源是什么;等等。从这些形式中产生用以认识自然的、具有永恒价值的范畴。① 其二,在近代,存在与绝对的追问。哲学即绝对精神的自我反思、自我否定、自我实现的思想追问。黑格尔认为,"一个有文化的民族",如果没有哲学,"就像一座庙,其他方面都装饰得富丽堂皇,却没有至圣的神那样"。比喻人类生活与哲学二者之间的关系是不可分的。在黑格尔看来,哲学不仅是一种慎思明辨的理性,而且是一种体会到的真切的情感;哲学不仅是一系列概念的运动和发展,而且蕴含着极其深刻的生活体验。因此,黑格尔在《逻辑学》中,将存在论作为整个逻辑体系的出发点,在存在论阶段,纯粹概念的辩证运动经历了质、量、度三个阶段。所以,黑格尔的存在论哲学,主要阐述观念的自我运动、自我否定、自我实现的历史与逻辑相统一的存在论辩证法。其三,在当代,存在与虚无的追问。哲学即心理原始意向的解构。往往渗透着存在即虚无,虚无与虚空的同构互渗的原理。后世海德格尔等人虽然对"存在"范畴解析得很深,但多少有所偏离亚氏当初使用此词的原意。形而上学主要探索隐藏于心灵的表象与逻辑之下的,对世界的直觉认识。或者按照康德的说法,形而上学是去解决理性由于对自身统一性要求而提出的问题。而科学则主要探索表象与逻辑之中的问题。

从古代本体论追问到近现代认识论追问,从笛卡尔式的"思中之物"追问到当代西方哲学的"思中无物"的追问,今天,人类正由本能时代向智能化时代跨越,哲学有了新的追问:21 世纪数字智能化生存世界的到来,人类将如何生存在"真实世界"和"虚拟世界"的双重境遇中?数字化生存将会给人类带来何种命运?

二、改变人类生存世界的原子与比特

"数字化生存"范畴最早出现在美国麻省理工学院教授、被誉为当代"数字教父"的尼古拉·尼葛洛庞帝撰写的《数字化生存》一书中,意指:在互联网、计算机和数字通信技术发展基础上的人类特有的生存方式。它包括数字化生产、数字化生活、数字化审美等。书中指出:"要了解'数字化生存'的价值和影响,最好的办法就

---

① [德]文德尔班:《哲学史教程(上卷)》,罗达仁译,商务印书馆 1987 年版,第 47–57 页。

是思考'比特'和'原子'的差异。"①

　　古希腊自然哲学的原子论，影响着西方人的宇宙观足足两千多年。罗素在《西方哲学史》中指出："原子论者非常幸运地想出了一种假说，两千多年以后人们为这种假说发现了一些证据，然而他们的信念在当时却是缺乏任何稳固的基础的。"②一批朴素的唯物主义"原子论"哲学家开启了科学理性主义的存在论追问。他们认为，世界本原是原子，原子是宇宙万物存在的基本单位，原子的含义有三："不可分""不可入""不可变"。世界因它而充盈，因它而变化，因它而解释。古希腊的原子论在近代自然科学物理学和化学的研究下，尤其是牛顿力学的解读下，真正形成以自然哲学为底板的人类认识世界、改造世界的宇宙观。

　　令人感兴趣的是，在古希腊诸多原子论中，唯有德谟克利特的"原子与虚空"理论预设，穿越了时空，获得了20世纪科幻小说家、科学家们的联想：世界存在二重世界，即"真实世界"与"虚拟世界"。（在讨论原始思维的文献中，列维-布留尔、克洛德·列维-斯特劳斯等学者较早提出了早期人类思维的二重世界说：看得见的世界与看不见的世界，或肉体的世界与灵魂的世界，或真实世界与影子世界等。）德谟克利特认为，世界本原是原子与虚空。原子是不可分割的物质微粒，它的基本属性是客观性，不以人的意志为转移。虚空的性质是非存在，非存在也是一种存在，被今天的人类指认为"虚拟世界"。虚拟世界不是原子世界运动的场所，而是独立于现实世界、与现实世界有联系的另一种世界，即体感世界。它是运用电脑技术、互联网技术、卫星技术和人类的意识潜能开发共同构成的世界。早在1968年，美国计算机科学家伊凡·苏泽兰就因发明了一套带跟踪器的虚拟现实头戴式显示系统而被世人誉为"虚拟现实之父"。1984年，VPL公司的杰伦·拉尼尔首次提出"虚拟现实"的概念，使用现代科技以沉浸式的方式为我们带来视觉和声音的享受。虚拟现实提供一个虚拟环境，并通过感知设备与人体器官的互动，使得人们的大脑去相信这些场景是真实存在的。

　　毫无疑问，虚拟与虚空虽然概念迥异，但在现代传媒通信和计算机拟真技术下，虚空并不空，不是牛顿式的箱体，而是虚拟世界的基本粒子——"比特"运动所构成的体感世界。"比特"被理解为数字信息存在（being）的最小单位，正如人体内的DNA一样，是数字化生存（being digital）的存在状态。"比特"没有颜色、尺寸和

---

① ［美］尼古拉·尼葛洛庞帝：《数字化生存》，胡泳、范海燕译，电子工业出版社2017年版，第2页。
② ［英］罗素：《西方哲学史（上卷）》，何兆武、李约瑟译，商务印书馆2009年版，第85页。

重量,但正是这种以"比特"为基因的数字化运动在改变着当下人类整个生存世界的原子与比特,二者的差异主要体现在三个方面。

其一,它们分别代表着两种不同的哲学宇宙观。一种是传统的西方科学哲学的"原子"宇宙观。万物始基论、原子创构论、物性实体论、机械运动论等都是理解原子宇宙观的抽象教条。物质是由原子组成的,原子是物质的最小单位,它以实体形式存在,因而原子是宇宙之砖,是构成真实世界的始基。应当说,原子构造的世界,受限于物理的三维空间。有了它,我们就可以解释过去、今天和未来所发生的一切。另一种是20世纪产生的"比特"构造的宇宙观。虚拟、精神意象、信息流变是该宇宙观的抽象形式。比特作为衡量与负载信息量的最小单位,是数字化计算中的基本粒子。它所构造的虚拟世界,其信息空间完全不受三维物理空间的限制,而是多维空间的叠加,或时间与空间的相互转换,如多媒体。数字到数字化生存,是通过智能造物和万物互联等原理内化为人类的世界观和价值观来实现的。在虚拟与现实的二重世界中,人类有着不一样的个人身份认定和关系识别。二重世界之间既相互区别,又相互联系、相互渗透、相互定义。值得重视的是,比特的传播与复制超越了物理时空,构造了第二"灵与肉交互感应"的生存空间,充分体现了人的生命之流的冲力。这里不仅是存在决定思维,而且是思维构建新的存在。

应当指出,原子世界人的认识能力无法把握物自体的完整信息。哲学家康德对此深信不疑。理性有着致命的主观性缺陷。可是在比特世界,理性由判断到计算,人的认识能力可以最大限度接近物自体本身,并且可以通过数据计算,把原始物自体的粗糙性修饰得更加完美。因此,康德的认识论忧虑不见了。范畴的主观性,不是导致我们认识越来越远离物自体,而是相反。人类完全可以像阿里阿德涅的线团一样,让它带你回到最初的起点。[阿里阿德涅,希腊神话中米诺斯国王的女儿,曾给情人忒修斯一个线团,帮助他走出迷宫。① 比特功能不仅具有很强的再现"世界1"的能力,而且具有创构"世界2""世界3"的信息爆炸能力(此处三个世界的划分可参阅波普尔的有关理论)。]在互动式计算机制图构想的"画板"作用下,人类就可以通过动态图形、视觉模拟、有限分辨率、光笔追踪以及无限可用协调系统等,创造出精彩纷呈的对象化世界。这在一定程度上,深刻而有力地鞭挞了机械唯物主义的客体式思维陋习。意识能动性、精神反作用原理值得成为21世纪马克思主义哲学新解。

---

① [美]尼古拉·尼葛洛庞帝:《数字化生存》,胡泳、范海燕译,电子工业出版社2017年版,第61页。

其二,原子构造了牛顿式的物理世界,原子是逻各斯中心世界的原点。机械性、实体性、被动性是理解该世界存在的内涵。所有知识都围绕着关于形相、体积和运动的考察而结晶。原子组合的世界的"存在论"原理,主要是为现实物质世界存在与运动的原理背书。大量的知识关涉经典物理学和化学等。只有通过原子构成的质料因向形式因的转换,在动力因和目的因的驱动下,物我世界达到生成和互动,存在方可成为实体意义的、可感的、灵动的真实世界。

比特是虚拟世界架构的原点。高度的抽象性、思辨性、意象性以及缜密的逻辑推理,是诠释其哲学存在论的关键词。形式上看,它是黑格尔式的绝对理性、绝对逻辑推理演绎的世界,实质上它仍然是真实世界的创构与遐想,是由一趋向多、有限趋向无限的递进过程。比特生成的世界的"存在论"原理,主要为虚拟世界存在与运动的原理背书。最初的知识原理与人类工程学相关(human-factors engineering,意为"人类工程学",是一门把人类行为学知识应用于机械和设备的设计的学科,它把使用者看作人机系统中的重要组成部分,以使机械和人都能发挥最佳作用。[①])。虚拟现实技术主要是集计算机、电子信息仿真技术于一体,其基本实现方式是计算机模拟虚拟环境,从而给人以环境沉浸感。随着计算机计算速度的提升,人们获得了足够的计算能力,可以随心所欲地将其用来改进人与计算机的双向交流关系。"思中之物"通过想象、创意、意识的驱动,形成自觉的设计图形,有选择的信息变成有方向的运动,在比特信息包的承载下,在互联网信息传递系统中,以各种不同路径传递并精算。不可否认,比特有着自我扩延、自我抽引、自我运算、自我认知的能力。在这个数字逻辑网络世界里,手机和计算机运作,联结"接口"意味着"第一推动",虚拟世界神奇般地进入了"善与恶"发展的无限状态。从数字压缩到解压、从数字编码到解码,从虚拟图像到真实景观,如制造业和数字智能化结合,计算机中的图像即可变成现实实体存在,如数字化 3D 打印,可以把视频中的图形直接打印成物理世界的真实存在,甚至人体器官的打印与替代,这里"不怕做不到,就怕想不到"。

数字化生存有四个强有力的特质:"分散权力、全球化、追求和谐和赋予权力。"[②]比特的活力和自我颠覆性能力特别强大,刚刚确立的权力集中控制系统,就会被新的比特技术和组合所颠覆,接踵而至的是权力分散的"连接机器"。数字化

---

① [美]尼古拉·尼葛洛庞帝:《数字化生存》,胡泳、范海燕译,电子工业出版社 2017 年版,第 87 页脚注。

② [美]尼古拉·尼葛洛庞帝:《数字化生存》,胡泳、范海燕译,电子工业出版社 2017 年版,第 229 页。

重点加速了三个全球化趋势：一个是信息的全球化，一个是人类交往的全球化，再一个是经济发展的全球化。原子世界有深度、广度的追问，而比特世界更倾向于一般性概述或特定细节查审。系统中"一与多"的整体与局部关系，更多体现在非线性超复杂的流量关系中；在视窗的分页下，不同时空坐标所反映的事件，均可显现在整体视频中，它为人类读写事件历史内在逻辑和动态发展真实密码提供了方便。流量和痕迹是精准控制与管理数字化生存世界的根据。

其三，原子世界，人的行为发生主要依赖于经验、习俗和惯例等；比特世界所带来的行为发生学原理，却侧重于直觉、想象、创意等因素的驱动。一是，自身主体与"被动"主体的结合，达到了"个人的社会化"和"社会的个性化"。在数字平台上，人性中的社会性倾向与私向化倾向之间的矛盾冲突更显激烈。反映在，一方面，比特的光速运动直接带来了信息量的放大，使个人主体对社会空间的好奇和体验越来越广泛，交往的社会化兴趣越来越浓厚，想象力也越来越丰富；另一方面，手机、计算机所带来的生活方式又使得人高度私密化，人的内在主体自我封闭性加重，不安全感加重，面对各种网上网下扰乱心绪、堆积如山的商品景观，人进入萨特式的恶心、厌倦、焦灼、恐惧的心理境遇中。这也说明了：虚拟世界加速了"真正的个人化"的进程，个体内在追求的世界越来越丰富，但也带来了虚拟与现实、身体与心灵、娱乐与工作、私人空间与公共空间、自由与纪律等的冲突和脱节。二是，数字化生存给人带来认识的精确性，但计算机的数码编程内在的自我更新本能，又使得人的原有认识趋向模糊。启蒙与再启蒙随时发生。困惑、存疑、批判在信息读秒中接踵而至。一种新形态的比特诞生了——这种比特会告诉你关于其他比特的事情。经验、复制与观念不断创新印证了哈姆雷特式名言：存在还是不存在，是个问题。三是，在数字化的虚拟世界中，人性善的一面，似乎有了新的形式与内容。"过去，地理位置相近是友谊、合作、游戏和邻里关系等一切的基础，而现在的孩子们则完全不受地理的束缚。数字科技可以变成一股把人们吸引到一个更和谐的世界之中的自然动力。"[①]在中国，网上的慈善活动、网络志愿者、互联网金融共享、微信群交友聊天等，集体主义、利他行为，比比皆是。但我们也十分清醒地看到，全球互联网上人性中的自私、疯狂占有欲、破坏欲、贪婪等人性丑陋的一面也暴露无遗。尤其在符号、图像的遮蔽下它似乎显得十分温柔、憨态可掬、令人亲近，但"利己的狡计"处处可见。在数字化消费中，电子游戏使人沉迷，对人类的身体健康、思维心理都造

[①] ［美］尼古拉·尼葛洛庞帝：《数字化生存》，胡泳、范海燕译，电子工业出版社2017年版，第231页。

成一定的危害;数字化金融也带来了某些金融化的缺憾——信用失守、金融诈骗、金融犯罪等;数字化使人类的沟通方式更便捷,但是实体空间中面对面的交流正在逐渐消减。显然,它对人类实体世界的冲击是十分明显的。人们越来越依赖于、习惯于隔屏想象、隔屏聊天、隔屏判断、隔屏决策,似乎屏幕成为粉墨登场的舞台,充分展示着人的各种性格面具。显然,数字化生存并没有给人类带来彻底祥和、安宁的世界。正如《数字化生存》作者在中文版专序中指出:"25年前,我深信互联网将创造一个更加和谐的世界。我相信互联网将促进全球共识,乃至提升世界和平。但是它没有,至少尚未发生。"[①]究其原因有三:一是,工具理性的进步与人的道德进步虽然有一定的关联,但人的道德力的提升,更多与人自身自我道德意识的修养及自觉检讨相关联。老子最早看到文明异化的本质:任何技术的使用,对人的心智完善都有着一定的负面作用。卢梭对现代文明持有的忧患意识,也说明了这一点。二是,物的世界与人的世界是两个不同善的尺度。物的世界服从于自然法的规律,它的善表现为节奏、自然和谐、精准、协同。人的世界服从于历史发展的客观规律,它的善表现为平等、正义和进步。三是,互联网提供了遮蔽人性弱点,激活人的私欲、贪婪、野心、破坏欲等不良欲念的各种机会,使犯罪行为经常通过无意识装扮躲避网络警察的监控而实施出来。

三、数字化生存:需要—自由—交往—"量的无限性"

马克思对西方存在论哲学传统做了很好的继承和转换。继承了决定论追问的思维向度,转换了单纯知识论反思的逻辑思辨程式。在他看来,新、旧哲学的根本区别在于,新哲学不是从观念论出发,而是从实践论出发。哲学的存在论追问,不是概念的自我抽引和演绎,而是唯物史观的社会存在论追问:关注需要、生产、交换和交往的四大社会存在原理,深究人类历史实践活动的前提与规律,发现历史活动的主体和生产实践的主体的一致性。因而主张正义、消除异化、追求历史进步是它的永恒主题。今天,从唯物史观视阈追问数字化生存的哲学问题,显得尤为必要。

如何破除数字化生存世界的认识幻象?比特产生的真正动因是什么?比特与人类追求自由和交往的秉性有何勾连?如何认识数字化生存所展示的辩证法"量

[①] [美]尼古拉·尼葛洛庞帝:《数字化生存》,胡泳、范海燕译,电子工业出版社2017年版,中文版专序,第5—6页。

的无限性"原理?

1. 破除数字化生存世界所带来的数字幻象

对数字过于迷恋和崇拜,从而产生数字决定论、数字的主体性认同、数字的基督性等,以为数字化可以取代人的一切行为。实际上,数字化不是一个单纯数字技术问题,殊不知,它首先是一个哲学问题。人机对话、人机互动、人机互联以及智能化生存的一切,都涉及哲学的基本问题:思维与存在的关系问题。从本质上说,比特的存在和运动,是思维与存在、主观与客观交互作用的产物。首先,比特是信息的基因,信息是客观的,信息是事物存在的方式和运动状态的表现形式,具有普遍性和客观性。信息是系统(如字母表、语音、二进制数位、DNA 碱基,或任何其他组合在一起的单元)诸多可能的排序或状态中的一种有序的模式。其次,比特的"信息包"构成,离不开人的知觉。它是关于环境信息选择性传输的必备要素,"规划者"通常通过人工智能编程语言来操纵比特信息包的传输过程,其中,人的主观因素发挥着重要作用。所以,比特的存在和运动,与人的主体意识的意向性相关,但绝不是说它来自人脑的纯粹虚构,它是人的意识、客观数据信息微小单位和计算逻辑指认相叠加的产物。数字原本是对客观实在的抽象表达,然而,这种抽象是人脑的特有功能。因此,准确地说,数字是人脑对客观实在"格律"的精准表达。数字化生存虽然在高度抽象、高度虚拟、高度逻辑化的数据运算秩序中,但无论它多么神秘、多么令人痴迷,人始终是机器的主人,这是永恒的真理。如约翰·马尔科夫指出的:"这造成了一种错觉,那就是,技术的进步是自发的,而且这一过程已经超出了人类的控制范围。可事实远非如此。无论是机器设备,还是让它们运转的软件,实际上都是由人类设计的。马歇尔·麦克卢汉对这一过程的描述最为清晰:'我们塑造了工具,而之后,这些工具又塑造了我们。'"[①]数字化使人的思维更加开阔,原子地球村与比特地球村的叠加,使人的世界观大大延展,生活内容也更加丰富。物理世界和虚拟世界双重存在,构成了创新意识和想象力的提升,人类艺术、审美更加诗性、智慧,再次进入文明的创造高峰期。未来人类必将成为混合式机器人,人的主体性表现在:机器的智能化来自人的设计和操控;数字逻辑与人的非理性情感相平衡,人的伦理尺度决定了机器人的发展方向和标准。

2. 新的"需要"仍然是第一个历史活动

数字化时代是继工业化时代之后开启的一个新时代。数字化生存的动力是什

---

① [美]约翰·马尔科夫:《人工智能简史》,郭雪译,浙江人民出版社 2017 年版,Ⅵ-Ⅶ页。

么？马克思、恩格斯指出："如果没有商业和工业，哪里会有自然科学呢？甚至这个'纯粹的'自然科学也只是由于商业和工业，由于人们的感性活动才达到自己的目的和获得自己的材料的。这种活动、这种连续不断的感性劳动和创造、这种生产，正是整个现存的感性世界的基础。"[①]现存感性世界的基础，不断产生新的需要，反映在人类不断追求生产工具的更新和生活方式便捷的欲望中。唯物史观认为，需要是历史存在与发展的驱动力。"已经得到满足的第一个需要本身、满足需要的活动和已经获得的为满足需要而用的工具又引起新的需要，而这种新的需要的产生是第一个历史活动。"[②]可见，"需要"是人类吃、穿、住、行的本能需求；新的需要不仅包括人类亘古不变的刚性生活需求欲望，而且包括"追求历史不断完善"（卢梭语）的科技创新人类禀赋。人类正是在认识世界、改造世界的历史实践中，涌现出需要和不断出现的新需要，这是我们历史发展的第一个活动。它包含两层意思：其一，历史的存在与发展，受人类的欲望、利益和需要驱动；其二，历史文明的演化与创新，受"科学技术是第一生产力"成果转换和运用的社会需要驱动。恩格斯指出："社会一旦有技术上的需要，这种需要就会比十所大学更能把科学推向前进。"[③]因为社会技术的需要，既是生产力发展和社会实践活动的产物，又是技术本身经过长时间积累与沉淀，而爆发出具有创新意义的发展趋势和需求，好奇心和市场欲望是它的直接动力。由此推论，比特的出现，主要来自人类智能化生存的四种社会需要：如何实现真实场景通过数据转化变成可相互传递和留痕存放的信息载体？如何营造群体生产与群体共享的在线环境？如何在视频中达到人与人之间的互动？如何实现万物互联的客体气象？正是强大的智能化科技发展的需求和数字科技成果向商业新产品的转换，数字化生存才成为我们今天可感的历史直觉。值得一提的是，新的社会需要，本质上反映了人类追求进步观念的意志，"需要"与"创新"构成了历史进步的哲学公理。近代工业革命以来，培根提出了"进展观"的学说，开始激活人类追求现代经济不断增长的技术需求心理，一种需要的满足，引发了另一种需要的提出，人类进入"需要—满足—新的需要"文明发展的格律中。数字化时代新的"需要"反映了如下哲学特征：电脑与人脑（存在与思维）的互动、信息的私向化

[①] 中共中央马克思恩格斯列宁斯大林著作编译局编译：《马克思恩格斯选集（第1卷）》，人民出版社1995年第2版，第77页。

[②] 中共中央马克思恩格斯列宁斯大林著作编译局编译：《马克思恩格斯选集（第1卷）》，人民出版社1995年第2版，第79页。

[③] 中共中央马克思恩格斯列宁斯大林著作编译局编译：《马克思恩格斯文集（第10卷）》，人民出版社2009年版，第668页。

与社会化(个人与社会)兼容、物的发展与人的进步(马克思哲学人本主义向度)相一致。总之,人的创新需要与科学技术变革的好奇心,永远是数字化智能发展的动力。

3. 比特的本质:人类追求自由意志的定在

虚拟世界的比特运动,本质上反映了人类不断追求自由精神的定在。从这个意义上说,比特最有价值之处,就是它可以从不同向度或频道,永不停顿地做出偏斜运动,有的受意识指派,有的则来自比特自身的抽引,自由自在、无障碍、无阻抗。这种追求偏斜运动的"自由精神"的哲学经典阐释,早在19世纪青年马克思的博士论文《德谟克利特的自然哲学和伊壁鸠鲁的自然哲学的一般差别》中就有所提及。众所周知,近代德国现代性发育初期,一批德国青年学者(主张自我意识哲学的青年黑格尔派)推崇德国革命的自由精神,作为该派成员的马克思,结合其博士论文的研究,从古希腊原子论哲学深度解读中,发现了"自由精神"的支援意识。在他看来,德谟克利特的"原子-虚空"的玄想,意味着一种追求科学必然性的决定论哲学,而伊壁鸠鲁的原子偏斜运动,被马克思高度评价为追求自由精神的哲学表述。今天,我们有可能从更高意义上读取青年马克思的博士论文的意义。我们生活在移动计算、全球网络和多媒体应用时代,实际上,比特的存在,是追求偏斜运动的"自由精神"、追求自由的计算机表达。自由意味着叙事、互动、复制与粘贴、存盘与删除等个体的心随意动。它代表了意志的流动、意志的交换、意志的联想、意志的创新。数字化给人类生活带来了自由交往、自由游戏、自由表达。正如约翰·马尔科夫在《人工智能简史》中指出的,"当AI和AI圈引领的技术继续重塑世界时,未来其他可能性就淡出了人们的视野:在那个世界中,人类和人类创造的机器共同存在,一起繁荣——机器人照顾老年人,汽车自动行驶,重复劳动和辛苦工作都消失了,新的雅典诞生了,人们研究科学,创作艺术,享受生活"[1]。显然,智能化时代,更多的是机器与人脑的互动。机器对人脑的模拟,加速了"机器是人"的智能化过程。可是,在第一次工业革命背景下,启蒙学者提出了"人是机器"的哲学命题,期盼机器劳动部分替代人的繁重体力劳动。不可否定,当时人的意志创新,深深受到来自客体自身的机械原理、力学原理、能量守恒原理等客观条件的限制。如今,比特为人类打开了一个崭新的生存空间——虚拟世界的任意创造的空间。

值得一提的是,在互联网上,追求自由的无限性与自由的合法性的矛盾,是我

---

[1] [美]约翰·马尔科夫:《人工智能简史》,郭雪译,浙江人民出版社2017年版,第165页。

们今天无法回避的尖锐问题。比特没有国界,存储和运用都完全不受地缘地理的限制,软件可以每时每刻不停顿地在全世界接力开发,这是比特运动的自由无限性表征。而现实世界自由的有限性,说明数字化生存世界存在着人的种种任性行为,有必要为自由设立红绿灯制。如约翰·马尔科夫所指出的,"这些强大、高效的技术更有可能促进财富的进一步集中,催生大批新型技术性失业,在全球范围内布下一张无法逃脱的监视网,同时会带来新一代的自动化超级武器"[①]。应当说,当今地球上最大的任性是资本的任性。资本逐利的秉性诉求,决定了某些比特开发的内容和方向,资本已经掌握了外购比特商品的购买权,通过资本的力量,可以在全球范围内配置生产比特产品的人力资源和研发资源。数字化劳动变得更加不稳定:其一,白领劳动就业岗位竞争更为惨烈、更为不稳定。其二,剩余劳动、剩余时间、剩余价值的量度变得更加模糊。其三,软件盗版、数据窃取、知识产权被滥用、隐私权受到侵犯。甚至网络上黑客攻击、密码盗窃或任意修改等,所有这一切,都说明了数字化生存与政治经济学批判的必要性,也说明了网络立法、网络执法的必要性。自由任性与自由合法性的冲突,是人类必须解决的痛点。任性表达的是,欲望的"本我"排除社会性约束而出现的某种意志膨胀行为,是人的"本我"未加"超我"约束,达到"自我"调节失控的非理性行为。自由的合法性,本质上是对自由最大化趋近,把可能的自由变为现实的自由。合法性就是合乎理性规制的自由,"规定即自由"显示了人类摆脱野蛮愚昧走向文明进步的哲学内涵。

4."互联性"与世界历史交往

众所周知,史莱登、施旺的细胞学说,把有机界植物与动物相互联结起来;牛顿力学三大定律,将无机界与自然界相互联结起来;而达尔文的进化论,把无机界与有机界生命体相互联结起来。整个原子世界都处在相互联系的统一体中。可是,在21世纪数字化生存世界里,由于人工智能和机器人技术飞速发展,人机互动、人机互联使得物理世界和虚拟世界相互联系,完整意义上的万物互联性由梦想变为现实。比特的作用,不仅使物理世界万物互联,而且使人的社会关系、生产关系、思想关系、宗教关系乃至不同文化关系之间得到充分交流。这种交流,有的大大超越地球物理的时空界限,比特可以把地球变为一个地球村来加以运作,互联网数据系统的联结是多向度的,也是无限的。今天,我们可以随心所欲地通过手机、计算机的数字化工作原理,与千里之外的亲友相互联系与交流,还带来了地缘相隔甚远的

[①] [美]约翰·马尔科夫:《人工智能简史》,郭雪译,浙江人民出版社2017年版,第165-166页。

国家和地区之间随时随地的互联,并召开国际网络会议,甚至国家元首之间可以在虚拟空间共同就刚刚发生的国际重大事件进行及时网络外交磋商。更不用说,数字化计算机的网络生活,给世界各地的百姓需求带来了网络订购或销售,医疗的数字化跨国诊断,平台的大数据服务跟踪,手机对家用电器的自动化操控,数字企业、数字政府、数字教育等,尤其是,北京雄安新区的数字化城市功能体系设计和运行,显示了人类数字化、智能化城市管理的最新水平。总之,世界已处在以比特为信息基因的相互联结系统中。

但是,互联性也带来了人类新的生存安全问题。数字化使人类交往达到了史无前例的高度和深度。各种地缘关系组合的不同国家之间经济共同体、政治共同体、文化共同体机构和团体组织等在真实世界和虚拟世界纷纷刷出自己的存在感,人类似乎成了马克思、恩格斯在《德意志意识形态》中称呼的"世界历史性的普遍交往中的个人"。但是世界历史性的普遍交往,并没有带领世界走向大同。民族主义、单边主义、霸凌主义甚嚣尘上,贫富鸿沟在加剧,竞争使"我们"与"他们"的概念变得更加不幸。① 深层原因在于,数字化存在并没有根除西方现代性所带来的社会固有矛盾:虚幻的国家普遍利益与被剥削的无产阶级的特殊利益之间的对抗和冲突。在马克思、恩格斯看来,世界历史性的普遍交往中的个人存在与生产力的普遍发展,是以消除人与人之间的异化为首要前提的。②

5. 辩证法"量的无限性"原理

对宇宙任何"量的无限性"的自然法认知,也是宇宙的理性化、真理化的哲学反思过程,更是人类追求自由和历史进步的实践过程。

中国古代哲学家老子用神奇的数字密码解读了宇宙无限生成理念,首次将量的无限性辩证原理贯通到形而上学的文本中。《老子》第四十二章说:"道生一,一生二,二生三,三生万物。"③事物演变过程明明白白,初始与归结朦胧泛泛。道是宇宙的质向判断,它是最高的抽象,道至万物是"划质为量"的过程,也是事物从无形到有形,从混沌到完美所见的纷繁世界的进化过程。"道生一",从混沌中生出一个有形实体,即为"原";"一生二",由一个实体生出两个互补的实体,即为"阴阳",阴阳可理解为天地、日月、男女和世上一切共生互补的事物;"二生三",阴阳结合并衍

---

① [美]尼古拉·尼葛洛庞帝:《数字化生存》,胡泳、范海燕译,电子工业出版社2017年版,第6页。
② 中共中央马克思恩格斯列宁斯大林著作编译局编译:《马克思恩格斯选集(第1卷)》,人民出版社1995年第2版,第86页。
③ 冯友兰:《中国哲学简史》,涂又光译,北京大学出版社2013年版,第95页。

生一种新的存在,即天地生人间,雌雄生幼子;"三生万物",子又生子,孙又生孙,事物生生不息。老子"划质为量"的辩证法给了我们如此启发:其一,老子的数字推演不是数学意义上的实证演算,而是形而上学的道说。其有着三个特征:从混沌中寻求一种规定;对宇宙的一种本体论追问;从一与多的生成秩序中展示了宇宙内在矛盾动力因。其二,老子的数字符号代表了错落有致的宇宙生成论追问。道生天地,天地生万物或者道为天地之母,天地为万物之母。每一个符号都包容着感性存在的丰富内容。符号之间有哲学生成范畴的过渡,同时是对感性确定性的指认。从这个意义上讲,老子的数字序列设定不是数学的演算,而是哲学意义上的概念思辨。

在西方古代文献中,哲学与数学同属高度抽象的智慧树上的并蒂之花。古希腊哲学的毕达哥拉斯学派和原子论学派,与古希腊数学几何学(欧氏《几何原本》)的出现,构成了希腊理智最完美的珠联璧合瑰宝。毫不夸张地说,自古至今,数学对于哲学的影响,和哲学对于数学的影响,"既深刻而又不幸"(罗素语)。深刻的是,哲学使数学不断打开有限与无限序列的逻辑世界,数学使哲学进入了更为广阔的数字化虚拟世界;不幸的是,哲学使数学更加宗教化、神秘化,数学使哲学更加实证化、可通约化。这说明,哲学关于存在论追问,其无限性与有限性的统一命题,必然关涉量的无限性问题。

哲学家洛克提出,哲学无限性观念,应被解释为一个量的无限性问题。他在《人类理解论》中指出,"在我看来,所谓有限与无限,人心只当它做数量的两种情状"[①]。邹化政先生在《〈人类理解论〉研究》中指出,洛克认为,无限性作为量的无限,概括地说就是:(1)任何一个量,无论是有关空间的、时间的,还是有关数目的,它作为这三者之一的简单情状,都可以无限地增和减;(2)这种量的无限性,不是一种现实的量,而只是量的一种可能性、一种本性;因此,(3)我们可以清楚明白地具有关于量的无限性的观念,但不能有任何一种有关一个现实的无限量的观念;(4)空间和时间只能被设想为无限的,因为我们在宇宙的边缘总可再向空虚的空间无限伸展下去。[②] 可见,数字化生存世界为我们深刻展示了哲学无限性观念中的量的无限性原理:异质多样的比特,构成了数字化的虚拟世界,在时间、空间中,发生着数据信息包的传递运动,表现为比特数量不断地增加或减少。比特的无限性表

[①] [英]约翰·洛克:《人类理解论》,关文运译,商务印书馆1959年版,第178页。
[②] 邹化政:《〈人类理解论〉研究》,人民出版社1987年版,第408页。

现为,比特是一种规定性向另一种规定性的本能移动,虚拟世界与数字的关系,体现为"一"与"多"的关系。比特可以是无限的,数据信息对数据信息的无穷追问,是一个无限出新的过程,量的无限增大的方式可以是:2,3,4,5,6,…,N(1);2,4,8,16,32,…,N(2);2,6,10,12,20,…,N(3)。上述(1)和(2)是有序的无限性,(3)是无序的无限性。如果把极限考虑进去,量的变化又可分为有穷的增大和减小及无穷的增大和减小。[①] 在唯物辩证法看来,哲学无限性观念,之所以包含着量的无限性原理,关键在于"一"与"多"的相互分享特性。"一"不是空洞的"一","一"分享着"多","一"只有在"多"中才能证明它是充满活力和丰富内容的存在。"多"也不是完全僵死的、被动的质料,而是趋向形式因的存在,"一"赋予"多"的灵魂和意义。因此,数字化生存世界,从哲学意义上说,其发展是无限的,人的思维的无限性,决定了虚拟世界的无限性,数字化秉性的自我抽引、自我颠覆、自我修复能力,决定了我们正在迎来的数字化生存世界既属于人类可认识的世界,又属于人类不断存疑的世界,对人类认识能力的批判,将是永恒的主题。

四、数字化生存:人类走向未来的境遇及忧患

哲学存在论的追问,关联着对现实人类生存境遇和未来命运的思考。计算机硬件和软件组合逐渐取代人类,阿尔法狗打败围棋冠军。未来世界的主体是数字智联还是人?人类会成为机器人的质料吗?从近代哲学家提出的"人是机器"命题,到今天"机器是人"的呼声不绝于耳,数字化实存着如此深刻的"二律背反":人类技术进步(形式化的人类)与人类的生存异化(人类的形式化)同在。

所谓"形式化的人类",是指人类有着追求文明不断完善的禀赋,笃信工具理性对人类生存格律具有进化意义改变的理念。用马克思的话说,科学技术是第一生产力,表现为知识、公理、范畴、原理等形式对人类生存范式内容的定义。这既定义了物性世界,又定义了意义世界。它使人类生存形式越来越自由开放,生存内容越来越丰富饱满。

卢梭说,从自然人向文明人过渡,离不开历史化过程。笔者以为,卢梭的历史化就是理性的形式化。古希腊哲学家普罗泰戈拉最早提出"人是万物的尺度"的命题,标志着人类开始从主体的位置,审视人与自然之间的关系。但这仅是一个未加

[①] 邹化政:《〈人类理解论〉研究》,人民出版社1987年版,第409-410页。

反思的命题,"尺度"只是说明人比事物本身更重要。但是重要在何处？我们从亚里士多德对科学本性的定义,发现人的思维重要性来自思维形式对物质质料的主导作用,人对自然法认知而形成知识,可以通过认识与认识对象之间的一般关系的明确观念中显现出来。从知觉中获得特殊,从观念中获得一般,而根据一般才能解释特殊。亚里士多德最早揭示了人的思维逻辑为自然立法的本质——形式因赋予质料因以意义。从亚里士多德的四因说,到柏拉图月印万川的理念本体论,再到康德的主观范畴论,马克思的唯物史观意识能动性学说,说明人类追求形式化工具的理性反思,是人类摆脱荒蛮愚昧,走向人本质全面发展的"定海神针"。今天,随着人类的本能向智能化迈进,数字化、网络化、云计算构造了"数字化生存"的人类社会,数字、符码、图像、仿真等理性工具,导致了人类自身存在的巨大变化:越来越趋于生命的高度自觉。正是从这个意义上,可以预言,形式化的人类所创构的数字化实存世界,未来将是"滋养心灵抵御无明;分享繁昌盛;以合作取代竞争"的命运共同体的时代。[①]

可是,现实历史发展总是在充满异化、背反、祛魅和辩证否定性运动中行进。数字化正能量的发挥也同时遮蔽了人性弱点、盲点的事实,"人类的形式化"现象在所难免。

所谓"人类的形式化",主要指人类对工具理性的心理依赖及崇拜。康德指出,人是目的,而且是一种无法用任何其他目的来取代的目的,别的东西都应当仅仅作为手段来为它服务。"人类的形式化"表现在:在现代性的规制下,数字资本逻辑对人类生存逻辑的宰制,更加快捷、更加精准、更加隐蔽、更加肆无忌惮。如帝国"星链"对全球金融战争和军事战争的太空操控。灵性的人类被锻造成数字资本利益追逐的"钢铁侠",如比特币疯狂炒作掀起的金融狂飙。人性在虚拟经济的侵蚀下,变得更加扭曲、更加媚俗和更加怪诞。如电商虚拟市场普遍存在的现代金融诈骗的犯罪行为等。现代性之后的数字商品拜物教、数字货币拜物教、数字资本拜物教比比皆是。"人类的形式化"还表现在,范畴主体化和人的客体化心理原始意象滋生,如卢梭所言,人是戴镣铐的自由。理性工具的使用,使人类陷入名缰利锁的窠臼。名牌符号在社交媒体的运作下,成为人们顶礼膜拜的心中圣物;范畴的凝固和僵化,使得地球上有些人类"天天收看世界新闻,但仍然过着因循守旧、墨守成规的日子"。一些科学家和资本家兼同一身的垄断集团正在毫无伦理底线地进行人体

[①] [美]尼古拉·尼葛洛庞帝:《数字化生存》,胡泳、范海燕译,电子工业出版社2017年版,第7页。

实验,"热心"研发灭绝人性的生化武器。计算机工具的成功,导致如此幻觉:机器由实体性存在变成主体性存在,比特世界已变为精神现象学的数理逻辑结构,人类存在论的追问越来越远离物质、实体和原子,从而进入主观精神心理层面的直觉、灵感和想象。毫不夸张地说,人类已走向"脱实向虚"的生存境地。形式化定义了人类,人类却软弱无能。

"人类的形式化"反映了人类历史化进程的异化属性。从古希腊柏拉图的"理念即灵魂"学说,到中世纪最高"形式因"的神性化,它反映人类第一次陷入极端形式化存在的窠臼中:形式即基督。形式转换成人类的整体性思维,通过这一思维我们就可以发现世界历史发展的普遍性原则。巨大的形式为人类铸造了神性生存的底板。近代社会伊始,培根的"知识就是力量",更加推动了人类对工具理性的依赖,尤其是近代观念论哲学的兴起,形式化变成了概念的绝对化。黑格尔哲学的问世,意味着人类第二次陷入极端形式化存在的窠臼中:形式即绝对。牛顿的绝对物质变成黑格尔的绝对精神,人是它的玩偶。绝对就是最大的概念、最顶尖的形式,代表了思辨理性的逻辑化形式统摄了一切。形式化使人类生存格式化、递进化、理性化。在后现代主义哲学家看来,现代文明意味着人类不断用新知识、新发现去解构外部世界的生存意义,其间符号化、叙事化的成功,使人类形式化存在进入新的境遇:拟像和虚拟将战胜所有的价值。鲍德里亚指出:"事物本身并不真在。这些事物有其形而无其实,一切都在自己的表象后面隐退,因此,从来不与自身一致,这就是世界上具体的幻觉。"①不可否认,鲍德里亚为我们深刻揭示了"人类的形式化"的哲学本质:存在即虚无。一切存在都进入"虚无"境地,物自体的实体意义消失了,一切都归咎于主观精神的意向性"冷记忆",主观幻觉统治一切,从而构成了当下"完美的罪行"。

中国式现代化道路的顶层设计,为人类走出极端形式化迷宫提供了新的方案。以人为本的新发展理念即创新、协调、绿色、开放、共享,是我党在深刻总结国内外发展经验教训的基础上形成的,它集中反映了我党对经济社会发展规律认识的深化。发展务必以人民至上原则为宗旨,追求经济效益最大化和社会效益最大化的高度统一。这与以资本为轴心的资本主义社会,有着根本的区别。特别值得指出的是,中华民族优秀传统文化有着深厚的人性论哲学反思底蕴——关爱生命意识、超越物我精神、天人合一的境界、共同体意识等。它对"人类的形式化"生存遭遇的

---

① [法]博德里亚尔:《完美的罪行》,王为明译,商务印书馆2014年版,第7页。

医治,有着仁心仁术、灵丹妙药的拯救资源。当今中国新农村建设规划,特别注重诗意般生活境界;数字智能化城市生活设计,特别追求意义的世界。毋庸置疑,在数字化战略实施的过程中,中国将会为世界做出更新更大的贡献。

本章思考题

1. 数字化生存的哲学寓意是什么?
2. 如何解读数字化生存的历史唯物主义?
3. 为什么说原子与比特代表了两种不同的世界观?
4. 如何理解"人类的形式化"和"形式化的人类"?

本章阅读文献

1. [美]尼古拉·尼葛洛庞帝:《数字化生存》,胡泳、范海燕译,电子工业出版社2017年版。
2. [美]延斯·弗兰丁、[英]吉纳维芙·格拉蒙、[英]塞拉·考克斯:《数字化颠覆》,风君译,电子工业出版社2017年版。
3. [英]克里斯蒂安·福克斯:《数字劳动与卡尔·马克思》,周延云译,人民出版社2020年版。
4. [美]约翰·马尔科夫:《人工智能简史》,郭海译,浙江人民出版社2017年版。
5. [英]罗素:《西方哲学史(上卷)》,何兆武、李约瑟译,商务印书馆2009年版。
6. 中共中央马克思恩格斯列宁斯大林著作编译局编译:《马克思恩格斯选集(第1卷)》,人民出版社1995年第2版。
7. 中共中央马克思恩格斯列宁斯大林著作编译局编译:《马克思恩格斯文集(第10卷)》,人民出版社2009年版。
8. 冯友兰:《中国哲学简史》,涂又光译,北京大学出版社2013年版。
9. [英]约翰·洛克:《人类理解论》,关文运译,商务印书馆1959年版。
10. 邹化政:《〈人类理解论〉研究》,人民出版社1987年版。
11. [法]博德里亚尔:《完美的罪行》,王为明译,商务印书馆2014年版。

第一章

数字创生与文明起源

一国、一民族、一地区的文明起源离不开数字,四大文明古国的形成与发展都离不开数字、数学的发展创造。如巴比伦发明六十进制,至今成为我们计时的方法之一,古印度发明十进制意义更大,中国推出二进制更是成为今天的计算机语言的起源。

第一节 古埃及人的数字崇拜

伽利略曾说,大自然这本书是用数学的语言写成的。同样,人类文明的进步与发展也离不开数学,离不开现实生活的观照。古代埃及人的原始思维、原始艺术、原始宗教都离不开数学思维、数字符号。

一、数字的广泛运用

恩格斯认为:"数与形的概念不是从其他任何地方,而是从现实世界中得来的。"[①]古埃及人将数学大量应用于实际生活,他们的纸草、陶书中记载了大量期票、抵押契约、待发款以及商业利润等事项,算术、代数被用于商业交易,几何公式被用

---

① [德]恩格斯:《反杜林论》,中共中央马克思恩格斯斯大林著作编译局编译,人民出版社2009年版,第41页。

于推算土地、粮仓、房屋面积等;金字塔以及大型水利工程的兴建都离不开数字、数学。金字塔底座每条边的长度几乎完全相等,而每个基底直角都非常接近90°。拿最大的胡夫大金字塔来说:塔底占地78.91亩,塔高137.18米(原高146.6米),全塔用230万块巨石砌成(平均每块重约2.5吨),这一超级工程离不开数字计算与力学。黑格尔说:"金字塔和方尖石柱的结晶体、直线与平均的平面和同等匀称的部分的简单结合(这种结构丢掉了拱形建筑的不匀称性),就是这种工匠按照严格的(几何学)形式搞出来的作品。"① 人的精神生活也离不开数字,因为古埃及人坚信,按照精确的数学规则去建造陵墓,对于将来死去的生活非常重要。宗教与艺术同样如此,古埃及著名的卡纳克太阳神庙,在夏至那天正面对着太阳,阳光会直接投射到庙宇中,能照亮大殿的后墙。这一景观给后来的柏拉图以无限的想象,也让我们感受到黑格尔所说的"宗教作为对绝对本质一般的意识"的宏大!

英国学者斯科特总结了古埃及人对数学的主要贡献:

(1)他们完成了基本的算术四则运算,并且把它们推广到分数上;他们已经有了求近似平方根的方法。

(2)他们已经有了算术级数和几何级数的知识。

(3)他们已能处理包括一次方程和某些类型的二次方程的问题。

(4)他们几何知识的主要内容是关于平面图形和立体图形的求积法。

(5)他们在求圆面积以及把圆分为若干相等部分的问题上,已经有了正确的知识。

(6)他们已经熟悉比例的基本原理,某些人还从其中看到了我们今天应称之为三角函数的那种观念的萌芽。②

古埃及的数学成就不但被广泛运用于各方面,而且影响到周边地区,开枝散叶。据历史记载,泰勒斯曾运用几何学知识测量金字塔的高度;毕达哥拉斯"问学于祭司与先知,自学每一种可能的主题,不疏忽最优秀的士师所能传授的任何一条信息,不漏掉任何一个以学问著称于世的人,……就这样,他在埃及各地的神殿度过了22年,追求天文学和几何学,……他在算术、音乐及其他学问分支上获得极高的声望。就这样又过了12年,他才回到了萨摩斯岛,那时他大约56岁"③。文明的互鉴与交流开始发挥作用。

---

① [德]黑格尔:《精神现象学(下卷)》,贺麟、王玖兴译,商务印书馆1979年版,第217页。
② [英]斯科特:《数学史》,侯德润、张兰译,广西师范大学出版社1980年版,第9-10页。
③ [英]希思:《希腊数学史》,秦传安译,上海三联书店2022年版,第4页。

二、历法与数字的神秘性

数学是自然科学中最古老的学科之一,"自然本身成为——用现代的方式来表达——一种数学的集"(胡塞尔语)。至于天文学与数学的关系,恩格斯在他的《自然辩证法》一书中提出:"首先是天文学——游牧民族和农业民族为了定季节,就已经决定需要它。天文学只有借助于数学才能发展。因此数学也开始发展。——后来,在农业的某一阶段上和在某些地区(埃及的提水灌溉),特别是随着城市和大型建筑物的出现以及手工业的发展,有了力学。不久,力学又成为航海和战争的需要。——力学也需要数学的帮助,因而它又推动了数学的发展。可见,科学的产生和发展一开始就是由生产决定的。"①

在缺少科学仪器观察的前提下,天文历法充满着神秘感,但凭借数字的助力,古埃及已经有人知道太阳年约为 365 天,并且知道每年的季节。他们观察到,每年天狼星出现在黎明的天空时,就表明尼罗河的洪水到达开罗了。所以早在公元前 4241 年,祭司们就建立了每年 12 个月,每月 30 天,另外再加 5 天节日的年历。人们根据天象所显示的时间从事播种、打猎、捕鱼、跳舞等宗教仪式。但古埃及的数学是被祭司与僧侣垄断的,他们操纵着神秘性,并不是为天下苍生,"故意不让一般民众知道这种知识。僧侣们知道洪水是按期到来的,但他们佯称,因为他们举行了宗教仪式而带来了洪水,并使水按期退下去。这样,迫使可怜的农民为僧侣们的仪式支付报酬。数学和科学知识在当时也和在今天一样,是某种权力"②。这种崇拜不同于黑格尔的"偶像崇拜",它是一种"自然崇拜",而且与数字有着神秘的关联,宗教仪式或巫术尽管带有浓厚的神秘色彩,但就像法国结构主义大师列维-斯特劳斯所说:"我们最好不要把巫术与科学对立起来,而应当把它们比作获取知识的两种平行的方式"③,正因为二者都包含着数学思维,所以客观上还是促进了古代文明的发展。

艺术源于生活,也离不开数学。黑格尔在他的《美学》一书中论述金字塔时提出:"埃及是一个象征流行的国家,……他们的作品是秘奥的、沉默的、无声的、寂然

---

① 中共中央马克思恩格斯列宁斯大林著作编译局编译:《马克思恩格斯文集(第 9 卷)》,人民出版社 2009 年版,第 427 页。
② [美]克莱因:《西方文化中的数学》,张祖贵译,商务印书馆 2020 年版,第 30 页。
③ [法]列维-斯特劳斯:《野性的思维》,李幼蒸译,商务印书馆 1987 年版,第 18 页。

不动的",最典型的就是狮身人面像,"到了这个顶峰,象征就变成谜语了",狮身人面像"提出过一个有名的谜语:什么东西早晨用四条腿走路,中午用两条腿走路,傍晚用三条腿走路?"答案是人!"意识的光辉就是这样一种明亮的光。"[①]"超自然的概念只是对于把超自然之力归于自身,并接着把其超人类之力归于自然的人类来说,才存在"(列维-斯特劳斯语),数字与艺术是同频共振的,象征、神秘都是人为制造的,只有通过人本身,才能把它们揭示出来!

所以,文明起源离不开人的自我意识觉醒,尽管人类早期文明还不能自觉熟练地运用数学的逻辑思维,处在所谓"感性的确定性"认识阶段,人们只是被动地感知、意识到存在的事物,就像列维-布留尔所说:"在集体表象中,数及其名称还如此紧密地与被想象的总和的神秘属性互渗着,以至于与其说它们是算术的单位,还真不如说它们是神秘的所在。"[②]这种神秘终将被世俗化所打破,自从有了数字、数学,人类才有了具象体验、形象感知、抽象思考、逻辑推理等思维能力,进入理性确定性阶段,主动探究未知的科学知识,最终进入真理性阶段,它不仅能帮助人类认识世界,而且能帮助我们按照美的原则塑型与改造世界。

第二节 先秦时期《易经》与道家宇宙观的数字密码

哲学的启蒙离不开自然观与宇宙观的生成,伽利略曾说:"真正的哲学是写在那本经常在我们眼前打开着的最伟大的书里面。这本书就是宇宙,就是自然本身,人们必须去读它。"[③]面对未知的自然与茫茫宇宙,作为文明古国的中国,很早就通过数字去破解大自然的密码,关注数字与自然的联系。

一、中国古代数字的起源及影响

中国五千年文明史离不开数字的发明与使用,仰韶文化时期出土的陶器上已刻有表示1、2、3、4的符号。原始公社末期,我国的先民已开始用文字符号取代结

---

① [德]黑格尔:《美学(第二卷)》,朱光潜译,商务印书馆1979年版,第77页。
② [法]列维-布留尔:《原始思维》,丁由译,商务印书馆1981年版,第202页。
③ [法]吕埃勒:《数学与人类思维》,林开亮、王兢、张海涛译,上海世纪出版集团2002年版,第152页。

绳记事。据《易·系辞》记载："上古结绳而治,后世圣人易之以书契。"[1]甲骨文卜辞中有很多记数的文字。从一到十,及百、千、万是专用的记数文字,共有 13 个独立符号,记数用合文书写。无独有偶,山西发掘的陶寺古观象台遗址也出现了类似埃及卡纳克太阳神庙在夏至观察太阳的奇迹,它由 13 根[2]夯土柱组成,呈半圆形,半径 10.5 米,弧长 19.5 米。从观测点通过土柱狭缝观测塔尔山日出方位,再通过中华先民制造的圭尺等工具,确定冬至、夏至、春分、秋分的准确时间,然后建立四季与节气等,从而"敬授民时",进行农业生产。

商代中期,又有十进制的记数法,出现最大的数字为 3 万。算筹是中国古代的计算工具,运用算筹的计算方法称为筹算。算筹的产生年代已不可考,但可以肯定的是筹算在春秋时代已很普遍。与此同时,殷人用十个天干和十二个地支组成甲子、乙丑、丙寅、丁卯等 60 个名称来记 60 天的日期;在周代,又把以前用阴、阳符号构成的八卦表示八种事物发展为六十四卦,表示 64 种事物。公元前 1 世纪的《周髀算经》提到西周初期用矩测量高、深、广、远的方法,并举出勾股形的勾三、股四、弦五以及环矩可以为圆等例子。《礼记·内则》篇提到西周贵族子弟从六岁、九岁开始便要学习数目和记数方法,("六年教之数与方名,……九年教之数日")他们要受礼、乐、射、驭、书、数的训练,作为六艺之一的数已经开始成为专门的课程。这在《论语》中也有记载。

由于当时没有真正意义上的数学,因此数字充满着神秘性,但《黄帝内经》中已经提出:"一以法天,二以法地,三以法人,四以法时,五以法音,六以法律,七以法星,八以法风,九以法野",用数字完整概括了人与自然、人与社会、人与人之间的秩序;对照黑格尔提出的"对于数,古代人和近代人,还有刻卜勒在他的'世界的和谐'里曾费了很多力气去探讨,但是没有人对它真正了解。了解数,这意味着两方面:一方面是认识数的思辨的意义、数的概念。……另一方面,由于它们是数,因此它们仅可以表达体积的区别、感性事物的区别"[3],中国古代先人已经开始试图揭示数字的二元性。

对于中国古代数字的作用与影响,由于当时缺乏近现代的科学与技术,因此只

---

[1] 三国时代吴虞在其《易九家义》一书中解释:"事大,大结其绳;事小,小结其绳。结之多少,随物众寡。"

[2] "数 13 首先是两社会集团之和,右与左、北与南、冬与夏之和,因而它是具体地加以规定和逻辑地加以发展的",见[法]列维-斯特劳斯:《野性的思维》,李幼蒸译,商务印书馆 1987 年版,第 164 页。

[3] [德]黑格尔:《哲学史讲演录(第二卷)》,贺麟、王太庆等译,商务印书馆 1978 年版,第 233 页。

能凭借数字来经天纬地。李约瑟认为:"从数目字的使用方式,很可以看出中国宇宙观的歧见。当然,欧洲也有毕达哥拉斯学派,而在中国也有很多令人赞赏的数学成就。但是中国人的关联式思考极自然地运用一种数目的神秘性(numer-ology 数目论),为现代科学所不取的(亦如对金字塔作数目的想象的不科学然),……它对中国科学是无丝毫贡献的。"①其次,李约瑟认为,道家鄙视发明与技术②,事实上,庄子谈到了机械与机事、机心,"吾闻之吾师:有机械者必有机事,有机事者必有机心。机心存于胸中"③。的确,在自然经济占统治地位的时代,封建统治者目光短浅,如明代科举考试取消数学,国家教育也无数学,八股取士,一定程度上限制了数学等自然科学的发展。最后,中国古代的数学主要为农业经济服务,造成"高水平陷阱",产生所谓的"内卷",最终没有走上资本主义道路。这也可以在一定程度上解释"李约瑟之谜"。

策勒尔在他的《古希腊哲学史纲》中提出"希腊哲学在最早时期的显著特点是哲学和科学的完全融合"④。事实上中国古代的数学并不仅仅是服务于科学,更多的是用来揭示人与自然、人与社会、人与人的诸多关系。而且较早运用数字去揭秘未知的宇宙,力主哲学与数学结盟的怀特海就说:"在那个时代,数学是关于静止的宇宙的科学。"⑤春秋战国以来,中国人的宇宙观已基本形成,《庄子》中就有"外不观乎宇宙,内不知乎大初。是以不过乎昆仑,不游乎太虚"⑥之句,天地四方谓宇,代表空间,古往今来为宙,代表时间。此外,道家提出的"太虚"(极端虚无之境)用来形容宇宙的博大空灵。宋代学者张载认为:"太虚无形,气之本体,其聚其散,变化之客形尔",把太虚理解为庞大的气场,对我们今天更好地理解数字经济的应用也有启发。

二、《易经》的神秘

黑格尔认为:"易经包含着中国人的智慧","伏羲哲学,说其中也是用数来表达思想。但中国人对于他们的符号也还是加了解释的,因此也还是把它们的象征意

---

① [英]李约瑟:《中国古代科学思想史》,陈立夫译,江西人民出版社 1980 年版,第 384 页。
② [英]李约瑟:《中国古代科学思想史》,陈立夫译,江西人民出版社 1980 年版,第 148 页。
③ 曹础基:《庄子浅注》,中华书局 1982 年版,第 175 页。
④ [德]策勒尔:《古希腊哲学史纲》,翁绍军译,山东人民出版社 1992 年版,第 25 页。
⑤ [英]怀特海:《思维方式》,刘放桐译,商务印书馆 2010 年版,第 77 页。
⑥ 曹础基:《庄子浅注》,中华书局 1982 年版,第 336 页。

义说明白了的。普遍、单纯的抽象概念是浮现于一切多少有一些文化的民族里的"。①但他对《易经》中的数字与符号评价不高,"那些图形的意义是极抽象的范畴,是最纯粹的理智规定。[中国人不仅停留在感性的或象征的阶段]我们必须注意——他们也表达了对于纯粹思想的意识,但并不深入,只停留在最浅薄的思想里面"②,然后黑格尔把八卦、六十四爻与毕达哥拉斯的数字做比较,认为"简单初始的图形和数字可以随心地用来作为象征符号,然而这些符号对于思想却是一种低级的和残缺的表达"③,尽管他也承认,中国人的阴阳思想是一种"地球精神"(Erdgeist),"地球精神在它形态变化的过程中,一方面变为沉静的充满力量的实体,但另一方面又变成了精神酵素;前者变为养育万物的阴性原则,后者又发展为有自我意识的存在的富于自身推动力的阳性原则"④,中国人也思考过"地、水、风","但是这种考察是缺乏思想的,没有系统的",结论是中国古代哲学"沦于空虚",这些或多或少受到西方中心论的影响。⑤

《易经》主要由象数符号系统构成,其中"象"出现485次,"数"出现15次。列维-布留尔在他的《原始思维》中提出:"每个数都有属于它自己的个别的面目、某种神秘的氛围、某种'力场'。"⑥我们到底如何评价所谓的东方神秘主义?首先,朱熹为《易经》作序时指出:"是故极其数以定天下之象",即借助于"数"来探究天地人之间的关联。所谓"参五以变,错综其数,通其变,遂成天地之文,极其数,遂定天下之策"。表面上《易经》把占卜数字化,看似有迷信的成分,但也蕴含着辩证性、科学性。其次,《易经》特别强调变化,所谓"变动不居","六十四卦,三百八十爻,皆所以顺性命之理,尽变化之道也"。"天地革而四时成","易穷则变,变则通,通则久","易"随象动、"易"随数变。再次,《易经》看似研究天象,实则偏重于人世,"观乎天文以察时变,观乎人文以化成天下",通过知识与文化参透"天时""地利"而达到"人和",所以说"《易》之为书,推天道以明人事也","圣人以神道设教而天下服矣"。最后,《易经》还提出"天行健,君子以自强不息""君子豹变,其文蔚也""止而巽,动不穷也""日新之谓盛德,生生之谓易"的积极上进的精神,日后成为中华民族精神的

---

① [德]黑格尔:《哲学史讲演录(第一卷)》,贺麟、王太庆等译,商务印书馆1978年版,第95页。
② [德]黑格尔:《哲学史讲演录(第一卷)》,贺麟、王太庆等译,商务印书馆1978年版,第131页。
③ [德]黑格尔:《哲学科学全书纲要》,薛华译,上海世纪出版集团2002年版,第158页。
④ [德]黑格尔:《精神现象学(下卷)》,贺麟、王玖兴译,商务印书馆1979年版,第237页。
⑤ 黑格尔认为:"东方的思想必须排除在哲学史之外,……真正的哲学是自西方开始",见[德]黑格尔:《哲学史讲演录(第一卷)》,贺麟、王太庆等译,商务印书馆1978年版,第106页。
⑥ [法]列维-布留尔:《原始思维》,丁由译,商务印书馆1981年版,第201页。

重要组成部分。所以冯友兰把《易经》称为中国的"精神现象学"!

谈到中华优秀传统文化对世界的贡献,有必要关注《易经》的国际化。1701 年,莱布尼茨通过与传教士白晋的通信,了解到中国的《易经》。他发现《易经》中的结构和他的二进制有着相同的规律,遂进一步研究二者的一致性来证明其二进制理论(乾 111 兑 110 离 101 震 100 巽 011 坎 010 艮 001 坤 000)。比特就是二进制数字[①],而计算机用比特作为计量单位表示数据信息。1679—1703 年,莱布尼茨已经记录下几乎所有现代计算机都在使用的二进制算术。人工智能先驱诺伯特·维纳认为:实际上,计算机的整体概念不过是莱布尼茨的推理演算的机械化。数学机器化推动了计算机时代的来临!

三、《道德经》中关于数字的所指

数字作为一种特殊的符号,具有所指与能指的两大功能。原来只是指代具体事物的数量,转变成本身就自带意义,从能指转化至所指,就是人的认知与精神的跃迁,其中数字"一"具有特殊重要意义,《道德经》中有"是以圣人抱一、为天下式",从而把"一"置于一个非常重要的位置。这有以下几层含义:(1)"一"是万事万物的样式,是由"道"直接派生的,所以圣人坚持"一",用来御万事万物,统摄天下一切。由于古人驾驭自然以及万物的能力有限,因此首先确立一个标准或原则,所谓"多言数穷,不如守中"(《道德经》)。"万物之所一也,得其所一而同焉。"[②](2)庄子认为"一心定而万物服"[③]。"万物虽多,其治一也","通于一而万事毕";这成为道家驾驭万物的方法论。(3)"圣人故贵一"而轻万物。在道家看来,"一"为数之始而物之极也,作用特别大,"天得一以清,地得一以宁,神得一以灵,谷得一以盈,万物得一以生"[④],这与古希腊哲学把"一"主要理解为事物本质略有不同。宋代学者沈作吉所著《寓简》总结了道与数的关系,"物之成败皆寓乎数。知数者以数知之,知道者以道知之。物不能离乎数,数不能离乎道。以数知之则通矣,以道知之则玄矣"。这深刻说明了"数"与"道"的关系。

道家思想体系中的数字还有以下重要意义:

---

① 比特(bit)。英文 bit 是合并 binary digit(二进制数字)。
② 曹础基:《庄子浅注》,中华书局 1982 年版,第 311 页。
③ 曹础基:《庄子浅注》,中华书局 1982 年版,第 188 页。
④ 楼宇烈:《老子道德经注校释》,中华书局 2008 年版,第 106 页。

道家把数字从世俗的计数演变成探究宇宙自然的基点,用数字解读宇宙万物的生存规律,用量的无限性再现神秘的宇宙。

(1) "天人合一":"天地与我并生,而万物与我为一"①,宇宙是我,我是宇宙,人不是被动地适应自然与宇宙,人同时还是万物的尺度。这样就最终达到"人与天一也"之境,即相互融合、合二为一。所以中国古代数学家秦九韶认为"数与道非二本也"。通过数字,道家构建了自己的宇宙观。

(2) "天一、地二、人三"(《易本命》):这里用数字规定了天地人的秩序,还表述了人与自然的关系。

(3) 虚实相融,变幻无穷:道家思想中包括丰富的朴素辩证法思想,如庄子提出"或使则实,莫为则虚。有名有实,是物之居;无名无实,在物之虚"②的观点,他的"物化"思想是"万物变化之理也",进一步发展了老子"万物将自化"的观点,主张"万物皆化生""千转万变而不穷""以空虚不毁万物为实",前提当然还是明道。最为著名的就是"庄周梦蝶"的典故,蕴含着庄子"同乃虚,虚乃大",以至无穷的重要思想。"庄周梦蝶"至少有两层含义:其一,按照现代精神分析学说,梦是人的潜意识的再现,"庄周梦蝶"意味着庄子获取自由的一种信念与方式;其二,这也是庄子人生观的再现,因为"梦是死亡冲动的蛹化蜕变之地"③。这种"物化"不同于西方思想史上的"物化",中国传统文化强调"厚德载物",不存在西方意义上的"物对人的统治或遮蔽",所谓"圣人载物,不为物使",指的是不同对象间的相互转化。在方法论上,庄子借惠施名号,提出"一尺之捶,日取其半,万世不竭,辩者以此与惠施相应,终身无穷"④的观点,用现代数学语言表示,即对于任何的自然数 n,都有 $n\frac{1}{2} \neq 0$,从而形成其"夫物,量无穷,时无止,分无常"⑤的思想,接近于现代极限理论。道家的物化以及无限的思想不仅影响到中国古代文艺创作,对今天人类发展人工智能、元宇宙等数字技术也有启发。

(4) 似有还无,无中生有:中国古代朴素唯物主义思想关注有形事物("万物以形相生""万物生于有,有生于无"),"道"即"无",万物是通过"道"的数字化而衍生的,所谓"道生万物"的思想。道家也讨论无形对象,而且与数字相勾连。庄子云:

---

① 曹础基:《庄子浅注》,中华书局 1982 年版,第 30 页。
② 曹础基:《庄子浅注》,中华书局 1982 年版,第 403 页。
③ [瑞士] S. 方迪:《微精神分析学》,尚衡译,生活·读书·新知三联书店 1993 年版,第 147 页。
④ 曹础基:《庄子浅注》,中华书局 1982 年版,第 510 页。
⑤ 曹础基:《庄子浅注》,中华书局 1982 年版,第 240 页。

"无形者,数之所不能分也;不可围者,数之所不能穷也。"①《老子》中说:"常无,欲以观其妙;常有,欲以观其徼。此两者同出而异名,同谓之玄。"《庄子》云:"不形之形,形之不形,……此之谓大得""万物出乎无有。有不能以有为有,必出乎无有,而无有一无有"②;特别值得关注的是,道家没有把"有"与"无"相对立,而且相辅相成、相互统一,即"有无相生"的重要思想,并且把这一观点延伸到对宇宙观的探究,所以,道家"无形"的思想与其宇宙观密切关联,所谓"大象无形",因为无形,所以混沌,然而它既是混沌的(普安卡雷从数学上定义了混沌),又是有秩序的。《吕氏春秋》记载:"混混沌沌,离则复合,合则复离,是谓天常。"混沌是表象,有序是本质。有形无形是常态,大道之行是根本。所谓"因无而生有,因有而立空,空无之化虚生自然"③。魏晋玄学更是提出"贵无"的思想,这些都是受《易经》的"神无方易无体"思想影响。维特根斯坦也认为:"一个想象的世界,无论它怎样不同于实在的世界,必有某种东西——一种形式——为它与实在的世界所共有。"④抽象的目的是还原与重构真实世界!所以冯友兰认为:"道家哲学是世界上唯一从根本上不反科学的神秘主义体系。"⑤

第三节 "万物皆数"——希腊哲学的数学化特征

如果说古埃及与巴比伦的数学主要源于生活、用于生活,具有明显的数学生活化特征⑥,与之相对,古希腊数学就更与人们的精神文化生活相勾连,数学由此具有了逻辑推理(演绎与归纳)与理性特征⑦,真正成为科学,并且呈现数学哲学化的特征。"大多数历史学家同意,古希腊数学与其他古代传统显著不同的是其对于确切结果、逻辑一致性、公理化和证明的突出强调"⑧,以此来解释大自然的演化、运动与

---

① 曹础基:《庄子浅注》,中华书局1982年版,第242页。
② 曹础基:《庄子浅注》,中华书局1982年版,第354页。
③ 陈碧:《周易象数之美》,人民出版社2009年版,第140页。
④ [奥]维特根斯坦:《逻辑哲学论》,贺绍甲译,商务印书馆1996年版,第27页。
⑤ [荷]科恩:《科学革命中的编年史研究》,张卜天译,商务印书馆2022年版,第762页。
⑥ 克莱因认为:希腊时代以前存在的数学,都以经验的积累为其特征。见[美]莫里斯·克莱因:《西方文化中的数学》,张祖贵译,商务印书馆2020年版,第37页。
⑦ 数学的逻辑性表现为:(1)数学概念能通过明确的定义从逻辑概念中导出;(2)数学定理能通过纯粹的逻辑演绎从逻辑公理中推导出来。见黄秦安:《数学哲学新论》,商务印书馆2013年版,第152页。
⑧ 转引自黄秦安:《数学哲学新论》,商务印书馆2013年版,第47页。

秩序,并赋予自然现象以规则与定理,这些对后来西方现代性生成与发展有着重要影响。

一、毕达哥拉斯的贡献

罗素认为:"构成文明的大部分东西已经在埃及和美索不达米亚存在了好几千年,又从那里传播到了四邻的国家。但是其中始终缺少某些因素,一直等到希腊人才把它们提供出来。……他们首创了数学、科学和哲学。"①希腊人的创造性表现在数学与天文学方面,而这与毕达哥拉斯学派密切关联。但罗素认为毕达哥拉斯学派提出的"万物皆数"在"逻辑上是全无意义的,然而毕达哥拉斯所指的却并不是完全没有意义的"②;亚里士多德进一步解释了"万物皆数","他们并不把数从事物中分离出来,他们却把数当成事物本身"。"数是事物的原则与原料,也是事物的性质与力量。"③"能够认知的一些事物都有数;因为,如果没有数,任何东西都既不可能被想象,也不可能被认知。"④考虑到同时代阿那克西曼德提出"无限"、留基伯提出"原子论"、巴门尼德提出"存在"等概念范畴,百家争鸣,莫衷一是,毕达哥拉斯从事物的数量关系上升到事物本质,巧妙地用"数"化解了许多争论,用"万物皆数"来定于一尊,不管是实体还是虚空、有限还是无限、具体还是抽象,都能用数来表述。这是值得肯定的,但后世评价不一,文德尔班认为,"在这同一时期,毕达哥拉斯学派在一旁占有一种特殊地位",各种学派"希望借助于数学去寻求解答,并利用他们的数论为思想进一步发展提供了许多最重要的因素""哲学所探索的永恒存在在数中找到了,……特别是在数中找到了世界永恒的本质"⑤,"毕达哥拉斯学派最有影响,它决定了希腊数学的本质与内容"⑥。而英国学者斯塔斯认为:"我们诚然可以断定数为宇宙最重要的,并且是最根本的现象。只是毕达哥拉斯不免说得太过,他们好像以为世界便是由数造成。这个结论实在令人骇异。"⑦这种争议丝毫不影响其在古希腊早期思想史上的领导地位。

---

① [英]罗素:《西方哲学史(上卷)》,何兆武、李约瑟译,商务印书馆1976年版,第21页。
② [英]罗素:《西方哲学史(上卷)》,何兆武、李约瑟译,商务印书馆1976年版,第43页。
③ [德]黑格尔:《哲学史讲演录(第一卷)》,贺麟、王太庆等译,商务印书馆1978年版,第257页。
④ [英]希思:《希腊数学史》,秦传安译,上海三联书店2022年版,第60页。
⑤ [德]文德尔班:《哲学史教程(上卷)》,罗达仁译,商务印书馆1987年版,第45、67页。
⑥ [美]克莱因:《西方文化中的数学》,张祖贵译,商务印书馆2020年版,第56页。
⑦ [英]斯塔斯:《批评的希腊哲学史》,庆泽彭译,华东师范大学出版社2006年版,第27页。

毕达哥拉斯如何把生活化的数字哲学化？首先，毕达哥拉斯把他的数字观与宇宙观相连接，"用数构成了全宇宙，他们所应用的数并非抽象单位，他们假定数有空间量度"①，毕达哥拉斯从球形是最完美几何体的观点出发，提出大地是球形的，他还把音乐与天文学相互印证，太阳、月亮、星辰的轨道和地球距离之比，分别等于三种协和的音程，即八度音、五度音、四度音。对他来说，天文就是倾听"天籁之音"，这些观点在当时来说是非常大胆及创新的。古人的宇宙观受各种条件限制，处于蒙昧时代，认为宇宙是混沌的，借助于数学，人类首次对宇宙的认识进入启蒙阶段，即用理性来解释宇宙。其次，数对毕达哥拉斯来说，既是本体，又是认识世界的方法与工具。希腊哲学独创的"一与多"的认识论更多来自毕达哥拉斯学派，美国学者克莱因认为"主导毕达哥拉斯学派工作的一般观点或许可概括如下：他们认为，世间万物的真实基础就在于它们的可数性，因为作为一个'世界'的条件主要取决于一种有序安排的存在。（反过来说，任何）秩序基于有序事物彼此制约而可数这样一个事实"②。再次，数具有和谐之美。数字凭借其严密性和简洁性，用符号表示数量关系与空间形式，赋予物体与对象以和谐圆融。上到宇宙的完美秩序，下到音乐的和声，都离不开数字。③ 最后，毕达哥拉斯把"二"看成对立与否定，文德尔班认为，"毕达哥拉斯学说的重大意义在于它的哲学体系的二元论"，这直接影响西方二元论思想的形成。

二、柏拉图与亚里士多德的推进

毕达哥拉斯把"数"理解为事物的关系与本质，这一思想直接影响了柏拉图，他提出"有非常重大和崇高的作用，它迫使大脑去对抽象的数进行推理，不让那些可见的可接触的对象进入论证之中"，从而提出"理念论"。在柏拉图看来：认识成千上万的繁多事物既无必要，也不可能，只有抓住事物的"共相"才是正道，"杂多"是为"一"而存在的；他还提出"整个算术和计算都要用到数……这就是我们追求的那种学问，它有双重用途——军事上的和哲学上的，……哲学家也要学，因为他必须

---

① ［英］希思：《希腊数学史》，秦传安译，上海三联书店2022年版，第61页。
② ［美］卢克·希顿：《数学思想简史》，李永学译，华东师范大学出版社2020年版，第33页。
③ 《礼记·乐论》中亦有"乐者，天地之和也"。

跳出茫如大海的万变现象而抓住真正的实质,所以他必须是个算术家"①;柏拉图还建议作为"哲学王"的统治者在20～30岁"要重视和精通算术,并且不应仅仅作为一种业余爱好,而必须从事研究,直到他们依靠心灵就能看到数的本质"②。一个生而自由的男人必须学三门课程:算数、测量学(几何)和天文学。在柏拉图学院的门口,至今还写着"不懂几何者不得入内"的箴言。③ 对柏拉图来说,数学是人们为了寻求必然性所必需的纯粹理智,它对于哲学,有三方面意义:(1)数学中的直观要素;(2)数学更准确地将定义概念化;(3)数学的程序方法。④ 它可以很好地回应"高尔吉亚之问",即无物存在,即使有物存在也无法认知,即使有所认知也无法言表,"数学将我们从对所有那些事物的根本无知中解放出来",所以数学是回应古希腊哲学不可知论的最佳工具。最后,柏拉图借助于数学阐发了他的"辩证法"思想史,其要义就是"一与多""有限与无限"等思想。"这是一种纯逻辑的、最深奥的研究……在他看来这种研究是哲学的最高点。"⑤这就进一步丰富了他的"理念论"。

古希腊哲学集大成者亚里士多德把数学与形而上学并列为"第一哲学",他首先指出毕达哥拉斯与柏拉图的区别:"(柏拉图)认为数在感觉之外,而(毕达哥拉斯学派)则认为数就是感觉的事物本身。"⑥然后他对数字提出了自己独到的见解,他在其《范畴篇》中把数字归并为"数量"范畴,关于数量,亚里士多德提出以下几个重要观点:(1)语言是一种数量,它是一种分离的数量(这一观点对我们今天发展数字经济至关重要);(2)数量没有相反者,也许有人会说,"多少"不是相反吗?但亚里士多德认为,这不是数量方面的而是关系方面的;(3)数量不容许有程度上的不同⑦;(4)针对柏拉图把"理念"与"数"相勾连,亚里士多德认为,首先理念和数不是事物的原因,至少不是动因。其次,理念和数本身是没有广延的(因为它是抽象的),数不能成为一个系列的动因或形式因⑧。他用数量涵盖数目,进一步扩展了人们对数字的理解,这不但在希腊哲学史上,而且在西方思想史上有着重要意义。最

---

① [美]克莱因:《古今数学思想(第一册)》,张理京、张锦炎、江泽涵译,上海科学技术出版社2002年版,第49-50页。
② [美]克莱因:《西方文化中的数学》,张祖贵译,商务印书馆2020年版,第48页。
③ 用柏拉图的话说就是"几何学将使灵魂趋向于真理,进而创造出哲学精神"。见[美]克莱因:《西方文化中的数学》,张祖贵译,商务印书馆2020年版,第49页。
④ [美]艾尔加·米勒:《柏拉图哲中的数学》,覃方明译,浙江大学出版社2017年版,第5页。
⑤ [德]黑格尔:《哲学史讲演录(第二卷)》,贺麟、王太庆等译,商务印书馆1960年版,第204-205页。
⑥ 叶秀山:《前苏格拉底哲学研究》,人民出版社1982年版,第67页。
⑦ [古希腊]亚里士多德:《范畴篇 解释篇》,方书春译,商务印书馆1959年版,第24页。
⑧ 汪子嵩:《亚里士多德关于本体的学说》,人民出版社1983年版,第90页。

后,在意大利学者维柯看来,"柏拉图和亚里士多德两人往往运用数学论证来说明他们在哲学上所讨论的问题"①,这更加例证了希腊哲学数字化的特征。另外,亚里士多德又正确地责备毕达哥拉斯派(恩格斯语):"用他们的数'他们并没有说明运动是怎样发生的,没有说明运动和变化怎么会有生成和灭亡或天体的状态和活动'。"②因此毕达哥拉斯的"数"就是一个"完全抽象的贫乏的原则",尽管这是个人见解,但毕达哥拉斯毕竟是人类历史上第一位著名数学家!

美国学者克莱因认为:"数学决定了大部分哲学思想的内容和研究方法。……而且为我们必须回答的人和宇宙的基本问题提供了最好的答案。"③的确,丰富多彩的古希腊思想是人类的瑰宝,但其中大多数由于受时代的限制,还达不到科学理性层级,唯有数学作为科学理性的代表流传于世。另外,希腊把数学从埃及、巴比伦只是服务于世俗生活的形而下的工具升华为形而上的哲学思考,数学从"粗糙的经验"转向"可证明"的公理,这对西方精神思想史的贡献特别巨大,以至于海德格尔认为"欧洲—西方历史范围内通过现代数学自然科学的展开而得以完成。现代数学自然科学的基本特征是技术因素,后者首先通过现代物理学在其新的本真形态中显露出来"④;荷兰学者戴克斯特豪斯也认为:"要求对自然现象做出精确的描述,而这只能使用数学语言,因为数学语言极为微妙和精细,足以使这种精确成为可能","数学主义认为,物理科学的最终目的在于用一组数学对象及其相互关系来描述自然,人对自然的一切可能认识都能以这种方式表达出来"。⑤ 按照李约瑟的观点:"实验、归纳法与自然科学的数学化,将一切原始形式一扫而空,以迎接现代的世界。"⑥恩格斯认为西方近代自然科学只是把希腊人"天才的直觉"转化为"以实验为依据的严格科学的研究",有了数学,人类才有了增长、发展的历史进步论,不管是商品交易、金融还是复式记账,都离不开数字与数学,总之,一切可以交易,一切可以量化,这就是西方现代性的本质,所以数学是撬动西方现代性必不可少的杠杆!

---

① [意]维柯:《新科学》,朱光潜译,人民文学出版社1986年版,第588-589页。
② 中共中央马克思恩格斯列宁斯大林著作编译局编译:《马克思恩格斯文集(第9卷)》,人民出版社2009年版,第432页。
③ [美]克莱因:《西方文化中的数学》,张祖贵译,商务印书馆2020年版,第22页。
④ [德]海德格尔:《同一与差异》,孙周兴、陈小文、余明峰译,商务印书馆2011年版,第149页。
⑤ [荷]戴克斯特豪斯:《世界图景的机械化》,张卜天译,商务印书馆2018年版,第16页。
⑥ [英]李约瑟:《中国古代科学思想史》,陈立夫译,江西人民出版社1980年版,第400页。

第四节　黑格尔的数字观

黑格尔对"万物皆数"的评价是积极的,"这种说法是大胆的:它一下子推翻了表象认为是存在的或本质的(真实的)一切东西,根绝了感性的本质,并且把本质设想为一个思维规定,虽然这个思维规定是很狭隘的和片面的"①,但他认为,毕达哥拉斯的数即实在的认识,属于观念论的早期阶段。"毕达哥拉斯学派所谓'数',并不是把握思想的适合工具","清澄明洁思想之光必求于思想的本身,断不能望之于勉强挪来的符号"。② 在他看来,贩夫走卒、市井里巷的算计,实在难以登上精神的大雅之堂,而他的《精神现象学》是研究如何发现、认识真理的,而要达到科学认识,离不开哲学认识、历史认识、数学认识等,其中特别是数学认识与哲学认识的关系,从而形成了其独特的数字观与哲学观,这是其精神现象学重要的核心内容。

一、数字的本质

黑格尔提出"数学的目的或概念是数量,而数量恰恰是非本质的、无概念的关系"③,"数不是感性的东西,也不是纯粹的思想,而是一种非感性的感性事物"④,这与哲学认识恰恰相反。"数学本质上是知性学科"⑤,但"形式的知性并不深入于事物的内在内容,而永远站立在它所谈论的个别实际存在之上综观全体,这就是说,它根本看不见个别的实际存在"⑥。这就是把感性的直观初步统一起来,日本学者柄谷行人认为:"在黑格尔看来,数处于概念和物之间。数是思想的开始。"⑦

---

① 中共中央马克思恩格斯列宁斯大林著作编译局编译:《马克思恩格斯文集(第9卷)》,人民出版社2009年版,第431页。
② [德]黑格尔:《哲学史讲演录(第一卷)》,贺麟、王太庆等译,商务印书馆1978年版,第95页。
③ [德]黑格尔:《精神现象学(上卷)》,贺麟、王玖兴译,商务印书馆1979年版,第32页。
④ [德]黑格尔:《哲学史讲演录(第一卷)》,贺麟、王太庆等译,商务印书馆1978年版,第196页。
⑤ [德]黑格尔:《哲学科学全书纲要》,薛华译,上海世纪出版集团2002年版,第157页。
⑥ [德]黑格尔:《精神现象学(上卷)》,贺麟、王玖兴译,商务印书馆1979年版,第41页。
⑦ [日]柄谷行人:《哲学的起源》,潘世圣译,中央编译出版社2023年版,第114页。

二、数字的内涵与特点

在黑格尔看来：(1)数是固定的，自我外化的。(2)数学本来是用于对空间与时间的哲学考察，"数学给人们提供可喜的真理宝藏，这些真理所根据的材料是空间与一"，黑格尔认为，"空间与一"是"僵死的"；事实上，数字还可以用来表达时间。(3)数字只有通过其"内在的否定性"而成为科学，"把自己完全交付给认识对象的生命，……去观察和陈述对象的内在必然性"①，它就有可能获得新生。说到底，在黑格尔看来，数字还是依附型的，只有依附于具体事物才有意义。

三、哲学认识与数学认识

在黑格尔看来，科学认识离不开哲学认识、历史认识与数学认识，而哲学是关于本质的科学。但哲学的探究离不开数学，"因为数学观念是介于感性事物与思想（普遍，超感觉的存在）之间的中介"②。而数学也离不开哲学，只有借助于哲学，数学才能更好地认识自然与宇宙。"如果没有哲学，它们在其自身是不能有生命、精神、真理的"③；如果说数学偏重于描述与揭示事物量变的过程与变化，那哲学就是把握质变规律的科学！数学把感性确定性上升至理性确定性进而通达真理性，数学认识是构成黑格尔认识论的重要工具与中介。策勒尔也认为"数学是感觉世界与纯粹精神世界之间的中介因素"④。而这些都受到康德的影响，他认为：哲学知识只在普遍中考察特殊，而数学知识则在个别中考察普遍，但仍然是先天的和借助于理性的。两种知识不同"实在此方式上之不同，而不在其质料或对象之不同"⑤。

总之，在黑格尔看来，数学只是关于计量的学科，并不涉及事物的本质（他不认可毕达哥拉斯的方法），"自然的关系或法则是不能够用这些枯燥的数来表明的。这些数是经验的关系，不能构成自然的尺度之基本特性"⑥。他甚至提出要建立"哲学数学"学科。尽管在他看来，数学在他的绝对精神面前显得如此渺小，但黑格尔

---

① ［德］黑格尔：《精神现象学（上卷）》，贺麟、王玖兴译，商务印书馆1979年版，第41页。
② ［德］黑格尔：《哲学史讲演录（第一卷）》，贺麟、王太庆等译，商务印书馆1978年版，第242页。
③ ［德］黑格尔：《精神现象学（上卷）》，贺麟、王玖兴译，商务印书馆1979年版，第52页。
④ ［德］策勒尔：《古希腊哲学史纲》，翁绍军译，山东人民出版社1992年版，第137页。
⑤ ［德］康德：《纯粹理性批判》，蓝公武译，商务印书馆1960年版，第503页。
⑥ ［德］黑格尔：《哲学史讲演录（第二卷）》，贺麟、王太庆等译，商务印书馆1960年版，第235页。

庞大的哲学体系的构建离不开数学思维。

第五节　数学的与时俱进——计算机信息领域的"数字"起源

在计算机信息领域，现代数字与古代数字之间的最大差异在于 0 和位值制记数法，0 和位值制递进序列关系的发明是数学史上一次伟大的变革，将一些无法解决的复杂问题都变得简易，也将计算的对象以及范围不断扩展。从十进位值制记数到二进位值制记数的转变是人类历史划时代意义的进步，尤其是 20 世纪中叶第一代数字电子计算机的诞生，将 0 和 1 的二进位值制记数运用到战争、经济、社会以及文化等领域，取得了历史性的重大突破。

一、十进位值制记数的起源与发展

十进位值制记数是人类最早的记数方式，也是人类迈入数字文明的开始。正是十进位值制记数进入人类的生产和生活，使得统计变得简易，马克思称我国古代的十进位值制记数法是"人类最美妙的发明之一"。

（一）十进位值制记数的概念

在数学计算领域，数值计算是最基本的数值计算方法。十进位值制记数最初是十进制，后来演化为二进制。十进位值制记数法包括十进位和位值制两条原则："十进"即满十进一，"位值"则是同一个数位在不同的位置上所表示的数值也就不同。所有的数字都用 10 个基本的符号表示，满十进一，0、1、2、3、4、5、6、7、8、9 为基本符号。同时，同一个符号在不同位置上所表示的数值不同，符号的位置非常重要。

（二）十进位值制记数的发展历程

世界上关于十进位值制的记数系统没有较大的差异，都是采取十进制记数，通常采用 10 个符号来表示某一事物或者某一对象的数量多少，人类的这一记数系统具有历史性的开创意义。

十进位值制记数法的起源在古代中国，可以追溯到公元前 3 世纪的春秋战国时期，在春秋战国时期延续下来的正整数乘法歌诀"九九歌"，即九九八十一乘法口诀。秦统一之后，颁发了统一度量衡制度的政令，度量衡的单位是十进制。后来到西汉末年,制订了全国通用的新标准,除了"衡"单位之外,统计基本上使用十进位制。十进位值制记数法对我国古代计算技术的发展起着重要的作用,简便易算成为十进制位值制记数法的优点。

在西方,十进位值制记数法最早出现在公元 7 世纪的印度,印度数学家在 662 年采用十进制[①],用十进制来标记事物的符号。印度的十进制由斐波那契传播到欧洲,他在著名的《算数书》中记载了印度的十进制记数系统。后来到 16 世纪,法国数学家韦达、荷兰数学家斯蒂文和苏格兰数学家纳皮尔[②],以 10 为基础来完善欧洲的记数系统。法国数学家韦达在 1579 年的《数学基础》中提倡采用十进制表示分数,如将 3.14 写成 3114,以十进制来表示数字与数字之间的关系。荷兰数学家斯蒂文在 1585 年的《十进位》中提出使用十进位分数来进行加、减、乘、除运算并得出正确答案,如 1/3 用小数符号 0.333 3 来表示。苏格兰数学家纳皮尔通过使用标有数字的算筹,简化了简单的乘法,来帮助学生理解算术。

自此,十进位值制记数成为世界各国普遍认可的记数方法,也成为人们进行数字表示的重要符号。直到现在,人们在计数时都运用 0～9 来对事物的数量进行统计计算,也逐渐形成了"逢 10 进 1"的规律方法。

(三)十进位值制记数法与机械计算器

与十进位值制记数法相对应的产生则是计数工具,它使人类更加便捷地统计较大的数值的加、减、乘、除。人类也进行了计数工具的发明与创造,在东方发明了算盘,在西方发明了帕斯卡计算器。

公元前 2 世纪,中国发明了用来计数的算盘。算盘最早将十进位实体化为计数工具,简化了计算和统计结果。在算盘上,规定个位、十位、百位、千位以及万位,都以 0～9 来进行上下拨动算盘,遵循着"十进一"的规律和口诀。几千年来,算盘成为中国人计数、经商以及贸易往来的重要工具,算盘后来传入日本、欧洲。可以说算盘是人类历史上计数工具的伟大发明,正是算盘让人类计数更加便捷、简易、高效,也成为中国传统经商文化的象征。

由于西方对十进制的使用时间比较晚,因此西方用十进制发明机械计算器也晚于中国发明算盘。最早的机械计算器是由法国数学家帕斯卡在 1642 年发明的,机械计算器的原理不复杂,它由上下两组齿轮构成,每一组齿轮代表一个十进制的

---

① [美]约翰·塔巴克:《数》,王献芬等译,商务印书馆 2008 年版,第 42 页。
② [美]约翰·塔巴克:《数》,王献芬等译,商务印书馆 2008 年版,第 45 页。

数字,在齿轮组的上方有对应的一排小窗口,每个窗口里刻了 0~9 十个数字的转轮,用来显示计算结果,如加法 24+17,把第一组最后两个齿轮拨到 2 和 4 的位置,第二组最后两个齿轮拨到 1 和 7 的位置,转动手柄直到转不动为止,齿轮带动有数字的小转轮运转,最后停的位置就可以得出计算结果。① 帕斯卡计算器在人类发展史上占有重要的位置,虽然存在很多不足,但它是人类历史上第一个自动的计算器,开创了自动化计算的先河,也为电子计算机的发明创造提供了技术基础。

二、二进位值制记数的起源与发展

世界上很多重大的科技发明进步,离不开经验的积累,这种经验积累到一定程度,就能够有新的发明创造。二进位值制记数的出现,是对十进位值制记数的改造,也为第一台电子计算机的出现提供了技术基础。

(一)二进位值制记数的概念

二进位值制记数改造了十进位值制记数,用 0 和 1 两个数码来表示数,它的基数为 2,进位规则是"逢二进一",借位规则是"借一当二",由 18 世纪德国数理哲学大师莱布尼茨发现。当前的计算机系统使用的基本上是二进制系统,数据在计算机中主要是以补码的形式存储的,计算机中的二进制则是一个非常微小的开关,用 1 来表示"开",0 来表示"关"。

(二)二进位值制记数的发展历程

二进位值制记数的发展演变历程,是伴随着计算机的发明与创造开始的。0 和 1 是计算机记数的基础单位,在计算机的编码与算法中将所有纳入记数的单位符号都用 0 和 1 来表述。0 和 1 的二进制起源及发展主要是来自莱布尼茨和布尔。

1679 年,莱布尼茨在对帕斯卡计算器进行改造时,发明了二进制。莱布尼茨的二进制发明与中国的《易经》八卦图有关,他在中国人的八卦以及从八卦衍生出的六十四卦中受到启发,把中断的短线变成 0,长线变成 1,这样就用 000000~111111,表示出 0~63 这 64 个整数,进一步将任意一个十进制数字通过 0 和 1 来表示,这就是二进制,并且二进制能够使用加、减、乘、除的方法。② 莱布尼茨的这一伟大发明创造使其对中国文化产生了深厚的感情,他在《论单纯使用 0 与 1 的二进制

---

① 吴军:《文明之光》,人民邮电出版社 2015 年版,第 93 页。
② 吴军:《文明之光》,人民邮电出版社 2015 年版,第 96 页。

算术兼论二进制用途以及伏羲所使用的古代中国符号的意义》中这样总结其二进制：这一单纯使用 0 与 1 的算术还是一把钥匙，这把钥匙可以打开中国一位古代皇帝与哲学家的线条符号，这位皇帝与哲学家名为伏羲。[①] 莱布尼茨虽然发明了二进制并改造了机械计算器，但是并没有将二进制用到机械计算器中，其改进的机械计算器仍然是十进制的。

将二进制用于机械计算器，并进行数学工具开关控制的电路实施，关键在于英国的布尔。布尔将代数与逻辑结合。在布尔看来，运算的元素只有两个：真和假，正好对应二进制的 1 和 0。基本的运算只有"与""或""非"，后来将三种运算转换成"与非"或者"或非"[②]，这一布尔代数也可以用于加、减、乘、除，更为重要的则是可以把一系列控制计算机操作的指令变成算术和逻辑运算，这样计算机就可以接受指令序列的控制。

自此，二进制和布尔代数既简化了十进制的机械运算，又实现了计数的自动化，更为重要的则是为第一台数字电子计算机的出现提供了符号编程和数学统计的基础。

三、划时代的数字化机器发明——第一台数字电子计算机的诞生

在二进制和布尔代数发明的基础上，为了战争的需要，美国宾夕法尼亚大学莫尔学院于 1946 年 2 月成功研发了世界上第一台数字电子计算机，名称为埃尼阿克（ENIAC），实现了 0 和 1 二进制开启计算的实体化。

（一）战争的需要

ENIAC 诞生在战火纷飞的第二次世界大战期间，主要是为解决美国马里兰州阿贝丁陆军试炮场的高射炮编制统计的问题，通过电子计算机将高射炮射程进行归纳计算。这台电子计算机由 1.8 万个电子管组成，重达三十多吨，运算速度为 5 000～10 000 次/秒，这在当时已经是非常先进的技术了，能够将传统的制表统计转向电子的存储计算，极大地提高了信息归纳、统计与执行处理的效率。第一代数字电子计算机的最初设想来自"控制论之父"维纳，维纳认为现代计算机应该是数字式，由电子元件构成，采用二进制，并在内部储存数据。

---

① ［德］莱布尼茨：《论单纯使用 0 与 1 的二进制算术兼论二进制用途以及伏羲所使用的古代中国符号的意义》，李文潮译注，《中国科技史料》2022 年第 1 期，第 56 页。
② 吴军：《文明之光》，人民邮电出版社 2015 年版，第 98 页。

(二) 冯·诺依曼和图灵对第一台电子计算机的贡献

"计算机之父"冯·诺伊曼在1944—1945年进一步通过对电子计算机的改造[1],来对电子计算机实行二进制,对计算机体系结构进行调整。其工作原理是将预先编好的程序和原始数据,输入并存储在计算机的主存储器中,计算机按照程序逐条取出指令加以分析,并执行指令规定的操作。在主存储器里,符号由十进制向二进制转换,是用"0"和"1"来表示。

随后,"人工智能之父"图灵于1950年在《思想》杂志上发表了一篇论文,提出了"计算的机器和智能",提出了机器模拟人的行为即"图灵机"。"图灵机"不是一种具体的机器,而是一种思想模型,可制造一种十分简单但运算能力极强的计算装置,用来计算所有能想象到的可计算函数。其基本思想是用机器来模拟人们用纸笔进行数学运算的过程,"图灵机"想象使用一条无限长度的纸带子,带子上划分成许多格子。格里画条线,就代表"1";空白的格子,则代表"0"。想象这个"计算机"还具有读写功能:既可以从带子上读出信息,也可以往带子上写信息。计算机仅有的运算功能是:每把纸带子向前移动一格,就把"1"变成"0",或者把"0"变"1"。"1"和"0"就是二进制的起源,指的是电路的关与开,这是电子计算机具有开创意义的判断,将十进制改为二进制,让电子计算机的速度与效率都得到了极大的提高。

(三) 世界上第一台电子计算机产生后的计算机发展

继世界上第一台电子计算机产生后,到现在已经经历了四代,所使用的电子元器件由电子管到晶体管,再到中小规模集成电路和超大规模集成电路,运算速度越来越快,体积越来越小,重量越来越轻,性能也越来越好,其核心性能并没有变,仍然通过以"0"和"1"的符号形式来对信息进行转换,将信息输入到计算机程序里,从而实现对信息的转换和输出。

伴随着世界上第一台电子计算机技术的影响与发展,中国在1958年研制成功国内第一台计算机——103型通用数字电子计算机,其运算速度为每秒1 500次,标志着中国数字计算机技术走出自主创新的关键一步,也标志着中国"数字"实现了实体化的转换。中国第一台电子计算机开启了信息技术处理的先河,告别传统的依靠数学统计的模式,而是用电子数字技术来对信息进行分类、归纳以及统计。与此同时,中国电子计算机也经历了电子计算机的元器件、中央处理器、芯片等性能的逐步提升,对数字信息处理的速度与效率都在提高,在世界电子计算机领域发

---

[1] [美] 冯·诺伊曼:《计算机与人脑》,甘子玉译,北京大学出版社2010年版,第10页。

挥着重要作用。

四、数出个新世界、算出个新未来

怀特海认为,"纯粹数学在近代的发展,可以说是人类性灵最富于创造性的产物";直觉主义代表海丁认为数学"只与心智的构造有关";而逻辑哲学的代表维特根斯坦则认为,数学是一种逻辑方法,"数学命题不表达思想"[①];近代西方哲学之父笛卡尔则发出"笛卡尔之问":"我特别喜欢数学,因为它的推理确切明了;可是我还看不出它的真正用途,想到它一向只是用于机械技术,心里很惊讶,觉得它的基础这样牢固,这样结实,人们竟没有在它的上面造起崇楼杰阁来"[②]。就像黑格尔评价笛卡尔哲学时认为"哲学在奔波了一千年之后,现在才回到这个基础上"[③],同样,数学在奔波了几千年之后,又回到了现实生活,笛卡尔预言了数字哲学化时代暂时终结,数字、数学即将为到来的技术化、工具化的时代服务。美国学者詹克斯认为:"在电子复制的年代,标志(icon 来源于希腊语,是表示宗教图像与复制品的一个词)的概念具有了特定的数字意义。"[④]古老的数学如何与时俱进,助力工业化、信息化时代? 美国学者迈克尔·德图佐斯认为:(1)用数来表示一切信息;(2)这些数以 1 和 0 表达,是指把一切信息转化成计算机可识别的"0""1",这个过程涉及数字的转换、存取、处理、传输、控制、压缩等技术;(3)计算机通过对这些数做算术来转换信息;(4)通信系统通过传送这些数来传递信息;(5)计算机和通信系统相结合而构成计算机网络——明天的信息基础结构的基础,而这些基础结构本身又是信息市场的基础。[⑤]

早期计算机就是数字处理机器,它按照计算与逻辑两大原则运行,以数字形式(比特)来处理和存储信息。而正式进入数字化时代,工业革命时代以微积分为代表的连续数学占主流的地位发生变化,离散数学的重要性逐渐被人们认识。离散数学是指研究非连续量的数学,它既包括集合论、数论、图论、计算群论等数学知识,又与计算机科学中的数据库理论、数据结构等相关,它可以引导人们进入计算

---

① [奥]维特根斯坦:《逻辑哲学论》,贺绍甲译,商务印书馆 1996 年版,第 95 页。
② [法]笛卡尔:《谈谈方法(第一卷)》,王太庆译,商务印书馆 2000 年版,第 7 页。
③ [德]黑格尔:《哲学史讲演录(第四卷)》,贺麟、王太庆等译,商务印书馆 1978 年版,第 63 页。
④ [美]詹克斯:《现代主义的临界点》,丁宁译,北京大学出版社 2011 年版,第 90 页。
⑤ [美]德图佐斯:《未来的社会——信息新世界展望》,周昌忠译,上海译文出版社 1998 年版,第 380 页。

机科学的思维领域,促进了计算机科学的发展。从理论上说:如果一个函数可以在规定的程序中通过有限步计算达到所需要的结果,那么这个函数就是"可计算的"。所以,"在广泛的意义上讲,任何一种形式的信息加工和信息的活动(包括大脑的思维活动中的信息加工和信息活动)都可以被看作一个计算的过程"①,人工智能时代对计算的需求呈几何级数增长,我国算力产业保持稳健发展,并且为拉动我国 GDP 增长做出了突出贡献,在 2016—2022 年,我国算力规模平均每年增长 46%,数字经济增长 14.2%,GDP 增长 8.4%。通过强大的数字化算力扩展了计算机多模态应用,既能实现文字、图像、视频之间的转换,又能实现物理世界的仿真与模拟。

从生产之境到数字之境,人们的生产生活方式发生了革命性变化,面对一个充满未知的、不确定的数字化时代,我们要积极应对。阿德勒在其代表作《自卑与超越》中把人生的意义比作一道数学难题,"正确的解答无法依靠运气与猜测,只能来自苦思冥想,来自坚定的信心与不懈的努力。很可能最终还是无法一劳永逸地得出完美的解答,但只要我们足够坚韧、足够有耐心,就能不断接近完美的解答"②。诚如恩格斯在《自然辩证法》中所说:"一个新的历史时期将从这种社会生产组织开始,在这个时期中,人自身以及人的活动的一切方面,尤其是自然科学,都将突飞猛进,使以往的一切都黯然失色。"③总之,数学从计算到精算再到超算,一路走来,每一步都带来了时代的跃迁,不但大大解放了生产力,而且帮助人们克服与战胜了各种风险与不确定性。叠加其他学科与技术,我们有信心应对未来的各种挑战,发展新质生产力,这或许是数字化时代生存的方式之一。

本章思考题

1. 如何理解"万物皆数"?
2. 古代数学与数字化时代的逻辑关联是什么。
3. 如何理解《易经》与"二进制"的发明对计算机语言的重要意义?
4. 十进位值制记数与二进位值制记数之间的联系与区别是什么?
5. 维纳对第一代电子计算机的贡献有哪些?

---

① 中国大百科全书总编辑委员会《数学》编辑委员会、中国大百科全书出版社编辑部:《中国大百科全书·数学》,中国大百科全书出版社 1988 年版,第 440 页。
② [奥]阿德勒:《自卑与超越》,山药译,民主与建设出版社 2017 年版,第 5—6 页。
③ 中共中央马克思恩格斯列宁斯大林著作编译局编译:《马克思恩格斯文集(第 9 卷)》,人民出版社 2009 年版,第 422 页。

6. 图灵机的运行原理以及规律是什么？
7. 文明起源中数字的地位与作用是什么？

本章阅读文献

1. [英]李约瑟：《中国古代科学思想史》，陈立夫译，江西人民出版社1980年版。
2. [美]克莱因：《西方文化中的数学》，张祖贵译，商务印书馆2020年版。
3. [德]黑格尔：《精神现象学（上卷）》，贺麟、王玖兴译，商务印书馆1979年版。
4. 曹础基：《庄子浅注》，中华书局1982年版。
5. [德]黑格尔：《哲学史讲演录（第1卷）》，贺麟、王太庆等译，商务印书馆1978年版。
6. [德]黑格尔：《哲学史讲演录（第2卷）》，贺麟、王太庆等译，商务印书馆1978年版。
7. [美]卢克·希顿：《数学思想简史》，李永学译，华东师范大学出版社2020年版。
8. [德]策勒尔：《古希腊哲学史纲》，翁绍军译，山东人民出版社1992年版。
9. [美]德图佐斯：《未来的社会——信息新世界展望》，周昌忠译，上海译文出版社1998年版。
10. [美]诺伯特·维纳：《控制论》，郝季仁译，北京大学出版社2007年版。
11. [美]诺伯特·维纳：《人有人的用处：控制论与社会》，陈步译，北京大学出版社2010年版。
12. [新西兰]杰克·科普兰、[英]乔纳森·鲍文、[英]马克·斯普雷瓦克等：《走近图灵》，江生、于华译，清华大学出版社2023年版。
13. [美]冯·诺依曼：《计算机与人脑》，甘子玉译，北京大学出版社2010年版。

第二章

改变人类生存世界的原子和比特

自原始人从物我一体的自然计划中觉醒,人类意识绵延,精神萌动,开始思考肉体与外部世界的关系,"把世界的存在理解为由两种连续的和相互包含的存在所构成:包含在神灵东西中的可感世界(可见世界)与包含在可感东西中的神灵世界"①。人类观念中的二重世界由此设立,人类思维中将世界二重化处理的习惯也由此逐渐写入人类文化基因,成为本能癖好。古希腊柏拉图的"可见世界和可知世界",中世纪奥古斯丁的"世俗之城和上帝之城",康德的"现象世界和物自体世界"莫不如此。

"世界在思维中的二重化",并不是简单的割裂和二分。它"一方面是世界的二重化,一方面又是来自两个不同方向统一世界图景的努力"②。原始人的直觉"能提供对于看不见的和感官不能及的力量的存在和作用的盲目信赖","在他们的表象中,感性世界和彼世合而为一"。③ 在原始思维中,肉体世界与灵魂世界、看得见的世界与看不见的世界、"现世"与"彼世"还是"互渗"的(布留尔语),是割而未裂、分而不开的。古希腊以降,人类开辟了两种认识世界的思维向度,描绘出两个世界,即经验的世界和超验的世界。经验世界之外的"这个超验的世界,在柏拉图那里是一个纯粹客观概念的世界,在亚里士多德那里是一个没有内容的纯粹形式的世界,在基督教哲学那里是一个神的世界,在近代理性主义那里是一个主观思维的框架,

---

① 张雄:《历史决定论的寻根——关于原始思维中历史决定意识的思考》,《社会科学》1992 年第 10 期。
② 颜晓峰:《世界的二重化与哲学的演化——对"拒斥形而上学"的思考》,《哲学研究》1989 年第 8 期。
③ [法]列维-布留尔:《原始思维》,丁由译,商务印书馆 1981 年版,第 375-376 页。

在黑格尔那里是一个绝对精神的王国"①。费尔巴哈和尼采则对这种贬低经验世界的形而上学给予了不同视角的批判。哲学史上的先哲们,或者各执一端,或者企图将二重化的世界缝补到一起,但总是毫无例外地看到二重化的世界。

这种文化基因,或者称本能癖好,源于人急于挣脱当下现实存在,拥抱未来理想存在的一种生命能量。马克思以生存实践的观点,消解了二重世界外在对立的假象。他认为,既往哲学之所以二重化看世界,正是源于人的生存实践,而经验和超验"都是在人的生存实践这一感性对象性活动中分化开来又贯通整合在一起的","人的对象性实践既依赖对象又超越对象,从而既规定自身又突破这一规定"。② 所以,从生存实践的视角去看,"经验和超验本来就不是两立的,人也只有一个虽然充满矛盾却统一的生存世界"③。

当下,数字化生存的人类重又面临着新的二重世界,即真实世界与虚拟世界。而要澄明两个世界的合理区分和内在整合,"要了解'数字化生存'的价值和影响,最好的办法就是思考'比特'和'原子'的差异"④。

第一节 原子:真实世界运动的基本粒子

真实世界是可感知的经验世界,在那里,"物是生活的栖息地","它们支撑着人类生活"。⑤ 数千年文明历程里,人类对于大地和天空,对于天地之间看得见摸得着的物有着孜孜以求的探索,进行着不断的观察、思辨和猜想。在世界的本原探索中,古希腊的"原子论者非常幸运地想出了一种假说,两千多年以后人们为这种假说发现了一些证据",并从原子的哲学观念导引出一系列的科学概念,进而构筑了理解真实世界的宇宙观。虽然"他们的信念在当时缺乏任何稳固的基础"⑥,但是无碍于他们对真实世界的积极理解和客观把握。

"他们认为,世界的本原是原子,原子是宇宙万物存在的基本单位。原子含义有三:'不可分''不可入''不可变'。世界由它而充盈,由它而变化,由它而解释。

---

① 石峰:《马克思哲学对"世界二重化"理论的破解》,《沈阳师范大学学报》2016年第3期。
② 张曙光:《生存之维:经验视域与超验视域的分化与融合》,《天津社会科学》2000年第1期。
③ 张曙光:《生存之维:经验视域与超验视域的分化与融合》,《天津社会科学》2000年第1期。
④ [美]尼古拉·尼葛洛庞帝:《数字化生存》,胡泳、范海燕译,电子工业出版社2017年版,第2页。
⑤ [德]韩炳哲:《非物:生活世界的变革》,谢晓川译,东方出版中心2023年版,第3—4页。
⑥ [英]罗素:《西方哲学史(上卷)》,何兆武、李约瑟译,商务印书馆2020年版,第88页。

古希腊的原子论在近代自然科学物理学和化学的研究下,尤其是牛顿力学的解读下,真正形成了以自然哲学为底板的人类认识世界、改造世界的宇宙观。"[1]

一、哲学的原子与科学的原子

在回溯原子论及其如何构筑了真实世界之前,有必要对"哲学的原子"和"科学的原子"进行一个相互照鉴的反思和追问,也即对原子的哲学观念和科学概念进行一次分说、厘清和界定。

20世纪初,英国物理学家卢瑟福与他的合作者们进行了 α 粒子轰击金箔的实验,并据此提出了卢瑟福原子结构模型(又称有核原子模型)。他们指出原子内部另有乾坤:带正电荷的微粒集中在原子中心,体积很小、质量很大;原子内有较大的空间;外围有带负电荷的微粒环绕。卢瑟福的研究,在物理学界和哲学界引发了种种认识论的幻象:"原子"不见了,物质消失了,唯物主义破产了!针对这一现象,列宁从马克思主义生存实践观出发,给出了物质的经典定义:"物质是标志客观实在的哲学范畴,这种客观实在是人通过感觉感知的,它不依赖于我们的感觉而存在,为我们的感觉所复写、摄影、反映。"[2]在马克思主义经典作家那里,"物质是标志着客观实在的哲学范畴,是对一切在生活实践中可从感觉上直接或间接地感知的事物的共同本质的抽象,因而它既包括一切可感知的自然事物,也包括可感知的感性的人的活动即实践活动;这种客观实在独立于我们的意识,为我们的意识所反映"[3]。王南湜称这体现了"自然观与历史观""唯物论与辩证法""本体论或存在论与认识论"的内在统一。[4]

经由原子的被打开,"哲学的原子"和"科学的原子"经历了一个一而二、二而一的认知发展过程。哲学的原子是超验的存在,是哲学家思辨的产物,是万物从中而生又复归于它的始基和质料,具有不可分、不可入、不可变的特性。这种超验之物不可感知,却又源于感知。哲学家观察到事物的变化,比如水滴石穿、铁犁磨损等现象,并将其作为思辨对象,创立了哲学原子论。虽然他们也有关于原子体积、形

---

[1] 张雄:《"数字化生存"的存在论追问》,《江海学刊》2022年第4期。
[2] 中共中央马克思恩格斯列宁斯大林著作编译局编译:《列宁选集(第2卷)》,人民出版社1995年版,第89页。
[3] 王南湜:《马克思主义哲学的物质概念》,《哲学研究》2006年第9期。
[4] 王南湜:《马克思主义哲学的物质概念》,《哲学研究》2006年第9期。

状、重量等特性的规定性,但同样不是源于经验的感知,而是源自超验的思辨。这种思辨不同于脱离真实世界的冥想或玄想,因而具有某种科学的性质,并启发了科学原子论的发展。哲学家罗素对于原子论者给予了相当的肯定,称他们"避免了大部分希腊的冥想所常犯的错误"[1]。科学的原子则是经验的存在,是科学家实验的发现,是构成物质的"分子-原子"结构中的微观粒子,其根本特性是质量,且具有内部结构。同样,这种经验又是对超验的哲学原子论的实验求证,是原子的哲学观念在取得长足发展的主体认知手段的加持下获得的科学成果。在科学原子论的规定中,物质由分子构成,分子又由原子构成。分子是物质保持其化学性质的基本单元,单质分子是由相同元素的原子构成,化合物分子则是由不同元素的原子构成。原子的根本特性是质量,不同的原子具有不同的质量。原子内部不仅具有复杂的结构,而且蕴藏着巨大的能量。

科学的原子被发现、被打开,并不是哲学原子猜想的证实、证伪过程,并没有解构哲学的原子。原子论从哲学思辨到科学实验的发展,"不是科学对哲学的简单否定,而是科学对哲学的充实"[2]。哲学原子论虽然是主观推断,但积极地从自然本身为其理论确立寻找依据和注解,是从理性思考与猜想——而不是脱离现实的冥想和自圆其说——来理解和解释世界的。用马克思主义哲学的话语表述,哲学原子论正是因为关注了主客统一问题,才具有合理性,才能够跨越千年时空启迪了近代科学原子论的发展。原子的哲学观念和科学概念并不矛盾,我们不应当执此拒彼。哲学的原子观念依然是理解和把握真实世界的工具。在这个意义上,"原子"还在,物质并没有消失。我们依然可以说"原子是宇宙之砖,是构成真实世界的始基"[3]。

二、德谟克利特的"原子与虚空"理论

论及哲学原子论,当属德谟克利特[4]的"原子与虚空"理论最具有时空穿透力,在千年之后仍然广被提及,引发联想。德谟克利特相信,万物都是由原子构成的,原子在物理上是不可分的,原子之间存在着虚空,原子在虚空当中永远运动着,原

---

[1] [英]罗素:《西方哲学史(上卷)》,何兆武、李约瑟译,商务印书馆2009年版,第86页。
[2] 马正兵、杨胜:《从哲学思辨到科学实验——原子论的发展历程与启示》,《湖南社会科学》2007年第2期。
[3] 张雄:《"数字化生存"的存在论追问》,《江海学刊》2022年第4期。
[4] 罗素将原子论的创始者认定为留基波和德谟克利特二人,并在很大程度上对二人观点未作区分。一方面是因为很难区分,另一方面则是他认为无须强作区分。

子的运动导致了世界万物的生灭变化。

德谟克利特的原子论是对世界本原追问的回答,他"企图调和以巴门尼德与恩培多克勒分别为其代表的一元论与多元论而走到了原子论"[1]。在巴门尼德那里,世界的本原是超验的"一","一"是至大无外的物质实体,经验世界的一切都被拒斥为单纯的幻象;而在恩培多克勒那里,世界是由"土、气、火、水"四种永恒的元素构成,不同比例构成了不同的物质,同样永恒的"斗争和爱"造成了物质世界的变化。原子论者企图调和这二者,提出"原子和虚空"是世界的本原。他们承认事物的生成与毁灭,也承认运动与事物的多重性,他们认为世界被一种"多"所充满,这种多是"为数无穷而体积极小"的粒子,也就是后来我们称为的"原子"。

"原子的希腊文原意是不可分割性,它被用来表示充实的最小微粒。"[2]可见,科学的原子似乎是从哲学那里借来的一个概念,用以指代那个经验世界的粒子。而这个借用貌似是一种误会,就像哥伦布对印第安人的称呼一样。哲学的原子至小无内,在物理上不可分、不可入。这一超验的存在,在经验世界里尚无完美的对等物,而科学的探寻既未证实,也未证伪。在原子论者那里,原子的数量和种类都是无限的,原子具有形状、大小、热度、重量等特性。原子本身是永恒不变的,"事实上原子就是一个巴门尼德式的'一'"(罗素语),原子内部没有虚空。

原子论者认为,原子之外存在虚空,或者讲,世界除了原子之外就是虚空。为了与经验世界的变动不居和世间万物的生灭变化相契合,原子论者相信原子在虚空中永恒运动,原子联合,物质由之生成,原子分离,物质由之毁灭。这相当于"承认某种非物体的东西(虚空)的存在"(贝莱语),相当于指认"一个事物可以是实在的而又并不是一个物体"(伯奈特语)[3]。所以,在这个意义上,"虚空"和"原子"一并成为世界的本原。

三、伊壁鸠鲁对德谟克利特原子论的发展

德谟克利特之外,哲学原子论中不得不提及的是伊壁鸠鲁对德谟克利特原子论的发展。伊壁鸠鲁"追随着德谟克利特相信世界是由原子和虚空构成的;但是他

---

[1] [英]罗素:《西方哲学史(上卷)》,何兆武、李约瑟译,商务印书馆2009年版,第86页。
[2] 马正兵、杨胜:《从哲学思辨到科学实验——原子论的发展历程与启示》,《湖南社会科学》2007年第2期。
[3] [英]罗素:《西方哲学史(上卷)》,何兆武、李约瑟译,商务印书馆2009年版,第90页。

并不像德谟克利特那样相信原子永远是被自然律所完全控制着的"。他引入了"原子偏斜运动","他的原子具有重量,并且不断地向下坠落;但不是朝向地心坠落,而是一种绝对意义的向下坠落。然而,一个原子时时会受到有似于自由意志的某种东西的作用,于是就微微地脱离了一直向下的轨道,而与其他的原子相冲撞"。①

伊壁鸠鲁的发展看似无关紧要,甚至被西塞罗称作"极其幼稚的幻想",被黑格尔称作"最任意因而也是最无聊的",被罗素评价为"颇不高明"。但是马克思发现了其思想的价值,指认了其与德谟克利特原子论的本质差别,并称"伊壁鸠鲁的原子偏斜运动改变了原子王国整个内部的结构"②。正如罗素所主张的,德谟克利特的原子论是严格的决定论,它意味着世间万物是遵循自然律而发展的,连灵魂都是由原子构成的。而伊壁鸠鲁的原子论则经由原子偏斜运动的引入,决然站立在非决定论的领地。在德谟克利特那里,一部分原子做强制的直线运动,另一部分原子做强制的排斥运动;在伊壁鸠鲁那里,原子的运动有直线运动、偏斜运动和排斥运动。"在非决定论的框架下,所谓的直线运动、偏斜运动、排斥运动不是原子的三种相互独立的运动形式,即不是说,原子中的一部分做强制的直线运动,另一部分做自由的偏斜运动,其余的做强制的排斥运动;而是说,真正属于原子的只有自我碰撞即自由排斥这一种运动,而上述三种运动事实上是这同一个运动的三个环节:偏斜的前提、偏斜本身、偏斜的完成。"③在这个意义上,甚至可以说,伊壁鸠鲁的原子论是对德谟克利特原子论的反叛。

即便退一步讲,原子偏斜运动的引入,也令偶然性跻身于必然性同等重要的地位。伊壁鸠鲁的原子论给自由留了一席之地,其"原子偏斜运动"的理论高扬着对偶然性和自由意志的重视,体现着对物质的内在矛盾的理解和对物质运动多样性的解释。因此,有学者称"现代物理学以统计的决定论取代了机械的决定论,基本粒子研究中发现了粒子的多种运动状态,这一切都说明伊壁鸠鲁的理论比德谟克利特的理论更为合理"④。恩格斯也指出:"伊壁鸠鲁就已经认定原子不仅在大小上和形态上不相同,而且在重量上也不相同,也就是说,他早就按照自己的方式认识

---

① [英]罗素:《西方哲学史(上卷)》,何兆武、李约瑟译,商务印书馆 2009 年版,第 270 页。
② [德]马克思:《德谟克利特的自然哲学和伊壁鸠鲁的自然哲学的差别》,贺麟译,人民出版社 1961 年版,第 24 页。
③ 汪信砚:《马克思论伊壁鸠鲁哲学中偏斜与自由的关系》,《北京大学学报(哲学社会科学版)》2015 年第 1 期。
④ 周义澄:《马克思对古希腊原子理论的研究》,《复旦学报(社会科学版)》1983 年第 4 期。

了原子量和原子体积。"①

四、牛顿的自然哲学所理解的原子世界

如果说哲学原子论者所描述的世界还是超验世界,牛顿的自然哲学则在超验世界和经验世界之间架起了一座桥梁,或者说在人类心智当中植入了某种教条,使其在面临生活世界的时候也带有原子的烙印。他以天才之力把小到原子,大到天体的真实世界统摄到理论体系当中。其质点力学直接继承和拓展了哲学原子论的传统,他甚至将经验世界的物体抽象成质点,即有质量的空间点位或粒子。这种抽象强调质量特征的同时,也抽象掉了物体的体积及其他一切特征。这在某种程度上是在研究物体相互作用时,将物体当作原子来处理。这样一来,我们周围的经验世界也被注入了原子的影子,不仅在发端于道尔顿的"原子-分子"理论所解释的物的微观构造层面上,而且在物的整体层面上,我们的经验世界也随之原子化了。换句话讲,让我们对于经验世界的感知也染上了原子印象的教条。

与牛顿一样,从道尔顿和阿伏伽德罗到汤姆逊、卢瑟福、玻尔的近代科学原子论者也延循着哲学原子论的传统快速迭代和蓬勃发展,这无不彰显着古希腊哲学原子论"天才的直觉的影子"。科学史家科瓦雷在对科学发展所影响的"我们的世界"表示忧虑的时候,甚至将牛顿与"一般的近代科学"等同起来,一并放在需要对此负责或者接受批判和审视的位置上。科瓦雷指出:"牛顿的世界……由三种要素所组成:(1)物质,即无数彼此分离和孤立的、坚硬的、不变的——但互不相同的——微粒;(2)运动,这是一种奇特的悖论式的关系状态,它并不影响微粒的本质,而只是把微粒在无限的同质虚空中传来传去;(3)空间,即那种无限的同质虚空,微粒(以及由微粒构成的物体)在其中毫无阻碍地运动。"②科瓦雷所谓的"牛顿的世界",赫然就是一个原子世界。因为在这里,不光物体被抽象为质点,具备原子的各种特性,物体(原子式的质点)运动的空间也被对标成虚空。虚空的引入,使"物质的不连续性和空间的连续性同时对立统一起来"(科瓦雷语)。

当然,19世纪后期的"两朵乌云"问题——黑体辐射和以太漂移,催生了非经典

---

① 中共中央马克思恩格斯列宁斯大林著作编译局编译:《马克思恩格斯选集(第4卷)》,人民出版社1995年第2版,第285页。
② [法]亚历山大·科瓦雷:《牛顿研究》,张卜天译,商务印书馆2016年版,第16页。

物理学的长足发展，相对论和量子力学已经在牛顿体系之外行走得相当深远了。"质量"之外，"能量"被发现。即便如此，"原子"的影子也仍旧蔓延在我们的生活世界。经验的世界（对真实世界的感性认识）和超验的世界（对真实世界的理性认识）尚且弥而未合，新的二重世界——虚拟世界与真实世界——已经扑面而来。

第二节　比特：虚拟世界运动的基本单位

新的世界二重化，发端于比特的出场。比特不是原子，也不属于物质，它"没有颜色、尺寸或重量，能以光速传播。它就好比人体内的 DNA，是信息的最小单位"①。而信息，是与物相对的概念，正如媒体理论家维兰·傅拉瑟所指出的，"非物全方位地涌入我们的周遭世界，它们正驱除着物。人们称这些非物为信息"②。真实世界是物的世界，原子是真实世界的基本粒子；虚拟世界则是信息的世界，比特是虚拟世界的基本单位。比特的出场，从根本上改变了我们的世界。哲学家韩炳哲甚至称："数字化秩序在今天接替了大地的秩序。数字化秩序让世界变得信息化，由此它祛除了世界的物化。"③

这也许道出了比特出场带来的断裂，让世界的本质属性发生了根本转变，但我们不应忘记，比特世界是建基在原子世界之上的。非物世界，显然不是无物的世界，数字化还远没有到横扫一切的程度。在当下以及可以想见的未来，更一般的或许是原子与比特共生，虚拟世界与真实世界同在。或者更进一步地讲，是信息对物的嵌入，而不是取代；是"硬件对软件的恭顺"（韩炳哲语），而不是被消灭。这使得赋予信息以获得"灵魂"的物，能够摆脱受动或被动状态，成为能动或智能的存在，从而使人类的精神能动性从意识进入存在，提升对物的调动能力，从而极大拓展和丰富了人类的生存世界。

一、从数据到信息："1"和"0"构筑的比特世界

比特是数据存储的最小单位，在二进制系统中每个"1"或"0"就是一个比特。

---

① ［美］尼古拉·尼葛洛庞帝：《数字化生存》，胡泳、范海燕译，电子工业出版社2017年版，第5页。
② ［德］韩炳哲：《非物：生活世界的变革》，谢晓川译，东方出版中心2023年版，第3-4页。
③ ［德］韩炳哲：《非物：生活世界的变革》，谢晓川译，东方出版中心2023年版，第3-4页。

二进制系统中也只有"1"和"0"两个数字,1代表有脉冲信号,0代表脉冲间隔,"1"和"0"一起,可以表示一切可以数字化的信息。当然,每一条信息的位数可能不同。比如《数字化生存》的扉页上写着"献给伊莲 我的数字化生活她整整忍受了11111年"。在这里,尼葛洛庞帝使用了占位5个比特的数字化语言"11111",来表示他们共同经历的"31"个年头。

除了最基本的数字之外,当下计算机的语言(或二进制的语言)已经得到了极大的丰富。正如尼葛洛庞帝在《数字化生存》中所指出的,"比特一向是数字化计算中的基本粒子,但在过去45年中,我们极大地扩展了二进制的语汇,使它包含了大量数字以外的东西。越来越多的信息,如声音和图像,都被数字化了,被简化为同样的1和0"[1]。比如图像,我们大概见过黑白双色的拼图,就是只用纯黑或纯白的小方格,拼就一幅人物肖像画。把黑白图像转化成计算机语言的方法大抵如此,首先在图像上打出格子,然后记录每个格子的灰度:如果把全黑设为1,全白设为255,那么任何明暗度的灰色都可以用1~255的数字来表示,二进制的表示则是00000000~11111111的一个数字,占位8比特。[2] 如果打的格子足够多,我们就可以复刻出肉眼难辨的图像。如果格子少一点,则会因为线条不够连续而出现颗粒感,图像也就不够清晰,我们通常会说像素不够。这种以不连续的像素复刻连续的图像的方法,能够将很多种类的信息转化成数字,这也就是我们所谓的数字化。

除了黑白之外,比特还可以描摹很多信息状态。比如开关、真伪、上下、出入等。尼葛洛庞帝甚至基于这种以二进制的1和0描摹信息的特点,称"比特是一种存在(being)状态"。这样一来,经由数字化,人类的生存世界被极大地丰富和拓展了。一方面,在比特世界里,物的位置被非物取代,比特取代原子成为直连感觉的存在,人不再需要对实存的物质进行"复写、摄影、反映",就可以有感觉,进而感性认知和体验可以依恃信息,而无待于物。退一步讲,比特和信息盘踞在比原子和物更接近人的位置,幻化出了一个新的比特世界。另一方面,依托物联网、云计算和3D打印等技术,物经由信息的嵌入而变得能动和智能了,人在比特世界寻得了自身代理人,将自身连同生存世界一起数字化了,进而不断拓展着比特世界的疆域。

因此,比特世界越来越丰富,疆域越来越大,但归根结底,是为数众多的"1"和"0"的排列组合。

---

[1] [美]尼古拉·尼葛洛庞帝:《数字化生存》,胡泳、范海燕译,电子工业出版社2017年版,第5页。
[2] 所以,如果前面用"11111"表示31会让人觉得比特的信息密度较小的话,这里一个8比特的信息,可以表示黑白之间的256个灰度层次,就会让人觉得比特的信息密度较大了。

二、比特的存在与传播：精神意向的新质料

"1"和"0"构筑的比特世界，是纯然属人的世界，充盈着人的意识和精神能动性。这里我们不禁想起胡塞尔的著名命题："意识总是关于某物的意识。""这个说法有两重含义：一重含义是意识构造对象，另一重含义是意识指向对象。"[①]比特世界是信息的世界，是非物的世界。在这里，意识和精神所构造或指向的对象有了新的内容。而作为精神现象的意识，便获得了新的质料。这种新的质料（比特）相对于原子有三个方面的根本差异。[②] 首先是比特和原子代表了不同的宇宙观。原子宇宙观是以万物始基论、原子创构论、物性实体论、机械运动论等为抽象教条的，而比特宇宙观则以虚拟、精神意象、信息流变等为抽象形式。从认识论的角度看，原子世界的人是无法把握物自体的全部信息的；比特世界的人不仅可以借助比特再现"世界1"，而且可以创构"世界2"和"世界3"。其次是比特世界的存在论原理迥然不同于牛顿式的原子世界。比特具有强大的活力和自我颠覆能力。"思中之物"通过想象、创意、意识的驱动，形成自觉的设计图形，有选择的信息变成有方向的运动，在比特信息包的承载下，在互联网信息传递系统中，以各种不同路径传递并精算。最后是人类实践在比特世界有着全新的行为特征。直觉、想象、创意等因素取代经验、习俗和惯例，成为人类行为的驱动力。人性中社会化和私向化的矛盾更趋明显。

这种新的意识对象赋予了精神意识以更大的自由度、更强的任性。这直接导致了两个结果。一是，在比特世界，意识造物成为可能，意识能动性更加凸显。当然这里的"物"，实为"非物"，仅指相对于意识主体性而言的客体，在比特世界里表现为比特构筑的数据和信息。比如一件雕塑的尺寸、光影和线条，一个待装潢房间的设计图纸，这些都是数据；而信息则是可以数字化的物品，也就是计算机可以读写的数字化数据。这些完全可以经由人的想象和创意而从无到有地产生。产品研发阶段"哲学意象性的'对象化''物化''给予''指向''选择'等特征，贯穿其中"[③]。之后，产品在原子世界出现之前，还有很长的路要走。而在比特世界，有创意就够了，"只有想不到，没有做不到"。最近爆火的Sora完全说明了这种可能性所蕴含的

[①] 倪梁康：《现象学背景中的意向性问题》，《学术月刊》2006年第6期。
[②] 张雄：《"数字化生存"的存在论追问》，《江海学刊》2022年第4期。
[③] 张雄：《无形经济：一个值得深究的经济哲学问题》，《哲学研究》2024年第3期。

现实性。当然，借助 3D 打印技术，这些数据和信息也能够被打印成物质实体，成为原子世界的物。不过这个打印过程并非无中生有的过程，只不过是比特对于原子的安排。更接近于熊彼特所谓的"创新"，是新的组合。二是，比特传播面临着悖论，信息到知识的转变方式重新定义着传播。比特的编码与解码、压缩与解压、传播与接收，既是技术问题，更是哲学问题。意识指向性在比特世界发挥着巨大而微妙的作用。比如，可以无限提升带宽和压缩比例以获得尽可能多的信息传播，但是尼葛洛庞帝称对某人发射更多的比特，并不比开大收音机的音量以获取更多信息的做法更有道理或更合乎逻辑，智慧可能在比特传播的两端出现，也可能通过特殊的编码达到极大缩减需要传播的比特数。这是多与少的悖论。再比如，2023 年 12 月 1 日生效的《食用农产品市场销售质量安全监督管理办法》，明令禁止商家在销售生鲜食品农产品时使用"生鲜灯"。通过照明而改变商品的颜色，这在比特世界将更加容易实现，不需要借助任何物，仅修改一下参数即可实现，比如视频中的美颜。这是美与丑、善与恶的悖论。

三、比特的光速运动：虚拟世界的时间被压缩

2014 年，克里斯托弗·诺兰导演的《星际穿越》上映，票房和口碑都不错。剧中最令人叫绝的科幻剧情，要数时空弯曲导致的虫洞和黑洞了。这在原子世界尚属未被证实的理论猜想。而在虚拟世界，由于比特的光速运动，时空有着不同于真实世界的特征。最常见的，我们的通信界面，时间标签有着不同程度的压缩，时间的刻度并非如卷尺般均匀排布。你看到的未读消息的时间轴可能是 5 秒钟之前、15 分钟之前、3 个小时之前、昨天、3 个月之前。当然，如果你想进一步了解详细的时间，它就会打开给你一个精确的刻度。这种处理方式，是界面在有意节约用户的注意力，在自动传递它认为你需要的最少的比特。虚拟世界的时空压缩远比科幻电影来的任性而神奇。

首先，比特的光速运动使虚拟世界的时间可以被任意地压缩和延展。我的屏幕上同时打开了多个界面，一边看着《数字化生存》的电子书，一边听着周杰伦的线上演唱会，偶尔还回复一下微信消息。我一心多用地做着自己的事情，同时跟几个人继续着谈话和交往，还能如亲临现场一般跟着周杰伦哼唱一下《双节棍》。我们在此处，同时又在彼处。这种时空重叠的多维在场性，在原子世界是不可想象的。而如果说这个场景看着舒适而悠闲，那么想一想那工作群里消失了的上下班时间，

想一想那为了学生24小时待机的高校辅导员,这种无限延长了的工作时间,在原子世界也是不可能的。

其次,比特的光速运动,叠加带宽升级,造成了信息爆炸。"比特的光速运动直接带来了信息量的放大,使个人主体对社会空间的好奇和体验越来越广泛,交往的社会化兴趣越来越浓厚,想象力也越来越丰富。"[①]相伴而来的,还有注意力的稀缺。对于生产者而言,产品价值主张的传递、营销渠道的拓展、广告宣传的投放,都需要瞄准目标消费者的注意力。而对于消费者而言,娱乐、工作、交往、消费的数字化极大地占据和分散了各种感官的注意力,眼睛和耳朵都被充满了。加之有些商家和平台,从心理学和人性论的角度下足了功夫,不断寻求对消费者注意力的拿捏,使人不知不觉地就消耗了大半天时间。注意力越来越稀缺。

最后,比特的光速运动,取缔了物的绵延特性,代之以信息的即时性,经济不再具有流通环节而产销一体化了。绵延的物性给人以安定,因为物以一成不变的稳定性造就某种连续性的印象,让人类生活得以栖息。而信息霸占了人类的栖息地,以光速运动的原子激荡着人类越来越焦躁不安的灵魂,感受和情绪取代理性成为行为的指引。在这里,信息的消费不同于物的消费,一方面它是体验式和感受性的,充满了情绪化表达与反馈,是群氓式的任性和随性;另一方面它是即时性的,信息生产出来的同时就被消费,没有交换和流通环节,比特的传输极快,导致信息的传播从根本上不同于原子世界的信息传播。

第三节　虚拟概念对虚空概念的超越

至此,我们可以做一个简单的总结。原子是真实世界运动的基本粒子,原子在虚空中永恒运动着,原子构成的物也在物理空间变动不居地运动着,但是从人的感性层面看,与原子的永恒运动不同,物具有某种时间的绵延形式和物理的稳定性质,作为商品的物只有通过运输和流通,才能连接生产和消费。比特是虚拟世界运动的基本单位,比特光速运动,压缩了时间,比特组成的信息有着传播学意义上的激荡躁动,牵扯着人类的注意力和情绪。

我们很容易进入下一个追问:比特在哪里运动?这带来了对空间的反思,直接

[①] 张雄:《"数字化生存"的存在论追问》,《江海学刊》2022年第4期。

指向了两个问题域：一个是物理的存储空间，另一个是网上的运动空间。前一个是技术问题，后一个则会触及哲学的概念。如果被问及邮件地址，你不会告知对应的服务器在哪个房间里（即便你知道，往往我们是不知道的），而是会告知一个可以填写在邮件"收件人"栏的字符串。只有思考保护或者消灭比特（当然，只有在人机大战的科幻电影里才有消灭比特的情景），我们的思维才指向那台服务器及其存在环境。比如是否无尘、电力和电源保障、温湿度等条件，是运维数据服务的基础。2018 年，苹果中国用户的 iCloud 数据存储由美国迁移到中国贵州，就是一个涉及数据安全的技术层面的问题。我们在这里主要讨论另一个，这涉及虚拟概念对虚空概念的超越。

一、作为原子运动场域的虚空

我们不得不重新回到德谟克利特和牛顿那里，对虚空进行一次跨越时空的审视和追问。德谟克利特认为"原子和虚空"作为世界的本原，原子在虚空中运动。德谟克利特的虚空概念是服务于原子运动的，是要在逻辑上解决原子运动的问题。原子论的提出，使世界的本原探索从时间的溯源走向空间的解构。原子不同于巴门尼德的"一"，因而不可以如混沌一般内在生成而发展变化，原子的运动必然是外在的，是在没有原子的空间场域完成的。这个原子运动的场域便是虚空（一说空无，如叶秀山），虚空是实存着的，就像实存的原子一样，都是存在，而不是不存在。

在牛顿那里，物体也在虚空中运动。牛顿力学体系对虚空概念的引入（其实已经在不同于原子论者的意义上使用虚空的概念），真正把物质的不连续性和空间的连续性对立统一起来，这一点上他比笛卡尔要更进一步。科学史家科瓦雷称其为"具有决定意义的天才步骤"。这样一来，牛顿的原子世界就变得舒展而广袤了。"这是一个无限的虚空，仅有非常小的部分——无限小的部分——被物质、物体填充或占据。这些物体冷漠而且彼此分离，在无界无底的深渊中完全不受阻碍地自由移动。"[①]但是，牛顿的原子世界不是巴门尼德式的混沌世界，因为有万有引力定律将所有的物体关联起来，这种关联统摄一切，小到原子，大到天体，当然也包括我们经验世界可感的一切，以及周遭世界可以操控、影响和被其影响的一切。

[①] [法]亚历山大·科瓦雷：《牛顿研究》，张卜天译，商务印书馆 2016 年版，第 19 页。

二、作为比特运动场域的虚拟空间

不论是德谟克利特的虚空,还是牛顿箱体式的绝对空间,都是原子运动的场域空间。而比特运动的空间与此截然不同,其中没有原子的相互吸引和碰撞。在这个意义(没有原子的运动)上,比特运动的空间"类似毕达哥拉斯的'数字世界'、柏拉图的'理念世界',以及黑格尔的'绝对精神世界'",但也同样不是一回事,比特运动的空间是可感的,甚至可以说是为人类感觉服务的。

我们这里讨论的是大家耳熟能详的"虚拟空间",或者用一个科幻点的名词说,是"赛博空间"。虚拟空间是数字的空间,却不是数据存储的空间,而是比特运动的空间,是以计算机的语言书写和不断书写的,但是可以通过人类感官读取的信息构成的空间。正如迈克尔·海姆所描述的,"网络空间暗示着一种由计算机生成的维度,在这里我们把信息移来移去,我们围绕数据寻找出路。网络空间表示一种再现的或人工的世界,一个由我们的系统所产生的信息和我们反馈到系统中的信息所构成的世界"[1]。这是一个信息的空间,向人们打开着各种界面和窗口。从物的层面去看,网络空间就是连接在一起的计算集群、联网、通电,人们通过在各种界面和窗口登录,上线即代表着进入网络,下线则意味着退出网络。但正如詹姆斯·格雷克所说的,网络空间还有两个必需的要件:人类个体之间的关系,以及他们脑海里关于网络空间的文化。从这个意义上说,网络空间的维系,源于人类共同的意向指向。比如,我们在早期游戏界面里所看到的人物和现实生活中的其他事物,呈现得非常粗糙和抽象,但是所有玩家都认可和接受,并习以为常。

比特在网络空间中运动,表现为信息的上传、下载、加工和传播。比特光速运动、矢量运动,比特还会告诉你其他比特的故事。可以说比特悠游在网络空间中,由于分布式存储、云计算、人工智能等技术的加持,比特一旦生成(数字化的信息一旦上网),离开了人类的"第一推动"之后其就会自发地投入无限运动过程中。

三、信息数字化:互联网创造的虚拟世界

互联网实质上是信息的数字化。正如郭为所指出的,"互联网为人类的经济社

---

[1] [美]迈克尔·海姆:《从界面到网络空间:虚拟实在的形而上学》,金吾伦、刘钢译,上海科技教育出版社 2000 年版,第 79 页。

会活动建立了一个虚拟的'映射',从现实世界投影到了虚拟世界,这个虚拟世界不仅改变了现实世界的信息形态,而且通过大量的软件和信息服务创造了多种多样的语言和图形等信息表达形式,帮助人类更快地进入数字时代"[1]。信息作为构筑人类生存世界的三大要素(物质、能量和信息)之一,从久远的史前时代开始就扮演着非常重要的角色。信息的记录和传播在人类合作与交往过程中起着举足轻重的作用。所以,语言文字的发展,造纸术、印刷术的发明几乎可以成为标称人类文明程度的关键考量。

比特的出现,是信息存储和传播形式发展的历史必然,是以数字化手段改变了信息存储和传播方式。互联网技术包括网络基础设施、通信协议、网络安全、移动互联网等。这些技术使得人们可以在全球范围内自由交流和共享信息。文字、图片、语音、视频等信息形式不断被信息化手段所复刻,以数字的形式,即"1"和"0"的计算机语言存储下来,并在网络上传播。

第四节　虚拟现实概念的出现

如前所述,虚拟并不是虚空或空无,而是通过数字化手段,对真实世界的描摹,是让比特取代原子直面人类,让比特构筑的表象世界或现象世界为人类所感知和理解。虚拟是不具备野心和欺骗性的(相对于人的感官而言),是不急于把自己打扮真实的,它止步于在赛博空间对真实世界的映射。比如,动画和游戏,就像虚构类的书籍一样,不怕你知道它是虚构或虚拟的。

而虚拟现实则要比虚拟更进一步,它不光要对真实世界进行描摹,还企图复刻、修饰和再造真实世界,以达到乱真的地步,是比特对原子的安排和支配。它指向人的沉浸式、即时性、交互化的体验。1968年,伊凡·苏泽兰因发明了一套带跟踪器的虚拟现实头戴式显示系统而被世人誉为"虚拟现实之父"。1984年,VPL公司的杰伦·拉尼尔首次提出"虚拟现实"的概念。

"虚拟现实"被提出之后,理论和实践不断迭代推进,在进步理念和资本精神的鼓动之下,不断拓展着虚拟世界的疆域,大有吞并甚至取代真实世界之势。至少在伦理反思和忧患意识的哲学出场与在场之前如此。

---

[1] 郭为:《数字化的力量》,机械工业出版社2022年版,第15页。

一、从虚拟现实到扩展现实：虚拟世界的展开

虚拟现实的最早探索可以上溯到 20 世纪上半叶。1929 年，爱德华·林克设计出用于训练飞行员的模拟器；1956 年，摩登·海里戈开发出多通道仿真体验系统 Sensorama。虚拟现实的概念也从 1984 年杰伦·拉尼尔首提的虚拟现实（Virtual Reality，VR），先后经历增强现实（Augmented Reality，AR）和混合现实（Mixed Reality，MR）而发展到扩展现实（Extended Reality，XR）。

虚拟现实是通过头戴设备模拟产生包括声音、图像及其他人体能够感受到的媒介的一种技术，通过这些媒介能创造出一个虚拟世界，这个虚拟世界可以是对真实世界的模拟，也可以完全来自虚构和想象。虚拟现实能让用户得到沉浸式的体验，身临其境地生活、工作和娱乐在无穷无尽的虚拟场景中。但是这种体验是孤立的，需要通过不透明的眼罩隔绝真实的环境。

增强现实是通过实时地计算摄影机影像的位置及角度并添加相应图像，将真实世界信息和虚拟世界信息"无缝"集成的技术，它可以在真实环境中增添或者移除由计算机实时生成的可以交互的虚拟物体或信息。比如测距仪和 AR 游戏，用户可以通过手机屏幕在拍摄画面中增加虚拟物体或信息，实现虚拟和现实画面的结合。与 VR 设备不同的是，AR 设备需要看清真实世界，可以叠加信息，但是无沉浸感。

混合现实通过在现实场景呈现虚拟场景信息，从而在现实世界、虚拟世界和用户之间搭起一个交互反馈的信息回路，以增强用户体验的真实感。它不仅提供与现实相匹配的沉浸感，兼顾虚拟世界的灵活性与真实世界的可靠性，而且支持即时交互。

扩展现实是通过计算机技术和可穿戴设备产生的一个真实与虚拟组合的、可人机交互的环境。扩展现实通过 AR、VR、MR 的融合，涵盖从通过有线传感器输入的虚拟信息到完全沉浸式的虚拟世界，为体验者带来虚拟世界与现实世界之间无缝转换的沉浸感。

二、从数字孪生到社交媒体：整个世界都数字化了

前述虚拟现实系列技术指向人的体验，主要借助头戴显示器和手柄，实现沉浸式体验，应用场景主要在娱乐、教育和培训等领域。而数字孪生技术则是通过数字

模型和传感器数据，实现物理系统的数字化仿真，以实现物理系统的预测、优化和控制，主要应用于工业、制造、城市规划等领域。

数字孪生概念源于美国，由密歇根大学教授迈克尔·格里弗斯于2002年首次提出。"他在一篇文章中首次提到'Digital Twins'，并认为通过物理设备的数据，可以在虚拟（信息）空间构建一个表征该物理设备的虚拟实体或子系统。"[1]电影《钢铁侠》里，斯塔克设计、维修和优化战甲时用的虚拟化模型，就是一个典型的数字孪生技术的应用实例。通俗地讲，就是现实世界的物体、系统以及流程等在虚拟空间的实时映射，是一个数字化的"克隆体"，其最重要的特征是虚实映射。通过对物理实体构建数字化模型实现的这种双向映射，为信息物理系统（Cyber-Physical System，CPS）的建设提供了技术基础。数字孪生可以说是实现CPS的最佳系统。"CPS的目标就是实现虚实融合，把人、机、物互联，将物理世界和虚拟世界彻底融合于一体，通过大数据分析、云计算、人工智能等数字技术在虚拟世界仿真分析和预测，以最优的结果驱动物理世界的良性运转。"[2]新冠疫情防控期间的雷神山医院和雄安新区的建设，都利用了数字孪生技术。

早在数字孪生技术产生之前，互联网和社交媒体的发展就分别将信息和人数字化了。尤其社交媒体的发展，令我们分享信息、发布状态，以及与他人联系的方式都发生了深刻的变化，数字媒体成为我们生活中不可或缺的一部分，微信、QQ、Facebook、YouTube、WhatsApp等全球各大平台每天活跃用户累计达数十亿人。这些社交媒体在智能手机上运行，使人类行为和关系受制于算法的力量，从某种程度上说，这已经把人数字化了。有些数据分析进行的用户侧写显示，社交媒体平台甚至可以比消费者自己更了解自己。在如今的数字化生活中，一个终端在手，几乎可以解决所有问题。

鉴于此，很多企业设计产品和服务、运营流程和管理方式、业务模式和市场策略时，是基于数字化生存世界的条件进行的，是以比特世界为中心进行思考的。这让数字孪生走向数字原生，订阅式、点播式成为主要形态，数据要素不断积累，并不断转化为生产要素，通过后台计算进一步优化用户体验。至此，信息、人类自己和原子世界的其他一切，都在不断地数字化。数字化生存世界的疆域不断扩展，数字化程度不断提高，一切都变得可计算了。

---

[1] 郭为：《数字化的力量》，机械工业出版社2022年版，第18页。
[2] 郭为：《数字化的力量》，机械工业出版社2022年版，第20页。

本章思考题

1. "哲学的原子"和"科学的原子"的分说与关联是什么?
2. 如何理解德谟克利特的"原子与虚空"理论?
3. 为什么说数字化让现实世界可以被计算了?
4. 虚拟世界意识能动性原理的哲学新解是什么?

本章阅读文献

1. 张雄:《历史决定论的寻根——关于原始思维中历史决定意识的思考》,《社会科学》1992年第10期。
2. 胡泳:《数字位移:重新思考数字化》,中国人民大学出版社2020年版。
3. 郭为:《数字化的力量》,机械工业出版社2022年版。
4. 秦永彬、黄瑞章、陈艳平等:《再造:数字化与数字化转型》,人民邮电出版社2023年版。
5. [英]罗素:《西方哲学史(上卷)》,何兆武、李约瑟译,商务印书馆2009年版。
6. [德]韩炳哲:《非物:生活世界的变革》,谢晓川译,东方出版中心2023年版。
7. [美]尼古拉·尼葛洛庞帝:《数字化生存》,胡泳、范海燕译,电子工业出版社2017年版。
8. 张雄:《"数字化生存"的存在论追问》,《江海学刊》2022年第4期。

第三章

数字化生存：真实世界与虚拟世界共存

数字化生存意味着原子与比特同在，真实世界与虚拟世界共生。环顾我们的周遭世界，这种同在和共生越来越水乳交融，越来越边界模糊。从人类感知的角度来讲，我们素所依恃的"看得见、摸得着"的真，不唯在真实世界里有，在虚拟世界也逐渐成为司空见惯的平常。"很多人甚至会问：既然这两个世界在经验上不能区分，我们出生并生活在其中的真实世界会不会是更高级文明创造的虚拟世界呢？……这一本源于科幻电影的问题正受到越来越多的关注。今天我们是否生活在更高级智慧所创造的虚拟世界中已成为十分严肃的哲学探讨。"[1]基于这个原因，虚拟世界越来越真实了；同样基于这个原因，真实世界却越来越显得虚幻了。而要把握这亦真亦幻的二重世界，需要哲学的在场，需要对真实世界、虚拟世界，以及由这二者不断互联而创生的数字化生存世界进行一番审视和追问。

第一节 真实世界及其特点

鉴于我们在把握数字化生存世界时所做的二重化处理，即以真实世界与虚拟世界的区别和关联来认识我们的生存世界，那么，我们似乎可以说，在还没有虚拟世界的时候，我们的生存世界就只是真实世界。而对于真实世界的理解和认识又引申出一系列的观念世界。比如，对真实世界的感性认识，是经验的世界，"知识全

---

[1] 金观涛：《真实与虚拟：后真相时代的哲学》，中信出版社2023年版，第355页脚注。

由经验而来"便是经验主义的;对真实世界的理性认识,则是超验的世界,"我思故我在"便是理性主义的。经验与超验的认识都是对真实世界的把握和呈现。再如,波普尔的三个世界划分:"第一世界是包括物理实体和物理状态的物理世界,简称世界1。第二世界是精神的或心理的世界,包括意识状态、心理素质、主观经验等,简称世界2。第三世界是思想内容的世界、客观知识世界,简称世界3。"[1]这三个世界之间存在着彼此的互动关系,例如:人既受到自然规律的制约,又在不断认识规律并改造自然;人既从自然界中获得精神生产的原材料,又不断在更高的精神文明的基础上改造自然;人的主观体验既受自己所创造出来的精神产品影响,又主动地把内心感受对象化为精神产品。所谓"真实的世界",实则是三个世界的综合,离开其他两个世界而单独理解其中任何一个世界,都将陷入抽象的思辨。在此意义上,可以认为,真实世界就是人的生存世界的总和。

因此,真实世界是属人的世界,是为人类所认识和改造的生存世界,既是经验的世界又是超验的世界,是波普尔所指的三个世界的综合。

而要进一步把握真实世界及其特点,则不得不提及肇始于17世纪的"科学的兴盛"。以牛顿力学为代表的"一般的近代科学"为我们构筑了一幅和谐一如的世界图景。史莱登、施旺的细胞学说,把有机界的植物与动物相互联结起来;牛顿力学三大定律,将无机界的自然界相互联结起来;而达尔文的进化论,把无机界与有机界生命体之间相互联结起来。这种互联兼具符合性与融贯性,即理论学说与经验事实的符合性,以及理论学说内在逻辑的融贯性,大有一种"大道至简""万物一理"的和谐美感,从而令原本纷繁复杂的真实世界看起来简单明了。

这种科学态度对于世界的把握,相较于之前的世纪,有着根本的差异。正如罗素所表达的:"显出科学家本色的,并不在他所信的事,而在乎他抱什么态度信它、为什么理由信它。科学家的信念不是武断信念,是尝试性的信念;它不依据权威、不依据直观,而建立在证据的基础上。……创立近代科学的那些人有两种不一定并存的长处:作观察时万分耐心,设假说时有大无畏精神。"[2]这种仔细观察、大胆假设、小心求证的科学精神,在"思"和理解世界的时候,形成了一种从相信到怀疑再到相信的螺旋推进的不断证伪过程,并由此推进着人类认知无限逼近真理。基于这个意义,我们可以说,真实世界对人的打开,或者说,真实世界为人所理解和把

---

[1] [英]卡尔·波普尔:《客观知识:一个进化论的研究》,舒炜光、卓如飞、周柏乔等译,上海译文出版社1987年版,第5页。

[2] [英]罗素:《西方哲学史(上卷)》,何兆武、李约瑟译,商务印书馆2009年版,第550页。

握,离不开科学的态度和方法。对人而言的真实世界,也只有在自然科学及其所形塑的自然哲学的发展历史当中,才可以获得充分的理解。

在科学的创立过程中,哥白尼、开普勒、伽利略和牛顿被罗素称作"四个不同凡响的伟人",其中"牛顿沿哥白尼、开普勒和伽利略开拓的成功道路",提出运动三大定律(任何物体都要保持匀速直线运动或静止状态,直到外力迫使它改变运动状态为止;物体加速度的大小与合外力成正比,与物体质量成反比;相互作用的两个物体之间的作用力和反作用力总是大小相等,方向相反,作用在同一条直线上。)和万有引力定律(一切物体吸引其他一切物体,这引力和两个物体的质量乘积成正比,和其距离平方成反比。)。由此,他能够把行星理论中的全部事情,如行星及其卫星的运动、彗星轨道、潮汐现象等都推断出来。牛顿力学的解释力是如此强大,以至于罗素称"这成功实在完满,牛顿便不免有危险成为第二个亚里士多德,给进步设下难破的壁障。在英国,直到他死后一个世纪,人们方充分摆脱他的权威,在他研究过的问题上进行重要的创造工作"[①]。由此可见,牛顿力学在人类理解真实世界的问题上有着不可回避的重要性。

牛顿力学的机械性,牛顿理解的近乎古典原子论所理解的原子的绝对物质,以及绝对的时间和绝对的空间,共同构筑了纷繁复杂同时又简单明了的真实世界。"绝对的、真正的和数学的时间自身在流逝着,并且由于它的本性而均匀地、与任何一种外界事物无关地流逝着。""绝对的空间,就其本性而言,是和外界任何事物无关,而永远是相同的和不动的。"可以说,物质、运动和空间,共同筑基了牛顿世界,也描绘了芸芸众生心中所接受的真实世界。这一真实世界是物理的(physical),三维空间的,具有"实体性、机械性、被动性"特点的,其存在与运动原理是符合"物性实体论、机械运动论"的。在这里,"原子构成的质料因向形式因的转换,在动力因和目的因的驱动下,物我世界达到生成和互动,存在方可成为实体意义的、可感的、灵动的真实世界"[②]。

如果说牛顿的世界是机械的、绝对的,完美统摄于极简的、由其以天才的数学和抽象所揭示的牛顿定律的,那么笛卡尔的世界则不再完美,而是受制于其"动摇不决的两面性"。"笛卡尔哲学在关于物质界的全部理论上,是严格的决定论。活的有机体完全和死物一样受物理定律支配",只不过笛卡尔承认一个小小的例外,

---

[①] [英]罗素:《西方哲学史(上卷)》,何兆武、李约瑟译,商务印书馆2009年版,第557页。
[②] 张雄:《"数字化生存"的存在论追问》,《江海学刊》2022年第4期;《新华文摘》2022年第21期全文转载。

人的灵魂具有意志作用。这一小小的例外虽然影响有限,但足以展开无限可能。笛卡尔所高扬的理性之力,即灵魂的意志作用,将人摆上主体的地位。理性能力为人所独有,是其区别于动物的根本特征,"不管醒时睡时,我们都只能听信自己理性提供的明证"①。理性是获得一切真理性认识的前提,追求真理的工具只能是理性之光而不可能是感性偏见,而理性知识的典范是数学知识。"我思"之"我"实质上就是理性,"严格来说我只是一个在思维的东西,也就是说,一个精神,一个理智,或者一个理性"②。同时,笛卡尔又是心物二元论的代表,"它完成了,或者说极近乎完成了由柏拉图开端而主要因为宗教上的理由经基督教哲学发展起来的精神、物质二元论"③。在笛卡尔那里,心物之间的鸿沟几乎是无法填平的。比如,机器没有学习功能,它只能根据预先设计的程序运行,不能处理程序未规定的事情;而人则不同,人的理性是万能的,他可以通过自己的认识发展,应付千变万化的环境。在这个意义上,笛卡尔的精神遗产中,比人的理性更为重要的是其"思中之物"。理性是超越感性的,是可以把握和理解我心之外的万事万物的。于人而言,"思中之物"远比可观可感之物可靠,比"自在之物"真实且重要。经由自然科学与自然哲学的发展,到笛卡尔这里,真实世界已经不纯是感性的世界,而更是理性的世界;也不再是世界1,而是三个世界的综合,是人类生存世界的总和。

由近代科学的兴盛,以及受科学的丰硕成果所冲击的人类心灵的成长,逐步改观了人类的生存世界。这种改观,起源于科学的精神对于人类生存世界的认识和改造。这种科学精神是一种杂糅了经验和超验方法的认识人类生存世界的哲学,一种开放、自省和思辨的世界观。科学的精神之外,笛卡尔所点燃的对于"思中之物"的念念不忘,以及由精神主体性所释放的日渐炽盛的光芒,照亮了版图日广的人类生存世界,令人类的主观能动性在其上日渐彰显塑造之力。正如斯宾诺莎所认为的:"我们所遭的事在多大程度上由外界原因决定,我们相应地受到多大程度的奴役;我们有几分自决,便有几分自由。斯宾诺莎和苏格拉底、柏拉图一样,相信一切不正当行为起因于知识上的错误:适当认识个人环境的人,他的行动作风就英明得当,遇到对旁人来说算是不幸的事,他甚至仍会快乐。"④这一份理性带来的英明,自决带来的自由,令人类生存的真实世界,一方面是客观的,一方面又是主观

---

① [英]笛卡尔:《谈谈计法》,王太庆译,商务印书馆2000年版,第33页。
② [英]笛卡尔:《第一哲学沉思集》,庞景仁译,商务印书馆1986年版,第26页。
③ [英]罗素:《西方哲学史(下册)》,马元德译,商务印书馆2015年版,第98页。
④ [英]罗素:《西方哲学史(上卷)》,何兆武、李约瑟译,商务印书馆2009年版,第597页。

的。虚拟世界的从无到有,以及数字化生存世界的疆域扩展,也于此播下了生生不息、化育万物的星火。

第二节 虚拟世界及其特点

古典哲学家面临的首要问题就是思考世界是怎么来的,是不是从无中生有。而最初对于这一关于"无"的思考是极其困难的。当时的主流观点毫无疑问地持否定态度。泰勒斯就曾断言"宇宙不可能来自无"。亚里士多德也认为不可能有一个完全虚空的地方,甚至还把"自然界憎恶真空"奉为真理。恩培多克勒也曾试图去解释"空气到底是一种物质,还是空无一物的空间"这一问题。这一教条最终被自然科学的无限发展所打破。伽利略、牛顿、富兰克林、爱因斯坦、法拉第等著名科学家都在这方面做出了卓越贡献,他们通过科学实验对空气、重力、电流、磁场、声波、激光、夸克等的正确认知才使人们意识到:"空间和时间从来就不是空的。即使在宇宙创生之前,存在的维度也随着暂态粒子-反粒子对的短暂的闪光而充满了量子闪烁,临时地弥补了能量的不足以支持它们的存在。"[1]从而颠覆了以往要么以物质实体,要么以神学为依据的认知层面。因而,这里的虚拟世界体现了科学技术转化而来的世界经纶的骨骼和神经游丝作用,实证的模拟,情感的叙事,精神对象化的再生物而构成的一个隔频相望的体感世界。

一、虚拟世界的诞生

1968年,伊凡·苏泽兰因发明了一套带跟踪器的虚拟现实头戴式显示系统而被世人誉为"虚拟现实之父"。1984年,VPL公司的杰伦·拉尼尔首次提出"虚拟现实"的概念,用来指使用现代科技以沉浸式的方式为人们带来视觉和声音的享受。虚拟现实技术能够提供一个虚拟环境,并通过感知设备与人体器官的互动,使人们相信这些场景是真实存在的,"通过VR,我们学会了感知是什么让物理现实变得更为真实。我们学会了利用身体和思想不定期地进行新的探索实验,其中大多

---

[1] [英]戈登·弗雷泽:《反物质:世界的终极镜像》,江向东、黄艳华译,上海科技教育出版社2009年版,第219页。

数探索是无意识的。高品质 VR 的到来,提升了我们辨别和体验物理特性的能力"①。这一技术的发展有效地模糊了虚拟计算机世界和现实世界之间的界限,也突破了以往人们对世界的认知,从而带来新的哲学认识论的追问:该如何看待虚拟世界的诞生,人类又是如何在虚拟世界中真实地存在着的呢?

同"真实"相对应,"虚拟"(virtual)是对于本质的表现、拟真。虚拟世界与真实世界最大的不同是真实世界独立于人的意识之外,是客观存在的物理世界,而虚拟世界则是通过电脑技术、互联网技术、卫星技术和人类的意识潜能开发而形成的独立于现实世界,与现实世界有联系,人们通过虚拟头盔和意识的形式进入,类似于地球和宇宙的体感世界,是通过语言、符号、图像、代码等表现手段所构建起来的数字化空间。虚拟世界并非"不真实"的世界,它同真实世界一样真实地存在着,是人类在社会实践活动的探索过程中发明创造出来的产物,国内学者将其称为"人造的电子世界"②。具体可以划分为两种虚拟世界:一种是虚拟幻象的世界,是游戏所构造的虚拟世界;另一种是虚拟世界的生活与现实世界的生活在政治、经济、文化、教育等方面所存在的一定的关联性。

换言之,虚拟世界与网络虚拟技术的发展相伴而生。通常而言,网络是指一组在物理与逻辑这两个层面上相互连接的计算机。在这两个层面上,因特网都与固有的做法相去甚远。在物理层面上,当计算机借助电信媒介如光纤实现连接后,网络就建立起来了。但它除了以上述物理设施为核心外,还需要其他设备。这就是以数字形式对信息进行编码,将信息分割成许多独立的数据包,并为每个数据包分配一个地址。为每个独立的数据包确立一条传输路径,然后在终点将这些数据包重新组成完整的信息。从逻辑上讲,计算机网络及其为电信系统增加的新功能在结构上还要受软件的控制,依靠软件网络才能应用于具体服务的活动,如文件传输等。因特网技术真正的独特之处在于利用它可以与以前无法沟通的计算机功能孤岛之间建立一种流动的、多样化的连接,在此基础上,一系列将越来越多的跨国网络团体捆绑在一起的应用程序应运而生。正是由于网络把从性质上讲局限于特殊空间的互不相干的计算机活动连接起来,用户随即发现网络的巨大用途,网络才以超人预料的速度发展普及至今,成为人们所处的智能空间系统。"当今世界无处不

---

① [美]杰伦·拉尼尔:《虚拟现实:万象的新开端》,赛迪研究院专家组译,中信出版社 2018 年版,第 55 页。
② 陈晓荣:《虚拟世界的哲学意义》,《自然辩证法研究》2003 年第 4 期。

在的液晶显示器——电视、电脑显示屏和手机屏幕……让给真实世界添加注释,甚至产生变幻成为可能。"①

二、虚拟世界的特点

比特世界所带来的行为发生学原理,侧重于直觉、想象、创意等因素的驱动。

一是,自身主体与"被动"主体的结合,达到了"个人的社会化"和"社会的个性化"。虚拟世界在一定程度上隐藏了用户的真实身份,也就悬置了具象的自我。在虚拟空间中交往的用户往往处于彼此陌生的状态,因而在活动过程中也倾向于卸下有别于熟人交往所必要的尺度。许多平日不敢说的话,耻于谈论的观点,一旦顶上网络"马甲"便肆无忌惮。这便是本我得到释放的表现。这一释放带来两重积极的效应。第一,本我的释放将给用户带来愉悦的体验。按弗洛伊德的理论,本我遵循避免自身受限制、受压抑的快乐原则。互联网的技术设计将本我从自我的日常牢笼中解放出来,使其更少受现实原则的支配而享受更大限度的快乐。第二,本我的释放也是艺术的显现。弗洛伊德认为,艺术源于幻想,"幻想的动力是未被满足的愿望"②,有待满足的愿望便是来自本我的无意识的欲望。这一新的交往方式在网络空间中被记录、传播、分享、阅读、再创作,充盈了虚拟世界的内容,也激发了其他用户本我的释放以及由此带来的愉悦感。可以说,虚拟世界通过为人们提供释放本我的有效机制,达到了"独乐乐"与"众乐乐"的有机统一。这是人们愿意参与平台交流甚至迷恋虚拟世界的直接诱因。

由此可见,身处虚拟世界中的人,其社会性倾向与私向化倾向之间的矛盾冲突更显激烈。一方面,比特的光速运动直接带来了信息量的放大,使个人主体对社会空间的好奇和体验越来越广泛,交往的社会化兴趣越来越浓厚,想象力也越来越丰富;另一方面,手机、计算机使生活方式高度私密化,人的内在主体自我封闭性加重,不安全感加重,面对各种网上网下扰乱心绪、堆积如山的商品景观,人进入萨特式的恶心、厌倦、焦灼、恐惧的心理境遇中。这也说明:虚拟世界加速了"真正的个人化"的进程,个体内在追求的世界越来越丰富,但也带来了虚拟与现实、身体与心灵、娱乐与工作、私人空间与公共空间、自由与纪律等的冲突和脱节。

---

① [美]约翰·马尔科夫:《人工智能简史》,郭雪译,浙江人民出版社2017年版,第273—274页。
② [奥]弗洛伊德:《弗洛伊德论美文集》,张唤民、陈伟奇译,知识出版社1987年版,第32页。

二是，数字化生存给人类带来认识的精确性，但计算机的数码编程内在的自我更新本能，又使得人的原有认识趋向模糊。它通过提供虚拟活动场景，催生出网络游戏、虚拟交易、情感互联、文化交流等匪夷所思的内容，对用户产生巨大的吸引力，从而产出更多的信息，吸收更多的用户，天然地具有自我扩张并趋于垄断的特性。扎克伯格所构想的"元宇宙"正是建立在这样一种主体活动完全自主的愿景上。它是虚拟幻象与体感空间的统一，同时伴随着对于发生在这一空间中的全部活动的数字化记录，随后又根据这些数据对人们具体的文化实践、商业实践乃至生活实践做出有利于进一步巩固虚拟空间运行的调节机制。启蒙与再启蒙随时发生。困惑、存疑、批判在信息读秒中接踵而至。一种新形态的比特诞生了，这种比特会告诉你关于其他比特的事情。经验、复制与观念不断创新印证了哈姆雷特式名言：存在还是不存在，是个问题。

三是，在数字化的虚拟世界中，人性善的一面，似乎有了新的形式与内容。"过去，地理位置相近是友谊、合作、游戏和邻里关系等一切的基础，而现在的孩子们则完全不受地理的束缚。数字科技可以变成一股把人们吸引到一个更和谐的世界之中的自然动力。"[①]在中国，网上的慈善活动、网络志愿者、互联网金融共享、微信群交友聊天等集体主义或利他行为比比皆是。然而，恶的价值观念也有了更为强大的庇护所。一方面，数字虚拟身份具有相对隐蔽性。尽管它事实上可以被还原为数据流而暴露主体身份，但是对于普通的、日常的交往而言，这种隐蔽性已足以褪去主体的现实身份外衣，使其临时地摆脱线下社会关系网络而表达其非日常状态下的感想。另一方面，数字虚拟身份可以是多重的。尤其随着人工智能技术的发展，多个"数字生命""数字化形象"背后的主体或归于一人。数字身份之间的交往，有可能沦为自编自导自演的舞台剧，从而使得真正的价值传播者隐居幕后。

三、虚拟世界深刻影响人类的生存和发展

虚拟世界在丰富人们的精神生活、促进文化交往的便利性和多样化等方面发挥了重要作用。但我们也十分清醒地看到，全球互联网上人性中的自私、疯狂占有欲、破坏欲、贪婪等人性丑陋的一面也暴露无遗。虽然在符号、图像的遮蔽下显得温柔、憨态可掬甚至令人亲近，但"利己的狡计"处处可见。特别是一旦虚拟世界的

[①] ［美］尼古拉·尼葛洛庞帝：《数字化生存》，胡泳、范海燕译，电子工业出版社2017年版，第231页。

行为准则为资本所彻底操持,人们之间交流交往的意义赋予机制也将为资本所把控。这将带来两个消极后果:其一是在虚拟世界中,资本通过符号链条的操纵,间接地影响产业资本的运作,会加剧社会活动"脱实向虚";其二虚拟资本通过介入商品流通过程而介入人们的日常生活,不仅在虚拟世界的内部,而且在日常消费的实践中规训用户的"自我",致使其人格加倍封闭和狭隘化。比如,在数字化消费中,电子游戏使人沉迷,对人类的身体健康、思维心理活动都造成一定的危害;数字化金融也带来了某些金融化的缺憾——信用失守、金融诈骗、金融犯罪等;数字化使人类的沟通方式更便捷,但是实体空间中面对面的交流正在逐渐消减。

显然,虚拟世界对真实世界的冲击是十分明显的。人们越来越依赖于、习惯于隔屏想象、隔屏聊天、隔屏判断、隔屏决策,屏幕似乎已成为粉墨登场的舞台,充分展示着人的各种性格面具。显然,数字化生存并没有给人类带来彻底祥和安宁的世界。正如《数字化生存》作者在中文版专序中指出:"25 年前,我深信互联网将创造一个更加和谐的世界。我相信互联网将促进全球共识,乃至提升世界和平。但是它没有,至少尚未发生。"[①]究其原因有三:一是,工具理性的进步与人的道德进步虽然有一定的关联,但人的道德力的提升,更多与人自我道德意识的修养及自觉检讨相关联。老子最早看到文明异化的本质:技术的使用,对人的心智完善往往产生一定的负面作用。卢梭对现代文明持有的忧患意识,也说明了这一点。二是,物的世界与人的世界是两个不同善的尺度。物的世界服从于自然法的规律,它的善表现为节奏、自然和谐、精准、协同。人的世界服从于历史发展的客观规律,它的善表现为平等、正义和进步。三是,互联网提供了遮蔽人性弱点、激活人的私欲、贪婪、野心、破坏欲等不良行为发生的各种机会,使犯罪行为经常通过无意识装扮躲避网络警察的监控而实施出来。

第三节　两个世界的共生互联

在高度数字化的今天,人除了肉身的存在,还衍生出数据化了的身份,我们称之为虚体,无数的虚体在数字化网络空间中相互作用形成新的交往关系和社会关系,使得实体性世界的交往越来越边缘化,以至于有学者发出这样的感慨,"那种旧

---

① [美]尼古拉·尼葛洛庞帝:《数字化生存》,胡泳、范海燕译,电子工业出版社 2017 年版,第 5 页。

式的社会结构——由受地点和时间制约的大众维系在一起——已经出现了裂痕"①。比如名牌符号在社交媒体的运作下,成为人们顶礼膜拜的心中圣物;范畴的凝固和僵化,使得地球上的一些人"天天收看世界新闻,但仍然过着因循守旧、墨守成规的日子"。计算机工具的成功,导致如此幻觉:机器由实体性存在变成主体性存在,比特世界已变为精神现象学的数理逻辑结构,人类存在论的追问,越来越远离物质、实体和原子,从而进入主观精神心理层面的直觉、灵感和想象,让人感觉到我们正生存在两个世界:真实世界与虚拟世界之中。在虚拟与现实的二重世界里,人类有着不一样的个人身份认定和关系识别。二重世界之间既相互区别又相互联系、相互渗透、相互定义。值得重视的是,比特的传播与复制超越了物理时空,构造了第二"灵与肉交互感应"的生存空间,充分体现人的生命之流的冲力。这里不只是存在决定思维,思维也在构建新的存在,"虚拟世界经验虽然和我们在现实世界的经验不同,但也会成为塑造我们心灵状态的一个元素"②。

一、真实世界与虚拟世界如何联结

随着数字化生存世界的到来,连接原子世界与比特世界有着六大技术突破,即人工智能和量子计算、传感器和物联网、自主机器、分布式账本和区块链、虚拟现实和混合现实、5G 网络和卫星。毫无疑问,无须进行光射的大数据分析的应用拥有超人的实证数据、推演思维能力,无论深度和广度都是人脑无法比拟的。但我们可以说,在人机共同构成的意识功能载体作用下,人的意识功能大大增强。计算机成为人脑意识功能的延伸,这是考量我们当下人类意识能动性的一个最新的变化特征。现在人工智能的发展已经达到了对人的神经元的集成活动进行默写的程度,并且芯片技术也已经实现了神经网络的应用,芯片上的集成电路、元件和线程的编排已经开始模仿人类神经元的组织结构。这种人工智能具有超人的实证数据推演能力,还有一些强化学习,特别是在实证分析以及对于数据的精准分析方面都非常有优势。但是相对于人类而言,它还有一个致命的缺失——情感。人工智能是一个冰冷的世界,拥有冰冷的逻辑,而人的世界则是一个属于人的人文世界,充满了

---

① [美]威廉·J. 米切尔:《伊托邦:数字时代的城市生活》,吴启迪、乔非、俞晓译,上海科技教育出版社 2005 年版,第 5 页。
② 金观涛:《真实与虚拟:后真相时代的哲学》,中信出版社 2023 年版,第 14 页。

情感,充满了情怀,充满了人的判断。

数字媒体看似表现为一个非物质性的世界,连接智能手机的并不是可见的电线,屏幕上显示的也不再需要光盘,但上述的非物质只能是一种幻觉,数字设备不仅本身由金属与玻璃制造,而且离不开电池,稀有矿物质是其生产的保障。同样的,数字设备的信息传播依赖于大规模的物质基础,其信息存贮过程也需要消耗原材料、能源与水资源。将个人数据从插入笔记本电脑的闪存驱动器搬迁到基于大型服务器农场的数据云的过程,对能源供给与冷却水需求明显增加。除此之外,在流通领域,数字设备数量的增长及其不断加快的弃置速度导致大量不可生物降解的垃圾的产生,导致全球严重的生态灾难。

二、对二重世界的混淆给人类生存带来新的挑战

在康德眼里最客观的东西是数字,是一种先天的综合。而今天的数字就是一种可怕的、摆脱一切经验的先验的时空形式,或者是一种直观能力、一种纯粹必然而客观的东西。当然在马克思看来,这正是资本主义社会把世界量化统治的一种极致表现,当一切图像变成数字合成的时候,我们看到的事物不再有母本,不再有原型,而一切都变成数字的时候,就达到了康德现象世界的极致化,也就是说没有自在之物了,没有母本,只有副本,一切都是现象。或如鲍德里亚所言:这是一个事实消失的荒漠。人们眼前琳琅满目的商品、货币、符号、符码都是这个丰富的世界的原本存在。符码、符号成为主体性的存在,人类丰富的生存内容、生存方式都是由它所派生的。人类在为它而激动,为它而追求,为它而贪婪,为它而生成。粉丝经济就说明这个问题,大量的粉丝追求所谓的"网红",就是实体脱离了物质以后而变成一种抽象的概念、一种想象。

概念一旦脱离了它的物质实体,变成一种纯概念,也就从形式走向了形式化。现实世界的运动变成了概念与概念之间的运动,符码和符码之间的运动,真实的社会已经变成虚假的社会了,虚假的社会倒是真实的社会了。一机在手,整个世界尽握掌心,这是一种人机合一的、有无数可能汇聚到某个虚拟"点"上的空间化状态。这是在中国传统农业社会无法理解而只能想象的现象,甚至是马克思所处的年代也不可预见的、让人惊愕的身体的体验;是一个活动不居的网络空间,就比如,我们离开手机就无法生活,我们的生活太过于依赖手机、网络。换言之,我们就在手机里过活,我们正生活于一种无形的网络中,"我们如今已经是数字人类圈的居民:海

量数据的创造者、消费者和改变者"①。

人类在"虚实结合"的数字化时代的生存安全问题值得关注。马克思曾指出，19世纪的人们生活在"以物的依赖性为基础的人的独立性"②的社会形式当中。在数字化技术高度发达的今天，人对物的依赖性就表现为人对信息的依赖性，而信息又是建立在一定的物质化设备的基础上的。如此一来，人的独立生存就面临着双重威胁。其一是信息接触渠道的开放或封闭问题。当人们不能平等地接触信息，其基本的生存权也将受到挑战。其二是信息承载和运输设备由谁占有的问题。这些设备在新的历史环境中既是生产资料，也是消费资料。不仅数字劳动者需要同相应的设备结合，普通的消费者也越来越离不开它们所提供的信息流。如此一来，数字设备占有者所拥有的权力是同时关乎生产和消费的，而且几乎支配着再生产的整个过程。如何防范数字帝国当中的"利维坦"，是关乎人类基本生存权利的重要议题。

三、二重世界的共存给人类生存带来新的机遇

"当然，人类也将找到办法，在拥抱美好的同时抑制危害，因为网络意识也同样爱好生存，而我们也的确生活得很好。"③数字化生存最突出的优点是使得不同国家、地区的消费者可以摆脱空间与交易路径的传统限制，实现跨越时空的"陌生人之间的分享"，并推动这种经济新业态不断深化，乃至向全球扩展，也就是共享经济的诞生。在经典马克思主义的理论视阈中，科学技术的变革能够引起社会生产方式与生产关系的变革，正如"手推磨产生的是封建主的社会，蒸汽磨产生的是工业资本家的社会"④，人们将科学技术运用于工业领域，不仅能够最大限度地发挥人的主观能动性，促进社会生产力的发展，而且会进一步引发整个社会生产关系的变革。在数字化生存时代，不仅仅在虚拟空间中重演了商业资本主义与工业资本主义的历程，同时人与人之间的共享、不受地理限制的信息交换平台的登场等，正在

---

① [英]乔治·扎卡达基斯：《人类的终极命运：从旧石器时代到人工智能的未来》，陈朝译，中信出版社2017年版，第242页。
② 中共中央马克思恩格斯列宁斯大林著作编译局编译：《马克思恩格斯文集（第8卷）》，人民出版社2009年版，第52页。
③ [美]玛蒂娜·罗斯布拉特：《虚拟人：人类新物种》，郭雪译，浙江人民出版社2016年版，第245页。
④ 中共中央马克思恩格斯列宁斯大林著作编译局编译：《马克思恩格斯文集（第1卷）》，人民出版社2009年版，第602页。

培育出以往历史中从来没有过的新的社会共同体,或者交换形式,表现为个人、共享经济企业或共享网络公司借助网络平台实现供需双方双向满足的一系列交易行为,它不仅通过重建网络社会群体,发挥其群聚效应,创造出一个更加开放的、更高参与度的共享经济运作平台,实现网络平台公司对社会闲置资源与富足劳动力的"物尽其用",而且能够实现参与者在这个共享网络平台上平等获得各种相关信息的可能性,人的个性化需求被满足的同时,社交机会也得到有效扩充。从这个层面上讲,共享消费模式能够为消费主体在互联网信息技术的有效支撑下实现更为绿色化、平等化的资源分享与利用提供助力。

总而言之,世界已经处在以比特为信息基因的相互联结系统中。原子地球村与比特地球村的叠加令人的世界观大大延展,生活内容更加丰富,可谓充满了不确定性与巨大的机遇、挑战。物理世界和虚拟世界的双重存在,构成了创新意识和想象力的提升,人类艺术、审美更加诗性、智慧,再次进入文明创造高峰期。未来人类必将成为混合式机器人,人的主体性表现在:机器的智能化来自人的设计和操控;数字逻辑与人的非理性情感相平衡,人的伦理尺度决定了机器人的发展方向和标准,正如新西兰学者尼古拉斯·阿加在《大数据时代生存法则》中所期冀的,"我们可以有所作为,努力去缔造人性化的数字时代"①。

本章思考题

1. 柏拉图的洞穴隐喻对于我们认识二重世界有什么启示?
2. 如何理解数字化生存时代虚拟世界与真实世界的互渗?
3. "虚拟世界"正成为人们日常生活的一部分,人是如何在"虚拟世界"中真实地存在着的,产生诸如虚拟教育、虚拟移民、无形经济等活动形式? 虚拟实践是不是一种实践活动?

本章阅读文献

1. [英]卡尔·波普尔:《客观知识:一个进化论的研究》,舒炜光、卓如飞、周柏乔等译,上海译文出版社1987年版。
2. [新西兰]尼古拉斯·阿加:《大数据时代生存法则》,蔡薇薇译,华中科技大学出版社2021

---

① [新西兰]尼古拉斯·阿加:《大数据时代生存法则》,蔡薇薇译,华中科技大学出版社2021年版,第288页。

年版。

3.［英］乔治·扎卡达基斯：《人类的终极命运：从旧石器时代到人工智能的未来》，陈朝译，中信出版社 2017 年版。

4.［美］玛蒂娜·罗斯布拉特：《虚拟人：人类新物种》，郭雪译，浙江人民出版社 2016 年版。

5.［美］威廉·J. 米切尔：《伊托邦：数字时代的城市生活》，吴启迪、乔非、俞晓译，上海科技教育出版社 2005 年版。

6. 金观涛：《真实与虚拟：后真相时代的哲学》，中信出版社 2023 年版。

7. 何明升、白淑英：《虚拟世界与现实社会》，社会科学文献出版社 2011 年版。

第四章

数字化生存：两种宇宙观同在

我们正进入一个数字化生存的时代，同时打开了一个新的宇宙观。在这一转型时期，物质世界的"原子"宇宙观和虚拟世界的"比特"世界观同时存在。只有从宇宙观层面做好观念和思想的准备，才能更好地适应和融入数字化的新世界。在理解宇宙观为什么重要的基础上，我们分别分析了以传统牛顿定律为底板的人类"原子"宇宙观和 20 世纪以熵的定律为底板的人类"比特"宇宙观中不同的行为模式与行为准则，并对二者进行了简单的对比和比较分析。

第一节 何谓宇宙观

宇宙观对于理解所处的时代和世界具有非常重要的指导意义，理解什么是宇宙观，并在正确的宇宙观指引下调整自身的观念和行为，无论是对微观层面的个体，还是对宏观层面的国家、民族，都具有十分重要的现实意义。

一、什么是宇宙观

宇宙观，也称世界观，根据《现代汉语词典》，宇宙观是人们对世界的总的根本的看法，是对客观世界认知的最为宏大的叙述。从社会角度而言，宇宙观是特定时期的社会成员对于其所处社会及其制度的一种总体性观点。哲学家康德曾有一句流传甚广的名言:"有两样东西,我们越经常持久地加以思索,就越有新奇和强烈的赞叹与敬畏充溢我们的心灵:就是我们头顶的星空和我们内心的道德律。"人们自古以来就对外在的客观世界和宇宙奥秘充满了好奇,进行了探索,形成了不同时代的宇宙观。外在世界和宇宙是客观存在的,但物质到底如何存在于时间和空间之中,这种认识和观念的形成则要取决于不同时代人类意识的发展水平,如哲学认识论和科学技术等。世界是客观存在的,但是人们认识世界的世界观和宇宙观则存在很大的主观成分,受制于时代哲学思想和科技水平的客观条件。可以说,宇宙观就是不同时代的人们借助于认识工具对客观的物质世界的不断认知,是一个对客观事实不断接近的动态变化过程。在特定时代的具体社会中,不同阶层的人们受制于社会地位和教育水平的局限,会有着不同的观察和思考问题的角度,也就会形成不同的世界观和宇宙观。物质与时空关系的基本问题是不变的,但是具体到不同时代的不同社会阶层则有可能呈现不同的宇宙观,这是人类的宇宙观的复杂之处。

从远古时代开始,人类对于所处的世界和宇宙的起源和发展就产生了好奇,并试图以神话或者宗教的方式进行解答,东西方的情况皆如此。各大文明不同的造世说可以看作宇宙观的最初萌芽,中国的盘古开天地与西方的上帝创造世界,体现了西方以宗教为基础的宇宙观,中国则在神话之后形成了基于五行运行的基础的天人合一的宇宙观。这形成了古代人们朴素的宇宙观,其主要的理论基础在于神话、宗教和哲学。近代科学的兴起和传播为新的宇宙观提供了不同的基础和支撑,正如最早的科学脱胎于哲学,宇宙观的理论支撑也在进入现代之后从宗教和哲学转移到了科学。"随着三个世纪以来现代科学发展而产生的宇宙故事,将被认为是人类取得的最伟大的成就,是科学献给人类的厚礼,与以往伟大的宗教启示具有同等重要的地位。"[1]近现代的科学发现不断刷新了人们对于世界形成和宇宙运行的认知,科学和哲学成为探讨宇宙观密不可分的两条线索。近代科学的发展根源于西方古代将人与自然相分离形成主客二分的朴素宇宙观,并用理性思维对后者进行研究的传统。从亚里士多德的时空理论到托勒密的地心说,再到哥白尼的日心说,以及牛顿构造的经典物理学的时空框架,决定和影响了不同时代人们的宇宙观。科学理论和宇宙观不同的地方在于,随着认知的发展,一种科学理论能够替代

---

[1] [美]大卫·格里芬:《后现代科学——科学魅力的再现》,马季方译,中央编译出版社2004年版,第72页。

另一种科学理论,一种理论假说能够证伪另一种理论假说,但是不同科学理论所支持的宇宙观是可以并存的,因为即使"过时"的科学理论支持的宇宙观仍能在一定范围和领域里指导人们的观念和行为。例如"地心说"和"日心说"都被证明存在很大的时代局限,但是若以地球或者太阳系为原点构筑时空理论框架,"地心说"和"日心说"就能够提供很好的科学指导。这也是不同的宇宙观能够在同一时代共存的原因和依据。科学理论是以不断被证伪的方式不断向前发展的,但宇宙观记录了不同时代人们对于世界和宇宙的认知方式,即使是神话和宗教,也能为每个时代的人提供指导和慰藉。

二、宇宙观与人的关系

宇宙观与人有着密切的关联,可以说,宇宙观很大程度上决定了人们的行为方式。人类对宇宙的认知经历了从蒙昧到开化,从感性膜拜到理性认知的过程。对于所处宇宙是什么的人类认知的过程大致可以分为两个前后相继的部分,前面是借助于宗教仪式和神灵崇拜等方式来理解自然的蒙昧阶段,后面则是依赖于逻辑思辨和理性思维等方式来解释和改造自然的开化阶段。当然,这两种方式并不完全是互斥的,在大部分时期会以不同的比例同时存在于人类社会中,并不同程度地影响着人们的观念和行为。

我国的神话故事很多体现了古人对我们所处的宇宙构成的理解,如盘古开天地和女娲补天等,可以说是对天地宇宙形成最早的认知。我国古人对宇宙结构的认知主要包括"盖天说""浑天说"和"宣夜说"。"盖天说"也叫"天圆地方说",虽然有些简单,但对我国古代的观念和文化产生了巨大影响。东汉天文学家张衡的"浑天说"认为天就像鸡蛋的蛋白包裹着蛋黄一样包裹着地。"宣夜说"则认为自然和各天体都漂浮在虚空和气体之中,天体都是由气体组成的。我们耳熟能详的成语"杞人忧天"就是宇宙观影响人的行为方式的最好例子。《杞人忧天》是出自《列子·天瑞篇》的一则寓言,杞人担心会天塌地陷而不吃不睡,于是就有人去劝他说:"天啊,是聚集在一起的气体,气往哪里崩溃呢?你身体屈伸和呼吸,一直在天中进行,干吗要担心它崩溃呢?……太阳、月亮、星星,也是气体中发光的气体,就算它们掉下来,也不可能伤到谁。……所谓地吗,就是很多土块聚集,它填充了四方所有的角落,它还往哪里塌土块啊?"在这种宣夜说的劝导下,这个杞人才释然而开心。

西方文明早期有着类似的宇宙观,如古希腊就认为世界最初是一种混沌虚无的状态,在光中诞生了大地之母盖亚以及其他诸神,盖亚生下了第一批泰坦,泰坦的后代普罗米修斯用泥塑人,雅典娜赋予泥人生命。在神话和宗教之外,以泰勒斯为起始的各古希腊哲学家们开始根据物理的和自然的属性推断一个与自然协调的宇宙观。泰勒斯认为水是构成宇宙的主要元素,其他一切都源于水;赫拉克利特认为"火"是世界本原;阿拉克西米尼认为的"气"以及阿拉克西曼德更加抽象的"无限"等;毕达哥拉斯学派认为"数"是万物本原;德谟克利特认为万物始基是原子和虚空,包括灵魂。对于宇宙观的理解同样影响了人们的行为方式,其中比较著名的是毕达哥拉斯学派的禁忌。为了体现毕达哥拉斯学派对平衡和秩序的追求,学派对其个人行为有着严格的要求。例如:禁食豆子,据说豆子会导致肠胃胀气,分散人的精力,影响梦中的景象;不要迈过秤杆,它象征着不可逾越的公平和正义;不要掐花环,它象征着不应因忧伤和痛苦而损耗灵魂;等等。古希腊早期的哲学家以过于简单的方式解释宇宙及其本源,这也导致他们在行为方式上过于简单地了解这个世界。比如赫拉克利特据说在隐居时因为食用草根和植物度日而患上水肿病,找到城里的医生问能否让阴雨天变干燥?医生搞不清他什么意思。其实赫拉克利特觉得水肿就是水太多了,那么烘干就可以了。于是赫拉克利特就用牛粪把自己捂住,以为这样能把过多的水从身体里抽出来,结果却被牛粪闷死了。

三、宇宙观与国家民族的关系

宇宙观不仅与微观层面的人有密切的关系,而且与宏观层面的国家、民族具有密切关联。从历史演变来讲,中西方宇宙观都经历了从蒙昧到开化的过程,但横向比较而言,中西方宇宙观存在很大的差异。简单来说,中国人的宇宙观是一种主张"天人合一"的有机整体论宇宙观,西方世界的宇宙观则是一种"主客二分"的机械综合论宇宙观。通过这两种宇宙观所产生影响的对照和比较,我们可以发现宇宙观在国家治理和民族性格等方面的作用。

《淮南子·原道篇》中讲到:"天地四方曰宇,古往今来曰宙。"中国人的宇宙观是一种时空观,人与天地万物共处同一时空的"天人合一"的宇宙观。这里的"天"既是指大自然的天道,又是指义理性的天命。天人合一既是指顺应自然规律,达到物我合一,又是指提高内在修养,达到与道相通。"天人合一"的宇宙观一直是指导中国人认识世界的主要思维方式,无论是儒家还是道家,其所讨论的都是以"天人关系"为核心的问题。在协调人际关系和构建社会秩序上,"天人合一"的宇宙观更是在传统中国社会中发挥了重要的作用,特别是儒家在服务政教伦常方面成为历代统治者所推崇的正统价值规范。从汉儒的天人感应说,到汉唐的自然论以及宋明的"天理",成为国家治理和政治秩序构建的重要手段。在"天人合一"的宇宙观指导下,中国传统社会论证了其等级秩序的合理性,形成了大一统的政治秩序。天人合一,君天一体,君权天授,保证了君主专制政权的合法性和合理性,个人通过融合于阶层和阶级进而与天融合,个人道德价值成功地与社会整体利益相协调。"天人合一"宇宙观以此在维护社会的稳定和国家的治理上发挥着主要的作用。

西方"主客二分"的机械综合论宇宙观强调的是"物我两分"和"征服自然",世界被看作一个由各部分按照一定规则和规律组合成的综合体。他们认为物质和精神是对立的,人与自然之分和天人之别是其宇宙观的主要内容,自然被看作被改造、征服和利用的对象。无论是在宗教上还是在哲学上,西方宇宙观中典型的"分裂"特征都得到了明确体现。即使是西方人信奉的上帝也是与人割裂的存在,上帝与人确立的是一个"约",以此为基础形成西方的信仰和宗教体系,也形成了在社会整合方式和政治权力架构上的神权与君权的分立,国家的治理结构和方式上必须借助于神权,也受制于神权。这种分立的模式也影响了之后西方近现代社会的政治体制。将自然看作被征服和改造之物的宇宙观虽然有利于西方社会在自然科学研究上通过实证与分析而获得长足进展,但是决定了西方文化基因中扩张和征服的因素充斥于其民族性格中。

不同于中国古代以农立国的自然条件以及在"天人合一"宇宙观指引下形成的"内卷式"民族性格和行为方式,西方以海洋国家为主的自然环境使得他们具有不断向外扩展和征服的欲望和冲动,并很大程度上改变了近现代世界的政治和经济格局。正是在中西方不同的宇宙观指导下,加上不同的地理环境和历史机遇等因素,造就了中西方不同的国家组织形式和不同的民族性格等。在近现代数次全球化浪潮中,不同的宇宙观也产生了碰撞和融合,但从当今去全球化浪潮的兴起来看,这种融合的效果并不理想。反过来说,当前无论是政治制度还是民族文化的冲突,归根结底还是宇宙观的冲突。在这一背景下,更能凸显我们建设人类命运共同体理念的可贵和必要。

第二节 传统牛顿定律为底板的人类"原子"宇宙观

宇宙观经历了从古代到现代的演变,虽然中西方宇宙观存在巨大差异,但是随着科技革命以及历次全球化的融合,进入现代社会,处于主导地位的是牛顿的机械论宇宙观。这其实是西方机械综合论宇宙观的发展和延伸,在大致经历了"地心说"和"日心说"之后,17世纪牛顿的机械论宇宙观为现代世界提供了宇宙观基础。"到17世纪,牛顿开辟了以力学方法研究宇宙学的新途径,形成了经典宇宙学。随着天文学的发展,旧的认识被新的认识所替代,日心地动、椭圆轨道和万有引力成为近代宇宙观的最根本内容。"[1]虽然现代物理学的相对论和量子力学深化了我们对宇宙的认识,但在对现代社会日常生活的思想观念和行为模式的影响上,牛顿的机械论宇宙观仍然处于主导地位。

一、牛顿的机械论宇宙观

1687年牛顿发表了《自然哲学的数学原理》,标志着科学物理学和经典宇宙观的诞生,牛顿在其中对"力"作了新的定义,开辟了用力学定义宇宙观的新方法。简单而言,牛顿的机械论宇宙观有两个重要的支点:粒子和"力",宇宙的构成和运行的一切都基于粒子及其之间力的相互作用。牛顿将物质看作粒子,是受古希腊"原子"论宇宙观的影响,并在数学和物理学上将其看作质点。在《光学》中,牛顿这样阐释物质和粒子以及力之间的关系:"在我看来很可能上帝最初就将物质创造成致密、具有质量、坚实、不可穿透和能运动的粒子,并使它们具有这样的大小和形状,以及这样的一些其他性质,占有这样大的一部分空间,以便最适合于实现他创造它们的目的。这些原始的粒子是致密的,比它们所组成的任何多孔物体都要坚实得多,以至于决不会磨损或破碎,没有一种普通的力量能够将上帝在创世时亲手所创之物分割开来。"[2]

粒子相互作用所处的宇宙在牛顿看来是三维的经典欧几里得几何空间,这是

---

[1] 刘静妍:《人类宇宙观述评》,沈阳工业大学硕士学位论文,2009年。
[2] 转引自崔甲武、丁显有:《从物理学看宇宙观的演化》,《南都学刊(自然科学版)》2000年第6期。

一个始终静止和绝对不变的绝对空间,而时间也是绝对的一维时间,其均匀地流逝而与外在的物质无关。牛顿提出了抽象的绝对时空:绝对时间和绝对空间都是均匀的和无限的,时间均匀地流逝,空间保持着相似和不变。物质的粒子在物理学上被抽象为质点,在绝对空间中,质点运动状态的改变是由引力导致的。根据牛顿运动方程,只要知道了其初始条件,宇宙中任何物体的运动状态就都是确定的,这是其被称为机械决定论的重要原因。小到细微的原子,大到宇宙中的天体,其运动轨迹都可以被计算出来,宇宙就是一个巨大的机械系统,牛顿发现了它的运行规律。

牛顿的绝对时空观及其机械论宇宙观从 17 世纪开始在所有科学思想中占据统治地位,但其弱点在于如何解释初始条件的设定问题,就是所谓的"第一推动力"是如何来的。牛顿借助其信仰的"自然神论",认为上帝是这种外来的"第一推动力",世界在自然规律的作用下运转,但这一切都是神的创造。牛顿的经典物理学和机械论宇宙观最终的落脚点不是唯物主义的方法论,却诉诸宗教的唯心论,这确实是有些奇特的。无论如何,牛顿的绝对时空观和机械论宇宙观统治了人类社会几百年,至今仍有强大的影响力。

二、"原子"世界的行为模式

牛顿的机械论宇宙观是借助逻辑思辨和理性思维认识世界开化阶段的重要发展节点,一脉相承于西方世界以泰勒斯为始端的将宇宙构成聚焦于最小元素如"原子"的宇宙观传统,是宇宙观与现代科学特别是经典物理学结合的重要产物。怀特海在《过程与实在:宇宙论研究》中说:"我之所以如此冗长地引用牛顿的诠释,是因为这些文献构成了人类的宇宙学假说中最清楚、最确定和最有影响力的陈述。"[1]正是因为如此,在现代科学技术激烈改变人们的生活方式的同时,牛顿的宇宙观也深刻改变和影响着人们认识世界的方式。科学带来的不仅是技术和经济的日新月异,而且在宗教、政治、哲学和艺术等方面带来了革命性变化。虽然物理学在 20 世纪出现了相对论和量子力学等新进展,但人们在日常生活中所用的习惯用语——"压力""动力"和"引力"等表明,牛顿的机械论宇宙观依然对现代社会的运行发挥主要作用,它已经成为现代人类据以认知世界的"原子"宇宙观的底板,决定着人们

---

[1] [英] 阿尔弗雷德·诺思·怀特海:《过程与实在:宇宙论研究》,杨富斌译,中国城市出版社,2003 年版,第 130 页。

在"原子"世界的行为模式。

在牛顿式的"原子"世界中,万物都严格地遵循因果关系,世界是按照绝对和固定的规律运行的。世界是一个结构精巧却又非常复杂的体系,人们可以观察到这个体系的运行,但该体系不受观察结果的影响。"原子式"世界是有秩序、有规律的静态系统,其规律是客观、稳定和不变的。基于机械论的主客二分法,客观世界的规律可发现、可预测并可利用,是人们观察和认知的对象。人可以通过利用理性掌握科学技术,利用规律和秩序掌控一切,凸显人的主体性。面对这样的世界,数学成为认识和描述可测量和可观察的客观世界的基础学科工具,可以准确简洁地表达出其线性的因果关系。这也为社会科学,特别是经济学,提供了线性序列性、因果预测性和规律普遍性等方法论基础。"结合他的原子论,就表明牛顿不自觉地和他那时代的经济和社会世界是相调和的,在这个世界中,每个人在各奔前程的状况下所从事的个人事业,正在取代晚期古典时代和封建时代各人自知身份时的固定教阶秩序。"[1]

在"原子"世界中,人们的认知方式和行为模式是通过学习科学知识和逻辑思辨来尽量客观地理解和评价这个世界,通过制定规则和形成组织来预测和应对世界的各种变化。所处的社会是人与人的关联和作用的整体,我们将其划分为不同的领域,经济、政治、文化等不同的层面和部分,对其加以认知和处理。同时,社会等级的划分和社会结构的稳定及其管理和控制是社会运行的主要机制,个人处于等级之中并遵循符合自身认知和角色的行为模式。也许,我们所生活于其中的并不是一个客观的世界,而是一个思想家和宇宙观所塑造的世界。具体而言,"原子世界,人的行为发生主要依赖于经验、习俗和惯例等"[2],我们分别从这三个维度进一步展开。

三、原子世界人的行为准则之经验

经验是指从实践中获得的技能或者认知,主要来自一个人的亲身经历,也可通过别人的经历总结经验。在哲学层面,经验是人们通过直接接触客观事物以感觉器官获得的对客观事物的现象及其相互关联的认知。经验是"原子"世界行为方式

---

[1] [英]贝尔纳:《历史上的科学》,第279页,转引自肖巍:《自然的法则:近代"革命"观念的一个解读》,复旦大学出版社1998年版,第214页。
[2] 张雄:《"数字化生存"的存在论追问》,《江海学刊》2022年第4期。

的重要准则,经验是指对过去经历的总结,契合于"原子"世界运行规律不变且可以认知并利用的特性。同时,从世界的行为准则角度来看,经验尚属于个人的微观层面的感性认知,虽然能在一定范围内起作用,但仍需进一步扩展和提炼。

在原子世界,人们的认知能力难以把握物自体的完整信息,经验是人类试图靠近物理世界"真相"的原始努力和初级方式。无论是出于人性自身还是路径依赖,人总是依赖于经验作为行动指南,习惯性地用之前的经验指引以后的行为准则。经验能够使人从过去行动结果的成功中总结提炼应该怎么做的标准,也能够从其失败中学习不能做什么。从具体的个人而言,不仅要从自身的经历中总结和提炼,而且要从别人的经历和经验中获得素材和结果。随着阅历和时间的增长,经验的积累是逐渐变化并趋向成熟的,这种变化从积极的角度而言,可能是更加接近客观规律,因而更加具有指导意义;从消极角度而言,则可能是具体客观条件和场景的差异和变化而不得不调整经验,这也说明经验在指导行为上的局限性。

依赖于经验,人们可以在原子世界中进行基本的知识积累和为人处世。经验能够通过直接接触客观事物进行感性的经历总结,是人类实践和认知的初级阶段,需要加以提炼才能上升为阅历和知识。从方法上讲,经验属于总结归纳式的,其适用范围是之前经历过的或者类似的场景,特别契合于时空变化不大的以牛顿机械论宇宙观为基础的原子世界。哲学中经验主义的认识论就是将经验观察作为人类认知的基础,这与牛顿成为英国经验主义哲学运动的领军人物是有内在的必然逻辑的。随着经验的深化和系统化,人类的认知逐渐上升到知识的层次,同时,在所学知识的指导下进行实践和验证,从而获得更高层面的经验。个性化的经验和普世性的知识在实践中相互印证,能够更好地提升人们把握原子世界规律的能力。经验作为指导行为的准则,其短板也在于其感性化和个性化,在适用性上比较片面,使用的范围也比较狭小。过于依赖于经验的人,容易将狭隘的个人经验和局部经验误认为放之四海而皆准的普遍真理,难以做到具体问题具体分析。正因如此,我们要客观地认识和评价经验在作为原子世界人的行为准则上的积极作用,它是一种基础的和初级的认知方式,并存在一定的局限。

四、原子世界人的行为准则之习俗

如果说经验是"原子"世界个人微观层面的行为准则,那么习俗就是经验积累上升到共同体层面的非制度性行为准则和行动约束。习俗是某个群体所形成的风俗习惯，是集体形成的以非制度性传承的风尚和习性等，可以说是经验在共同体层面的形式及其传承。经验是个人有意识习得并加以总结的，而习俗，在原子世界中，往往是在人的成长过程中由其所处的社会环境自然而然地赋予的，属于默会知识的范畴。习俗在潜移默化中维系着共同体的运行和发展，连接着共同体中的个人和不同共同体所形成的原子世界。

在"原子"世界中，人并不是完全的原子式个人，而是生活在各种各样的共同体中，习俗就类似于一种黏合剂，通过对习俗的不自觉的遵循，个人融入共同体，进而融入社会和其所处的世界中。习俗是一种非常典型的社会生活形式，是个人形成集体纽带和共同感觉的重要方式，成为群体日常生活的重要组成和特征。如果说经验是直接的和总结性的，那么习俗则是间接的和继承性的，在个人形成理性和反思习惯之前就已经融入其行为模式之中。有些习俗传承已经如此久远，以至难以说清道明其形成的缘由与作用。这种不问缘由融入血脉的属性使得习俗具有神圣的意义。"神圣事物是神秘的、可怕的且令人不安的，我们必须拉拢它，和它协商；而习俗就具有这种功能。习俗对于日常生活，就像仪式对于严格意义上的宗教生活一样。"[1] 习俗的这种神性源自社会伦理性和集体感受性的表达，高于日常生活的维度，因而能够潜移默化地指导人们的日常行为方式，成为个人之间交流联系的连接方式，也是个人与更高维度的具体的和抽象的主体进行连接的中介。

习俗作为原子世界人的行为准则，也具有其自身的特点和局限性，它是特定的社会和民族涉及范围内共同遵循的传统和习性，形成了传承性、区域性和变迁性等特点，对特定范围的特定成员具有指导和约束作用，也就是说其作用范围是有限的。就其作用而言，由于其自发性和传承性，习俗在指导人们的行为方式的同时，也禁锢了人们的思维和行动，特别是对于其形成缘由和适用环境已不可考的习俗，可能在之后的时代中已经失去了指导意义，但人们仍然盲目地遵循和使用。虽然随着社会不断变化，习俗也会有所变化，但这其中往往存在很长的时滞，往往是发生惨重的教训和后果性事件之后才会警醒共同体，并对习俗做出改变。即便如此，习俗也是原子世界人们非常重要的行为准则，人们借此融入共同体，进而融入世界。

---

[1] ［法］米歇尔·马费索利：《部落时代：个体主义在后现代社会的衰落》，许轶冰译，上海人民出版社2022年版，第20页。

五、原子世界人的行为准则之惯例

作为原子世界人的行为准则,习俗会在一个共同体内部形成和传承,并不自觉地在社会伦理和集体意识层面形成一种非正式的社会规范,在具体作用和实施过程中表现为惯例。"当一种习俗长期驻存之后,它亦会向习俗本身为其构成部分的作为一种社会实存的社会制序内部推进,从而'硬化'为一种'惯例'。"[1]通常来讲,惯例是指常规办法和习惯做法,虽然没有正式的明文规定,但因为过去是如此做的,以后则可以照此办理,这是"原子"世界另一个重要的行为准则。

作为习俗的具体化,惯例一旦形成,其在指导人们的行为上就具有更加规约性和程式化的作用,进而成为一种社会生活中人们不自觉地遵守的规则。虽然惯例是比习俗更加明确的约束,但仍然是一种非正式的基于普遍做法的规约,在程度上介于习俗和规则之间。虽然是非正式约束,但是基于特定社会环境中的某些准则的遵循和行为的预期,惯例在指导人们的行为方式上仍然具有非常强的影响力。在以绝对时空观为基础的原子世界,规律是比较固定的,变化也是微小的,显然过去规则的效果与可行性为惯例的实施和影响提供了合法性。对规则的遵循,不是法律的明确和强制规定性,而是所处的社会环境下合适的行为习惯和常规行为,这是惯例指导人们生活的基础逻辑。惯例是"在人们的社会生活和交往中(尤其是在市场经济的运行过程中)较长时间驻存并对人们的行为有较强约束、规制与控制力的一种习俗"[2]。这也决定了惯例不仅在传统社会的运行中起作用,而且在以市场经济为基础的现代社会同样能发挥重要的作用。作为半正式化的规则约束,惯例更加广泛和有效率地规制市场参与者,为他们传递确定的信息以及使他们形成"别人也会这样做"的预期。正因如此,在惯例的支持下,市场的竞争才不会导致混乱无序和激烈对抗,在经济秩序出现问题时,惯例还能够为争端的解决提供裁决的依据,甚至很多明文的法律法规是以惯例为基础形成的。在基于传统进行指引作用的同时,惯例本身也是不断变迁的,但同样存在滞后性的弱点。

从微观层面的经验,到共同体层面的习俗,再到更为具体的惯例,是人所生活其中的社会和世界的秩(制)序形成的过程,因而也是人的行为准则的三个最主要

---

[1] 韦森:《社会制序的经济分析导论》,上海三联书店 2020 年第 2 版,第 259 页。
[2] 韦森:《社会制序的经济分析导论》,上海三联书店 2020 年第 2 版,第 270 页。

的维度。"在作为人类'生活世界'（Lebenwelt——这里借用哲学家胡塞尔的一个概念）之'生活形式'的社会制序内部，无论是在人类历史上的任何一个文明社会中，还是在当代任何一个社会的即时即地，均实际上进行着或者说发生着从个人的习惯到群体的习俗，从习俗到惯例，从惯例到法律制度这样一种动态的发展行程。"①

第三节　20世纪以熵的定律为底板的人类"比特"宇宙观

以牛顿定律为底板的"原子"宇宙观某种程度上仍然统治着当前的社会，但从20世纪开始，随着虚拟现实技术的发展，特别是现代传媒通信技术和计算机拟真技术的突破性发展，21世纪的人类正加速进入数字化生存世界，我们迫切需要认识和建立的是"比特"构造的宇宙观。比特是数字化计算的基本粒子，以其为基础构造的宇宙观是以20世纪出现的熵的定律为底板的。"在今天，一种新的世界观即将诞生，它最终将作为历史的组织机制取代牛顿的机械论世界观，这就是熵的定律，它在今后的历史时期将成为占据统治地位的模式。"②基于熵的定律产生的"比特"宇宙观是对以牛顿定理为基础的"原子"宇宙观的替代，同时二者在很大程度上共存于当前的数字化生存世界。

一、作为一种宇宙观的熵

"熵"（Entropy/Entropie）指的是不能再转化为做功的能量的总和的测量单位，这一名称由德国物理学家鲁道夫·克劳修斯在1865年发表的《论热的力学理论中的主方程之几种适于应用的不同形式》中提出，之后用于对系统混乱程度的度量。熵值越大，表示有效能量是完全的耗散状态，混乱程度也越大。熵的定律，即热力学第二定律，认为能量是不可逆地从有效转化为无效的状态，从可利用转化为不可利用的状态。这一定律不仅适用于地球，而且适用于整个宇宙，整个系统就是从有序不可逆地变为无序状态。熵定律的发现使人们的宇宙观发生了转变，基于熵定律宇宙观，人

---

① 韦森：《社会制序的经济分析导论》，上海三联书店2020年第2版，第297页。
② [美]杰里米·里夫金、[美]特德·霍华德：《熵：一种新的世界观》，吕明、袁舟译，上海译文出版社1987年版，第3页。

们开始反思机械论宇宙观的局限,并重新审视社会生活的各个方面。

熵的定律跨越物理学对西方世界产生广泛的社会影响的重要一步是 1972 年《增长的极限》一书的出版,该书对第二次世界大战之后工业增长和社会发展的模式进行了反思,提出增长的极限是什么？是否能够持久？在关注经济增长和社会发展问题之外,里夫金和霍华德撰写的《熵：一种新的世界观》将熵定律的运用推广到政治学、哲学、心理学以及西方文化的各个领域,提出经济增长和社会发展的代价是能源的耗尽,指出历史是一个不断消耗和衰退的过程。这其实也批判了牛顿宇宙观认为宇宙是建立在和谐、秩序和统一性的基础上,客观现实的井然有序只是假象,客观规律并不具有可预测性。"熵定律摧毁了历史是进步的这一观念,熵定律也摧毁了科学与技术能建立起一个更有秩序的世界的观念。"[1]主观和客观之间并不是简单二分的,客观也不是固定的静态研究对象。针对此,普利高津提出了复杂性的概念,"复杂性意味着现实是网状的,由多种交互作用的要素组成,观察者处于这一网络之中而非网络之外。这样知者与被知者便交织在一起,客观性被赋予某种主观意义"[2]。这也意味着主观是融于客观的,主观的观念和行动会改变客观的环境和规律,导致其难以准确地认知和预测。"牛顿的宇宙观只有在一种封闭的、机械的系统条件下才能实现。1977 年诺贝尔化学奖获得者普利高津,以自组织和耗散结构理论创建了一种新的宇宙秩序观,认为'涨落导致有序',自组织系统因其开放性而成为具有不确定性和多重选择性的耗散结构。"[3]在复杂情境中,任一内在要素和外部干扰都会对复杂网络产生多重影响,其结果往往是无序多变的。

基于熵定律的宇宙观认为,宇宙的构成主要有三部分：物质、能量和信息,而信息是宇宙运行和进化的主要推动力量。"信息的宇宙论不是存在的宇宙论,而是偶然事件的宇宙论。"[4]信息的基本单位是比特,所以,信息的宇宙观就是比特的宇宙观。以熵的定律为基础,形成了适合数字化生存世界的人类"比特"宇宙观。

二、"比特"世界的行为模式

从网上冲浪到移动支付,再到智能驾驶,我们所生活的世界越来越数字化和智

---

[1] 史风华:《阿恩海姆美学思想研究》,山东大学出版社 2006 年版,第 206 页。
[2] 冯震、王红宇:《超前性教育改革实验与未来教育研究》,四川教育出版社 1998 年版,第 154 页。
[3] 母小勇:《后现代高等学校课程研究》,福建教育出版社 2011 年版,第 155 页。
[4] ［德］韩炳哲:《非物:生活世界的变革》,谢晓川译,东方出版中心 2023 年版,第 4-5 页。

能化,如何适应和习惯数字化生存是个重要的时代课题。"数字化生存"指的是以计算机、互联网和数字通信技术的发展为基础形成的人类新的生存方式,涉及经济、社会和文化等各领域的数字化。数字化的基础是以"比特"为基本单位的信息的传递,因而把握数字化生存要从"比特"的作用和影响开始。"比特没有颜色、尺寸或重量,能以光速传播。它就好比人体内的 DNA 一样,是信息的最小单位。比特是一种存在(being)的状态:开或关,真或伪,上或下,入或出,黑或白。"①虽然没有大小和重量,但是"比特"的数字化运动改变了人类所生活的世界,也相应改变着人类于其中的行为模式。

要了解数字化生存的价值和"比特"世界的规则,最好的办法是比较"比特"和"原子"的差别和关联。比特本身就是一种存在,一种不同于"原子"的存在,以此为基础构成了不同的宇宙观和方法论。"比特与原子遵循着完全不同的法则。比特没有重量,易于复制,可以以极快的速度传播。在它传播时,时空障碍完全消失。原子只能由有限的人使用,使用的人越多,其价值越低;比特可以由无限的人使用,使用的人越多,其价值越高。"②比特的运动借助于计算机、互联网和卫星技术等构造出一个独立于现实世界的虚拟世界,信息的交换、精神的意象和体感的模拟是"比特"世界宇宙观的主要形式。"值得重视的是,比特的传播与复制超越了物理时空,构造了第二'灵与肉交互感应'的生存空间,充分体现了人的生命之流的冲力。这里不仅是存在决定思维,思维也在构建新的存在。"③在原子世界,人的认知只能尽力地去靠近物自体,但在比特世界,人不仅可以最大限度地接近和再现客观世界,而且能够构建一个全新的虚拟世界,精神世界和物质世界之间的界限开始模糊。这种情形实质上已经内含于熵定律的特质中了,熵定律虽然适用于时空中的物质世界,但并不能统治超然的精神世界,精神世界是非物质的。"物质世界与精神世界的关系,就是部分与整体之间的关系:部分在无涯的整体中展开。熵定律制约着时空世界,却反过来又受着孕育这一定律的原始精神力量的统治。"④

从 3D 打印到 AI 技术,再到虚拟现实技术,人的意识和观念不再是原子世界的模拟,而是比特世界的创造,甚至是其"第一推动"。"比特"世界本质上为人类不断

---

① [美]尼古拉·尼葛洛庞帝:《数字化生存》,胡泳、范海燕译,电子工业出版社 2017 年版,第 5 页。
② [美]尼古拉·尼葛洛庞帝:《数字化生存》,胡泳、范海燕译,电子工业出版社 2017 年版,译者前言第 51 页。
③ 张雄:《"数字化生存"的存在论追问》,《江海学刊》2022 年第 4 期。
④ 史风华:《阿恩海姆美学思想研究》,山东大学出版社 2006 年版,第 207 页。

追求的自由精神的实现提供了某种可能,为人们的自由表达、自由交往和自由创造提供了一个不同维度的平台和空间。在"比特"世界中,人的认知方式和行为模式从模仿转变为创造,从学习转变为表达,不断构造虚拟的新世界,同时改造物质的原子世界。简而言之,"比特世界所带来的行为发生学原理,却侧重于直觉、想象、创意等因素的驱动"①。我们也分别从这三个维度展开。

三、比特世界人的行为准则之直觉

直觉指的是没有经过充分逻辑推理的直观感觉。直觉的形成是以人的已有的知识和积累的经验为依据的,并不单纯是一种天赋能力。在哲学上,直觉被认为是一种认知的方法或者手段,一种未经理性分析的自发性认知和感性直观。直觉是与分析的理性相对的基础性认知方式,与经验有着直接的内在关联。直觉是快速理解和瞬间的东西,并不听命于意志和理性,它与经验、习惯、文化和教育等相关。"直觉,就是人们下意识地对多重可疑指示物的信息进行整合的过程。"②直觉是"比特"世界行为方式的基本原则,在以信息过剩和知识爆炸为根本特点的互联网时代,直觉为个人提供了快速做出判断的能力,适合"比特"世界瞬息万变的资讯交流和数字化生存世界的生活节奏。

比特世界中,比特的高速传输使得个人主体接受的信息量空前放大,给个人主体带来越来越多的新奇体验,人们需要在信息读秒中进行体验、刷新经验和做出判断。在这种社会情境中,具有迅捷性和直接性,并诉诸本能意识的直觉思维方式就成为比特式个人行为准则的不二之选。直觉思维依赖于经验却不固化于经验,它跳出了固定逻辑准则的约束而直接体验情境本身并从中体悟事件本质,适合于不断变动和刷新的场景流变。比起逻辑分析,直觉思维能够快速反应,不需要经过意识的控制,可以迅速做出决策。依赖直觉做出的选择在行为的效果和影响上,通常来说是比较准确的,因为直觉所依赖的是之前储备的经验和知识。在对有限的经验和知识进行组合的基础上,直觉还能进行创新性思维和创新性领悟,在对事物进行直观推想的同时,能对事物变化的规律性进行推测和总结。相比于逻辑分析,直觉起作用的场景更适合于依赖经验对新的情境和事件做出迅速判断的情况。在信

---

① 张雄:《"数字化生存"的存在论追问》,《江海学刊》2022 年第 4 期。
② 齐亮:《不止于理性》,上海交通大学出版社 2020 年版,第 89 页。

息不断冲击和空间不断叠加的作用下,直觉能够在比特世界做出较为准确的判断。

比特世界的体验方式是直观的图像和立体的形象,是一种身临其境的感官冲击。而直觉本身就属于形象思维,能够根据事物的整体信息图景直接把握其内在本质和运行规律。"严格地说,直觉除想象之外别无所见,形象除直觉之外也别无其他心理活动可见出。有形象必有直觉,有直觉也必有形象。"[1]直觉不同于与文字和语言关联的逻辑推理,是基于丰富的经验和知识,在某一时空情境中做出即时的抉择和行动。在比特构造的世界和宇宙观中,意象性、抽象性和思辨性是其哲学存在论的关键词,信息流变、精神意象和虚拟空间是该宇宙观的表达形式。直觉精准地契合于比特世界流变的体认、意象的把握和空间的驾驭,为比特世界中人的认知和行为提供了基础性准则。

四、比特世界人的行为准则之想象

如果说直觉是基于经验和知识的无意识行为准则,那么想象则是对已有的记忆和认知进行更高级的创造。"想象是在头脑中对已有的表象进行加工改造,形成新形象的过程。它是一种高级的认知活动,是在记忆表象的基础上进行,以直观形式呈现人们头脑中具有形象性特征的表征,而不是语言符号。"[2]想象与直觉的共同之处在于它们都是形象思维,适合在比特世界进行判断和行动,不同之处在于想象能够从个人已经积累的形象中提取出基本要素,通过新的组合构思创造出新的意象,是对形象的再创作。可以说,作为行为准则的想象,在比特世界中,不是被动地反应和判断,而是主动地改变和创新。

比特运动所构造的信息空间和虚拟世界脱离了三维物理空间的束缚,构造了多维时空的共存和叠加,在这个第二生存空间中,存在决定思维的同时,思维更是在改变和创造存在。比特世界为存在提供了无限的状态和可能,想象获得了前所未有的重要性,想象不仅能改变虚拟的比特世界,甚至能够通过改变比特世界而改变现实世界。"从数字压缩到解压、从数字编码到解码,从虚拟图像到真实景观,如制造业和数字智能化结合,电脑中图像即可变成现实实体存在,如数字化 3D 打印,可以把视频中图形直接打印出物理世界的真实存在,甚至实现人体器官的打印与

---

[1] 朱光潜:《文艺心理学》,安徽教育出版社 2006 年版,第 10 页。
[2] 李苇主编:《影视欣赏心理学》,吉林大学出版社 2022 年版,第 41 页。

替代,'不怕做不到,就怕想不到'。①比特世界为想象提供了非常适宜的现实条件,形成想象的首要条件是大量的表象和体验的存在,它们为想象的进行提供了丰富的素材。在比特世界中,想象所创造的新形象的组合和叠加以及与现实世界的互动又为进一步的想象提供了素材,这是一个循环往复的正反馈过程。

在比特世界中,人人都是参与者和构建者,都是一个个的主体节点,通过想象和创造改变第二生存空间的设置和图景。不同于原子世界,比特世界通过提供无限的可能来改变和再造人们的想象,多维时空的叠加使得人们的想象素材和作用对象都获得了前所未有的扩展。"与现实世界的固定性不同,想象而成的虚构世界充满了各种各样的可能性、偶然性,从而为人类保留了体验多重生命的可能性。"②在这种多重生命体验中,个人的感知和想象更深入地融入比特世界构造的共同体之中,这种想象的共同体不仅会影响比特世界的整体图景,而且会改变现实世界的发展路径和状况。从这一角度而言,每个人都是通过想象和行动存在于这两个世界之中,整个社会共同体也是在这两种世界提供的不同宇宙观的叠加和互动中不断变化和发展。人们在通过想象存在于这两个叠加世界的同时,还通过创意改变着这两个世界的互动模式和发展轨迹。

五、比特世界人的行为准则之创意

创意,即创造意识或创新意识的简称,是比特世界人的行为准则中最为重要的一个,因为整个比特世界就是人的发明创造,是基于人对现实存在的客观世界事物的认知和理解所衍生创造的一种思维抽象和行为潜能。作为比特世界人的行为准则,创意是以直觉和想象为基础的。"一般认为,直觉是创意的开始,因而有意识发现记录与培养创新创意直觉尤为重要。"③如果说直觉是创意的起点,那么想象就是创意过程的重要组成部分。"想象在创意思维中是不可缺少的重要成分……创意思维的训练首先要从想象和联想的训练入手。"④从直觉、想象到创意,比特世界人的行为准则三者之间有着层层递进的内在关联,在比特世界中的指导作用也是不

---

① 张雄:《"数字化生存"的存在论追问》,《江海学刊》2022年第4期。
② 三金先生:《元宇宙生态:如何成为数字产权时代的原住民》,首都经济贸易大学出版社2022年版,第44-45页。
③ 曾静平、王友良:《全媒体素养》,陕西师范大学出版社2021年版,第133页。
④ 周璨、付卉、乔伟:《艺术设计与创意思维》,吉林人民出版社2021年版,第192-193页。

断增加的。

创意是比直觉和想象更为复杂的思维过程，它在意识或者潜意识中将搜索和选定的有用信息进行重新组合，以新颖的方式为世界提供不同的元素，往往是在某种事物的启发下以灵感或者顿悟的方式出现。创意源自不同事物的关联，是将许多貌似不同的事物关联在一起的能力，比特世界显然提供了海量的信息和新鲜事物，甚至将众多的创意相互连接和交流。一方面，比特世界有利于创意的产生和再生产；另一方面，比特世界某种程度上就是创意的产物。

比特世界的"存在论"原理是基于虚拟世界的存在与运动的原理，通过计算机信息处理和互联网信息交换形成模拟虚拟环境，从人与计算机的交流扩展为人通过计算机进行相互的交流，进而创造出越来越逼真的沉浸式生存体验。"'思中之物'通过想象、创造、意识的驱动，形成自觉的设计图形，有选择的信息变成有方向的运动，在比特信息包的承载下，在互联网信息传递系统中，以各种不同路径传递并精算。"[1]通过信息化技术以及智能化与工业化的结合等，人们的创意不但日新月异地爆发式出现，而且可以尽可能地得到实现，使得新的对象化世界能够不断创造和呈现。可以说，创意改变的不仅是虚拟的比特世界，更是现实的原子世界。

第四节　两种宇宙观同在的数字化生存世界

智能化的发展使得真实世界和虚拟世界之间的界限越来越模糊，但这并不意味着原子宇宙观开始被比特宇宙观所取代，不能将二者割裂开来分别看待，因为现实中我们仍未告别以牛顿定律为底板的原子宇宙观。在这个数字化生存的世界，真实世界和虚拟世界相连接，原子宇宙观与比特宇宙观是共生同在的。"'数字化生存'是人类长期追求自由、创造历史活动的产物。它有着三个鲜明的哲学特征：虚拟世界与真实世界共存、比特与原子同在、理性计算与非理性情感共生。"[2]世界发展的现实状况决定人们需要有怎样的宇宙观和认知模式，并决定了人们于其中的行为方式和体会感受，而宇宙观处于关键的枢纽位置。这三个维度有助于立体解析和理解数字化生存世界的根本状况。

---

[1] 张雄：《"数字化生存"的存在论追问》，《江海学刊》2022年第4期。
[2] 张雄：《"数字化生存"的存在论追问》，《江海学刊》2022年第4期。

其一，真实世界与虚拟世界共存。原子世界不断的智能化说明两个世界是相互叠加和融合的，数字化生存时代，真实世界与虚拟世界共存。虚拟世界依托于现实世界的计算机技术、互联网技术、卫星技术和可穿戴设备技术等构建，但又有其自身独特的运行规则和体验形态，独立于甚至突破了现实世界的一些物理规则，是经过人类意识和技术改造过的现实世界的进化版本。"在虚拟与现实的二重世界中，人类有着不一样的个人身份认定和关系识别。二重世界之间既相互区别又相互联系、相互渗透、相互定义。"[1]虚拟世界是比特运动所形成的体感世界，比特世界基于原子世界，经由万物互联技术和人工智能技术发展而成，同时反过来改造原初的原子世界，这一过程循环往复，两个世界相互作用并深入融合。

其二，原子宇宙观与比特宇宙观同在。真实世界与虚拟世界共存意味着分别对其认知和理解的原子宇宙观和比特宇宙观在数字化生存世界同在。比特宇宙观是基于原子宇宙观并在一定程度上对原子世界物理规律的突破，从物质的原子转向信息的比特，思维对存在的作用和构建更加深化，认知与物自体的完整信息更加接近。思维从对存在和规律的被动认知到主动构建，原子世界观下机械的主客二分逐渐转向比特世界观下意识借助比特运动创构虚拟时空，人的行为准则也从经验、习俗和惯例转向直觉、想象和创意。比特世界更大限度地满足了人们自由意志的发展和实现，这种实现反过来会压缩和叠加原子世界的时空模式和认知方式，逐渐习惯于比特宇宙观的人们会重新审视和试图更新原子世界观的逻辑预设。

其三，理性计算与非理性情感共生。原子宇宙观与比特宇宙观同在意味着在其指导下的人类行为方式和认知体验上的理性计算与非理性情感是共生的。原子宇宙观下的客观世界的规律是可观察、可认知的，理性是进行认知的基本工具，是主观到达客观的桥梁，理性计算是认知规律和掌控秩序并实现人的主体性的手段。在比特宇宙观下，比特的运动直接关联着人类主体意识的意向性，在突破原子世界物理规律的束缚下，主观意识在比特世界呈现更多的是非理性情感，因为比特世界是基于比特运动的体验和体感的世界。比特世界是基于科学技术和工具理性发展的产物，但其呈现的方式和带来的体验是主观意向性的释放和非理性情感的满足。数字化生存世界叠加了原子世界的时空和节奏，在理性计算的推动和挤压下，比特世界为非理性情感的释放提供了必要的空间和出口。

今天的数字化生存世界既使得日常生活内容丰富多彩，又使得生活意义复杂

---

[1] 张雄:《"数字化生存"的存在论追问》,《江海学刊》2022年第4期。

难辨，它是人类追求自由意志的新阶段，代表着人类全面发展的新境界。数字化和智能化带来经济基础的巨大变革，从云计算到 AI 大数据模型训练，从宏观层面改变了人类的生产模式和治理方式；从智能手机到智驾汽车，从微观层面提升了个人的交流体验和生活品质。"随着数字化生存世界的到来，连接原子世界与比特世界有着六大技术突破：人工智能和量子计算、传感器和物联网、自主机器、分布式账本和区块链、虚拟现实和混合现实、5G 网络和卫星通信。"①以创意经济、意识经济和视觉经济为代表的无形经济崛起，开始与传统的以物质资源生产为基础的有形经济并驾齐驱，成为新质生产力发展的根本内容。"以无形资产（不可直接用货币或实物计量的经济资产）为核心，软件、芯片为心脏，创意品牌为牵引，知识产权保护为红利，数字智能化运作为原理，物质经济为始基和根本，构成完整的比特与原子式无形经济存在与发展的经济新范式。"②无形经济与有形经济的并起代表着经济发展转向精神和物质的双向拉动，是数字化生存的两种世界和两种世界观得以生成和发展的经济基础。

  数字化生存为 21 世纪的现代人带来了新的生产方式和生活方式，同时带来了生存意义思考的新问题。原子世界观下固定和清晰的生存世界架构预设开始坍塌并让位于模糊而混沌的两种宇宙观同在的思考，数字化生存境况的思考比传统认知复杂和矛盾得多。数字化和智能化服务获取和体验的门槛将一部分人排除在外，加剧了社会资源获取的不平等，技术的迭代演化异化了人与人交流的场景与空间，在个人能够联通世界的同时孤立于技术所设置的拟真。在马克思和尼采等人开启的启蒙传统下，继续探索和刷新如何消除社会不平等、维护世界经济正义、构建人类美好未来是数字化生存时代面临的艰巨任务。身处其中的人们要越来越适应于在这两种世界之间的转换和衔接，同时具备和适应两种不同的世界观及其行为准则，这样才能在数字化生存世界中健康地生活。中国式现代化道路的设计和人类命运共同体的建设可以在宏观上为这一时代难题的应对和解决提供可行的方案。

本章思考题

1. 两种宇宙观之间是什么关系？

---

① 张雄：《无形经济：一个值得深究的经济哲学问题》，《哲学研究》2024 年第 1 期。
② 张雄：《无形经济：一个值得深究的经济哲学问题》，《哲学研究》2024 年第 1 期。

2. 原子世界的行为准则是什么？

3. 比特世界的行为准则是什么？

4. 如何运用两种宇宙观指导数字化生存？

本章阅读文献

1. [德]马克斯·韦伯：《经济与社会（第一卷）》，阎克文译，上海人民出版社，2019年版。

2. [德]韩炳哲：《非物：生活世界的变革》，谢晓川译，东方出版中心2023年版。

3. [美]尼古拉·尼葛洛庞帝：《数字化生存》，胡泳、范海燕译，电子工业出版社2017年版。

4. [美]杰里米·里夫金、[美]特德·霍华德：《熵：一种新的世界观》，吕明、袁舟译，上海译文出版社1987年版。

5. [比]伊·普里戈金、[法]伊·斯唐热：《从混沌到有序》，曾庆宏、沈小峰译，上海译文出版社1987年版。

6. 李建会、符征、张江：《计算主义：一种新的世界观》，中国社会科学出版社2012年版。

7. 魏拴成等：《社会创业学：社会创业思维·过程·实践》，机械工业出版社2022年版。

8. 陈珊妍：《图形创意设计》，东南大学出版社2022年版。

9. 邵建华、顾柏平：《物理学》，上海科学技术出版社2013年版。

10. [美]李·斯莫林：《时间重生》，钟益鸣译，浙江人民出版社2017年版。

11. 张哲、韩凝玉：《面向竞争的规制》，东南大学出版社2010年版。

12. 金哲等：《新学科辞海》，四川人民出版社1994年版。

13. 刘713宇：《民族法视域下西南山地民族自发社会控制研究》，研究出版社2022年版。

14. 邱燕青：《人类生命活动探思》，中国书籍出版社2020年版。

15. 文贤阁：《科普小课堂·星际穿越》，江西美术出版社2020年版。

16. 严明：《中西文化风物志》，上海交通大学出版社2018年版。

17. 秦伯未：《增补谦斋医学讲稿》，中国医药科学技术出版社2021年版。

18. 桑建平：《博雅：中西之间——武汉大学基础通识课优秀论文集（自然卷）》，武汉大学出版社2021年版。

19. 王振彦、钟握军：《自然科学概论》，北京邮电大学出版社2022年第2版。

20. 肖巍：《自然的法则：近代"革命"观念的一个解读》，复旦大学出版社1998年版。

21. 刘峰：《中国领导科学评论（第2辑）》，中国发展出版社2009年版。

22. 张子睿：《乡村振兴人才创新思维与基础创新方法》，民主与建设出版社2021年版。

23. 黄忠华、王克勇、李银林等：《智能信息处理》，北京理工大学出版社2021年版。

24. [美]保罗·兰德：《设计的意义：保罗·兰德谈设计、形式与混沌》，王娱瑶译，湖南文艺出版社 2019 年版。

25. 廖非、邓永霞:《大学生创新思维》,航空工业出版社 2021 年版。

26. 缪羽龙:《海德格尔域性时间思想研究》,上海交通大学出版社 2021 年版。

27. Matteo Pasquinelli, *The Eye of the Master: A Social History of Artificial Intelligence*, Verso, 2023.

28. Ellen Helsper, *The Digital Disconnect: The Social Causes and Consequences of Digital Inequalities*, Sage, 2021.

29. Rob Kitchin, *The Data Revolution: Big data, open data, data infrastructures & their consequences*, SAGE Publications Ltd., 2014.

30. Justin Joque, *Revolutionary Mathematics: Artificial Intelligence, Statistics and the Logic of Capitalism*, Verso, 2022.

31. Arran E. Gare, *Postmodernism and the Environmental Crisis*, Routledge, 1995.

第五章

数字化生存:理性计算与非理性情感共生

数字化生存是人类长期追求自由、创造历史活动的产物,也是人类理性计算与非理性情感共生的比特世界。理性逻辑具有认知、计算以及预测功能,增强智能化机器的算力。非理性交织着人的欲望、习俗、意志、无意识、创造力以及情感,影响着人在数字经济活动中的感知、判断以及决策。由理性计算与非理性情感所呈现的图像叠加和程序主观设计则强化了人类追求文明而不断完善的禀赋,引发了人对数字化生存的经济哲学追问。

第一节 理性逻辑与算力

千百年以来,理性是人类生存和发展的工具,理性逻辑是人类认识自然与社会的认知工具。从数字到数字化生存,人的理性逻辑通过智能造物和万物互联原理来认知原子和比特共存的宇宙。在原子世界,人的理性认识能力无法把握物体的整体信息;而在比特世界,理性由判断到计算,再到算力,人的认识能力能够最大化接近物体。本节将介绍理性逻辑与算力的关系。

一、理性的概念以及基本特征

理性的原本意义,来自古希腊的逻各斯,寓意为思想、规律以及言词含义。随着人类社会历史的不断演进,理性成为诸多学科研究的重要基础,也是人类从事社会生产和生活的认知工具。

(一)理性的概念

对理性的学科解读有着不同的角度,主要集中于经济学、社会学、哲学以及人类学领域。理性伴随着人对外部世界的认知而来,是智能主体在其生活的世界中实现目标所采取的推理方式。这些规范模型来自逻辑学、哲学、数学和人工智能,它们是我们对一个问题的正确解决方案以及如何找到这个方案的最佳理解。[1]

从经济学层面,最早对"理性"做出判断的是西蒙,在其《社会科学辞典》里,对理性概念有这样的说明:"广义而言,理性指一种行为方式,它适合实现制定的目标,而且在给定条件和约束的限度之内。在某些特殊场合下,这个定义有更精细的规定。"通俗意义上讲,对经济理性有着三重理解:一是在市场不确定情况下,寻求确定性原则和内在一致性原则;二是追求自身利益最大化的推断;三是一个手段与目的概念。经济学家对理性如此看重,其核心是通过设定理性分析,来对理性行为模型做市场的预期判断和行为分析,从而达到经济效益最大化的目的。

从哲学层面,"理性"指的是人具有某种探索真理的能力,这种能力是人在认识世界和改造世界中形成的认知水平。最早提出理性概念的是古希腊时期的阿那科萨哥拉。他认为,物的种子是存在物的始基,人的感官只能认识具体的事物,唯有理性是揭示始基的可靠工具。也就是,理性是通过人的感官认知而在意识层面所形成的认识事物的方式或水平。理性在哲学发展进程中有着较长的阶段,也有着不同的含义:在中世纪,理性带有神的属性,神的旨意就是理性。近代唯理论认为,理性具有绝对的可靠性。在法国哲学家看来,理性是衡量一切社会存在的价值尺度。在德国古典哲学家看来,理性被作为一种范畴来加以认知,在康德那里,人的理性几乎无所不能,是在自在之物的现象界之内;而黑格尔更是将理性发挥到极致——理性是揭示真理的重要工具,理性就是精神对真理的追求和把握。

(二)理性的基本特征

理性是人通过先天的大脑和后天的经验知识,对某一事物或者某一现象做出的推理认知。人在认识世界和改造世界的过程中,理性发挥着重要的逻辑判断和推理感知作用,在人的理性思维趋势下形成人的理智行为,具有以下基本特征:

其一,理性的计算性。理性与数学、逻辑和推理相关联,理性的产生也是由于

---

[1] [美]史蒂芬·平克:《理性》,简学、简丁丁译,浙江教育出版社2024年版,第8页。

数学思维和逻辑推理而产生的,再加上人长期以来积累的知识经验,从而对某一事物或者某一现象形成某一规定的模型结构做出理性判断。把理性的规则精炼成逻辑和概率的规范模型,甚至可以在复制并超越我们的理性能力的机器上使用它们[1],这就是理性与数学、计算以及理性思维的关联。

其二,理性的实用性。在人的思维领域,理性具有探索真理的能力,在世界的本源、社会进步的规律以及人类的进化中都体现理性的科学性和实用性。理性的实用性使得理性可以将抽象的概念和具体的实物结合起来,发现事物的内在规律,从而揭示事物的客观真理性。正是理性所具有的实用性使理性所创造的产品推动了社会的进步,比如蒸汽机的发明、电灯泡的发明、福特汽车的发明以及图灵机的问世,都是人的理性通过探索事物的规律来创造性地将对象转化为客观事物。

其三,理性的思辨性。人类的理性思维具有规范行为的自控能力以及实践批判的审辨性[2],正是人的理性思辨性使得理性能够对个体行为与集体行为进行有效的平衡统一,使得理性能够帮助人们阐释客观事物本真的规律与目的。理性的思辨性并不是与生俱来的,理性是通过判断客观事物发展规律而形成的思维定式,对客观事物的规律进行自我审视、自我否定、自我变革以及自我超越。

二、理性逻辑的概念及基本特征

在人类历史的进程中,理性逻辑是人的理性加工的重要形式,也是人认识客观对象的重要方式。在经济学、哲学、计算机学科、认知科学以及心理学领域,理性逻辑成为重要的工具分析方法。

(一)理性逻辑的概念

理性逻辑是人类认识自然与社会的必备理性认知工具,也是实证分析的重要方法。理性逻辑与人的理性思维相关,是人通过理性思维的工具,对对象进行模型化的逻辑演绎,再经过实验或者实践的检验得出规律性的结论。

最早提出理性逻辑法概念的是李嘉图,在他的理论学说中,十分重视抽象理性的逻辑演绎。李嘉图把高度抽象的经济理性模型运用到复杂的现实世界,从纯粹抽象原则来演绎客观存在的具体,虽然李嘉图只是从抽象的理性模型角度来诠释

---

[1] [美]史蒂芬·平克:《理性》,简学、简丁丁译,浙江教育出版社 2024 年版,第 45 页。
[2] 张雄:《市场经济的非理性世界》,立信会计出版社 1995 年版,第 32 页。

客观具体。继李嘉图之后,以理性模型构建的经济范式在西方经济学中成为主流,也成为经济学领域重要的分析方法。而将理性逻辑进行哲学具象化的是笛卡尔,作为唯理论的集大成者,笛卡尔高度重视理性的作用,并认为认识的源泉来自人的理性,理性通过演绎获得知识,从演绎中得出客观的结论。①

(二)理性逻辑的基本特征

理性逻辑是通过人的理性思维,利用抽象的结构模型对事物做出的逻辑判断,其主要特征体现在:

其一,理性逻辑的科学性。理性逻辑是从感性的杂多中现象抽象出理性逻辑要素,并以此为前提,进行逻辑演绎,获得对事物的真理性认识。由理性逻辑得出来的实证规律以及命题,能够科学客观地反映对象的规律特征,也能够对事物的特征得出科学的规律。

其二,理性逻辑的严密性。严密性是理性逻辑的重要特征,也是理性逻辑与非理性行为的重要区别。理性逻辑一般是建立在数字模型的基础上,以假设为前提,加上正确的推理形式,经过对对象进行一系列的逻辑推理,具有高度的严密性。

其三,理性逻辑的工具性。理性逻辑是人的理性认知,再加上模型构建,对事物的客观存在进行逻辑加工,得出真理性的结论。在逻辑学领域,理性逻辑是人认识世界和改造世界的工具,经过理性逻辑的思考、判断以及预测,能够认清外部世界的现象和本质。

三、数字化生存时代理性逻辑的功能

随着人工智能的迭代升级,数字技术及其构建比特数字生存世界,纵深到人的生存和生产领域,海量的数字、信息以及平台在进行数字的生产、交换、分配以及消费,这些生产环节的构成都离不开理性与非理性逻辑。理性与非理性有着以下三大功能。

(一)认知功能

认知功能是理性逻辑的重要功能之一,理性逻辑的科学性以及严密性有助于人更好地认知世界和改造世界。在比特世界,理性由判断到计算,人的认识能力可以最大限度接近物自体本身,并且可以通过数据计算,把原始物自体的粗糙性修饰

---

① 张雄:《市场经济的非理性世界》,立信会计出版社1995年版,第60页。

得更加完美。① 数字化生存时代,通过理性逻辑的分析、推理以及判断可以更好地再现"世界 1(物质世界)",还可以创构"世界 2(精神世界)、世界 3(客观化了的主观世界)"的信息爆炸能力。不仅如此,理性逻辑的认知增强人机之间的互动关系,机器的拟人化以及"机器是人"成为未来数字化世界的重要特征之一。

(二)计算功能

数字化生存时代,认清数字及其本质是理性逻辑的首要任务,数字是人类生产和实践的产物,也是人类在发现和探索真理过程中对对象或者事物所做的标记符号。理性逻辑是人的思维加工,具有计算功能,随着大数据、云计算以及人工智能的发展,理性逻辑的计算功能更加明显,从感官接收的所有数据来看,无论是眼睛看到的图像、耳朵听到的声音、鼻子闻到的气味,还是中耳测定的平衡感,都可以用 0 和 1 来进行序列组合②,序列就是一个算法,以计算其中的概率。

在数字信息生产和交换的过程中,遵循着贝叶斯定理的概率统计。贝叶斯定理是一个描述两个条件概率之间关系的概率论定理,通常指在条件 P(B)满足的条件下,P(A)的发生概率。该定理的数学表达式为:$P(A|B) = P(B|A) \times P(A) / P(B)$,包括条件概率和先验概率。条件概率公式表达:$P(A|B)$是在事件 B 发生的条件下事件 A 发生的概率,$P(B|A)$是在事件 A 发生的条件下事件 B 发生的概率。先验概率共识表达:$P(A)$是事件 A 发生的概率,也称为先验概率;$P(B)$是事件 B 发生的概率,同样称为先验概率。在数字化的编程与算法之间,贝叶斯定理发挥着重要的概率选择作用,在 $P(A)$与 $P(B)$之间进行算法的优化选择。

(三)预测功能

理性逻辑是人探索真理的能力,也是人认识世界和改造世界的重要工具。数字化生存时代理性逻辑的预测功能在于对比特世界的未来走向以及趋势进行预判,并且能揭示比特世界的运行规律。理性逻辑是人通过认知、识别、推理以及判断的形式,揭示事物或者对象的客观规律所在,这一系列客观规律在于理性逻辑的经验预判,主要体现在:其一,理性逻辑可以通过海量的大数据来预判千行百业的潜在价值。数字化赋能千行百业,理性逻辑可以通过数字化的千行百业来分析其中的应用结合、发展困境以及突破路径。其二,理性逻辑可以计算未来数字信息的经济价值。数字信息的价值具有不可估测性,理性逻辑可以通过对数字信息过去

---

① 张雄:《数字化生存的存在论追问》,《江海学刊》2022 年第 4 期。
② [法]黄黎原:《贝叶斯的博弈》,方弦译,中国工信出版集团 2021 年版,第 100 页。

和现在的加工计算,来估算数字的潜在经济价值。其三,理性逻辑通过一系列的演绎推理来增强算力。智能技术的核心在算力,算力的大小强弱需要人赋予智能技术以理性逻辑的演绎推理,从而让智能技术在更广泛的应用场景服务于人。

四、数字化生存时代算力的理性逻辑解读

以智能技术为标志的第四次工业革命,算力成为推进新质生产力发展的重要源泉,也是大数据与算法之间的桥梁。算力,既是理性逻辑设计、推理以及计算的结果,也是贝叶斯定理先验概率和条件概率的结合。在人类日常生产和生活的各种智能化设备中,如手机、电脑、车间的操控平台都蕴藏着不同程度的算力,算力的大小决定计算的速度以及经济价值。

(一)算力的概念以及基本特征

算力,即计算力,是计算机所具有的计算能力大小,其核心在于 CPU,CPU、GPU 以及各种光电传感器都嵌入芯片,负责对电脑及手机的控制和逻辑计算工作,是电脑和手机的中枢神经,信息的接受、处理以及输出都通过 CPU 来发出指令,算力的大小体现在芯片硬件和 CPU 软件程序上。

算力的大小决定计算的速度以及效率,其主要特征体现在:

其一,算力的无形性。算力是看不见、摸不着,而又推动计算机性能快速发展的核心动力,一台计算机的核心部件在于算力,超强算力可以数倍提升计算机的运转速率。推进算力突破单台计算机的瓶颈,从量变到质变的过程是云计算[1],云计算是一种提供可用的、便捷的、按需的网络访问,并进入可配置的计算资源共享池,如亚马逊的 AWS、谷歌的 Gmail、阿里云都纳入云计算范畴。云计算的功能也是看不见、摸不着的,但是推动着算力大小的变化。

其二,算力的普适性。算力无处不在,在使用各类智能化设备的时候都离不开算力,算力与周边的设备用户都关联在一起,与边缘的环境联系在一起。边缘计算的特性在于计算能力的分布式下沉和靠近用户,对边缘计算节点部署位置的选择主要从降低时延、疏通拥塞、数据不出厂和降低部署成本来考量[2],边缘计算使得人们在日常工作学习过程中都能够利用算力的大小强弱获取服务。

---

[1] 王晓云:《算力时代》,中信出版集团 2022 年版,第 103 页。
[2] 王晓云:《算力时代》,中信出版集团 2022 年版,第 142-143 页。

其三，算力的价值性。算力虽然看不见、摸不着，但是算力具有潜在的经济价值。当前，国家在大力推进数字经济，数字信息的经济价值转换就在于算力，算力的硬件设施和软件程序都具有较大的市场价值，而且比有形的硬件更具有价值。

（二）数字化生存时代算力的发展历程

自从有人类开始，算力就已经存在于人的生产和生活中，只是算力的形式和工具不一样。算力最早的起源是从数数开始的，人们通过手指来计算0~9构成的10个数字，这就是习惯意义上的十进制记数法形式，而后计算机的发明，运用0和1的二进制记数法。从算力的工具而言，从早期中国古代的算盘、西方帕斯卡发明的加法器、莱布尼茨的乘法器，后来出现电子计算机。这些不同的形式和工具虽然功能有差异，但都是推进算力的重要工具。

数字化生存时代，电子计算算力的发展与芯片有着必然的联系，芯片功能的大小也决定着算力的大小。电子技术的每一次进步，都推进算力质的变迁。根据芯片的材料组成可以将算力发展历程归结为四个阶段：第一阶段，20世纪50年代，以电子管为基础的算力，第一台数字电子计算机ENIAC的诞生，是使用电子管来进行统计计算。第二阶段，20世纪60年代，以晶体管为基础的算力，威廉·肖克利发明了晶体管，其在体积、重量、速度方面都优于电子管，计算机的体积以及占地面积大为缩小，算力大幅度提升。第三阶段，20世纪70年代，以硅基芯片制作的集成电路，在体积、成本以及性能方面都大大优于晶体管，更为重要的则是其被应用到了生活场景领域。第四阶段，20世纪70年代至今，大规模集成电路成为主要的电子器件，其运算速度和性能远远高于集成电路，在信息传输、容量大小方面都有突破性的提升[①]，这也是当前超强算力的基础材料。

（三）数字化生存时代算力网络的"东数西算"战略

党的十八大以来，我国数字经济蓬勃发展，现代化经济体系不断完善，加快推进新质生产力高质量发展成为经济发展的主旋律。随着数字赋能千行百业，5G新技术的快速发展，社会数据总量呈现涌现式上升的趋势，海量的数据、多模态的计算以及应用场景的提升，迫切需要推动数据中心实现合理的空间布局。

为了更好地布局国家数据中心一盘棋的合理空间，国家发展改革委在2021年出台《全国一体化大数据中心协同创新体系算力枢纽实施方案》，统筹围绕国家重大区域发展战略，根据能源结构、产业布局、市场发展、气候环境，在京津冀、长三

---

① 王晓云：《算力时代》，中信出版集团2022年版，第13-45页。

角、粤港澳大湾区、成渝,以及贵州、内蒙古、甘肃、宁夏等地布局建设全国一体化算力网络国家枢纽节点,发展数据中心集群,引导数据中心集约化、规模化、绿色化发展。国家枢纽节点之间进一步打通网络传输通道,加快实施"东数西算"工程,提升跨区域算力调度水平[①],这一指导意见明确了"东数西算"的概念、意义以及方向目标。

"东数西算"是国家算力网络布局的重要方向,也是推进国家数据中心平衡的重要举措。"东数西算"指的是京津冀、长三角、粤港澳大湾区东部的海量大数据,成渝,以及贵州、内蒙古、甘肃、宁夏等地的超强算力进行有效的结合,从而平衡东西部数据与算力之间的差距。"东数西算"的核心是优化国家互联网骨干节点的布局,推进东西部地区数据中心网络架构和流量疏导建设,推动云计算、边缘计算以及多模态计算的协同合力,促进"云、数、网"协同发展。

(四)数字化生存时代算力的理性逻辑解读

数字化生存时代,算力是衡量一个国家或地区计算机性能的重要工具,也是衡量一个国家或地区生产力发展水平的重要标准。随着人工智能时代的发展,推动新质生产力实现高质量发展需要加大算力赛道的认知和投入,只有加快算力的运转效率、提升计算性能,才能较快实现算力的跨越式发展。

在理性逻辑的维度上算力具有高度的理性思维能力,是人通过海量的数据以及精准的计算、演绎、推断以及实践而来,主要有三层解读:其一,算力的无形经济价值。无形经济价值是看不见、摸不着的,算力作为一种无形的力量,潜在地推动数字经济的快速发展。计算机、互联网、大数据高科技成果的商业化,使得经济效能提高的动力以及工作原理越来越呈现虚拟化、抽象化、无形化的特征[②],算力赋予无形经济较高的价值。其二,算力的精密计算性。算力虽然通过芯片、CPU来呈现其大小,但是精密计算成为算力的重要特征之一。海量的大数据和计算需要算力的高效运转,包括计算机领域的机器学习、深度学习、神经网络学习,都是需要大量的模型与算法来进行有效的运算。其三,算力的思维缜密性。算力不是单一的计算思维,而是具有思维的逻辑严密性,需要对算力的每一道程序进行有效的计算,在多云之间、云和数据中心之间、云和网络之间一体化以及跨行业、跨地区、跨层级之间进行严格的思维协同计算。

---

① 国家发展改革委:《全国一体化大数据中心协同创新体系算力枢纽实施方案》,2021年5月24日。
② 张雄:《无形经济:一个值得深思的经济哲学问题》,《哲学研究》2024年第2期。

算力是数字化生存时代人的理性逻辑推理的体现,在理性逻辑中人的算力赋予数字的计算精准性,还赋予数字创造力。数字经济的快速发展,需要加大算力的推进力度,才能高效地实现算力的经济价值。如今,一方面算力已经成为国家发展布局的大战略,实现地区、区域以及行业之间的相对平衡需要加大算力的基础设施投入,也需要加大算力的技术人才培养;另一方面,保护由算力而呈现出来人的数据安全合法、财产隐私保护、收入的公平正义,才能让算力更好地为人类服务。

第二节 数字化叙事的非理性情感

数字化生存时代,理性逻辑离不开理性计算,算力提高理性计算的效率,也在变革着理性计算的范式。非理性作为一种与理性既相对应而又相融合的范畴,对人的感知、决策和评价进行共同判断,非理性以心理结构和认知系统来对事物做出行为的判断。在数字化生存的空间里,非理性情感以数字化的文字、图像以及符号来叙事,更为深层次则是将人的非理性情感赋予数字新的时代内涵和精神意蕴。

一、非理性的概念以及基本特征

非理性与理性,是人的思维领域的一对范畴,也是人认识主观世界和客观世界的基础。理性逻辑是人通过理性思维、逻辑判断以及精密计算而形成的思维定式,而非理性则是在人的情感、情绪以及精神领域的认知,具有感知性、突变性以及不可测算性,但是对人的行为决策方面起着重要作用。

(一)非理性的概念及作用

在经济学领域,主流经济学家常用理性经济人假设作为经济学研究的前提,数学计算模型帮助主流经济学家得出经济学的原理结论。市场经济非理性的研究往往不被主流经济学家关注,但是也有一些经济学家对市场经济非理性进行研究,发现了非理性行为对经济行为的影响。最早研究非理性经济问题的是英国庸俗政治学家马尔萨斯,在马尔萨斯看来,人不是理性的动物,是情欲冲动的和愚蠢的动物,其所作所为和理性的劝导相反,否则不会有人口过剩、困苦、战争或罪恶。约翰·穆勒从经济学推理分析的角度提出了"干扰因素",干扰因素能够揭开理论思考中的差异或错误,而且干扰因素是理性无法直接把握的种种情感、习俗、意志等非理性心理因素的总和。新古典经济学家、社会学家帕累托认为在经济学运行过程中存在"非逻辑行动",非逻辑行动涉及价值观念、信仰和情感领域,正是由于非逻辑行动对人类社会的合理化行为进行转化。而对非理性概念研究最为全面的则是美国经济学家贝克尔,贝克尔将非理性概念定义为"广义的非理性行为包括处于极端情形的怠惰行为和冲动行为。一方面,家庭常被说成是感情用事、反复无常,不能摆脱怪念头的羁绊;另一方面,家庭又被说成是怠惰成性、墨守成规和反应迟钝的。一种观点认为,货币冲动造成一系列混乱的、无法引导的变化;另一种观点认为,过去的情况很少容许当前的变化或选择"[1]。也就是将怠惰和冲动作为非理性行为的模型,这也是贝克尔对经济学的重要贡献。此后,经济学家将非理性概念引入有限理性、经济制度、厂商理论、日常消费理论。

在哲学领域,对非理性的判断主要涉及主体的意识、情感和意志。非理性的内容主要有两方面:一方面属于人的心理结构的非理性因素,包括人的欲望、习俗、意志、无意识、情感以及情绪心理现象;另一方面属于人的认知结构的非理性因素,包括人的直觉、灵感和顿悟形式。这样一来,非理性具有心理结构与认知结构的双重属性,包括欲望、习俗、无意识以及情感内容,共同构成人的精神生活领域的重要部分。

非理性在人认识世界的过程中发挥着重要的作用,人在认识世界时是理性与非理性相统一的,理性对认识世界起着主导作用,而非理性起着补充作用,激活人的内心欲望和情感需要,如激发意志、驱动欲望、推崇习俗、催生情绪、萌发无意识、触发灵感。非理性在人改造世界的过程中也发挥着不可忽视的作用,改造世界是人意识的行动体现,在改造世界的进程中,非理性对人的信仰、激情、意志和热情都会产生重要影响。

(二)非理性的基本特征

非理性是关于人的特征即认识能力的精神构成,这种精神构成建立在感知—情绪—行为三个相互关联的链条上,基本特征如下:

其一,非自觉性。非理性的根基是维持生存和发展的需要,为了维持生存和发展,非理性在控制人的本能性、自觉性以及自控性方面表现出人的思想、意识和行为。非自觉性表现在人的非理性层面既受到人的本能属性影响,也受到社会伦理规范的影响,是人在不知不觉的行为中所表现出的意识行为。

---

[1] [美]贝克尔:《人类行为的经济分析》,王业宇、陈琪译,上海三联书店1993年版,第190页。

其二,情绪性。非理性的突出特征在于情绪性,人的情绪具有不稳定性,时而兴奋、时而低落、时而激昂、时而平静,这都是人在认识世界和改造世界中所表现出的情绪状态。通常而言,人的行为具有理性,但是一旦大脑皮层控制力减弱,情绪就会产生强烈的反应,比如"情绪激动""心情沮丧""失去理智"。情绪是人非理性在不同时代、不同社会背景以及生存状况下所表现出的情感状态,影响到主体的行为体验。

其三,隐蔽性。人的非理性潜藏在人的精神生活领域里,是人的生理-心理活动,是处于意识活动之下的无意识。[1] 在弗洛伊德看来,无意识是心理活动的深邃基础,是意识活动的决定性力量。无意识经常是突发的、摸不着、看不见,但是发生在人的惯性思维活动中,潜在人的意识底层,不容易表露出来,具有不可凸显的隐蔽性。

二、数字化非理性叙事的表现形式及特征

非理性与人的认知活动和行为方式紧密相连,不管是人的心理结构,还是人的认知结构,非理性总是与现实的人分不开。在马克思看来,现实的个人从事物质生产、精神生产和人自身生产的活动。现实的个人在数字智能化时代的叙事具有多元性、多样性以及具象性,非理性改变着叙事的形式、方式以及趋势。

(一)欲望与数字化叙事

人的欲望是最深层次的非理性因素,也是人在生存与发展过程中必然经历的心理体验。其非理性特征主要表现为:一是本能性、隐蔽性和潜在性,二是冲动性、无规则性以及流变性,三是不可直接通过理性计算或者其他理性认知形式来把握。

"欲望"指的是社会的人基于一定的需要而产生对一定的物质或精神事物的渴求,是人的有意识的并指向清晰的目的的行动倾向。通常而言,人的欲望越强烈,其动机越强烈,目的越明确,社会意义越重大。在亚里士多德那里,最早把人的欲望分为善、恶两种倾向,进而演化为人的积极、消极欲望两种形式。人的欲望一般分为两种:第一种是积极而有效的欲望,是一种经过努力可以达到满足的欲望;第二种是消极而无效的欲望,是一种即使经过努力也无法实现的欲望。这两种欲望都跟人的需要有着必然的联系,数字化叙事就跟人的需要有着必然的关联。

---

[1] 夏军:《非理性世界》,上海三联书店1993年版,第228页。

人类追求进步的禀性是对欲望和需要的不断满足,在不断为满足新需要的历史进程里创造新的生产工具,推动生产力的发展。数字化生存时代的历史活动是人类新的欲望和社会需要,新的欲望和社会需要刺激生产力的活动。新的欲望和社会需要主要有四种:数据劳动者产消合一的最大化;数据将真实场景还原为留痕的信息载体;数据劳动工具实现智能的最大化;保护数据空间的公共性和隐私性正是这些新的社会欲望和需要,促使智能技术和工具不断升级换代,这一智能技术就是依托 VR、AR 技术,模拟真实空间场景,营造在线沉浸式的集体生产与共享环境,实现人与人之间的互动需要,精准配置真实空间的新需要,满足人对虚拟空间数据的生产、消费、留痕以及共享的需求。

人的需要和欲望在数字化的共享趋势和互惠逻辑的引导下,摆脱了独立发展带来的各种限制,赋予人的自我实现根本的社会意义,这本身就符合人的属性的规划方式①,不仅如此,数字化叙事由于人的欲望和社会需要,对人的生产、交换、消费以及分配环节都产生重要的影响,最为突出的则是数字消费,数字消费以数字消费的叙事方式来催生人的消费欲望②,容易让人陷入消费陷阱。

(二)习俗与数字化叙事

习俗是最基本层次的非理性因素,是主体长期以来形成的相对规定习惯——一种不自觉的心理活动。非理性特征主要体现在:其一,它是一种稳定的心理定式和人类在长期实践活动中形成的习性;其二,它是一种习惯心理在特定环境下的行为复制;其三,它是不假思索就形成传统的惯例。

"习俗"指的是人在特定环境下养成的具有相对固定的习惯习性,是人经过重复或者练习巩固而来的。习俗的形成影响着某个人、地区、民族以及国家的习性,如果人的行为从理性分析得不到答案,非理性的习俗则可以给出因果关联的答案。对习俗做出价值判断的要数大卫·休谟,他在《人类理智研究》中提出,"习惯是人生的伟大指南""要把它当作我们所能认定的、一切由经验得来的结论的最后原则"③,也就是人的理性不可以解决因果推论,而习俗则可以起到沟通因果关系的桥梁作用。

数字化生存时代,人的数字行为离不开习俗潜移默化的影响,数字化叙事也离不开习俗,习俗与数字化技术进行交融碰撞,习俗规制数字化技术,数字化技术改

---

① 康雅琼:《数字社会中欲望的重构与反思》,《武汉大学学报(哲学社会科学版)》2020 年第 6 期。
② 张雄、熊亮:《消费观念:改革开放四十周年的经济哲学反思》,《马克思主义与现实》2018 年第 5 期。
③ [英]休谟:《人类理解研究》,关文运译,商务印书馆 1971 年版,第 36 节。

变着习俗,让传统对不合时宜的习俗进行规制调整。人在数字化生存时代从事数字生产、交换、消费以及分配行为,自觉或者不自觉地反复记忆习俗并付之于行动,主要在于对习俗的认知与心理定式,也就是过去这样做,没有市场的风险,也没有失误,那就按照过去的方式做。然而,习俗与数字化技术的交融碰撞,数字化技术将习俗进行技术的升级与场景的打造,则让习俗以全新的沉浸式方式得到展现,让习俗更加贴近智能化时代人的生活和审美需要,如春晚舞台的技术布景,立体式以及沉浸式地呈现;动漫电影《长安三万里》的技术交融,再现了盛唐时期诗人的豪迈情怀;动漫游戏《原神》的技术"出海",将中国传统习俗的文化习惯以数字游戏形式传播到世界各地。

(三)意志与数字化叙事

意志是最触及精神领域的非理性范畴,是主体在面对斗争与实践中形成的一种精神力量。其非理性特征主要体现在:其一,它具有目的性,是为了完成某种目的而采取的某种行为力量,而行为具有了进取性与自觉性。其二,它具有强烈的体验性,意志行为是人的精神体验,需要人为之付出行为体验。其三,它是外部环境条件与内部生理机能共同作用的结果,发挥着意志的能动作用。

"意志"指的是人在行动中有意地、积极地、理智地和顽强地变革某一客观过程,以实际预定的目的所表现的那种调节自我、克服困难的主观能动性作用。[①] 意志不是与生俱来的,它是人通过认知、情感共同产生作用的结果,人在认知过程中为了实现某种目的,需要付出人的意志行动,也需要人具备高昂的热情。此外,人的意志行为也受到人的世界观和人生观的影响,有着明确的世界观和人生观,人就表现出强大的精神意志力,使得人在面对困难时由弱变强,最后能够以惊人的力量实现自己的目的。

数字化生存时代,人与数字、信息以及智能化工具都关联在一起,构建起公共空间的数字全链条。数字、信息以及智能化工具使人的生存和生活方式更便捷,同时改变着人的精神世界,主要包括两个方面:一方面丰富人的精神世界,可以通过智能化工具对外部世界的信息变化产生精神的改变;另一方面异化人的精神领域,数字拜物教、数字异化都在改变人的世界观。对智能化工具所产生的异化行为进行有效的规制,这就需要回到意志领域。如何有效地控制智能化工具对人的精神异化现象,这就需要从人的意志行为出发,对智能化工具进行合理的规制与利用,

---

① 夏军:《非理性世界》,商务印书馆1993年版,第298页。

控制智能化工具的时间,比如青少年更要合理使用与控制智能化工具所带来的认知、感知和行为改变,要以合理的、有效的方式,通过对智能化工具的正确认知来矫治青少年过度沉迷智能化工具的行为。

(四)无意识与数字化叙事

无意识是非理性心理结构的基本内容,是最不容易被发现而又谈论最多的范畴。其非理性特征主要表现在:其一,它是一种人本能的行为定式,由长期生活习得。其二,它是一种不自觉的精神活动,没有经过思考与推算而做的行为过程。其三,它是一种偶发性,但是又在重复出现的行为。

"无意识"指的是人没有意识到的心理活动,在这种无意识支配下所采取的自己都没有知觉的行为,表现为"不知不觉""情不自禁""不假思索"等特征。在心理学领域,最早提出无意识概念的是德国哲学家莱布尼茨。18世纪初,莱布尼茨发展他的单子学说,在他看来,人的认知构成分为低的单子构成的知觉、由较高的单子构成的较高知觉、由最高级的单子构成的统觉——代表着人的自我意识的认知层面。无意识就是从莱布尼茨的单子学说中演变而来,而后在心理学、认知科学将无意识理解为一种不自觉的行为,但是这种不自觉的行为受到经济、市场、文化以及政策导向因素的影响。无意识可以分类为个体无意识和集体无意识,个体无意识是由人的不自觉行为发生的;集体无意识包含从众行为的集体无意识和群体认同感的集体无意识。

数字化生存时代,数字、信息以及智能化工具深入人生活空间的各领域里,无意识不仅在影响人的行为认知、决策和标准评价,而且在影响着人的生产和消费行为。个人无意识在数字化生存空间里容易受到集体无意识的影响,集体无意识在数字化生存中主要表现为:其一,从众行为的集体无意识。在数字经济中,人们会经常遇到集体无意识现象,其本质就是一种心理暗示现象,如金融市场的期货、股票、基金,加上金融资本家的经济叙事,让每个投入金融市场的投资者集体从众购买这些金融的叙事衍生品,最后大部分投资者亏损而归。从众行为的集体无意识在抖音、快手短视频中更加凸显,个别人在对短视频平台的某一商品进行点赞或打赏,引发了集群性的打赏,这也是一种从众行为的集体无意识表现。其二,群众认同感的集体无意识。在数字经济领域,数字劳动所引发的数字经济现象,得到群众的普遍认同,群众对某一经济现象的共同认同与认可,个体对群众的共同价值进行有效的认同与强化,形成了对共同价值取向的认可。

(五) 创造力与数字化叙事

创造力是非理性认知结构的重要范畴之一,是直觉、顿悟和灵感的综合体,是人类在社会实践中发挥意识能动性的动力源泉。直觉是一种非理性的认识功能,是一种能力;灵感则是指一种特殊的心理状态,是在一瞬间出现的突破性的领悟和感知的状况;而顿悟是灵感的结果[①],创造力的来源就在于直觉、顿悟和灵感。

"创造力"指的是人在社会生产和实践中发挥主观能动性,以直觉、灵感以及顿悟形式,将无变有、从 0 到 1 的动力力量。创造力的产生不是与生俱来的,而是随着社会环境的变化而表现出的一种发明创造能力,是人类的工具。创造力的非理性特征体现在:其一,具有前沿的新颖性;其二,具有足够的想象力;其三,能够产生价值。在人类发展史上可以看到,人类每前进一步都与发明创造有着紧密的联系,创造力在改变人类历史的文明进程。

数字化生存时代,创造力是数字化技术、软件以及程序设计开发的重要源泉,也是人的非理性叙事在数字化生存时代的重要体现。创造力来源于人的直觉、灵感以及顿悟,数字创造力能增强人的知觉、灵感以及顿悟水平,数字的无限想象使得数字化技术、产品以及市场都在不断地泛化,创新的产品也在不断地涌现。相比于前三次科学技术革命,以智能技术为特征的第四次科学技术革命提升了创造力的技术、平台以及空间,如大语言模型、生成式人工智能、ChatGPT、Sora 等都是人类发挥主观能动性和创造力,衍生出来能够服务于人的生存和生活的技术产品。企业家作为市场经济的主体,在从事经济活动过程中,创造力来自大数据,但是大数据取代不了企业家的创造精神。

(六) 非理性情感与数字化叙事

"情感"一词包括"情"和"感","情"有情绪、心情之意;"感"则有感受、感觉之意。情感是人情绪过程的主观体验。美国心理学家普里布拉姆提出,人的体验和感受对正在进行着的认识过程起评价和监督的作用。

情感是人在认识世界和改造世界中所表现出来的心理情绪及状态,具有以下基本特征:其一,非稳定性。情感是人的非理性层面,是由人的能量以及外部世界刺激所产生的主观体验。由于外部世界的复杂性以及多变性,人的情感总处于不断的变化过程中,人的感官受到外部信号的刺激,使得人的情感状态在发生变化,

---

① 夏军:《非理性世界》,商务印书馆 1993 年版,第 329 页。

具有波动性以及非稳定性。① 其二,多样性。情感是非理性的范畴,但是情感的丰富性、多样性以及多元性,使得情感具有丰富的色彩。在人的感知、知性以及思维情感世界,人呈现不同的情感特征,呈现在人表情领域的特征如喜、怒、哀、乐,使得人的情感不具有单向度以及直线性,而具有多维度的感情色彩。其三,突发性。情感过程是人的心理体验过程,某个人可以在同一时间里兼容多种情绪的表达,情绪的表达不只是单一的情感,而是多种方向维度的情绪表达,如此一来,情感的转换变化会发生如突然快乐,短时间内沮丧,接下来又迅速恢复快乐,就是在循环的情感转换中情感具有突发性,也具有了不可估量与预测的流变性。

数字化生存的外部空间里,以比特为单位的信息输出,使得原本可以通过人的感知触摸的外部世界变成触摸隔屏式的外部世界,人的情感在数字的理性逻辑里变得更为复杂,主要表现在:其一,数字化非理性情感的隐蔽性。隐蔽性是非理性情感在数字化生存空间里首要的特征,也是最为主要的特征。在数字化生存空间里,人与外部世界的交流通过数字化平台来加以实现,海量的数字化平台呈现的都是文本、视频或表情符号,这些海量信息库的情感表达并不容易被人发现,具有高度的隐藏性、隐蔽性以及隐匿性,如数字化空间发送的表情符号,看似是表达人的喜、怒、哀、乐,但是不一定反映某个人或者群体的真实情感。其二,数字化非理性情感的流变性。流变性在数字化生存空间里是非理性情感的基本特征。海量数据、精准计算以及超强算力,使得数字化生存空间的比特信息在加速流变,人们在日常工作、学习以及生活中从面对面语言的交流,转向依托数字化工具的文本、语音以及视频交流,受到数字化生存空间的信息影响,非理性情感不再是单一的情绪表达,而是在流变的进程中情绪的调整与转化。其三,数字化非理性情感的计算性。情感计算已经成为数字化生存空间的重要议题,尤其是随着数字智能技术的不断迭代升级,情感的计算具有可操作性。情感计算最早是由麻省理工学院的皮尔德在1997年提出的,她把"情感计算"定位为"与情感有关、由情感引发或者能够影响情感的因素的计算",情感计算的核心技术主要包括情感信号的获取、情感状态的模型识别、情感理解和反馈以及情感表达,通过这一系列核心技术的情感建模可以有效地识别人的精神状态,情感计算遂逐渐被运用到计算机科学、认知科学、心理学学科。其四,数字化非理性情感的隐私性。非理性情感是个人的情感情绪表达,具有保密性和隐私性,数字化生存空间里个人的情感也具有隐私性。数字化

---

① 张雄:《市场经济中的非理性世界》,立信会计出版社1995年版,第150页。

平台中人与人之间的文本、语音以及视频交流具有较强的隐私性,尤其是对某一事件或者行为的看法带有情感色彩,数字化平台要尊重情感的隐私性,而不能作为一些数字化平台获取利润的信息来源。

第三节　数字化的图像叠加与程序主观设计

数字化生存时代,图像已经成为人们感知事物和认知事物的主要方式,深入社会的各个领域,影响着人们的生产和生活,并直接影响着人们的精神世界。从原始图像到认知图像,再到艺术图像,都是人类以图像的形式来表达对外部世界的掌握方式,数字化的图像使得图像的形式发生质的变化,图像不再以单一的、静止的方式呈现,而是立体地、动态地呈现,图像叠加的背后是程序的主观设计。不管是图像叠加,还是程序的主观设计,都暗含着人的理性逻辑以及非理性情感意识的表达,更为重要的则是对形式化人类与人类的形式化空间的集中体现。

一、数字化图像叠加的概念及表现形式

数字化图像是以文本、图片以及视频的形式来进行叙事,叙事带有各种文明和文化传统色彩,也带有理性逻辑与非理性情感的属性。1912年,德国的艺术史大师阿比·瓦尔堡首次使用新词汇"图像逻辑",建立了一种研究图像的新理论模式,现代图像学的分析方法离不开把形式分析、社会学、心理学和精神分析等其他艺术史研究方法结合起来,对图像作品进行考察。

(一)图像叠加的概念

图像产生于人对世界的认知,并通过文本、图片以及视频的形式来表达对事物的看法。从图腾、图像再到仿像,是人类通过视觉艺术来表达对事物的认知,这种认知带有人类的理性逻辑和非理性情感加工。

图像叠加是一种图像处理技术,它可以将多张图像叠加在一起,形成新的图像,是一种图形元素重构的手法之一。在图像叠加的过程中,每一张图像都可以被视为一个图形元素,通过对这些图形元素的叠加和调整,可以实现图形元素的重构。数字化图像叠加是利用图像处理技术,将多张图像进行有效的组合并进行数字叙事,数字叙事的中心就是依托数字技术来传播知识和价值观。

(二)数字化图像叠加的表现形式

在计算机学科领域,图像叠加分为像素级别叠加、区域级别叠加、混合模式叠加以及混合通道叠加四类,这四类形式主要从计算机图像处理技术来对图像的清晰度、区分度以及混合性进行系统分析。计算机领域的图像叠加负载着机器学习、深度学习、神经网络学习以及大语言模型技术,使得图像叠加更具有计算理性,图像叠加的生成已经不再是简单的技术呈现,而是自动生成图像技术让图像的叙事更加真实逼真,如 ChatGPT、文心一言、Sora。在哲学学科领域,早期图像的含义来自柏拉图,他认为图像是对物体表现的模仿或者复制,不具有真实性。而亚里士多德认为通过形式的创造可以再现真实性。黑格尔从审美的角度来论述图像的美——图像的美是理性与感性的统一、内容与形式的统一。现象学大师胡塞尔则认为图像的现象学结束在于面向实事本身,图像是一种表达对象的符号。马克思则从人的本质力量的对象化角度,解读了图像背后人的本质力量的表现。人在自己的创造性活动中运用自己的智慧、能力创造出物质对象,通过对图像产品的审美和享受,最终实现对对象的全面占有。

数字化时代图像叠加是图像转向的重要方式,正如法国学者米歇尔在《图像转向》一书中指出的,视觉文化是指文化脱离了以语言为中心的理性主义形态,日益转向以形象为中心,特别是以影像为中心的感性主义形态[1],图像叠加更加突出形象的立体感、多维感以及品质感。数字化时代图像叠加是基于计算机技术,对对象或者事物的特征、属性以及功能进行临摹、加工与叠加,使图像具有多重叙事的意义,其实质是通过图像来表达对对象或者事物的视觉感受以及审美享受。

二、程序主观设计的概念及表现形式

程序设计本身就是一门集思维科学、社会科学和自然科学的综合科学,是人脑思维在计算机中的集中体现,也是检验认知正确性和科学性的有力工具,其既具有程序的客观性,也具有设计的主观性。

(一)程序主观设计的概念

程序主观设计是给出解决特定问题程序的方法过程,是软件构造活动中的重要组成部分。程序设计往往以某种程序设计语言为工具,给出这种语言下的程序。

---

[1] 周宪:《读图、身体、意识形态》,《文化研究(第3辑)》,天津社会科学院出版社2002年版,第72页。

程序设计过程包括分析、设计、编码、测试、排错等不同阶段，正是由于程序的主观设计，使得程序具有理性逻辑的加工，也具有非理性情感的嵌入。

对程序主观设计可以从三个维度进行理解。从宏观层面，软件工程师为实现某一种或者多种目标，依托海量的大数据、算法以及算力来对程序进行主观设计。从中观层面，程序主观设计处于中间环节，是搭建软件基础层和应用层的桥梁，通过软件的基础技术来实现广泛的应用场景。从微观层面，程序主观设计主要是针对实现用户的主观意图而采取的编程和算法的改造，从而实现程序设计的主观目的。

(二)程序主观设计的表现形式

随着大数据、云计算以及人工智能的快速发展，程序主观设计根据对象以及用途可划分为三种表现形式：

其一，顺序程序设计。程序设计的基础层在于0与1的二进制转换。0与1的转换遵循着一定的顺序序列，这些序列都是程序的理性推理与计算。顺序程序通常作为程序的一部分，用以构造程序中的一些基本功能。顺序结构程序是最简单、最基本的程序。程序按编写的顺序依次往下执行每一条指令，直到最后一条。它能够解决某些实际问题，或成为复杂程序的子程序。

其二，面向对象程序设计。面向对象程序设计是尽可能模拟人类的思维方式，使得软件的开发方法与过程尽可能接近人类认识世界、解决现实问题的方法和过程，即使得描述问题的问题空间与问题的解决方案空间在结构上尽可能一致，把客观世界中的实体抽象为问题域中的对象。面向对象程序设计是以对象为核心，通过一系列对象的类本质特征而组织设计，最终实现对对象目标物的捕捉，从而实现软件开发服务于人的目的。

其三，函数式程序设计。函数式程序设计是将计算机运算视为数学上的函数计算，并且避免使用程序状态以及易变对象。函数编程语言最重要的基础是λ演算，而λ演算的函数可以接受函数当作输入和输出项。函数式程序设计更加强调程序执行的结果而非执行的过程，倡导利用若干简单的执行单元使计算结果不断渐进，逐层推导复杂的运算，而不是设计一个复杂的执行过程。

三、数字化图像叠加与程序主观设计共存于理性逻辑与非理性情感

今天，随着人类的本能向智能化迈进，数字化、网络化、云计算构造了"数字化

生存"的人类社会,数字、符码、图像、仿真理性工具,导致了人类自身存在的巨大变化——越来越趋于生命的高度自觉。数字化图像叠加与程序主观设计,既属于理性逻辑计算,也属于非理性情感,二者统一于理性与非理性之中。数字化生存时代,显性的图像叠加与隐性的程序主观设计,在哲学意义上是形式化的人类与人类形式化的统一体。

人类有着追求文明不断完善的禀赋,笃信工具理性对人类生存格律具有进化意义改变的理念,表现为知识、公理、范畴、原理形式对人类生存范式内容的定义。数字化图像叠加与程序主观设计既定义了物性世界,又定义了意义世界。康德指出,人是目的,而且是一种无法用任何其他目的来取代的目的,别的东西都应当仅仅作为手段来为它服务。如今,数字化图像在一定程度上成为人类生产和生活的一部分,但是由于人对数字化图像的依赖,使得人类沉迷图像,从而引发了精神的图像依赖,容易让人陷入时空的虚无和生活世界意义的无趣,这也是形式化的人类所要警惕的意义现象。

数字化生存时代的数字化图像叠加与程序主观设计是人的理性逻辑与非理性情感的集中体现。透过数字化图像的叠加折射出人类对对象化视觉技术的感知,也透露出人类对图像的影像追求。虽然图像的叠加负载着人类的形式化要素,但是图像空间让人的理性思维进一步形象化,也让人的非理性情感更加丰富。而作为数字化图像叠加的程序主观设计既带有人的非理性情感色彩,也带有人的理性范畴如计算机性、精明性以及缜密性等特点,尤其是程序主观设计嵌入的编程和算法在时刻追踪着人和图像叠加所表达的深层次经济哲学追问。

第四节　技术图像时代的数字化生存

我们早已对今天的数字时代安之若素。但罗马并非一天建成,偌大一个数字时空,却是由技术进步催动的迭代更新累积而成的。1985 年,巴西学者威廉·弗卢塞尔在《技术图像的宇宙》中,前瞻性地对后来的互联网技术革命及其对人类生产生活与思想观念的影响,展开了深度审思与追问。

技术图像指的是通过技术装置制作而成的图像。按照康德在《实用人类学》里对自我意识的洞见,物我两分、主客有别乃人类心智成熟之后的产物。自我与他者相区隔后,如何描摹这个外在的客观世界?这是一个由具象而抽象、由反映而创造的过程。200万～400万年前,人们通过雕刻造像,将四维时空的连续经验记录于三维之内。而后,具有更高智慧的人类先祖开始创作以洞穴壁画为代表的图画,由三维进入到二维的想象空间。约4 000年前,文字的出现让人们的二维创作脑洞大开,此后的大部分人类思想由这样的线性文本所承载。直至最近一个多世纪以来,文本自身逐渐变得模糊、细碎,从化学冲洗技术还原的传统相片到现代通信技术催生的数码摄影,一种马赛克般的粒子组合,经由指尖敲击按键即可一键生成的新的文化符号系统,打开了一个全新的比特世界之下的技术图像的数字宇宙。

技术图像似乎以一种更低成本、更便捷的方式将我们从数千年来以线性文本为重要信息载体的历史中,重新带入那种柏拉图式洞穴之喻的摹本世界。但这只是一种错觉。真实世界的三维存在必然要求图像创作的开放性,每个人如同盲人摸象一般,角度是单一的、位置是变换的、时间是短暂的。图像编码的进化史告诉我们,创作者是"编"而非"著",其意其志都不在于此,史前文化和传统图像的制作者试图把他们的主观性降到最低。文字作为新的符号体系生产出新的信息,图与文之间有了互动的可能,想象力有了新的用武之地。图像的制作者才开始关心作品的原创性。线性的文本推动着更为抽象的历史意识,图像创作才由自发的反应论转向自觉的生成论。图文并茂、有图有真相地共同呈现事实。

《三体》中的"水滴"降维打击的过程,极富想象力。为了更好、更具象化地理解万物,人们需要把各种粒子重新"组织起来",让它们变得可微、可积、可抓取、可想象、可触摸。照相机就是这样一类装置,以不被察觉的方式,借助于光子对硝酸银分子的作用,化为照片,这就是技术图像。照片不是人工勾勒描绘出来的,而是人造装置拍摄出来、组合出来、组织出来的。装置是人类的产物,把各种信息凝聚于一个有序的二维界面。但装置的根本矛盾在于,它的运转程序是一个各种情况都可能随机发生的游戏,一种被编排的偶然事件。装置能够持续运行其任务,就像全自动卫星相机或城市霓虹灯上的闪光摄像头持续抓拍照片。装置本应是受人类控制的。装置的自动化、智能化也有可能带来装置的反噬,正如我们会被各种二维码所异化,或如《太空漫步2001》所呈现的那样。

世界被逐帧还原成粒子。在这个世界当中,主体和客体之间通过"按键"进行沟通。从集成电路到键盘再到移动终端,通过这些系统性的电子信息基础设施建立主客体之间的关联。这是技术图像世界版本的《人是机器》,将世界还原为力学驱动的"大力出奇迹",从第二次科技革命向第三次科技革命的转变,让工业时代的力学奇迹转向数字时代的比特神迹。按键的进化,经历了一个从必然王国到自由王国、从低水平重复性劳动到创造性劳动的道阻且长的过程。这是一种抽象之抽象——二阶抽象。孤立的打字机、电视机是可控的、单向度的,而一旦它们再向前一步,成为平台体系的一部分,局面就开始失控了。互联网技术革命,似乎赋予"键盘侠"一种新解:指尖上的形式主义,还是指尖上的行动主义?这种指尖自由的幻象,运用之妙存乎一心。经过行动、观察、概念化解释、计算性的触摸,按键的发送与接收创造了可视化的人类实践。

技术图像是一种凝想而成的表面,将其放大后,我们看到一个个化学粒子组成的照片、图像、微粒的集合。换言之,这是一个人造物的体系。数码产品的虚拟性在于,它们的产品根本不是图像,也非化学合成。所见即所得的视窗操作系统及后来衍生开来的系列移动数据操作平台,是一种超真实的模式,虚则实之、实则虚之,黑客帝国的仿真世界里,有生于无、多来自一,熵增最终导向热寂。对技术图像来说,其产品都不是复制品,而是创造物,不是肖像画,而是可再造、可"美颜"的合成图像,是一种仿真油画。

人与技术图像的互动,让后者成为中心,而人自身被边缘化。技术形象指向一个人,挤压着他,甚至在最私密的空间里都能找到他。技术图像也通过各种渠道嵌入私人生活中,同时封锁了公共空间,逼仄狭小的空间逼迫出不问世事的"技术宅"。人们在不同场域的表演就是戈夫曼意义上的日常生活中的自我呈现,这是一种被纳入技术图像框架下的非黑即白的简单政治结构——技术图像丢出了一张二向箔,瞬间将丰富的现实世界和复杂的人心百态降维裁剪和压缩为一张苍白的纸张。

一切坚固的东西都烟消云散了。当我走向世界,我会在世界中失去自我。当我走向自己、整合自我时,我又失去了世界。这是原生方式与再生方式的矛盾。黑格尔把苦恼意识作为意识的唯一形式,因为快乐并不是意识,趋乐避苦是一种本我层次的本能。如此,则更需要改变思维、改变观念、改变共识,让工具不再助纣为虐,人们避免娱乐至死。最理想的状态是站着把钱挣了,可是,"码农"造反,十年不成。信息技术已经摧毁了既有的社会结构与基础设施,任谁穿越回十年前也会恍如隔世。数字化已经架空了很多原有的权力体系,提供了新的渠道和赛道。平台经济的出现毕竟真切改变了人们的生产方式和生活习惯,从前被不屑一顾的"边角料"时间都被充分挖掘利用,成为数字化生存的组成部分,一切都不可能再回到从前。

技术图像因互动而持续迭代。傻瓜式操作、人机对话的智能程度提高,从起初在电脑中调用一个莫奈作品都颇费力,到 ChatGPT 所写的论文以假乱真,不过 20 年光景。对话也是一种训练,这种训练本身是人机深度交互的结果,这场语言游戏的对弈双方都值得敬重,因为互相成全。当然,大语言模型的训练在对话中加速信息的生产、生成、迭代,也加速信息垃圾的炮制。ChatGPT 在惊艳世人的同时,也是烦琐哲学的大师。它固然加速了信息的生成,但这种生成的机器也是一种受控的偶然性语言游戏。这个超级大脑仍然受困于既有的信息无法实现突破,信息的自我膨胀使稳态不可得,最终归于平庸和愚昧。存储载体的突破也制造了海量的信息垃圾,言之无物、废话连篇的形式主义文风、文体同样不会再有任何容量上的限制。文本的有限性、清晰性要求消失,互联网"话痨"的边际成本就可忽略不计。信息的异化使得自我被束缚其中,"我即你,我为人人,人人为我",此处的"为"既是四声也是二声,只有负熵才指向人的自我解放。

更有趣的地方在于创作主体的消隐。传统社会中,创造源自个体的自由想象。虽然艺术源于生活、建立在既有信息之上,但创作主体清晰可辨。信息社会的技术图像既非一次性生成,而是非物质的、可复制的、无形的,又可无限复制、复写、修改,那么创作也就成为一种集体创作,创作主体变得模糊不清。就说 AI 作图,请问作者为谁?当真以为机器可以无中生有、开天辟地吗?这是真正的群众创造历史的时刻,集体意向性决定一切。由此畅想开去,造纸术、印刷术的发明如同一次宗教改革,无人可再垄断信息,宗教的自动化也就是去权威化。靡不有初,鲜克有终。何以为始?何以为终?机器替代劳动、资本有机构成的历史进程一经开启,正确的应对就是让头脑变为 CPU 而非硬盘、外接存储器,需要真正提高的是处理复杂事项的决断能力与效率。

在信息化社会之前,以线性文本为主要载体的人类文化历史,大多经过选择而层垒式地沉淀堆积下来。帝王将相、才子佳人有更大的概率继续"活"在史册之中。自由,也就是信息在互动中生成更为全面系统的记忆。一切存储于物质性介质之中的信息都注定衰朽,唯其衰朽周期有异。一张动物的皮,取自自然,被打磨塑造为一只鞋子,它上面镌刻着信息。当这只鞋历经风霜磨损,逐渐失去它携带的信息,就会被扔进历史的垃圾堆,正所谓弃之如敝屣。人们用塑料瓶取代玻璃瓶,塑料瓶被丢弃的速度和玻璃瓶一样快,只不过滞留的时间更长。而非物质性的信息载体还要持久。像电磁场这样的非物质载体,嵌入其中的信息,可以永久地保存在文化存储器之中,届时一代代个体面临的抉择将是如何处置这类信息遗产。

中国的互联网社会构建之初,曾有过那么一段时光,亿万网民在无数的网络虚拟聊天室中,与陌生人展开前所未有的远程社交。此后,一系列应用程序的创制,如 OICQ、MSN、微博、微信……打开了一扇扇新世界的大门。进入后工业时代,向虚无进军,告别"傻大黑粗",从现实到文本再到图像的浓缩快进,地无分南北、人无分老幼地窥见技术图像的全息宇宙。一个声音不断提示着我们,重返现象界,直面那种混沌、内卷的经济生活,因为人工智能并不能让我们进入不食人间烟火之境。痛感可传染,但钝感也是。奋斗之后的"躺平",工作之余的休闲,碎片化的时间裁剪、工具理性对世界的重构,又在不断销蚀人们的存在感。无目的、无意义的休闲消费、人头攒动,映射的不是个体精神生活的丰盈,而是盲目从众之后的四顾茫然和有闲阶级此地无银三百两的犬儒虚无。哲思起于闲暇,我们似乎遗忘了休闲的神圣地位及其文化内核——放空自己,自由而无用。远程通信社会的充分诞生和技术图像的持续演化,让我们重新思考那个古老命题:认识你自己。数字生命真实与否,由数字化生存的境遇决定,而数字化世界的图景已经展开。

当德波在 1967 年出版《景观社会》、鲍德里亚在 1970 年出版《消费社会》的时候,他们的共同关注和学术重心都放在了彼时方兴未艾而绝大多数人尚未觉察其深远影响的媒介革命。今天回头看去,那不过是以电视作为传播媒介刚刚出场,而我们今天身处其中的"超真实""后真相"的数字时代,相较于半个多世纪前德波和鲍德里亚们所看到的世界,何止天翻地覆。然而,他们,以及作为后来者的弗卢塞尔的问题意识和世事洞明依旧深刻如昨。作为一个巨大的草台班子,作为一个巨系统的数字化装置,在技术图像的时代、数字经济的当下,值得我们去反思和追问的生存论元问题依然久久回响。在技术图像的数字景观面前,做毫无自反性、单向度的旁观个体,人本主义的种种诉求仍会持续被架空,人的主体性还会继续下坠。

由此,我们不能不感佩于马克思的敏锐与深刻。《雇佣劳动与资本》是马克思根据 1847 年 12 月在布鲁塞尔德意志工人协会的几次演讲整理而成的一部重要的政治经济学论著。马克思在这里谈到那个著名的论断——"劳动力成为商品"。劳动力是怎样成为商品的呢?换言之,劳动者为什么要出卖自己的劳动力呢?马克思的答案是——"为了生活"。工人的生命活动对于他不过是使他能够生存的一种手段而已。他是为生活而工作的。

为生活而工作,抑或说,生活与工作分离,劳动与劳动成果分离,这倒是一个冷酷的真相。"遍身罗绮者,不是养蚕人。"或者用马克思的原话则是如此表达的:"一个工人在一昼夜中有 12 小时在织布、纺纱、钻孔、研磨、建筑、挖掘、打石子、搬运重物等,对于他来说,这 12 小时的织布、纺纱、钻孔、研磨、建筑、挖掘、打石子能不能被看成是他的生活的表现,是他的生活呢?恰恰相反,对于他来说,在这种活动停止以后,当他坐在饭桌旁、站在酒店柜台前、睡在床上的时候,生活才算开始。在他看来,12小时劳动的意义并不在于织布、纺纱、钻孔等,而在于挣钱,挣钱使他能吃饭、喝酒、睡觉。"①这也是马克思在《1844年经济学哲学手稿》中即已深刻揭示的异化劳动问题。

社会学家波兰尼对时代状况则有另一个著名说法:"为卖而买。"不是为了自身消费、自给自足,而是为了成为大循环链条中的一环,来料加工后再转手售卖出去。大思想家的深刻洞见有着惊人的一致。马克思一百多年前的这些文字现在读来,还是有助于我们理解和思考技术图像时代下人的命运问题。这就是经典文本的魅力,每句话都有穿越性和穿透力。现代社会已经因科学技术的革命性进步而较之马克思的时代有了翻天覆地的变化。但他当年所担忧的某些问题,在今天的新技术手段加持下仍然存在着风险和挑战。

卓别林在《摩登时代》中夸张描摹的活生生的个体被工厂车间的机械化节奏所宰制的状况,看似消失不见了;后工业社会的降临,白领比例超过了蓝领,服务业后来居上且日趋高端化;制造业也不再"傻大黑粗",不再"血汗工厂",数字技术全面赋能,机器替代劳动,人们拥有独立工位甚至更好的办公条件。然而,人们的时间越发不受控制了。电话普及、互联网普及、移动互联网普及,让八小时内外、工作与生活的界限被模糊、被打破、被归于一统。资本的"文明化趋势"当然有其内在限制,甚至让人们想当然地产生一种加速告别19世纪资本主义早期草莽年代那种粗鄙劳资关系的幻象。实际上,正如哲学家列斐伏尔等人在20世纪所引领的那一场"日常生活批判"的转向所揭示的,归根结底,冲突的场域因种种因素日渐从生产空间转向生活世界,而为人的全面发展计,就必须捍卫一个健康可持续的日常生活场域。当下的中国,正处在新发展阶段构建新发展格局的新征程上,百年未有之大变局加速演变下科技竞争的外部压力前所未有,需要我们全力培育新质生产力以实现高质量发展和引领中国式现代化。加速数字经济转型,是当前发展新质生产力的重要方向。

发展新质生产力,必须进一步全面深化改革,形成与之相适应的新型生产关系。企业必须在思想观念上充分认识到人的生活世界的重要意义,充分认识到人

---

① [德]马克思:《雇佣劳动与资本》,中共中央马克思恩格斯斯大林著作编译局编译,人民出版社2018年,第18页。

不仅是新质生产力中最活跃的要素,而且是新型生产关系中具有不可替代性的主导因素。进而,致力于构建一种劳资和谐的新型劳动关系和新型保障体系。最终能够朝着马克思在《哥达纲领批判》中所说的"劳动已经不仅仅是谋生的手段,而且本身成了生活的第一需要"的理想状态前进,朝着马克思在《德意志意识形态》中所描绘的"上午打猎,下午捕鱼,傍晚从事畜牧,晚饭后从事批判"的人的全面发展状态前进,朝着物质文明与精神文明相协调的、全体人民共同富裕的中国式现代化目标前进。沉湎于数字景观的幻象,围绕着数字景观的任何围观、旁观本身,都是被动无力的。围观并不能改变什么,实践的能动力量才可以纠偏纠错,让数字经济在服务人的全面发展的轨道上行稳致远。

本章思考题

1. 什么是理性?什么是非理性?
2. 数字化叙事理性逻辑与非理性情感之间的关系是什么?
3. 数字化叙事非理性情感的类型有哪些?各自具有哪些特征?
4. 图像叠加与程序主观设计之间的关系是什么?
5. 在数字化叙事的过程中非理性情感是否能够真实表达人类的情感?人类的情感在技术图像与程序设计中以何种形式被表达?

本章阅读文献

1. [美]尼古拉·尼葛洛庞帝:《数字化生存》,胡泳、范海燕译,电子工业出版社2017年版。
2. [法]罗素:《西方哲学史(上卷)》,何兆武、李约瑟译,商务印书馆2009年版。
3. [美]洛克:《人类理解论》,关文运译,商务印书馆1959年版。
4. 邹化政:《〈人类理解论〉研究》,人民出版社1987年版。
5. [德]韩炳哲:《非物:生活世界的变革》,谢晓川译,东方出版中心2023年版。

第六章

辩证法"量的无限性"原理

近代的文艺复兴运动解除了套在人们心灵上的枷锁。世俗生活兴起，神圣生活被消解了，人们开始在尘世中寻找自身的主体性。在人与自然的关系上，人成为主体，多样的事物则成为认识的对象。这在认识上是具有革命性的：自然界成为向认知主体呈现的东西，引发了将自然科学化的思潮。那么怎样才是科学的？这必然涉及对认识事物的方法和知识来源的考量，也就是方法论和认识论的问题。科学的方法是与数学相关的，自然科学化的本质其实就是自然的数学化，在自然科学中率先兴起。

自然科学（以物理学为代表）成为认识世界和解释世界的权威，因为自然科学的"语言"是数学的，而数学是通过量的精确性和严格的因果律来研究对象的，因此，"量"的观念和方法成为影响哲学认识论的重要内容。近代科学的数量观打开了对古希腊以来就非常重要的无限观念的研究视野，辩证法"量的无限性"原理为人们认识事物的运动发展拓宽了认识视野。数字化生存的本质就是量的无限进展的过程，数学发挥了从量的无限进展到质的飞跃的重要思维性工具的作用。

第一节 自然科学的"数量"观对哲学认识论的影响

自然科学的本质是对自然的数学化。在一定程度上，数学在认识自然中的运用是区分科学与神学的重要标志。数学尽管在古代也为人们提供了数、量、空间等理念,并提供了从少数定理、公理出发推论整体的方法,但多用于研究有限的事物。把握无限的任务是近代以来在数学思想作用下的自然科学所完成的。正如胡塞尔所说的:"只是在近代初期,才开始真正去发现和征服数学的无限的地平线。于是形成了代数的、连续统数学的、解析几何的早期阶段……由一般存在者构成的无限的全体本身就是一个合理的无所不包的统一体,它可以相应地由一种普遍的科学完整无遗地把握。……它的理性主义随即延伸到自然科学上,并为它创造了一种数学自然科学的全新理念。"① 自然科学的这种发展影响到了哲学认识论,"当这种数学的自然科学走上顺利实现的轨道时,一般哲学(作为有关宇宙,有关存在者全体的学问)的理念就改变了"②。其现实表现是近代哲学的知识观念也大量运用数学理念。

一、"自然哲学之数学原理":自然科学的认知范式

一直到近代,哲学和自然科学的界限并不十分明确。或者更恰当地说,人类的全部科学都是哲学。比如,笛卡尔将物理学看作哲学的第二部分;被认为近代自然科学代表的牛顿,其代表作是《自然哲学之数学原理》,这里的"自然哲学"是指物理学。

数学对于自然科学的意义主要体现在两个方面:一是在思想上,数学具有先验性,能够超越现实世界的有限性,向无限拓展;二是在表达上,数学的公理具有必真的自明性,通过测量、通过把数学概念运用于描绘观察,能够转化为大家都能理解的内容。将自然科学数学化的认识路向,代表了人类在认识自然的精确理性方面的进步,代表人物是伽利略和牛顿。

1. 伽利略

伽利略同时是哲学家和科学家,也是一位柏拉图主义者,他最重要的哲学贡献是对亚里士多德宇宙的"解构"和对旧的目的论自然观的消解。③ 亚里士多德重视经验,他的自然来源于直接观察,是可经验的、定性的,但在内在原因的揭示上往往陷入思辨。比如像大石头这样的重物是向下降落的,火柴的火焰是向上的,这都与

---

① [德]胡塞尔:《欧洲科学的危机与超越论的现象学》,王炳文译,商务印书馆2023年版,第35页。
② [德]胡塞尔:《欧洲科学的危机与超越论的现象学》,王炳文译,商务印书馆2023年版,第35页。
③ [挪]G·希尔贝克、[挪]尼尔斯·吉列尔:《西方哲学史(上)》,童世俊、郁振华、刘进译,上海译文出版社2012年版,第231页。

我们日常看到的现象相符合。亚里士多德对此的解释是：万物均有其自然位置，自然运动有其确定的目的。伽利略认为在真空中，若没有外物干预，物体将保持静止或匀速直线运动。真空中并没有自然的位置，物体的运动也并没有自己的目的。他的革命性在于，超越了现实世界中的经验观察，提出一个理念世界中的想象化空间，即几何空间中的几何体，数学就是在这里进入画面的：真空中直线运动着的物体不是可观察的物理对象，而是运动于几何空间中的几何体。[1] 从而将对自然的认识纳入数学的理论，使自然生活中的感觉经验受到数学理性的规范和引导。

伽利略认为自然的本质就是数学的，下面这段话能够表明他的思想："哲学是写在我们眼前的这本大书——我的意思是：宇宙——上面的。但要阅读它，我们只有先学会了用来书写它的那种语言、熟悉了它的符号。它是用数学的语言写的，它的字母是三角形、圆形和其他几何图形。没有这些手段，一个人就连一个字儿也理解不了。"[2]这本质就是对自然科学的数学化，他将经验的东西与数学上的极限理念联系在一起，将有限的宇宙扩大到开放的无限宇宙。因为宇宙或整个世界是无限的，从直接经验出发，基于先验的公理和原则，构造出世界及其因果性的无限系列。也就是通过数学，将自然投入理念世界，将客观世界的对象转化成由理念构成的无限总体，运用数学逻辑方法将其按照性质和关系构建起一种先验的规定，从而成为一种被认识的体系。这样一来，直观的自然世界在人类的理念世界中就被编排了，从而将对知识的认知从有限扩展到无限。

伽利略的这种方法不仅运用在物理学，而且广泛运用于天文学、生物学等其他自然科学。总之，数学方法和认知理念促进知识从有限的感知扩大到无限的宇宙，从而使对生活中的直接经验变成了科学经验。

2. 牛顿

伽利略之后，用数学语言取代哲学思辨语言来表达自然规律成为流行的做法。牛顿是现代物理学的先驱，他在将自然数学化方面也具有标志性意义。在方法上，他提倡自然哲学与形而上学相区分，他的口号是"物理学，要谨防形而上学呵！"[3]他的方法主要是假说-演绎，概念是用数学表达的，方法是实验性的。

---

[1] ［挪］G·希尔贝克、［挪］尼尔斯·吉列尔：《西方哲学史（上）》，童世俊、郁振华、刘进译，上海译文出版社2012年版，第232页。

[2] ［挪］G·希尔贝克、［挪］尼尔斯·吉列尔：《西方哲学史（上）》，童世俊、郁振华、刘进译，上海译文出版社2012年版，第233页。

[3] ［德］黑格尔：《哲学史讲演录（第四卷）》，贺麟、王太庆等译，上海人民出版社2013年版，第167页。

牛顿特别强调数学(尤其是几何学)在认识世界中的作用。数学的意义在于把自然规律运用数学规律表达出来。在《自然哲学之数学原理》中,他说:"由于古代人(如帕普斯告诉我们的那样)在研究自然事物方面,把力学看得最为重要,而现代人则抛弃实体形式与隐秘的质,力图将自然现象诉诸数学规律,因此我将在本书中致力于发展与哲学相关的数学。"[①]就力学而言,他主要讲的是几何学。几何学能够使力学在画图过程中比较精确,但更为重要的是能够通过几何学的原则推论出普遍性的结论,"几何学的荣耀在于,它从别处借用很少的原理,就能产生如此众多的成就"[②]。牛顿著名的运动定律和引力定律就是数学方法作用的结果,这种方法还深刻影响了天文学、医学、化学等其他自然科学。

在牛顿的带领下,物理学在近代取得全面胜利,成为自然科学的代表。牛顿的方法论也启发了哲学家,这也是他的目的之一。正如他所说的:"哲学家们对这些力一无所知,所以他们对自然的研究迄今劳而无功,但我期待本书所确立的原理能于此或真正的哲学方法有所助益。"[③]牛顿影响了近代哲学家们的世界观,比如机械论的世界观的形成,以及对后来德国古典哲学家康德的时空观的影响。牛顿以及新物理学的兴盛使科学而不是神学成为认识真理的权威以及控制自然的手段。对于研究世界本原和认识论的哲学而言,必须找到与新科学的联系,才能保持生命力,这是自然科学对哲学的思想意义。

二、主体性哲学中"量"的思维

以人为主体的认识论哲学,也就是主体性哲学,意味着一种全新看待事物和人类自身的方式形成了。人类开始将自己的思维作为出发点,思考自身以外的感性自然和心灵深处的精神。自然科学的数学化原理影响了哲学的认知理路:运用数学知识将经验对象或思维以"量"的方式呈现出来,以逻辑上的必然性和有效性,使之成为可以被认识的。因此,尽管唯理主义和经验主义在方法上不同,但在看待知识的原理上都有量的思维。

在古希腊哲学中,实体是逻辑结构的中心,数学和物理学都以其为核心来阐明具体事物的存在本性。近代哲学对于知识的看法也是以实体为核心的:

---

① [英]牛顿:《自然哲学之数学原理》,王克迪译,北京大学出版社 2006 年版,第2页。
② [英]牛顿:《自然哲学之数学原理》,王克迪译,北京大学出版社 2006 年版,第2页。
③ [英]牛顿:《自然哲学之数学原理》,王克迪译,北京大学出版社 2006 年版,第2页。

作为近代哲学的创始人，笛卡尔在知识原理上反对一切预先假定，主张从思维自身出发。将一切可疑的事物都视为虚假的，我们在怀疑时我们是存在的，这是正常进行哲学思维所获知的第一要义。不过他并不是怀疑论者，这种怀疑是暂时的且仅限于对真理的思考，而不是对生活日用之事。他所说的哲学包含三个部分：第一部分是形而上学，包括知识的原理；第二部分是物理学，在这里找到物质事物的真正原理之后，上升到对宇宙构成的研究；第三部分是专门研究植物、动物的性质，尤其是人性，以便发现有益于人类的其他各种知识。数学和物理学的思维、内容、方法在笛卡尔的知识论中居于主要地位，"哲学命题必须以数学的方式加以处理和证明——必须具有像数学命题那样的明确性"[①]。笛卡尔从一些十分简单的命题开始，把内容引到思想和广延（存在）上，给思想树立了它的这个对立面。但在思想和广延（有形的实体）的背后有一个绝对独立的、以自己为根据而存在的实体，推动着万物的运转，这个万能的实体是上帝。笛卡尔提到数目这种实体是无限的，对于整个世界而言，宇宙的广延虽是无限的，但由于我们的心灵是有限的，因此真正的无限是不可被认识的，已经超出了几何学的范围。

经验主义的霍布斯将数学化思维运用到社会领域。他提出了"逻辑运算"这一概念，作为运算的推理，这是一种经验论式的从具体到抽象、从抽象到具体的基于经验主义的内涵逻辑。他认为算术是一门确定不移、颠扑不破的艺学，推理也是一种算术，知识离不开推理算术。算术可运用于一切可以推理的事物，比如"政治学著作家把契约加起来以便找出人们的义务，法律学家则把法律和事实加起来以便找出私人行为中的是和非。总而言之，不论在什么事物里，用得着加减的地方就用得着推理，用不着加减法的地方就与推论完全无缘"[②]。这样，霍布斯就把量的观念拓展到社会领域了。他认为实体就是一般的物体，物体不但与广延不可分，而且与运动不可分，运动是一切物体所固有的。他认为一般的物体，也就是物质自身。而人这种物体不但有广延和运动，而且有意识，并阐明了意识产生于物质运动。不过他所说的物质运动主要是力学运动。动物的感觉能力、人的认识能力，在本质上无非是一种物质运动。自然界的本质，是一个物质体系的总和，其中的多样性只是物体的不同存在形态或运动形态。这是一种机械论的观点。霍布斯把自然界归结为一个物体的总和，但它们统一的基础不能是一般的物体，也就是万物的统一本原和

---

① ［德］黑格尔：《哲学史讲演录（第四卷）》，贺麟、王太庆等译，上海人民出版社2013年版，第126页。
② ［英］霍布斯：《利维坦》，黎思复、黎廷弼译，商务印书馆2022年版，第28页。

统一基础必然是一种高于显示物体的最高物体,他认为这个最高物体是上帝。在这里上帝是物体,还拥有无限的精神力量,这样思维和广延似乎在上帝的实体中获得了某种统一。

斯宾诺莎更进一步将上帝作为自然和精神的概念化的实体。与霍布斯类似,他将量化观念应用到伦理学中。在哲学史上,斯宾诺莎以一元论著称。具体而言,就是指上帝作为最高的实体是思维与存在的基础,从而使在笛卡尔那里表现为对立的思维与存在获得了同一性。斯宾诺莎基于数学和物理学的规律体系论证了这种同一。他对于对象的认识是抽象的,他的哲学命题有像数学命题那样的明确性,以数学的方式加以处理和证明。他运用了大量的逻辑来解决形而上学的问题,以证明自己的命题。黑格尔曾批评这种做法是必然性里缺少自我意识的环节,是一种凝固的必然性,刻薄地评价其为"在证明中完全放弃了自身,耗尽了自身,正如斯宾诺莎本人在证明中耗尽了精力而死于痨病一样"[1]。我们在这里不去关注斯宾诺莎理论的正确与否,而是将注意力放在他对知识的来源及其认识方法的特点上来——蕴含着将社会数学化的意识,将社会纳入运用数学知识所能表达的逻辑中。他认为知识有三类:通过不依理智的秩序的感官得来的泛泛经验,从具体事物所具有的共同概念和正确观念得来的理性知识,经过推理得来的直观知识。第一种知识是错误的根源,第二、三种知识才是必然为真的知识。

三、创造自然界的"通用文字":莱布尼茨的数学普遍化梦想

莱布尼茨作为近代哲学的另一个代表人物,在将自然数学化的方向上更向前一步,他试图用数学的方式在观念中将世界还原出来。

莱布尼茨用逻辑定律看待知识与自然。这一点与斯宾诺莎相似,但在程度和内涵上更深更广。他坚信逻辑的重要性,不仅仅是就处在自身领域内的逻辑而言,而且是就作为形而上学的基础的逻辑而言。[2] 比如,在多个可能世界的学说中,如果一个世界和逻辑规律不矛盾,它就是"可能的"。可能世界有无限多个,因为上帝是善的,所以创造了所有可能世界中最好的一个,并将那个善超过恶最多的世界当作最好的世界。那么,既然是最好的世界,为什么还有恶的存在呢?这是因为有些

---

[1] [德]黑格尔:《哲学史讲演录(第四卷)》,贺麟、王太庆等译,上海人民出版社2013年版,第127-128页。

[2] [英]勃特兰·罗素:《西方哲学史(下)》,解志伟、侯坤杰译,应急管理出版社2019年版,第92页。

大善在逻辑上和某些特定的恶有着紧密的联系。比如,在论述自由时,他认为自由意志是大善,因此在逻辑上,上帝不可能命令人们不许作恶。就像尽管上帝预见到亚当会吃掉苹果,尽管罪恶不可避免地会带来惩罚,上帝还是让人类自由。因此,这个世界尽管包含罪恶,但是善超过恶的部分要远远多于任何其他可能的世界,包含的恶并不构成反对上帝性善的理由。

在以逻辑看世界的过程中,莱布尼茨的开创性在于数理逻辑思想的萌发,用数理逻辑看待自然界和知识,让无限在逻辑推理中还原为经验成为可能。在他的一生中始终存在一种普遍化的数学梦想,他称之为"Characteristica Universalis"(通用文字),其意义是用计算来代替思考。"如果我们有了这种东西,就能够差不多像几何学和数学解析那样对形而上学和道德问题进行推理了。"①计算将会让争论变得容易澄清,"如果发生了争议,两位哲学家之间就会像两个会计之间那样没有争论的必要。因为他们只需要在手里拿着笔,在他们的石板前坐下,对彼此说(如果他们愿意还可以请一位朋友做证人):让我们来算一算,就足够了"②。将对象转化成数学关系,本质也是将自然数学化,但莱布尼茨走得更远,他梦想将自然转变成一套符号系统,进而发展出一种人工语言,仅凭符号演算,就可以确定语言的真实性以及相互之间的逻辑关系。那么自然就在逻辑规律的原则下被再现出来,运用逻辑规则的编排,对自然的推理和认识就可以实现自动化。

莱布尼茨用逻辑-符号-语言来编制自然的思想,为之后数字化和人工智能的发展奠定了认识论基础:

首先是在逻辑规则的前提下,将事物转换为符号系统,创造"通用文字",把心灵的创造性从烦琐的运用中解放出来。莱布尼茨在青年时期就梦想找到一个能表达人类思想的符号系统以及操纵哲学符号的恰当验算工具,他说"让优秀的人像奴隶一样把大量时间浪费在计算工作上是不值得的,如果使用机器,这些任务就可以被安全地交给任何人去做"③。他曾发明了一种能够执行四种算术基本运算的计算机模型。1673年,他又设想了一种把推理还原为演算的机械装置,能够解代数方程。运用机器进行计算,需要一种新的文字——符号。莱布尼茨因发明了数学的微积分而著称于世,但更为重要的是他为这些运算发展出了一套恰当的符号系统,例如用∫表示积分,d表示微分等。微积分的符号系统提供了运算的法则,使人们不

---

① [英]勃特兰·罗素:《西方哲学史(下)》,解志伟、侯坤杰译,应急管理出版社2019年版,第92页。
② [英]勃特兰·罗素:《西方哲学史(下)》,解志伟、侯坤杰译,应急管理出版社2019年版,第92页。
③ [美]马丁·戴维斯:《逻辑的引擎》,张卜天译,湖南科学技术出版社2018年版,第7页。

用过多思考就可以进行复杂运算，实际工作的就是那些符号。他因此设想整个人类的知识领域也可以进行类似操作。运用一种普遍的人工数学语言和演算规则进行一种百科全书式的汇编，知识的任何一个方面都可以用这种数学语言表达出来，而演算规则将揭示这些命题之间所有的逻辑关系，这是可以用机器来进行的。这样，对自然的思考就从人转移到了机器上。

其次是简洁明晰的语言。计算中的一个符号系统代表了一种文字，每一个符号都代表一个概念，以一种自然而恰当的方式表示某个确定的观念。他重视代数，认为代数的部分秘密就在于文字，在于恰当地使用符号表达式的技艺。他还提出普遍文字的意义，即一个不仅真实，而且包含了人类全部思想领域的符号系统[①]，从而将纷繁复杂的宇宙归结为一种符号演算。符号越简洁越有利于运算。比如，在阿拉伯数字与罗马数字的比较中，莱布尼茨认为以 0~9 这几个数字为基础的阿拉伯符号系统在运算中要优于罗马数字。同样的符号在数量上越少越有利于计算。莱布尼茨受到中国《易经》中二元对立思想的启发，认为仅使用两个基本单位来表示所有数字和逻辑状态，可以构建一种简洁而强大的数学系统，这就是二进制系统思想的来源。在只有两个数字 0 和 1 的二进制系统中，可以通过它们的组合表示任何数，这种方法简洁而高效，避免了十进制当中的复杂进位运算。他还以二进制系统为基础开发了莱布尼茨计算器，为将思想转化为逻辑运算进行了初步的实践尝试，奠定了之后计算机科学发展的思想基础。但莱布尼茨并不是一个纯粹的工匠，他还将二进制思想融入哲学思想中，自然界中的一切现象都可以通过 0 和 1 来描述，体现了有限和无限之间的辩证关系。

第二节　辩证法"量的无限性"原理

计算机技术的发展首先是无限观念在哲学思想和数学思维上的突破。自然科学的数学化打开了人们研究无限的视野。无限，是从古希腊以来，哲学家和数学家都极为重视的概念。数量在哲学中的应用为人类更好地认识无限，以及处理与有限的关系提供了可使用的工具。尤其是数理逻辑的发展，使无限与有限得以在黑格尔的辩证法中更为直观地表现出来。黑格尔对"量的无限性"原理的揭示，以及

[①] ［美］马丁·戴维斯：《逻辑的引擎》，张卜天译，湖南科学技术出版社 2018 年版，第 14 页。

恩格斯以现实世界中的普遍联系为基础,在具体事物的发展机制中对"量的无限性"的认识超越,为我们认识以数量观念为核心的数字化世界提供了理论分析工具。

一、无限的内涵及其数学展现

西方哲学从古希腊开始就对"无限"高度重视。柏拉图认为无限是最优美、最高尚的,但也是一般性的、不确定的。无限在不同时期有不同的表现。在古希腊时期,"无限"用"本原"来表示,比如阿纳克西曼德在讨论世界的本原问题时提出了无限,是指没有确定的形态,在时间或空间中没有开始和结束。但后来无限逐渐演变为与有限相对的一个物质属性。本体论的研究大力促进了无限性思想的发展。亚里士多德说,所有有名的自然哲学家都研究过无限,这就进一步证明了无限是自然哲学的研究对象。[①] 随着哲学对空间、时间、运动等研究的深入,对无限的研究也逐步深化了。

哲学对无限的认识从一开始就伴随着数学的观念。尽管数学中的无限概念并不完全等同于哲学中的无限,但二者是相互促进的。阿纳克西曼德很早就提出了无限的属性之一——"它从量上说是无限的"[②]。毕达哥拉斯学派开始研究数学上的无限。德谟克利特的原子论思想中有无限小量的概念,数学对象是由无限小元素所组成的。芝诺悖论的实质也是一种无限问题,比如"两分法悖论"与"阿基里斯悖论"(现大多称为"阿喀琉斯悖论")是建立在把无限看成过程的观念之上的,因为其中假设了对象的"无限可分性"。另外,"飞箭悖论"则建立在把无限看成独立存在的观念之上,因为其中假设了时间是由所谓的"瞬间"所组成的。[③]

亚里士多德较早地看到了无限的数学特性,认为无限是数和量度的一个属性,并将数学运用到哲学的无限问题中,提出两种无限观:潜无限和实无限。所谓"潜无限",是把无限看成一种永远处于生成状态之中的过程,存在无穷小量和无穷大量,不能有尽头,只能是存在潜在的无限。实无限是指相应过程的终结,这才是现实的无限。亚里士多德认为只有潜无限,没有实无限。因为亚里士多德认为,无限在本质上是数和量的表现,而数和量是不可能有终点的,比如分割的过程永远不会

---

① 汪子嵩等:《希腊哲学史(第三卷)》,人民出版社 2014 年版,第 417 页。
② [德]黑格尔:《哲学史讲演录(第一卷)》,贺麟、王太庆等译,上海人民出版社 2013 年版,第 195 页。
③ 郑毓信、刘晓力:《数学的无限与哲学的无限》,《内蒙古大学学报》1987 年 2 月。

结束,那么就始终存在更小的量,因此只有潜在的无限。微积分事实上就是对这一思想的直观构造。微积分理论是对无限小量的应用,微分是关于量的变化率的研究,积分是关于连续变量的作用的总和,它们包含着我们后面将要讲到的互相转化的辩证法思想。微积分重在展示一种极限的过程,是典型的潜无限。

到了近代哲学,由于自然科学的影响,拓展了对无限的认识。笛卡尔从物理学出发,认识到宇宙无论在宏观还是微观都是无限,物质世界大至没有界限,而小的分子则永远可分。斯宾诺莎认为世界只有一个实体,这唯一实体的特性就是无限性,实体是无所不包的物质世界的整体。洛克提出用数量来表示无限。他认为:"所谓知识,就是人心对两个观念的契合或矛盾所生的一种知觉。"[①]知识是关于观念的,观念有简单观念和复杂观念,其中复杂观念来源于简单观念。在简单观念中,情状和差异是以数量来计算的。复杂观念也可分为情状、实体和关系。其中情状又分为简单情状和复杂情状。简单情状都是关于量的观念,包括连续的量、分离的量以及量的无限性等思想。连续的量是时间和空间,分离的量是数目。正是以量为基础,借助于数目,洛克得以表达出空间观念的无限性——把自己的观念重叠起来,比如一尺,把后面的观念加在前面的观念上就可以得到两尺,以至无穷,没有终点,空间的无限性就由此而起。类似的还有绵延的无限性,也是通过这样的数量重叠得出的。洛克的这种观点本质就是量的无限性。不过这种无限类似于后来黑格尔所说的无限进展。

近代哲学对无限的认识是极为重要的,研究者们都认识到了宇宙和物质世界的无限性,为人类思维的拓展奠定了认识论基础。然而,近代哲学的无限观是线性的,即无法解释有限和无限的关系。一个纯粹的无限是无法认识的,人们对无限的认识是在有限的过程中进行的,但二者究竟存在怎样的关系,近代哲学尚未进行深入研究。这一点到了康德时期发展成一个无法绕开的问题。康德把世界的无限性问题,作为理性认识追求的理念提出来,在论证过程中遇上了"二律背反"。康德将数、量概念应用到人的认识能力的批判中,是其认识论革命的重要理论来源。他将感性看作认识的起源,时间和空间是感性世界的两个形式原则,时空的哲学意义在"量"的解析中进行。时空具有四个性质:有界性、先天必然性、非概念性、无限性。"量"是有界而无限的直观先天形式的表象,在"经验实在性"中被认识。时间和空间都是无限的,并且是唯一的,但人们只能通过对空间的限制来认识;时间也只有

[①] [英]洛克:《人类理解论(下册)》,关文运译,商务印书馆 2021 年版,第 555 页。

通过限制才能表象出量的大小,所以时间的部分是有限的,而时间是无限的。那么有限与无限的关系就成为一个需要解决的问题呈现出来了。但在康德那里,思想的进路仍然是直线性的,因为尽管"量"作为先天直观形式关联了时空,但量是作为一种知性范畴引入理性的,是基于感性经验的,这就使有限和无限、相对与绝对之间成为一种对立的矛盾无法得到根本解决,从而导向不可知论。

二、辩证法"量的无限性"

在康德那里,知性和理性是割裂的,数量属于知性范畴(以有限的和有条件的事物为对象),而无限是理性的(以无限的和无条件的事物为对象),用有限追求无限的结果就是二律背反,从而使无限性问题陷入了僵局。黑格尔超越了将有限与无限相对立的传统形而上学框架,在事物相互转化与超越的同一性的辩证关系中解决了这一问题。对辩证法"量的无限性"原理的揭示,有助于我们认识由数字、数量关系、符号所构成的数字化世界的思想源泉。

(一)真无限与恶无限

黑格尔认为无限从形式上可分为真无限和恶无限,二者划分的依据是有限和无限的关系。所谓"真无限",是在单纯规定中,作为有限的否定,在与有限物的相互关系中,无限物和有限物的自身扬弃,作为一个过程是真的无限物。[①] 这种过程是在与自身关系中进行的,"在别物中即在自己中",或者"在别物中返回到自己"。在超越有限并扬弃有限于自身内,无限和有限是对立统一的。所谓"恶无限",是无限和有限的僵持对立,无限中不包含有限,有限中不包含无限。一物与他物仅仅是一种相互否定、彼此限制的关系,它们不断否定彼此,设置一个界限进而又超出这一界限,如此递进,无休止地重复同样的运动,有限就陷入一种无穷进展中。"置身于思考这种无限进展之所以单调无聊,是因为那是同一事情之无穷的重演。人们先立定一个限度,于是超出了这个限度。然后人们又立一限度,从而又一次超出这限度。如此递进,以至无穷。凡此种种,除了表面上的变化外,没有别的了。这种变换从来没有离开有限事物的范围。"[②]这种无限是一种坏的或否定的无限,也就是恶的无限。

---

① [德]黑格尔:《逻辑学(上卷)》,杨一之译,商务印书馆 2016 年版,第 135 页。
② [德]黑格尔:《小逻辑》,贺麟译,商务印书馆 2018 年版,第 207 页。

无限从性质上来看，分为质的无限和量的无限。质是事物的规定性、否定性，但这种规定性是不断变化的，它自身包含着内在的矛盾。有限事物作为某物，并不是与别物毫不相干地对立，而是潜在地就是它自己的别物，这就是说，某物与别物之间是一个在矛盾中发展变化的运动过程，本质是自身的变化，是内在矛盾驱迫着定在不断地超出自己。但质的无限分为两种，一种是某物超出自身变成别物，而别物也是一个某物，它同样超出自身变成别物的别物，如此递推，以至无限。这种无限就是坏的无限。另一种是当某物过渡到别物时，这个别物不是它自身之外的别物，而是自己的别物，它在这种过渡中达到了自我联系，在别物中返回到了自己。这种无限是质的真无限。量和质一样也有真无限和恶无限两种形式。因为量的无限是黑格尔无限理论的基础，接下来专门论述量的无限性。

（二）在辩证统一中解析量的无限性

有限和无限是量自身的双重存在。量作为定量是有界限的，但这个定量要超出自身，作为在一个他物中的规定存在变成另一个定量，另一个定量又产生新的界限，它又要超越另一个定量产生第三个定量，如此类推，以至无穷。"量的无限物，在自身那里与自身的关系，却是在它的无限物那里；它在无限物那里，有它的绝对规定性。它的这种关系，首先就表现了量的无限进展。"①量的无限进展只是矛盾的表现，不是矛盾的解决。它从长在矛盾的一环到另一环，从界限到界限的非有，又从这个非有回到界限，不断往返交替，而无力扬弃界限，这就是一种恶无限，不是真正的无限。这种无限性是作为有限物的彼岸被规定了的无限，是建立→扬弃→再建立→再扬弃的无限循环过程，它的否定表现只是飞跃界限和扬弃界限，不断地返回到连续之中，没有超出单纯的应当，只是停留在有限之中。最终它使对象逃跑了，并没有达到真理的目标。

恶无限是从事物外部认识无限性的结果，它使无限和有限成为对立、漠不相关的持续存在；而真无限是从基于事物内部普遍的联系，在发展的过程中认识事物的结果。对于恶无限，黑格尔并不是简单地抛弃，而是主张扬弃恶无限，过渡到真无限。他从数学的无限提出了真无限理论，强调了比例（比率）作为无限的质的规定，它不仅使有限量转化为无限量，直曲同一，而且在理论上奠定了质量辩证统一的哲学基础。② 正如他所说："这个形而上学的无限物倒只是相对的，因为它所表现的否

---

① [德]黑格尔：《逻辑学（上卷）》，杨一之译，商务印书馆2016年版，第243页。
② 温纯如：《黑格尔关于量与数学的无限性思想》，《安徽大学学报》2003年第3期。

定仅仅是与一个界限相对立,即界限仍然在它之外长留,并不被它扬弃;数学的无限物则与此相反,真的把自身中的有限的界限扬弃了,因为界限的彼岸与界限联合了。"[①]他把数学的真无限引入哲学,在数学的无限中找到了质的规定,数学真无限的真理启迪了黑格尔对形而上学的批判和辩证思维方式的确立。[②]

在数学的无限中,一个数目与另一个数目之间的关系是内在的自身关系,一方面包含了外在性,另一方面包含了外在性的否定。比如:无限序列 $0.285\ 714\cdots$,$1+a+a^2+a^3+\cdots$,是一种无穷级数,它包含的项数无论多大都只是部分而非整体,它把质的特征表述成一种漠不相关的东西,本质是无穷进展的限量,因而是一种恶无限。但像 $\frac{2}{7}$ 或 $\frac{1}{1-a}$ 这样的分数,表达的是一种关系,彼此之间不是无所谓的,否定的方面不是单纯地在自身之外,而是包含在自身之内,是真正的无限。不过这种无限还是较为低级的,因为从构成分数的数字 2、7、1、$1-a$ 本身来看,它们仍然是有限量,可以单独存在。而在微积分中,dx 和 dy 则完全不是限量,它们只有在关系中才有意义,限量在这里完全被扬弃了,无限得以真正建立。

量的比例也具有质的特征,是从有限量转化为无限量的依据。黑格尔通过"无限地接近"这一概念,说明量在逐渐消失的过程却是质逐渐生成的。比例从本质上而言,不是数量的接近,而是对接近本身的否定。比如,当圆上的弧无限小与切线无限小时,曲线与直线就会同一。这是因为比例把弧线和切线长度的原素的大小抽象掉了,当这种规定被认为是内涵的大小,是无限的环节,它就在数量中消失了,这种区别仅仅依赖定量的区别。所以作为无限的直线和曲线,并没有量的比例,也就不再有质的差异,从而使直线过渡到弧,实现了真正的无限。

(三)黑格尔量的无限性的本质

黑格尔运用辩证思维,将有限和无限从形而上学的对立中解救出来,为我们认识真正的无限提供了方法论的工具。但黑格尔关于无限的认识是从概念、范畴自身中推演出来的,即他所讲的无限是概念本身的无限性,有限和无限是绝对概念自有的两个环节,而数学本身是可以在概念中进行推演的,因而能够实现黑格尔意义上的真无限。客观物质世界中的事物总是彼此相互制约并受着必然性的支配,因而是不自由的。只有概念才不受别物的限制,在别物中即在自己中,是完全自由的。因此,无限和有限的统一并不是体现在客观的物质世界中,而是在概念自身

---

① [德]黑格尔:《逻辑学(上卷)》,杨一之译,商务印书馆 2016 年版,第 270 页。
② 温纯如:《黑格尔关于量与数学的无限性思想》,《安徽大学学报》2003 年第 3 期。

中。总体而言,黑格尔辩证法"量的无限性",运用辩证思维阐述无限和有限的关系,拓展了我们对世界无限性问题的认识,但其仅在概念和范畴自身中来认识也是存在局限性的。

三、现实对思维的超越:唯物辩证法"量的无限性"

黑格尔运用数学对"量的无限性"原理的揭示,对于哲学与数学的良性互动具有重要意义,无限性问题通过在数学知识系统中的展现得以被直观地认识。数学在历史上发生的三次危机,直接原因都是引入了无限问题。数学的危机在一定程度上与哲学有关,这是因为哲学的无限并不是一个确定的概念,比如有潜无限与实无限之分,但数学的逻辑思维要求概念的确定性和一致性,这就导致要么按照实无限,要么按照潜无限去构建理论,从而使不同的无限内涵在数学语境中产生了矛盾。但同时反映了数学在对象自身的辩证性质的认识过程中是不全面或片面化的,是客观事物的辩证性同主观思维的形而上学性之间的冲突。这说明,用数学来认识无限还需要超越思维进入客观世界中,才能突破这一局限性。也就是从唯心主义辩证法过渡到唯物主义辩证法,从与客观世界的联系中来认识"量的无限性"。恩格斯对此做了重要研究。

恩格斯肯定黑格尔运用辩证思维研究量的无限性的思想,但突破了仅从概念、范畴自身来推演无限,将自然界看作"绝对观念"自我发展过程的"外化"和表现的唯心主义做法,在与客观世界的现实联系中,在物质世界的多样化表现形式中认识"量的无限性"。总体来看,其具有以下两个特点:

(一)数学在服从于现实的前提下进入哲学的辩证法

恩格斯也重视数学在认识无限中的意义,他说:"把某个确定的数,例如把一个二项式,化为无穷级数,即化为某种不确定的东西,从常识来说,这是荒谬的。但是,如果没有无穷级数和二项式定理,那我们能走多远呢?"[①]但在数学中也不能完全找到无限。在《反杜林论》中,他说:"因为在数学上,为了达到不确定的、无限的东西,必须从确定的、有限的东西出发,所以一切数学的序列,正的或负的,都必须从 1 开始,否则就无从计算。但是,数学家的观念上的需要,绝不是对现实世界的

---

① [德]恩格斯:《自然辩证法》,中共中央马克思恩格斯列宁斯大林著作编译局编译,人民出版社 2015 年版,第 188 页。

强制法。"①无限性的本质就是矛盾，恩格斯本质上主张一种将数学与哲学融合起来研究无限的做法，数学只有进入哲学的辩证法，并服从于现实，才能认识无限。因为辩证法能够突破形式逻辑的狭隘界限，包含着更广泛的世界观。

数学的无限本质上具有在现实的联系中说明问题的基础。在《自然辩证法》中，他曾提到："数学的无限是从现实中借用的，尽管是不自觉地借用的，所以它只能从现实来说明，而不能从它自身、从数学的抽象来说明。如果我们从这方面来研究现实，那么如我们看到的，我们就会发现作为数学的无限性关系的来源的现实关系，甚至会发现自然界中使这种关系起作用的数学方法的类似物。而这样一来，事情就得到了说明。"②恩格斯的观点也是被实践所证明的。尽管数学的前提假设是从思维出发的，但数学自身的发展是与现实联系在一起的。比如，数学第一次危机的解决，源于在工业革命不断推进的背景下，对运动的研究成为自然科学的中心问题，推动数学从初等数学向变量数学发展，我们前面提到的微积分理论就是变量数学时期最主要的成就。极限理论不仅解决了数学自身的危机，而且为哲学提供了有限和无限关系的理性认识。

单靠哲学的思辨并不能让我们深入洞察到无限的本质，在通往无限的研究中，数学不断取得突破。比如，康托的集合论研究，是数学中对无限认识的又一次重要进展。康托的超限数理论主要解决了如何从数量上对集合进行刻画的问题，尽管最后被证明是存在悖论的，但正是数学一次次在无限探索中的尝试，不断刷新着人们对无限的认识，才为通用计算机的产生提供了思维上的突破。而每一次悖论的解决都来源于现实世界的改变对数学思维的推动。

（二）在事物的辩证发展中看待"恶无限"和"真无限"

无限和有限的关系也是恩格斯无限性思想的重要内容。无限不是空洞的抽象物，纯粹是由有限组成的。恩格斯关于无限与有限关系的阐释是基于客观物质世界中的普遍联系。任何事物都具有有限和无限两个方面，就事物的个别性质和状态而言是有限的，但就事物的联系和发展趋势而言又是无限的。有限不断超出界限，在事物的联系中走向无限。即无限存在于和有限的相互转化中，每一具体事物在时间、空间上都是有界限的，然而事物又是运动的，具有确定界限的事物本身又

---

① [德]恩格斯：《反杜林论》，中共中央马克思恩格斯列宁斯大林著作编译局编译，人民出版社 2015 年版，第 53 页。

② [德]恩格斯：《自然辩证法》，中共中央马克思恩格斯列宁斯大林著作编译局编译，人民出版社 2015 年版，第 188 页。

打破原有界限,扬弃有限,转化为他物的无限趋势。一个事物的终点恰好是另一个事物的起点,事物之间的转化是无限的。那么就整个世界而言,从时间上来看是没有起点和终点的,空间是无边无际的。

恩格斯认为无限和有限本身都充满了矛盾。有限的事物也是无限可分的,比如:一条线段是一段有限距离,但可以被分割为无数个点;一块木头是一个有限的物体,也可以被分为无数个无限小的粒子;等等。有限事物中也包含无限,无限通过有限表现出来。如果没有大至地球、太阳系、银河系、总星系,小至分子、原子、基本粒子等这些不同层次的具体物质形态,没有不同天体的演化,地球的变迁、生物的进化、人类社会的更替等无穷尽的具体变化过程,就没有自然界的无限性,也就没有宇宙的无限性。

矛盾不可能消灭,无限是一个不可能终结的过程,这个过程是不可能完成的。在这一点上恩格斯反对黑格尔通过绝对精神来实现思维与客观世界具有同一性的观点。用思维和存在的同一性去证明任何思维产物的现实性,是不可能的,因为现实世界是多样化的。因此,恩格斯关于无限性的基础是客观的物质世界,方法是辩证法。从这个角度看,黑格尔所说的恶无限和真无限之间的关系就更加清晰且更具合理性了。

"恶无限性。真无限性已经被黑格尔正确地设置在充实了的空间和时间中,设置在自然过程和历史中。现在整个自然界也融解在历史中了,而历史和自然史所以不同,仅仅在于前者是有自我意识的机体的发展过程。自然界和历史的这种无限的多样性,在自身中包含了时间和空间的无限性——恶无限性,但只是作为被扬弃了的、虽是本质的却不是主导的因素。"①宇宙是作为无限的进展过程而存在着,即以恶无限的形式存在着。我们的宇宙之外还有无限多的宇宙,是我们认识自然界所用不着的。自然科学以我们的宇宙为极限,但对于现象的无限多样性和自然界的认识而言,并没有实质性损害。

他认为黑格尔所说的"恶无限""真无限"在本质上是一致的,真无限在普遍联系中是可以被认识的,但恶无限也是有积极意义的。"1. 无限的进展过程在黑格尔那里是一个空旷的荒野,因为它只表现为同一个东西的永恒的重复:1+1+1……2. 然而在现实中,这个无限的进展过程并不是重复,而是发展,前进或后退,因而成

---

① [德]恩格斯:《自然辩证法》,中共中央马克思恩格斯列宁斯大林著作编译局编译,人民出版社 2015 年版,第 119 页。

为必然的运动形式……3. 还有无限的认识：事物在进展中所没有的无限，在循环中却有了。"[1]这就是说，从发展的过程来看，物质世界在时间和空间上并不是空洞的简单的重复，而是有着丰富的具体内容。每一个具体事物在时间和空间上的发展，都有其产生、发展和灭亡的过程，并不是单一的东西的简单重复，而是不断地由低级到高级的曲折上升过程，这构成了整个宇宙发展的无限性。

第三节　数字化生存是辩证法"量的无限性"的发展过程

辩证法"量的无限性"原理为我们认识数字化生存世界提供了理论基础。在数字化所打造的世界中，真实世界中的物质性都转化为数字化的比特，物所具有的质都被转化成了量的表达，质和量在比特的统一化和标准化形式表现中似乎被消解了，时间和空间获得了无限的延展，量的无限性构成了事物发展和不断迭代的推动力。然而，质并没有从根本上被消解，量与质的转换以另一种关系形式被表达出来，这就是在与真实世界的关系中实现从量到质的飞跃。也就是说，数字比特运动的（量）无限递进的规则在与现实世界的内在联系中超越限制及其规定的否定，通过理性被认识。在这里，量的无限进展不只是一种简单的重复，而是一种不断发展的运动形式，质和量的运动呈现量的无限进展向真无限运动的圆圈式运动过程，这种运动过程体现为量的无限性通过对现实世界的改变来实现质的飞跃。

一、将现实世界数字化的网络时空本质是"量的无限进展"

数字化的时间和空间是无限延展的。通过编码把现实空间中的人、物、关系等数据化、符码化，投射在电脑中，使之在赛博空间中再现现实的影像，是对真实世界的量化。现实世界中时间的连续性、不可逆性和空间的地理性、不可跨越性在电脑世界中被抽象化、符号化为可以编码的数据，消解了时空的物质属性，将整个世界连在一起。在这里，质是虚化的。因为从物质属性上看，数字化技术用比特抹杀了一切质的差异；从运动过程来看，体现为量的无限进展，因为尽管现实时空和网络

---

[1] ［德］恩格斯:《自然辩证法》，中共中央马克思恩格斯列宁斯大林著作编译局编译，人民出版社 2015年版，第 119-120 页。

时空是互动的，但主要发挥工具性作用，并不改变现实世界中的各种关系，数字化技术在这个意义上只是对现实的仿制。网络中的时间和空间虽然可以无限累加和无限开辟，但跟现实世界只是一种量的关系，它并不改变与现实世界的关系。

现实世界中的事物在电脑中被转化为各种信息呈现，是现实世界的影子。一般用比特表示，一串比特就代表一定的数字信息，就像物质世界的基本粒子，是构成信息世界的基本单位。比如，声音和影像，都要通过 0 和 1 这两个数字的组合来表达。"把一个信号数字化，意味着从这个信号中取样。如果我们把这些样本紧密地排列起来，则几乎能让原状完全重现。例如，在一张音乐光盘中，声音的取样是每秒 44 100 次，声波的波形（waveform，声压的度数，可以像电压一样衡量）被记录成为不连贯的数字（这些数字被转换为比特）。当比特串以每秒 44 100 次的速度重现时，能以连续音重新奏出原本的音乐。由于这些分别取样的连续音节之间的间隔极短，因此在我们耳中听不出一段段分隔的音阶，而完全是连续的曲调。"[1]类似的还有照片、视频等，都是通过 0 和 1 的数字排列来进行的。高分辨率的图像取样更加密集，所以需要更多的比特数，需要更多的存储空间；而低分辨率的图像则不需要更多的比特数，占用相对较小的空间。

事物转化为比特之后的运动传输是在特定的信道内（比如宽带）。随着技术的发展，信道的传输速度越来越快，所受限制也越来越少，比如从有线互联网到无线互联网，可以随时随地进入网络世界。传输速度也从 3G 到 4G 再到 5G，万物互联，事物之间的联系在网络空间中更加容易构建，在便捷上超过了现实世界，信息因而成为生产要素的重要组成部分。数字化技术更加方便预测和决策，借助数学语言的抽象简洁性，海量数据所携带的信息能够在过去、当下、未来之间构建起有数理逻辑的连续，有利于在历史和未来之间有效把握当下，做出更加可行的决策。比如，数字化技术中基于数学逻辑思想的马尔科夫链作为一种统计工具，能够从现实出发预测未来，探究事物从一种状态或条件到另一种状态或条件概率转移的生发过程，探究事件之间的时间依赖关系，追溯一件事情引发另一件事情的因果联系。[2]大数据、云计算、语音识别等都离不开这一统计工具的支撑。

信息数据的流淌再造了一个平行于现实世界的虚拟空间。信息的传递承载着人与人的交流，然后是以人的交流为基础而衍生出的图像、货币、规则、法律等生态

---

[1] ［美］尼古拉·尼葛洛庞帝：《数字化生存》，胡泳、范海燕译，中国工信出版社 2017 年版，第 5 页。
[2] ［美］乔治·吉尔德：《后谷歌时代：大数据的衰落及区块链经济的崛起》，邬笃双译，现代出版社 2018 年版，第 81 页。

系统,成为一个数十亿人相互交织的共时化系统,以数据的形式活动在由网络搭建的虚拟空间里。通过信息这一表象机制,人们通过手中的电子设备可以随时随地进入这个空间。不过这个空间只是对现实空间的仿制,正如斯蒂格勒所说:"'虚拟空间'并不是一个有别于'现实空间'的另一种空间,而是世界自我投映所借助机制的拓展,它具有出众且前所未有的实效性。"①它只是从工具意义上便利了现实世界的交往,比如这里所说到的实效性,首先表现为前面分析过的信息传播速度之快。其次是进出空间的无障碍性,网上诸如会议、商场、超市、批发市场、直播间等场所,可以通过数据的表象机制进入和退出。

网络空间更具可塑性,可以根据需要构建空间。计算机能够处理的信息是无限的,但人的需求是具体的,因而出现了大量处理专业化信息的平台。比如,Facebook、Twitter、微博等主要是社交平台,处理海量社交信息;亚马逊、易趣、淘宝等主要是商品买卖平台,处理大量商品供需信息;谷歌、百度等是搜索引擎,处理更为广泛的信息。分门别类的平台成为人们日常生活中沟通交流的重要中介,扩大了交往空间,人们在数据景观中复制了现实社会以及社会关系。但不同于现实世界的是,虚拟空间作为一种复制品,其实质是数据的产物,具有可储存、可记忆的计算功能,数据的流动会留下"足迹",通过数据分析有利于发现规律,从而提高对现实世界的预测性。虚拟空间的数字化本质是工业化和技术进步对工作效率和人们生活体验的改善,并不会颠覆与现实世界的关系。

二、数学在向质变过渡中的意义

在数字化世界中,数字化技术量的无限进展在数学思维和数学进步的作用下,通过思维认识的飞跃,成为改变现实世界的力量,实现向质变的过渡。我们在前面讲到了康托的贡献,还有不同时期的数学家在数学上的不断突破,推动了数字化量的无限进展。我们先来简单梳理一下数学在推动数字化发展中的历程。

希尔伯特提出数学与逻辑可以通过一种纯形式的符号语言发展起来,"这样一种语言可以从'内部'和'外部'来看。从内部看,它就是数学,每一步演绎都可以完全弄清楚。但是从外部看,它仅仅是许多公式和符号操作,它们可以在不考虑意义的情况下进行处

---

① [法]贝尔纳·斯蒂格勒:《技术与时间 3:电影的时间与存在之痛的问题》,方尔平译,译林出版社 2021 年版,第 183 页。

理"①。他称这为元数学,在这里,数学的一致性将会得到证明。尽管他的这一思想并不为当时的数学家所认同,但使逻辑与语言问题成为一个重要问题。维特根斯坦的《逻辑哲学论》从符号系统和语言与事物之间的具体关系出发来认识世界,做了认识论意义上的分析,用逻辑图式表示意向、联想等心理联系,使逻辑算法向心灵领域拓展。正如他所说的:"不是为思想而是为思想的表达划一个界限。"②

维特根斯坦的哲学思想影响了数学家哥德尔,他试图把元数学的概念植入语言本身,在极其相似的系统中用编码发展出形式逻辑系统的元数学,创造了一种类似于功能程序设计语言(比如 C 语言、C＋＋语言等)的特殊语言,推动了将思想还原为演算的进程。他还思考了这样一个问题,即人的心灵从本质上讲是否等同于一台计算机? 对于这一问题,哥德尔并没有明确给出答案。随着图灵在计算机思想上的突破,哥德尔的问题越来越具有现实性。图灵在思想上提出一种算法可以通过一系列规则进行说明,人们能够以一种精确的机械方式遵循这些规则,计算出任何可以计算的东西。即使是心灵状态,也可以通过符号被感知(他称之为被注视符号)。他提出了通用机的思想,但与前人不同的是,图灵不只是提出了理论上的设想,而且注重实践检验。图灵的通用机思想将机器(硬件装置)、程序(执行指令的代码)、数据(使指令得到执行的解释程序或汇编程序)放在一起进行思考(在这之前,三种范畴完全是分离的)。他沿着这种思路进行了实践探索,并在第二次世界大战期间成功设计出一台机器(BOMBE)。

第二次世界大战后图灵提出自动计算机(ACE)的想法,它有一种特殊机制,能够把预先编写好的程序操作包含在一个更长的程序中,本质是一种微程序设计,使程序员能够直接进行基本的计算机操作,具有"小"而"精"的特点,跟我们当下运用的个人电脑在本质上类似。图灵贡献的深远意义是推动计算机向意识领域发展,他提出一个问题:一台计算机原则上可以在多大程度上模仿人的活动? 这实际上是把逻辑计算从对现实世界的模仿延伸到了思想领域,尤其是关于计算机具有智能的展望,它可以进行学习和犯错误。"有几条定理说的几乎就是……如果指望一台机器不会犯错误,那么它就不可能有智能。"③他呼吁要让计算机进行公平竞赛,允许计算机犯错误,这些观点在现在看来都是超前的。

---

① [美]马丁·戴维斯:《逻辑的引擎》,张卜天译,湖南科学技术出版社 2018 年版,第 107 页。
② [奥]维特根斯坦:《逻辑哲学论》,贺绍甲译,商务印书馆 1996 年版,第 23 页。
③ [美]马丁·戴维斯:《逻辑的引擎》,张卜天译,湖南科学技术出版社 2018 年版,第 204 页。

人工智能发展到今天，超级计算机和先进的人工智能可以"深度思维"和"自我学习"，在很多应用领域都已超过人类。意识也试图彻底从自身物质的限制中解脱出来，以找到它纯粹的思想性。但目前对现实世界尚未产生颠覆性影响，不过可以看得出来，潜藏着颠覆性的力量。总之，量的无限进展在数学模型所带来的突破中，在与现实世界的关系中逐步被扬弃，推动量的无限进展不断前进。

三、在改变现实世界的过程中向真无限过渡

莱布尼茨曾梦想用计算代替思考，不仅仅是在自然科学领域，甚至形而上学和道德问题也可以通过推理计算来解决，这实际上是用计算来改变人类社会。莱布尼茨的想法超越他所生活的年代。到 20 世纪，随着计算机的发展，人工智能的出现，莱布尼茨的梦想越来越具有现实性。图灵提出应该允许计算机犯错，让它与人类公平竞争。这意味着计算机将把推理逻辑扩大到心灵领域，也意味着它在某种程度上的主体性地位开始显现。

近年来，能够运用深度神经网络进行深度思维的人工智能超越了计算机的普通计算功能，科学家试图赋予它人类的意识、意志、情感、想象力和创造力，使其像人类一样能够思考和学习。不同于一般意义上对现实世界的仿制，人工智能将带来社会关系的变革。未来的社会将出现人工智能按自己的设计改造现实，它将不再是单纯的辅助性工具，而是具有某种程度的自主性。当然，这些都还在研发当中，人工智能到底会不会产生意识，目前还不能确定。因此，我们不能完全从主体性的角度期望它会像人类一样改造现实。但如果从它通过技术能力（或者说推动生产力进步的能力）改变社会关系来看，则具有明显趋势。

马克思说："各种经济时代的区别，不在于生产什么，而在于怎样生产，用什么劳动资料生产。劳动资料不仅是人类劳动力发展的测量器，而且是劳动借以进行的社会关系的指示器。"[①]劳动工具作为人类延长了的自然肢体，体现了社会的生产力发展水平。将自然科学应用到生产方式中是机器大工业以来的事情，它以工具为载体形塑了符合自己特性的劳动组织方式——大规模、集中化生产，引发了社会关系的变革。这是因为机器的生产过程决定于力学、化学等自然科学的技术安排，

---

① ［德］马克思：《资本论（第一卷）》，中共中央马克思恩格斯列宁斯大林著作编译局编译，人民出版社 2004 年版，第 210 页。

并不需要人的主观协调,所以机器大工业颠覆了工场手工业那种使用自己的劳动工具进行分工协调的生产方式。它只有通过社会化的共同劳动才能发挥作用,由此引发资本主义生产关系的改变:掌握机器的资本家阶级和大量拥有自由劳动力的无产阶级,这种社会关系是由机器作为劳动资料所缔造的。

人工智能的颠覆性恰恰也在于可能引发劳动资料的变革,主要体现在三个方面:

一是在生产方式的塑造方面,人工智能发展到一定程度之后,因其每一次突破都会引发现实应用的变革,结果必然是以自己为基础变革生产方式。由于人工智能技术的快速迭代大大快于人类自身的演化,因此它将在专业化方面超越人类,从而出现类似于马克思所说的"用机器生产机器",即"用人工智能生产人工智能"。这带来的是生产组织模式的颠覆性变革和与之相应的财富分配法则。就像机器大工业发展到一定程度必然推翻工场手工业这种生产方式的基础,用机器来生产机器以建立起与自己相适应的技术基础进而实现自立。①

二是在劳动关系方面,人工智能具备深度学习的能力,它在现实中的应用将具有更大程度的独立性和自主性,他可以替代劳动者进行劳动。因而真正的劳动在整个生产链条中前置了,即主要在人工智能的生产阶段,是开发人工智能的那些从事信息加工和算法编程等知识型工作的创造性智力劳动者及其相关人员。

三是在文化意识方面,"如果说从长远来看信息系统可以引发语言与知识的决定性突变,那么它也会导致思维、概念和推理的改变,而这些改变又将逐步摧毁辨别思维、概念和推理的工具"②。这种影响将会是潜移默化的,通过语言和集体记忆来影响群体意识,从而形成一种以人工智能为引导的文化思维模式,比如以某种技术标准或事实需要将思维方式以数据、信息的形式强加给人类,因为在推理、辨别方面,人类与人工智能的差距是在不断拉大的。比如在我们日常生活中的选择、投资、决策等,都会因为人工智能强大的存储、计算、学习和智能而超过人类。但人工智能在决策、选择的过程中是怎样进行的? AI 的决策程序随着它的推理能力不断增强,人类的干预能力将会越来越弱,人类会越来越依赖于它的结论来改造现实,以代替自己的思考,那么在不自不觉中它就会占领人类的思维阵地。

---

① [德]马克思:《资本论(第一卷)》,中共中央马克思恩格斯列宁斯大林著作编译局编译,人民出版社 2004 年版,第 441 页。

② [法]贝尔纳·斯蒂格勒:《技术与时间 2:迷失方向》,赵和平、印螺译,译林出版社 2021 年版,第 125 页。

四、辩证法"量的无限性"在认识数字化生存中的意义

恩格斯说:"每一个时代的理论思维,包括我们这个时代的理论思维,都是一种历史的产物,它在不同的时代具有完全不同的形式,同时具有完全不同的内容。"[①] 在数字化时代,理论思维较之以往的时代也有所不同。数字化技术在数学的逻辑和数学思维的作用下,不断从量的无限进展通过对现实世界的改变来实现质的飞跃,使思维表现出无限可超越性,在客观世界中又表现出客观无限过程的可完成性,这只有通过辩证法在普遍的联系中才能得以说明。人的思维的历史发展过程是在与外部世界的普遍联系中被认识的,从既有的事实出发,从物质的各种实在形式和运动形式出发。

黑格尔将量的进展看作恶的无限,原因在于它只是量的重复,是一种无边无际、无始无终的无限,并不会带来实质的改变。然而,在数字化的世界中,量的进展的过程并不是简单的重复,而是呈现为不断引发质的转换的运动形式。比如,在人工智能发展过程中,量的不断迭代使智能机器人不断完善,不断进化。比如聊天工具,从 20 世纪 80 年代用 Basic 语言编写而成的聊天机器人"阿尔贝特",到近两年来发展比较成熟的,用 Python 语言编写而成的 ChatGpt,目前仍然处于不断的迭代进步中。从聊天机器人的纵向发展来看,这是一种量的进展,但表现出不断进步的质的发展。因此,数字化的这种"量的无限性"的本质是在进展中的无限,而对现实的改变则是向真无限过渡的过程。运动发展的规律是无限的,但这样的无限事实上又不断被哲学思想和数学思维突破,从而成为推动质变的理论力量,进而使思维和现实之间的关系统一于无限进展的过程中。

本章思考题

1. 自然科学对哲学认识论有怎样的影响?
2. 黑格尔与恩格斯在对辩证法"量的无限性"原理的揭示上有怎样的联系?
3. 如何理解数字化生存是"量的无限性"的发展过程?
4. 人工智能的发展会给人类社会带来怎样的变化?

[①] [德]恩格斯:《自然辩证法》,中共中央马克思恩格斯列宁斯大林著作编译局编译,人民出版社 2015 年版,第 42 页。

本章阅读文献

1. [英]勃特兰·罗素:《西方哲学史》,解志伟、侯坤杰译,应急管理出版社 2019 年版。
2. [德]黑格尔:《哲学史讲演录(全四卷)》,贺麟、王太庆等译,上海人民出版社 2013 年版。
3. [古希腊]亚里士多德:《形而上学》,苗力田译,中国人民大学出版社 2023 年版。
4. [英]培根:《新工具》,许宝骙译,商务印书馆 2018 年版。
5. [法]笛卡尔:《谈谈方法》,王太庆译,商务印书馆 2018 年版。
6. [德]胡塞尔:《欧洲科学的危机与超越论的现象学》,王炳文译,商务印书馆 2023 年版。
7. [挪]G·希尔贝克、[挪]尼尔斯·吉列尔:《西方哲学史》,童世骏、郁振华、刘进译,上海译文出版社 2012 年版。
8. [英]牛顿:《自然哲学之数学原理》,王克迪译,北京大学出版社 2006 年版。
9. [英]霍布斯:《利维坦》,黎思复、黎廷弼译,商务印书馆 2022 年版。
10. [英]洛克:《人类理解论》,关文运译,商务印书馆 2021 年版。
11. [美]马丁·戴维斯:《逻辑的引擎》,张卜天译,湖南科学技术出版社 2018 年版。
12. [美]尼古拉·尼葛洛庞帝:《数字化生存》,胡泳、范海燕译,中国工信出版社 2017 年版。
13. [美]乔治·吉尔德:《后谷歌时代:大数据的衰落及区块链经济的崛起》,邹笃双译,现代出版社 2018 年版。
14. [法]贝尔纳·斯蒂格勒:《技术与时间》,方尔平译,译林出版社 2021 年版。
15. [德]马克思:《资本论(第一卷)》,中共中央马克思恩格斯列宁斯大林著作编译局编译,人民出版社 2004 年版。

第七章

数字幻象与"后真相"时代

"后真相"(post-truth)成为一个热点词汇是在 2016 年底,主要反映和凸显了当时一系列看上去不可思议的国际政治事件(尤其是英国"脱欧"和特朗普当选美国总统),这些事件的结果超出几乎所有主流媒体和调查机构基于科学严格的数据分析得出的结论,整个世界为之震惊和疑惑不解。随后《牛津词典》将该词评选为当年英语世界的年度热词,"后真相"一词逐渐超出政治领域,深入社会生活的诸多方面。在《牛津词典》的定义中,"后真相"指的是:"诉诸情感及个人信念比用客观事实更能影响公共舆论的种种情况"[①]。这个定义意味着,人们的情感、感觉、立场、信仰等主观性因素相较于真实世界的客观性具有更多的合法性。实际上,"后真相"这一状况有着深厚的根源。"当真理还在穿鞋的时候,谎言已经走遍半个世界",这句流传久远的名言似乎透露着"后真相"问题中的人性渊源。而尤瓦尔·赫拉利则从历史的视角出发指出,人类其实一直生活在"后真相"时代:在信息不发达的时代被蒙蔽,在信息爆炸的时代只相信符合自己价值观的事实。显然赫拉利表达了一种悲观的论调,似乎人与真实世界之间总是隔着蒙蔽和主观性。

毋庸置疑,今天数字化生存世界中,"后真相"愈加成为一个突出且紧要的问题。巨量信息的涌现并没有带来一个更为清楚明白的世界,反而使真实世界看上去越来越缥缈,谣言被冠以真理之名,幻象穿着真相的外衣。于是,精巧的蒙蔽与极端的主观性似乎同时降临,真实与虚幻之间的界限越发模糊。在这种状况下,我们不禁要问,到底什么是"真相"?"后真相"在数字化时代的发生机制是什么?如

---

① [美]李·麦金太尔:《后真相》,张美华、相欣奕译,北京联合出版公司 2023 年版,第 8—9 页。

何在历史坐标中定义从"真相时代"走向"后真相时代"这种变革？显然,这是用哲学读写数字化生存的必答题。

第一节 真相时代:支点与绵延

无论我们怎样描绘"后真相"这一状况,它总包含着这样一种意味:人们一直所相信和以之为根据的客观性不再坚实可靠,关于世界本身的说法越来越碎片与流散,而那些所谓真理的普遍引导力和约束力正岌岌可危,总之,一个真相时代正逐渐退隐。由此来看,对"后真相"的讨论和探究仍须以关于"真相"的叙事作为开端。当"后真相"成为一个普遍紧张的问题,对"真相"的讨论就显得更为重要。对此,德国哲学家韩炳哲的观点值得关注。在他看来,"真相即实际性"[①]。这种"实际性"不可改变、不可操纵,因为其"从属于大地的秩序",构成了人之生存的安定因素。因此,作为一种实际性,真相时代意味着一个具有牢固物性的时代,其中人本身的存在被赋予一个"支点",而支点意味着"绵延",即人的生命活动有着明确的以之为根据的东西,并因此显现为一种"长时间性"。从这样一种认识出发,支点和绵延就成为把握真相时代的重要范畴。当然,韩炳哲并没有展开更多的讨论。从哲学上进一步来讲,大体上可以发现真相的三个支点,它们分别是真相的道德支点、神学支点和理性支点。这三个支点作为真相的保证为人与世界的关系提供了一种普遍的客观性,只有建立在这种普遍的客观性之上才有真与假的区分,进而才有使历史意识得以生成的冲突与矛盾。

一、真相的道德支点

古代社会对"真相"的看法基本上等同于对"真"或"真理"的理解,并且总体上表现出一种朴素态度。这里"真"或"真理"的可靠性来自人的日常生活的感性实践。在这种真理观中,个人的言行举止作为一种感性存在承担着通达"真理"的路径作用,这种感性存在具有实际性,人正是在这种感性的实际性中才获得了"真"的保证。也就是说,人以自身肉眼可察的感性活动通达真理,真理就在日常之中。同

[①] [德]韩炳哲:《非物:生活世界的变革》,谢晓川译,东方出版社中心2023年版,第11页。

时,在中西方的哲学中,这一日常生活的感性实践蕴含一种道德目的。不管是在古代中国的农耕社会,还是在古希腊的城邦社会,道德都构建了人与世界关系的形而上的冲动。这意味着,道德就是所谓真相/真理的支点。正是有了道德追求,人才获得日常生活的确定性的根基,并由此有了生命的绵延的出发点。在这样的观念中,所谓的不道德同时是虚假的或荒谬的,因此应当被教化或被清理。

苏格拉底曾将真理看作一种"知识",这种知识在方法论上要求超越自然哲学关于事物的感性直觉,从思想与存在的同一性出发来确立感性事物流变之中的不变。同时,自然万物的主宰和原因并不是其物质性本原,而是它的内在目的,即"善"。因此在苏格拉底那些作为探求真理的方法的对话中,大多是关于"什么是勇敢""什么是正义""什么是节制""什么是美"的讨论。正是在这个意义上,他进一步提出了"使一切人德行完美所必需的就只是知识"[①],也就是"德行即知识,知识即德行"。在这里,真理作为具有确定性、普遍性和必然性的知识,就是要实现"善的目的",从而追求一种道德上的完备。柏拉图则将虚幻影像蒙蔽真实世界的情况比喻为囚徒身处洞穴之中,被锁链困住的囚徒只能看到面前墙壁上不断变动的影像而无法获得关于这个世界的真相,只有挣脱锁链转过身后,他才知道原先那些由于长期观看而信以为真的图像只是身后映着火光的雕像之影,才知道雕像比影像更真实。而当他走出洞穴,看到万物,进而抬头见到太阳,他才知道世界之"真"。在这个"洞喻"中,柏拉图将洞穴之中看作虚假的世界,将走出洞穴看作"求真"的过程,而洞穴之外的世界之所以是真的,是因为太阳的照耀。因此,这里包含了一个"双重比喻",即同时将太阳比喻为最高真理——"善"的理念。如同太阳照亮了一切可见事物一样,善是使一切正确事物显现为正确事物的原因。这意味着,善就是真理,人们追求真理,就是追求善。

苏格拉底和柏拉图真理观中所蕴含的道德支点在中国古代哲学思想体系中似乎更为突出。据学者考究,中国现存文献中最早使用"真理"一词者,可追溯到汉朝人孔安国的《尚书注疏》[②],此中所谓"真理"虽不同于现代汉语中的"真理"概念,但也包含了真理的意义,即体会到事里所蕴含的理义、法则。而在中国传统的儒、道哲学中所把握的"真"或"真理"则近于"道"的概念,意指真正的道理与最高的意义。孔子有"朝闻道,夕死可矣"的体会,将对获得真理视为生命最高目的。老子将"道"

[①] [英]罗素:《西方哲学史(上卷)》,何兆武、李约瑟译,商务印书馆1963年版,第115页。
[②] 吴根友、徐衍:《中国古代思想中的"真理"观念》,《哲学动态》2019年第3期。

看作变化之"相"中作为本质内核的真理,有"道之为物""大道泛兮,其可左右"等说法。庄子则将"真人"追求"真知"的生命历程看作"真理"的主要表现,其言"且有真人而后有真知"。作为"真理"之"道"中所蕴含的道理和意义就是古人生命之持存的支点,它构成了中国人"生生"之"易"的基础。[①] 中国古代哲学中围绕"道"展开的一系列关于"真"或"真理"问题的讨论,如知道、闻道、体道等,在思维方式上都蕴含了"真理"与日常生活实践之间的关系问题。而对中国古代哲学乃至整个中国哲学而言,所谓实践,主要表现为一种道德的或德性的生命活动。

二、真相的神学支点

在西方中世纪的漫长求索中,关于"真"的理解发生了转型,其中的道德要素的影响力减弱,更多地表现为一种神学的冲动。这个时期,在宗教所制定的统治性话语中,人们对美好生活的期待来自一个彼岸世界的保证,而通达彼岸世界的可能性来自对上帝的信仰。在这里,解除现世苦难所要求的道德完备不再停留于感性的日常生活,而必须进一步将这种实践提升到与上帝的关联之中。于是,真相或真理获得了它的神学支点。这意味着,人们在现世一切理论的和实践的活动所把握的事物都是残缺的或虚假的,一切本质的和真理的东西只存在于彼岸世界。在这样一种形而上学二元论建制中,关于世界的所有真实性和确定性都只有上帝来保证。上帝作为全知、全能、全善的存在,是一切"真"的来源。只有建立起与上帝之间的连接,才能够在关于"真"的一种澄明状态之中获得自我救赎,人的生命才因此有可能获得意义的绵延。在这种关于真的理解中,一切违背上帝旨意的东西都被看作有罪的和肮脏的,并因此是可疑的和虚假的。

中世纪关于真相/真理的观点围绕着神学和哲学、信仰和理性之间关系的争论呈现出来。不管这一时期各个阶段和不同流派的思想家采用何种形式论证这一关系,其总体的观点即在获取真理的过程中,神学高于哲学,信仰先于理性。教父哲学时代的德尔图良主张一种激进的态度,认为哲学所主张的理性只能带来对上帝旨意的歪曲解释,因此应该摒弃一切哲学,以便纯洁基督教信仰。在这种激进的态度中,一个事物之所以为"真"不在于它是合理的,而只是在于它有着信仰的根基。

[①] 关于"生生"概念及其与"易"的哲学之间的关联,可参阅丁耘:《道体学引论》,华东师范大学出版社2019年版。

这一关于真理的神学观点甚至以一种较为极端的形式表述为"正因为其荒谬，所以我才相信"①。其意在强调基督教的信仰是最高的真理，神学从本质上超越哲学所能认知的范围，真理从根本上来自神的启示。这种关于真理的神学解释，要求在思维结果和信仰之间产生冲突的时候不假思索地肯定信仰的东西。这种看法在教父哲学的集大成者奥古斯丁那里以一种较为缓和的形式得以延续。他认为哲学与神学之间并非水火不容，而是在经过对哲学的一番改造之后，二者能够实现互补和交融，当然这种互补和交融仍是以神学为主导的。奥古斯丁的这种看法也反映在关于"真"的理解中，如其所说："如果那些被称为哲学家的人，特别是柏拉图主义者说了一些确实为真的、与我们的信仰一致的话，我们不应该害怕，而要把这些话从他们不正当的主人那里拿过来，为我们所用。"②这表明只有上帝的启示才是那些"确定为真的"东西的真正主人。这就是奥古斯丁的"信仰，然后理解"的基本立场。从这一立场出发，他提出了在真理问题上著名的"光照论"。他认可通过感觉经验对事物的把握，但将其看作最低级和最不确定的认识。从根本上讲，真理性的东西来自上帝而见之于我们灵魂的东西，我们对真理的认识最终依靠上帝的"光照"。"我们更应该相信，聪慧的头脑在本质上是这样形成的，它借助某种独一无二的无形之光，而看到了这样一些东西，它们按照造物主的安排，被附加在那些在自然状况下唯有依靠智力才能理解的事物之上。"③这是说，上帝是照进我们的灵魂的光，使得潜在的真理得以显现。之后经院哲学的代表托马斯·阿奎那表达了"哲学是神学的婢女"的思想，在此基础上提出了"真理"问题上的双重路径，即哲学与神学都可以通达真理，而真理只有一个，即上帝。他认为有些真理，比如上帝存在、灵魂不死等，属于"天启真理"，也可以通过哲学的方式来证明，而对于另外一些真理，比如三位一体、原罪等，则只能诉诸天启和权威。"天启真理"是比"哲学理性的真理"更具权威、更为根本的真理，对于它们只能留给信仰和神学。

三、真相的理性支点

17 世纪以来，伴随着自然科学的发展，在中世纪基督教哲学中被充分开发出来

---

① 邓晓芒、赵林：《西方哲学史》，高等教育出版社 2005 年版，第 88 页。
② ［古罗马］奥古斯丁：《论基督教学说》第 2 卷 40 章 60 节，转引自赵敦华：《基督教哲学 1500 年》，人民出版社 1994 年版，第 142 页。
③ ［美］胡斯都·L. 冈察雷斯：《基督教思想史（第 2 卷）》，陈泽民译，译林出版社 2008 年版，第 30 页。

的主观精神世界孕育出了理性精神,并自觉将人与自然、主体和客体、思维与存在的关系当作哲学核心问题,哲学重心由此转向认识论问题。在认识论维度把握"何以为真"也随之成为哲学的核心任务。这时所谓"真相"即关于某种"对象"的"本质"的认识。同时,主体哲学的兴起使得在认识论维度对"真"或"真相"的追求,总体上开始转向这样一种范式,即一个能"思"的主体对作为客体的"思之物"的客观性的把握。在这里,客观性成为世界之"真"或"真相"的保证,而确定事物是否具有客观性的尺度是理性。于是,理性取代上帝成为真相的支点。只有经过理性法庭的审判,人们才能确定"何以为真",人之生存的确定性和归属感也才得以延续。

理性作为真相的支点意味着关于世界的知识体系依赖于理性本身确凿无疑。被称为"近代哲学之父"的笛卡尔从一种"普遍怀疑"的方法出发,对从中世纪开始直到现存的一切知识体系进行批判和怀疑,宣称一切过去的旧知识都是谬误。正如其在《第一哲学沉思集》中所讲述的那样:"由于很久以来我就感觉到我自从幼年时期起就把一大堆错误的见解当作真实的接受了过来,而从那时以后我根据一些非常靠不住的原则建立起来的东西都不能不是十分可疑、十分不可靠的,因此我认为,如果我想要在科学上建立起某种坚定可靠、经久不变的东西的话,我就非在我有生之日认真地把我历来信以为真的一切见解统统清除出去,再从根本上重新开始不可。"①可见,笛卡尔要求对一切知识采用怀疑的态度,但这种怀疑并非完全是破坏性的,而是要通过怀疑过去那些以之为"真"的东西的根据来"重新开始",即重新找到关于"真"的更为坚实可靠的出发点。对笛卡尔来说,这个作为真理支点的不可怀疑的东西就是理性。因为我可以怀疑一切,比如感觉、物理学、天文学,甚至数学,但有一样东西是不可怀疑的,那就是"我在怀疑"这件事情本身。因为即使对"我在怀疑"进行怀疑,还是证明了"我在怀疑"这件事。而怀疑就是思想,思想必然有一个能思的主体,即"我"的存在。这就是笛卡尔从普遍怀疑的方法中引出的第一原理:"我思故我在。"而我之所以"能思"正是因为我本质上是一个理性的主体。"严格地说,我只是一个在思想的东西,也就是说,我只是一个心灵、一个理智或一个理性。"②这意味着,一切以之为真理的毋庸置疑的客观性,都是由理性演绎出来的。按照这种理性演绎的方法,那些可以信以为真的东西都是从确凿无疑的公理出发,在遵循一系列严格的推理规则中清楚明白地推演出各种命题,从而形成一系

---

① [法]笛卡尔:《第一哲学沉思集》,庞景仁译,商务印书馆1986年版,第14页。
② 北京大学哲学系外国哲学史教研室:《十六—十八世纪西欧各国哲学》,商务印书馆1975年版,第162页。

列完整的知识体系。在这个过程中,只要作为前提的公理和推理的规则确凿无疑,得出的结果就必定为真。这种由理性所保证的客观性真理在德国古典哲学中得到了延续。黑格尔将思维客观性提升为客观思想,这一提升同样是来自理性的辩证运动。正如黑格尔所说:"思想的真正客观性应该是,思想不仅是我们的思想,又是事物自身或对象性的东西的本质。"①这是一种思想的自我分裂与统一的过程。在黑格尔那里,所谓真理和客观性,并非是一种"现存",而是一种"现实",即一种本质与实存的统一。这种作为真理的统一来自理性自身的逻辑运动,它的最高形态同时是理性的最高形态,即绝对理性。

然而,沿着理性之锚寻找真理的客观性的做法最终走向了自身的反面。后现代主义和新实用主义不断冲击着关于理性推理之于客观性真理的意义。在这些哲学思潮的冲击下,从一个确定无疑甚至具有先天性的理性来推理出关于整个世界的知识体系的做法,被认为只是在推理逻辑的内部发挥作用,即只能保障一个假设在逻辑上对于结论的真理性,而无法保障这个假设本身的真理性。实际上,理性对于真相的客观性的支点意义,从其一开始就遭遇了怀疑。洛克在《人类理解论》中通过列举大量的例子批驳了在笛卡尔那里由理性所保证的知识的普遍性。在洛克看来,除了我们的经验之外,并不存在一个坚实的支点来确保由此推导出的那些一般公理是确定无疑的。正如其所说:"在理性和知识方面所有的一切材料,都是从哪里来的呢?我可以一句话答复说,它们都是从'经验'来的,我们的一切知识都是建立在经验上的,而且最后是导源于经验的。"②洛克用一个比理性更重要的基础批判了理性对于知识的必然性的支点意义。休谟则以一个怀疑主义的姿态,对理性推理与现实事物之间的因果关系进行了质疑。他认为因果联系的根据并不理性,而是经验,是"习惯联想"的产物。由此否认了由理性所支撑的客观实在性、因果性和必然性。在之后的发展过程中,马克思通过发动一场存在论革命,从作为感性对象性活动的实践出发对绝对理性进行深刻批判,提出"人的思维是否具有客观的[gegenständliche]真理性,这不是一个理论的问题,而是一个实践的问题。人应该在实践中证明自己思维的真理性,即自己思维的现实性和力量,自己思维的此岸性"③。这种从人的现实的实践活动出发所形成的真理观从根本上对以理性为唯一

---

① [德]黑格尔:《小逻辑》,贺麟译,商务印书馆 1982 年版,第 371 页。
② [英]洛克:《人类理解论》,关文运译,商务印书馆 1959 年版,第 68 页。
③ 中共中央马克思恩格斯列宁斯大林著作编译局编译:《马克思恩格斯文集(第 1 卷)》,人民出版社 2009 年版,第 500 页。

支点的真理观进行了否定。处在 19 世纪和 20 世纪交会处的尼采喊出"上帝死掉了"①的口号,不仅宣布了基督教哲学的衰败,更是在批判的意义上意味着理性形而上学在寻找真理过程中效力的消失。他主张用"锤子进行提问"②,意在砸碎一直由理性所定义的一种进步主义的现代性乐观态度,试图对在这种乐观态度中产生的所谓各式各样的真理进行彻底的清算,以便"重估一切价值"③。于是,以理性为支点的真相不再具有客观性的效力,随之而来的便是"虚无主义的降临"。虚无主义的降临意味着"真"的消失,意味着"大地的秩序"开始解体,人的生存基础不再具有坚实的牢固性。于是,人们为寻找意义四处乱撞,漂泊取代安定,片段取代绵延。正如后现代主义思潮的到来不可避免一样,"后真相"同样是人类必然面对的状况。

第二节 信息社会:"后真相"时代的到来

伴随着理性神话的破灭,现代人似乎再次陷入一种生存的迷思。马克思将此描述为"一切等级的和固定的东西都烟消云散了,一切神圣的东西都被亵渎了"④,尼采则称此为"神性的困厄,实即对一种诸神黄昏的预感"⑤。这意味着这样一种状况:人们在获取关于世界的知识体系时所运用的种种理性工具正逐渐失效,在思索存在意义时以之为本质根据的东西已彻底瓦解。于是事物背后的真实性支点不见了,"真相"越发模糊。在这种境况下,人们"求真"的过程似乎只剩一个出口,那就是主观性。尼采之后非理性哲学的爆发以及后现代主义思潮中多元主义和相对主义的泛滥正呼应了这种主观性。显然,信息社会的来临助推了这种主观性的蔓延,从而加剧了人们把握客观性真理的艰巨性。正如韩炳哲所说:"数字化秩序结束了大地的秩序,引入了后真相的信息社会。信息的后真相体制抛弃了事实的真相。"⑥显然,对信息社会的解析成为追问"后真相"问题的现实依据。

---

① [德]尼采:《查拉图斯特拉如是说》,钱春绮译,生活·读书·新知三联书店 2007 年版,第 344 页。
② [德]尼采:《偶像的黄昏》,李超杰译,商务印书馆 2013 年版,第 1 页。
③ [德]尼采:《重估一切价值:尼采如是说》,赵修义译,上海文艺出版社 1994 年版,第 12 页。
④ 中共中央马克思恩格斯列宁斯大林著作编译局编译:《马克思恩格斯文集(第 2 卷)》,人民出版社 2009 年版,第 34-35 页。
⑤ [德]尼采:《悲剧的诞生》,孙周兴译,商务印书馆 2012 年版,第 72 页。
⑥ [德]韩炳哲:《非物:生活世界的变革》,谢晓川译,东方出版社中心 2023 年版,第 11-12 页。

一、信息社会：生存世界的数据化

在通过理性推理演绎这一方式遭遇普遍怀疑和巨大挑战的时候，现代科学主义试图从另一个路向来探索真相的基础。其中，以弗朗西斯·培根为代表人物的实验科学思潮将基于实验操作的量化数据看作关于真实世界的基准。这一路向的核心主张在于，科学以客观实在的事物为研究对象，数学或数量作为表示客观事物的一种普遍性的、可重复性的符号，当它能够实现与认知对象完全等价的时候，我们就可以判定对象的真实性。因此，现代科学主义极力要求世界的数量化。"只要发现研究对象的某些性质可以量化，并分析各种可测'量'之间的关系，它们就是相应受控实验之间的联系。当这些可测'量'之间的关系得到普遍可重复受控实验的证明时，相应的受控实验之联系往往是该学科最基本的原理。"[1]也就是说，在这一要求下，数据、数值是认识对象最坚固的保障，由数据、数值本身以及通过对其计算、加工、分析所得出的结论取代了那些先在的公理、观念，成为我们获取客观性真相的支柱。当下这种转变不仅适用于自然科学，而且在社会科学中成为教条。正如美国俄亥俄州立大学哲学教授斯图尔特·夏皮罗在评价现代科学主义的这种量化原则时所说的那样："自然科学或社会科学几乎没有一个分支不是以大量的数学作为研究的先决条件。"[2]这一原则在世界观上大抵秉持着这样一种信念，那就是这个世界中的"某些"东西，就像这个世界本身一样，是独立于人的愿望、偏好、判断等主观方面的，而"数"本身所固有的属性正是理解如此这般世界的科学基础。因此，所有的真相都应当以"客观"的数据、数值为基础，对数据进行统计的结果就代表着客观性本身。

毋庸置疑，信息社会的到来进一步推动和强化了现代科学主义关于世界的数量化要求。这一要求在今天主要表现为在数字技术革命下对于"数据"的疯狂勘探与利用。新西兰学者尼古拉斯·阿加将"数据"看作数字革命时期最核心的"信息"，即"以数字为载体，储存于电脑中且经由电脑处理的信息"[3]。在这个意义上，

---

[1] 金观涛：《真实与虚拟》，中信出版社2023年版，第241页。
[2] [英]约翰·查尔顿·波金霍尔：《数学的意义》，王文浩译，湖南科学技术出版社2018年版，第129页。
[3] [新西兰]尼古拉斯·阿加：《大数据时代的生存法则》，蔡薇薇译，华中科技大学出版社2021年版，第91页。

信息社会即以"数据信息"为核心资源的社会。其产生的最重要影响就是"生存世界的数据化"。这是一种新的世界图景,在最直观的层面意味着数字设备和智能软件在社会生活中的普遍应用,以及生产、消费、交往、娱乐等各类活动领域能够转化为数据这一要素来进行,并由此带来人的生存方式的革命性变化。这标志着人类智识的提高,然而,这一转变还包含着更为深入的社会存在层面的状况。

应当看到,正如蒸汽机的出现和广泛应用并不会因为担心失去工作岗位的产业工人进行抵制就被中断,信息社会中通过数据这一要素进行生产、消费等各类活动也并不是一种主观性的选择。关于这一点,只要看一看在信息社会中一个忘记带智能手机出门的人是如何在各种交往活动中寸步难行以及由此带来的"被抛离感"就显而易见了。这一状况表明,正如工业时代的工人只有将自己的劳动介入由机器大工业带来的发达生产体系和交换体系之中,才能实现自身劳动的价值化从而能够完成一系列的生产和消费活动一样,信息社会中的个体也只有将自身的种种生存活动转化为数据并使其成为社会整体的数据生产和交换体系的一部分,才能完成自我的再生产。在前一种情况下,这种客观化的物质力量最终具体化为货币的普遍运用,而在信息社会中,这种客观化的物质力量也必然走向一种具有独立性的体系,从而使个体的、零散的数据获得一种普遍的界面来实现社会性流动。如果说在前信息社会中,个人的具体活动只有同时具有"抽象劳动"(货币是其具体化)的性质才能被社会所认可,那么在信息社会,个人的种种具体活动就只有在数据化了的同时转化为一种"抽象数据"才能够获得一定的价值形式,从而获得一种社会性。在这个意义上,"抽象数据"就是信息社会中那个不可缺少的中介力量,只有能够进入这个具有普遍性的中介秩序中,人的活动才有意义。马克思将货币所代表的发达的交换制度看作一种"抽象统治"[1],在这个意义上,信息社会所带来的"生存世界数据化"在其深层意味上所表示的,即人的生存活动受到"抽象数据"的现实统治。这是一种新的抽象力量,它的出现带来了一个新的生存界域,这一生存界域几乎笼括了信息社会中人们的绝大多数活动。而正是在这一被抽象数据所统治的生存状况中,人们关于世界的认知观念发生了深刻变革。马克思将这种现实社会关系层面的统治在"个人本身意识中"的表现看作一种"观念的统治"[2],这一看

---

[1] 中共中央马克思恩格斯列宁斯大林著作编译局编译:《马克思恩格斯文集(第8卷)》,人民出版社2009年版,第59页。
[2] 中共中央马克思恩格斯列宁斯大林著作编译局编译:《马克思恩格斯文集(第8卷)》,人民出版社2009年版,第59页。

法同样适用于"抽象数据"统治下的现实,它表明人对现实世界的真实性的探索再一次陷入了幻象之中。

二、数字幻象的产生及其表现

生存世界数据化语境中产生了新的认知基础,即"数字幻象"。所谓"数字幻象",主要指的是人在主观上关于数字的想象超出了数字本身的实体性依据,以至于数字在观念上形成对人的某种统治。如前所述,今天人们的现实感性活动已形成由"抽象数据"这一客观体系所架构的生存秩序,这一方面扩大了人与世界之间连接的自由空间,人的交往活动大大突破了原子化世界中固定的物性,进入了一个比特的世界①,"比特的存在,是追求偏斜运动的'自由精神'、追求自由的计算机表达"②。今天我们在手掌上可以随时浏览和阅读千里之外的世界,可以随时购买地球另一端的商品,这种跨越时空的生存活动是每一个享受数字化便利的人所能切身感受到的。然而另一方面,这种生存秩序也正逐渐将人的丰富的感性活动转变为单纯数字的活动,将人与人之间的交往关系转变为单纯的数字关系,从而形成了一个独立于现实社会共同体的数字体系,这一体系笼罩于现实个人生活之上形成一种支配的力量。这意味着,数据的抽象性正像货币的抽象性一样,在人的观念领域中将现实的对象颠倒为虚拟的对象。而今天人们对数字的狂热一点也不亚于对货币本身的狂热。数字幻象至少有两个方面的表现:

其一,数据获得了一种至高无上的权力,成为信息时代的一种新的"物神",似乎谁占有了数据,谁就拥有了支配世界的力量。借用马克思在批判资本主义过程中所揭示的"三大拜物教",可以将信息社会中的这种现象称为"数字拜物教"。在这里,幻象的产生并不仅仅在于数字作为一种物质实体的符号化表达所具有的那种"纯粹的抽象性",更根本的在于数字信息社会获得了一种"现实的抽象性",这种生存模式在亚当·斯密那里被称为"一只看不见的手"③对人的利益的外在性指导与整合,在黑格尔那里表现为一切有关欲望的任性、一切有关出生和幸运的偶然性

---

① 美国学者尼古拉·尼葛洛庞帝在其《数字化生存》一书中深刻讨论了"比特世界"与"原子世界"的差异。可参见[美]尼古拉·尼葛洛庞帝:《数字化生存》,胡泳、范海燕译,电子工业出版社2017年版。
② 张雄:《"数字化生存"的存在论追问》,《江海学刊》2022年第4期。
③ [英]斯密:《国富论(下)》,郭大力、王亚南译,译林出版社2014年版,第24页。

都"受到向它们放射光芒的理性的节制"①。在马克思的现代性批判语境中更为深刻的表述为"个人现在受抽象统治,而他们以前是互相依赖的"②。进一步来讲,数字所产生的这种"现实的抽象性"来自其在物质关系上所形成的一种统治力,即人们由于要解决吃、喝、住、穿等物质生活资料而必须将自身的活动向具有价值形式的抽象数据进行转化的过程,这是"生存世界数据化"的客观要求,它直接地表现为数据成为几乎一切交往的中介这一现实。这一点只要看一看数字时代线上交易对线下交易排山倒海式的挤压,以及偏远山区的果农因为产品滞销而不得不打开智能手机进行直播买卖,诸如此类现象就可以完全明了。因此,数字作为一种抽象符号获得了它的"社会性质",然而,在生存世界的数据化这一状况下这种社会性质却表现为数字本身的性质,似乎是数字所天然具有的属性。于是,数据流量背后现实的交换关系就反映为存在于交换者之外的数字与数字的关系。在这种情况下,数据本身获得了一种通约的属性,这就使得人们往往将数据误认为现实事物的真正本质,而一切实体对象仅仅是抽象数字的外在派生物。数据所具有的这种客观物质力量使其获得一种创生一切对象世界的幻觉,于是在人的精神世界产生了一种颠倒的观念,即数字本身才是目的,它是万物的本质,正是看上去抽象而又"客观"的数字才决定了作为表象的万物的存在,理解了数字自身的规律就理解了世界本身。

与此同时,信息社会中海量数据的涌现及与之伴随的强力信息计算系统的革新,从技术层面强化了数字自身的信息属性和预测功能,这使得寻找真实世界的努力往往致力于对"更多"数据的挖掘以及数据与数据之间所谓先在关系的逻辑论证,从而力图用数据及其关系来取代"事物本身",似乎"有了足够的数据,数字会自己说话"③。实体对象在数字的"言说"中存在,这意味着数字获得了一种主体性,能够派生出一切对象化世界。这造成了人们关于数字的一种夸张的想象,即作为抽象符号的数字才是真实的存在,对真相的要求完全能够转化为对数字的要求。在这里,"最耐人寻味的新兴宗教正是'数据主义'(Dataism),它崇拜的既不是神也不是人,而是数据"④。

---

① [德]黑格尔:《法哲学原理》,范扬、张企泰译,商务印书馆2009年版,第225页。
② 中共中央马克思恩格斯列宁斯大林著作编译局编译:《马克思恩格斯文集(第8卷)》,人民出版社2009年版,第59页。
③ Chris Anderson, "The End of Theory: The Date Deluge Makes the Scientific Method Obsolete", *Wired*, June 2008.
④ [以]尤瓦尔·赫拉利:《未来简史》,林俊宏译,中信出版集团2017年版,第333页。

其二，数字改变了原子论的空间概念，虚实空间的变幻催生了人们关于何为真实的错觉。"空间"是构建人的思维活动的基础范畴。康德曾对空间做了形而上学的阐明，将空间看作"外感官的一切现象的形式，亦即唯一使我们的外直观成为可能的主观感性条件"①。20世纪法国哲学家列斐伏尔对"空间"概念也做了精深的分析，他不仅用数学所构造的空间否定了对空间的单纯物理学的理解，更重要的是提出了作为"社会关系的生产和再生产"的空间概念②，从而将"空间"推进到了一种更为"不可视性"的理解。不过，列斐伏尔所做的仍是以社会生活的现实可感性为基础的一种理解，其本质上是原子时代的空间概念。信息社会的数字技术革命扩展了空间的概念，使得人们在二维平面空间、三维立体空间等实体空间之外，进入了由互联网所带来的"虚拟空间"。这是由"比特"这一数字化基因的运动所生成的全新的活动场域，极大地改变了人与周遭世界的连接方式。法国哲学家梅洛·庞蒂曾就身体与空间的关系做出思考。他指出："我们的身体不只是所有其他空间中的一个有表现力的空间。被构成的身体就在那里。这个空间是所有其他空间的起源，表达运动本身，是它把一个地点给予意义并把意义投射到外面，是它使意义作为物体在我们的手下、在我们的眼睛下开始存在。"③梅洛·庞蒂的看法表明，世界是通过我们的身体来呈现的，正是身体所处的空间不同，我们在世界上的意义构成也不同。在这个意义上，"虚拟空间"的产生，使得我们的身体获得了一种"游戏化"的生存体验。我们对世界的理解逐渐脱离与感性肉身相互作用的物理联系，而是建基于一个独立的数字计算空间，这必然带来一种全新的关于世界的认知路标和思维导图。

生存世界的数据化使得几乎一切交往活动都要通过一个数字界面才能得以完成，这是信息社会的社会存在过程。比特所具有的虚拟性、流变性、意向性使得这一社会存在过程涌现出一种不同的思维与存在的关系结构。"比特生成的世界其'存在论'原理主要是虚拟世界存在与运动的原理。"④在这一虚拟化的空间中"'思中之物'通过想象、创意、意识的驱动，形成自觉的设计图形，有选择的信息变成有方向的运动"⑤。于是，在实体空间与虚拟空间不断地穿梭跳跃就成为信息社会中

---

① [德]康德：《康德三大批判合集(上)》，邓晓芒译，人民出版社2009年版，第28页。
② 张一兵：《社会空间的关系性和历史性》，《山东社会科学》2009年第10期。
③ [法]梅洛·庞蒂：《知觉现象学》，姜志辉译，商务印书馆2001年版，第193页。
④ 张雄：《"数字化生存"的存在论追问》，《江海学刊》2022年第4期。
⑤ 张雄：《"数字化生存"的存在论追问》，《江海学刊》2022年第4期。

的一种存在论特征,这种特征不断地冲击着人们对"何为真实"的理解,虚虚实实的变幻带来了无法回避的认知幻象。最能体现这种认知幻象的大概是由虚拟现实、增强现实和元宇宙(Metaverse)等一系列数字技术所带来的体感世界对人的知觉、意识的冲击。这种冲击的构想在于,使人置身一种虚拟与现实共同作用的空间,让人的感官接收到只有在真实情境中才能接收的信息,这些信息会随着人的感官方向的变化而发生变化,从而带来了这样一种错觉:仿佛可感世界的变化是因为人的真实感官动作的变化而产生的,而并非是由计算机对数据处理所产生的效果。因此,"虚拟现实能使人造事物像真实事物一样逼真,甚至比真实事物还要逼真"[①]。这必然产生幻象:以往关于世界的真相值得怀疑,数字所构成的虚拟世界比实体世界更加真实。

三、"后真相"的发生机制

数字幻象深刻改变了信息社会中人们关于世界的认知后果。当关于对象世界的理解必须经过一个庞大数字界面的中介,数字本身的特性及其与主体结构之间的作用关系就成为认知领域的核心问题。对这一问题的讨论正是解析"后真相"发生机制的关键所在。

第一,数据的加速性造成人的认知结构的离散化,并最终带来"无限制的主观性"。数据作为比特式的信息材料,其相对于原子式的物质结构最重要的特征就是虚拟性、易变性、流动性。"比特没有颜色、尺寸或重量,能以光速传播。"[②]伴随着开发勘探数据的计算机技术快速迭代,海量数据喷涌而出并时刻处于一种更新的状态,数据化了的生存世界在技术层面逐渐为现代社会的流动性增加了一种新的性质,这就是"加速"。德国社会学家哈特穆特·罗萨就以"加速社会"的概念作为对现代社会的诊断,并从科技加速、社会变迁加速和生活步调加速的角度描述了社会加速的三重面向。[③] 随着数字化技术的持续革命和智能化机器设备的普及,人们每天都生活在不断加速流动的海量数据世界中。然而,问题在于,关于数据的迷恋并没有让现代人具有更加明晰的判断力,巨量数据的加速呈现并没有增加世界本身

---

① [美]尼古拉·尼葛洛庞帝:《数字化生存》,胡泳、范海燕译,电子工业出版社2017年版,第112页。
② [美]尼古拉·尼葛洛庞帝:《数字化生存》,胡泳、范海燕译,电子工业出版社2017年版,第5页。
③ [德]哈特穆特·罗萨:《新异化的诞生:社会加速批判理论大纲》,郑作彧译,上海人民出版社2018年版,第7-24页。

的清晰度,反而如美国学者冯启思在判定"数据已经统治我们的世界"时所揭示的那样:"知道得越多,越不了解真相。"①

为什么会出现这种状况?从认知结构的历史演变来看,其中的关键在于,这种由生存世界的数据化所带来的加速状态与一直源流于前现代社会中人们认知观念的巨大历史惯性是错位的。在这种历史惯性中,人们与世界之间的联系是通过一个支点来建构的,这个支点或是道德的,或是神学的,抑或是理性的。通过这样的支点,人们的生存是一种绵延的样态,即一种"长时间性"的规定。然而,海量数据的加速更新所带来的生存格律要求人在认知观念领域不断地重新建立起与世界之间的连接,即需要不断地变换柏拉图洞穴之喻中的那个"太阳"。这种变换既发生在前信息社会与信息社会的过渡中,也发生在信息社会内部的加速变革中。正如罗萨所言:"现代加速体制大部分隐藏在行动者背后,转变了我们人类与世界之间的关系,亦即改变了我们与伙伴、与社会(社会世界)、与时间空间,以及与自然、与无生命对象的世界(客观世界),最终与人类主体形式(主体世界)、我们'在世存有'等之间的关系。"②很显然,在信息社会我们与世界之间的关系,已经因为数据逐渐提高的速率而发生深刻转变了。这一转变的直接后果之一,即人关于世界的认知节奏不断加速变化。这主要表现为人的认知结构开始脱离建基于"大地秩序"的长时间性,从而不断碎片化与离散化。这一认知结构的演变往往表现为对标语文字、即时图片和超短视频等一系列"片段式"数据信息的偏好。于是,时效性取代了长时间性,注意力取代了感受力。这些就为主观性及其无限制发展提供了土壤,从而形成了信息社会理解世界的一种新的方式,这就是"拼接"。在这里,人们完全来不及去建立关于认知对象的一种客观整合的视角,而不得不依赖想象、感觉、兴趣、习惯等主观性来裁剪关于认识对象的一个又一个"片段"。这时我们对世界的把握就不是一个"有机整体",而是诸多片段的机械加总。这种认知状况无法获得关于世界的完整性认识,更无法判定何为"真实"。正如有学者指出的那样:"当代社会的真实建构形式,不再是一个通过持续的体验以充实出来的世界整体全貌,而只是由许多所知的零碎事实所引导的体验,构筑出来一片马赛克照片世界。"③在这个意义上,所谓"后真相"并非绝对意义上的"假",而是一种"任性"。

---

① [美]冯启思:《数据统治世界》,曲玉彬译,中国人民大学出版社2013年版,前言第1页。
② [德]哈特穆特·罗萨:《新异化的诞生:社会加速批判理论大纲》,郑作彧译,上海人民出版社2018年版,第56页。
③ 郑作彧:《我们这个马赛克照片世界:当代真实的社会建构形式》,《广东社会科学》2021年第1期。

第二，数据的抽象统治带来了虚拟主体对现实主体的反向生产，从而带来"被制造的真相"。在抽象数据对社会生活所形成的现实统治中，可以发现一个事实，即不是我们想看到什么就看到什么，而是庞大的信息计算系统想让我们看到什么我们才看到什么。这意味着，我们关于世界的信息需求是被引导、被规划、被编写的。正如尼葛洛庞帝所言："计算不再只和计算机相关，它决定我们的生存。"[①]这是数字化时代关于生存的一种新定义：算力对数据的加工，也是对人之生存的编码。然而，这种关于世界的被动连接并没有让我们感到异样和痛苦，而往往处于一种平滑的舒适状态。这表明那些进入我们认知系统的大量信息是符合（且越来越符合）我们的主观偏好的，甚至一些已经被理性主体遗忘或忽略的偶然的、无意识的偏好，也在庞大的信息计算系统中被留存和加工。因此可以说，信息社会中的真相不仅是主观的，而且这个主观是"被制造的主观"，所谓的真相也是"被制造的真相"。

从哲学上来看"被制造的真相"这一问题，其根本上来源于生存世界数据化语境中一个更为复杂的主体结构的出现。美国学者马克·波斯特曾尖锐地提出如下问题："如果我坐在加利福尼亚便能与巴黎的一个朋友直接或通过电子邮件交谈；如果我不必走出家门便能目睹全球各地发生的政治文化事件；如果遥远的某地有一个数据库，它包含着我的个人资料，并在我毫不知情的情况下，向政府机构提供了这些资料，使它们做出了有损我的生活的决定；如果我通过电视或电脑就可以在家购物；那么我在哪里？我又是谁呢？在这些情形下，我不可能认为自己还占据着我理性的、自律的主体性的中心，也不可能认为自己还是被一个界定明晰的自我（ego）所限定着，我只能认为自己是分裂的、颠倒的、消散于社会空间之中。"[②]这是信息社会中的一种新的主体形态，与现实主体相对应，或许可以将这种"分裂的、颠倒的、消散于社会空间中"的主体称为"虚拟主体"。应当清楚，这并非与主体相对立的概念，不是对现实主体的唯心主义颠倒。相反，"虚拟主体"仍起始于"现实主体"，其产生的根据正是现实个人感性活动的数据化，本质上是在庞大数据计算体系下对现实个人的欲望和偏好的提取与聚合。只不过，由于数字技术和智能算法的加持，虚拟主体的记忆存储能力要远超现实主体的生理性记忆存储能力。在这个意义上，虚拟主体是关于现实主体更为精细、更为真实的数字肖像，而并非所谓现实肉身的"数字孪生体"，因为相比后者，它要庞大且强大得多。更重要的是，由

---

① [美]尼古拉·尼葛洛庞帝：《数字化生存》，胡泳、范海燕译，电子工业出版社2017年版，前言第61页。

② [美]马克·波斯特：《信息方式》，范静哗译，商务印书馆2014年版，第23页。

于对主体活动占有的这种不对等性,经过对大量数据进行整合与计算所生成的"虚拟主体"形成一个笼罩在现实生命之上的庞大身躯,其主体性表现为对现实主体不断进行"反向生产"。今天我们在各类平台上获取的种种信息,已在很大程度上分不清是我们所需要的信息,还是庞大算法系统所想让我们需要的信息。虚拟主体作为一种"他者"不断地激发、牵引着现实生活中的主体,使得后者不需要过多地思考就能够获得关于对象世界的信息。在这个过程中,建基于"我思"的主体被耗散为"无思"的肉身载体。同时肉身毫无压抑之感,因为激发和牵引着我们的正是我们自身本来的需要和欲望。其中,现实的主体往往以为世界是经过自身的理性程序所做出的真实判断,实际上则是经由虚拟主体对现实主体的反向生产所形成的认知图景。正如波斯特所指明的那样:"在信息方式中,主体要想辨明能指流'背后'的'真实'存在已越来越难,甚至可以说毫无意义。结果是,社会生活已部分地变成一种操作,将主体的目的定位成接收并阐释信息。"[①]在这个意义上,"后真相"并非源自"理性的狡计",而是"非理性的狡计",因为正是我们自身的需要和欲望以一种夸张的方式牵引着我们。

第三节　人类文明:将现实逐步精神化

信息社会作为人类社会发展的一个高级形态,在数字技术革新中推动人类步入数字化生存时代。这既重构了人所身处的物质世界,又日益冲击着人在以往生存模式下构建起来的认知图景和思维空间。"后真相"正是在这一变革中不断加速生成和演变的概念,它本质上代表着人与世界之间的一种全新的连接方式,表达了一种与前信息社会迥异的关于真理的构建方式。如果将"后真相"单纯指向"真实性的消失"这一状况,并将固有价值秩序的坍塌视为其根源,那么在这一过程中所蔓延的主观性也应当被视为一种灾难。然而,正如后现代的出现有其历史逻辑,"后真相"问题同样有其历史正当性。因此,当从一个更为开阔的视野来解读信息社会及其所带来的这场认知革命,我们将再次发觉到人类在寻找命运打击不到的领域这一过程中始终熠熠生辉的武器:精神。

[①] [美]马克·波斯特:《信息方式》,范静哗译,商务印书馆2014年版,第22页。

一、"后真相":当代真理的表达方式

从前述分析可以看到,在信息社会语境中谈论"后真相"问题,一个历史性的前提在于数据及其计算成为现代社会运转的核心动力。实际上,以数量及其可计算性来建立社会生活的主张在较早时候就进入了人们的思考领域。卢卡奇就曾指出现代社会中最重要的作用原则就是"根据计算即可计算性来加以调节的合理化原则",在这一原则下社会生产了一种新的时间观,即时间丧失了质的、流动的性质,而凝固成一个在量上可测定的一些"物"的连续体。① 在关于量化和数字的迷恋中,人及其生活世界被化约为看上去均质的具有客观性的种种数据(学历、工资、情商数;空间、体积、含金量),世界的特殊性和多元性被消解;人与人之间的关系也体现为数字与数字之间的关系。毋庸置疑,信息社会中大数据、互联网、虚拟空间以及深度计算等技术系统的爆炸式发展,更为深刻地延续了这一生存状况。为此,或许我们可以改写一下马克思在《共产党宣言》中的那句名言:"人和人之间除了赤裸裸的数字关系,除了冷酷无情的'数据交易',就再也没有任何别的联系了。它把宗教虔诚、骑士热忱、小市民伤感这些情感的神圣发作,淹没在数字的冰水之中。"这是数字幻象的哲学原理,也是"后真相"的本体论依据。由此所构建的关于世界的认知中,似乎存在着一个"绝对的客观性",它排除了一切"杂质"(表现为主观性的一切东西,比如欲望、情感等)的干扰,并本质地表现为能够被坚实的数据所描述、解读、论证的形态。一切与这些数据不一致的对象均被判定为非理性的、主观的、虚假的。然而,正如后现代主义思潮在某种程度上是现代主义的变种一样,"后真相"的出现也是对追求所谓客观性真相的必然结果。实际上,当标志真相的客观性被通约为数据的客观性,并不能够完全反映关于世界的本质,因为数据或数字本身就是主观性的一种表现,是人关于世界的一种符号设计。将标志真相的客观性等同于数据本身,实际上是从主观性出发对客观世界的一种规制,即让所谓客观性真相来趋近于表现为数据的"主观性"。

那么,更关键的问题在于,面对"后真相"所寓意的这种主观性的蔓延,我们应该如何定义和应对?是承认多元主体的意义还是再次构建一个绝对的"一"来统摄"多"?实际上,当尼采喊出"上帝已死",那种试图恢复柏拉图洞穴之喻中照耀万物

---

① [匈]卢卡奇:《历史与阶级意识》,杜章智、任立、燕宏远译,商务印书馆2017年版,第135-136页。

的"太阳"的做法已经成为不可能了。这意味着,面对主观性的蔓延,我们需重新思考普遍性与特殊性、"一"与"多"的关系。关于这一点,黑格尔的观点或许是有启发的。尽管黑格尔提倡一种类似于"绝对理念"这样的普遍概念来提升作为一种历史特殊性的市民社会,但他明确提出正是特殊性给予普遍性以充实的内容和无限的自我规定,普遍性和特殊性应当是一种依存关系。正是基于这样一种辩证的观点,黑格尔批评了柏拉图主义的绝对实体对特殊性的排挤。他说道:"有人认为如果普遍性把特殊性的力量都吸收过来,诚如柏拉图在他的《理想国》中所阐述的那样,看来普遍性的景况会好些。但这也只是一种幻想,因为普遍性和特殊性二者都只是相互倚赖、各为他方而存在的,并且又是相互转化的。"①只有这样,代表着普遍性的"一"才具有实体性的真理,而代表着特殊性的"多"才能成为无限独立和自由的主观性,而不是没有节制的主观任性。从这一哲学原则出发,真理只有在多元主体的碰撞中才能自为地显现出来。在这个意义上,"后真相"问题中所彰显的主观性无法统摄于某个绝对的"一"这种状况,恰是当代真理的显现方式。

显然,在今天的这样一个信息超载及其由数字化媒体造成的公共舆论环境发生巨大转折的境况下,"后真相"这一当代真理的表达方式呈现各式不同的类型。英国学者赫克托·麦克唐纳描述的关于"后真相"的四种类型值得我们关注,它们分别是:片面真相、主观真相、人造真相和未知真相,并将它们统摄在"竞争性真相"这一概念之下。② 麦克唐纳"竞争性真相"的概念意在表明"后真相也是一种真相",其通过建立对主观性的承认和开放性很好地表达了当代真理的显现方式,即真理在主观性的竞争和对抗中得以涌现。

二、数字未来:走向更精神化的人类文明

20世纪80年代,阿尔文·托夫勒在其《第三次浪潮》中提出了人类文明演进的三个阶段,分别是农业文明、工业文明、信息文明③,并且认为"第三次浪潮揭开了新纪元,一个属于多样化媒体的时代。新科技带动了新的信息系统。而这些变化深深影响到一个最重要的层面:我们的大脑。我们对世界的体认和领会世事的能力

---

① [德]黑格尔:《法哲学原理》,范扬、张企泰译,商务印书馆2009年版,第226页。
② [英]赫克托·麦克唐纳:《后真相时代》,刘清山译,民主与简史出版社2019年版。
③ [美]阿尔文·托夫勒:《第三次浪潮》,黄明坚译,中信出版社2006年版,第4-8页。

都会产生革命性的转变"①。这一论断不仅说明了工具和技术对人们文明演进的支撑力,而且揭示了媒介和科技的革命对人的认知领域和精神世界所形成的冲击。显而易见,工具和技术在人类漫长的生存历史中并不是自然涌现的存在,而是从一开始就负载着人所独有的灵性和思维。这为理解人类文明做出了一个重要提示:人类每一次改造自然能力的革命,同时是每一次改造自我世界能力的革命。应当看到的是,这里的自我改造体现在人的自然肉身上的部分是很少的。今天我们的双手并没有比古代人们的双手更灵活,双脚也并没有更具耐力和敏捷。因此这种改变更多体现在人的精神活动层面。所谓人类文明的演变,很大程度上表现为人从蒙昧、劳役、压迫中不断获得解放的过程,而这种"解放"表达了这样一种意蕴:与改造自然的能力持续同时发生的事情是人的精神能力不断地强大,以至于人类社会中一切物质化的存有始终显现着精神的光芒。

　　历史地看,人在由自我保全所驱使的改造自然的过程中,本能地缺乏一种自信。这大概是由人关于肉身在自然层面上的渺小的自我感知所造成的。这种自信的匮乏,使得人类在每一个文明时期都力图赋予坚硬的自然以灵动的精神,以实现自我的慰藉或解放。在前启蒙时代,人类的这种精神活动形式主要表现为将自身的精神对象化为一种外在力量(往往表现为宗教、神话等)来希求一种慰藉和庇护。柏拉图主义是其中的代表。其致力于寻求一个超感性世界来赋予现实的感性世界一种"理念",目的是让残缺的现实世界获得真理和善,以此来追求一种"良善的生活"。这正是柏拉图洞穴之喻中"太阳"的意义。"理念世界就是当太阳照亮物体时,我们所看到的东西;而万物流转的世界则是一个模糊朦胧的世界。眼睛可以比作灵魂,而作为光源的太阳则可以比作真理或者善。"②在这里,"太阳"就是人所追求和依赖的精神象征,它照亮包括人在内的万物流转的世界。如果我们将这一时期称为"精神的被动时期",那么在启蒙之后,以改造自然的力量的爆发和人的自我意识的崛起为翘板,人类进入了一个"精神的主动时期"。这一时期人类的精神活动形式主要不再表现为向外部来寻找源泉,而开始将自我视为精神的发源地并力图通过将现实世界逐渐精神化的过程来追求自我的实现和解放。作为精神现象学的大师,黑格尔为人的生存活动做了一套细致的精神分析。他指出人的"需要"作为一种精神存在,表现为对其自然必然性的超越,且在一个普遍形式中表达了实现

---

① [美]阿尔文·托夫勒:《第三次浪潮》,黄明坚译,中信出版社2006年版,第104页。
② [英]罗素:《西方哲学史(上卷)》,何兆武、李约瑟译,商务印书馆1963年版,第158页。

自由的可能。"人有居住和穿衣的需要,他不再生吃食物,而必然加以烹调,并把食物自然直接性加以破坏,这些都使人不能像动物那样随遇而安,并且作为精神,他也不应该随遇而安。"①同时,黑格尔将实现人的需要的"劳动"也看作由人的精神、意志所产生的活动。在他看来,劳动通过作用于不直接与人发生关系的自然物质而满足了人的诸多特殊目的,并且他似乎预测到"劳动的机械化"趋势对人的解放性质,指出"生产的抽象化使劳动越来越机械化,到了最后人就可以走开,而让机器来代替他"②。可以看到,黑格尔试图用一种普遍的精神来提升作为现实的人的存在活动。其通过将人所创造的对象化财富视作"意志的定在"③,更是显现了现实世界的精神向度。

马克思深刻地看到了物质生产的历史中所蕴含的关于人的解放潜能。尽管我们熟悉马克思在现代性反思的背景下对劳动进行的异化分析,以及对机器的资本主义应用所做的深刻批判,但同样清楚的是,马克思并不是一个浪漫主义的批判者。在劳动对人所具有的本质意义上,马克思将劳动看作人的"有意识的生命活动",是一个将自身"固有的尺度运用于对象"的过程,相对于动物的活动被动适应自然的性质,人的劳动生产具有"美的规律"④。因此,劳动在维持肉体生存需要的同时也是创造自己意识和意志对象的过程。这种解放的意蕴同样体现在马克思对机器的看法上。他认为,机器特别是自动化机器的广泛应用极大地将人从繁重的体力劳动中解放出来,为人获得更多自由时间创造了物质基础。因此"真正的经济——节约——是劳动时间的节约……而这种节约……决不是禁欲,而是发展生产力"⑤。机器的改进和使用正是发展生产力的核心表现,也是劳动时间的节约和自由发展的空间。因此,在马克思所论证的未来社会中,机器生产的限制不再是它的资本主义应用,而是自然条件和人的意识、精神的边界。正是在这个意义上,马克思才说:"工业的历史和工业的已经生成的对象性的存在,是一本打开了的关于人的本质力量的书,是感性地摆在我们面前的人的心理学。"⑥人类文明的进步不仅

---

① [德]黑格尔:《法哲学原理》,范扬、张企泰译,商务印书馆 2009 年版,第 234 页。
② [德]黑格尔:《法哲学原理》,范扬、张企泰译,商务印书馆 2009 年版,第 239 页。
③ [德]黑格尔:《法哲学原理》,范扬、张企泰译,商务印书馆 2009 年版,第 91 页。
④ 中共中央马克思恩格斯列宁斯大林著作编译局编译:《马克思恩格斯文集(第 1 卷)》,人民出版社 2009 年版,第 163 页。
⑤ 中共中央马克思恩格斯列宁斯大林著作编译局编译:《马克思恩格斯文集(第 8 卷)》,人民出版社 2009 年版,第 203 页。
⑥ 中共中央马克思恩格斯列宁斯大林著作编译局编译:《马克思恩格斯文集(第 1 卷)》,人民出版社 2009 年版,第 192 页。

仅是物质运动的过程,同时是人的本质力量不断外化的过程,是不断展开的关于人的"心理学"。

鲍德里亚揭示了20世纪人类的"符号化"生存。尽管鲍德里亚是在一种批判的视角中展开这一问题的,但是在客观上呈现了人类社会的一种新阶段。"符号作为一个抽象的结构意指某个客观现实的片段"[①],社会生活的符号化实际上呈现了后工业社会物质丰裕背景下人们对客观现实的一种更加趋于主观精神的要求,即更加注重符号的象征意义而非物自身的客观实体。如其所说:"最初与我们打交道的其实是符号:一种被一般化了的符号的符码(code),一种完全任意的差异的符码,物正是在这一基础上,而不是由于其所具有的使用价值或者内在的'特性',才得以展现其自身的迷人魅力。"[②]这意味着,人对世界的把握越来越脱离纯粹物质的方面,而进入对主观精神层面的符号意义的流动。符号"所发挥的功能是将所有潜在的意义进行抽象和还原,从而使其不再依赖于或者起源于一种能指和一种所指形成的相应的框架性、等价的和特殊的关系"[③]。这表现,人们可以用自己意向化的方式来运用符号,打破符号所指的规制,用自己的语言来言说它。这种由符号的能指和物的所指之间的差异为消费社会中符号化了的活动提供了某种程度的自由空间。应当说,鲍德里亚的分析为信息社会中的数字、信息、形象、图像、影像、仿真现实等抽象符号的理解提供了思考空间。

沿着这一方向来看数字化时代,人工智能、万物互联、元宇宙等生存样态的显现,仍可看作人将自身精神能力传递给物,从而使物"作为人"去劳动、去创造的过程。已经走过的历史表明,"机器作为人"并非是对人的贬低,而是人在更高级的精神活动中的自我实现。在类似于脑机接口这样的数字智能技术的加持下,人的交往、劳动、消费、娱乐等生存活动越来越不依赖于身体的在场,而是越来越表现为人的意志、意念的涌现,即越来越凸显精神的作用。由此出发,韩炳哲将"智能"看作一种"更高级的精神形式"[④]。它代表着人对现实世界的精神化走向了一个新的历史阶段。正是在这个意义上,"后真相"这一当代真理的表达方式所意蕴的多元主义和主观性的充分释放更加显现了一种解放的维度,通过负载于流动、开放、能动的比特属性,过去内沉于主体的意志、意念、想象、创意、心意等精神要素获得了向外涌

---

① [法]鲍德里亚:《符号政治经济学批判》,夏莹译,南京大学出版社2015年版,第201页。
② [法]鲍德里亚:《符号政治经济学批判》,夏莹译,南京大学出版社2015年版,第105页。
③ [法]鲍德里亚:《符号政治经济学批判》,夏莹译,南京大学出版社2015年版,第199页。
④ [德]韩炳哲:《非物:生活世界的变革》,谢晓川译,东方出版社中心2023年版,第14页。

现的可能空间。"比特有着自我扩延、自我抽引、自我运算、自我认知的能力。"①在这个意义上,数字化的未来可以看作人类文明走向更加精神化的一个过程。

当然,人类寻求命运打击不到的领域总是充满历史的辩证法,人类文明逐步精神化的过程,或许同样无法避免回答"精神危机"的问题。关于这一点,鲍德里亚在关于后工业的批判中或许已经给了我们提示:"我们在符号的掩护下并在否定真相的情况下活着。"②毋庸置疑,这一提示是"对当代人类走向智能化时代后形式化的生活方式与精神的自由与彻底解放的呼吁"③。

本章思考题

1. 真相时代人们理解世界的支点有哪些?
2. 如何理解"后真相"?
3. 信息社会中"后真相"的发生机制是什么?
4. 数字未来在何种意义上包含着解放向度?

本章阅读文献

1. 中共中央马克思恩格斯列宁斯大林著作编译局编译:《马克思恩格斯文集(第1卷)》,人民出版社2009年版。

2. 中共中央马克思恩格斯列宁斯大林著作编译局编译:《马克思恩格斯文集(第2卷)》,人民出版社2009年版。

3. 中共中央马克思恩格斯列宁斯大林著作编译局编译:《马克思恩格斯文集(第5卷)》,人民出版社2009年版。

4. 中共中央马克思恩格斯列宁斯大林著作编译局编译:《马克思恩格斯文集(第8卷)》,人民出版社2009年版。

5. [德]黑格尔:《法哲学原理》,范扬、张企泰译,商务印书馆2009年版。

6. [德]尼采:《重估一切价值:尼采如是说》,赵修义译,上海文艺出版社1994年版。

7. [德]尼采:《悲剧的诞生》,孙周兴译,商务印书馆2012年版。

---

① 张雄:《"数字化生存"的存在论追问》,《江海学刊》2022年第4期。
② [法]鲍德里亚:《消费社会》,刘成富、全志钢译,南京大学出版社2014年版,第11页。
③ 张雄、李京京:《鲍德里亚政治经济学批判思想初探》,《世界哲学》2020年第4期。

8. [美]李·麦金太尔:《后真相》,张美华、相欣奕译,北京联合出版公司 2023 年版。

9. [英]赫克托·麦克唐纳:《后真相时代》,刘清山译,民主与简史出版社 2019 年版。

10. [德]韩炳哲:《非物:生活世界的变革》,谢晓川译,东方出版社中心 2023 年版。

11. [德]哈特穆特·罗萨:《新异化的诞生:社会加速批判理论大纲》,郑作彧译,上海人民出版社 2018 年版。

12. 金观涛:《真实与虚拟》,中信出版社 2023 年版。

13. 张雄:《"数字化生存"的存在论追问》,《江海学刊》2022 年第 4 期。

第八章

数字化生存的忧患意识

　　数字经济的崛起及与之相伴随的数字技术的更新换代共同推动了当代社会生产方式、生活方式的剧烈变革。人们在体会到数字技术广泛应用带来的便捷和高效的同时,也深陷数字化生存之网。时间和空间的被剥夺、社会凝聚力的丧失以及算法技术的隐蔽操控,凡此种种都显示出数字技术对当代人类生存世界的深度介入和重塑。数字化生存并不单纯是数字技术应用于人类生存世界所造成的结果,毋宁说,它是数字技术嵌入资本积累及流通过程中的产物。就其根本意涵而言,数字化生存是资本积累与流通总体秩序中的一个环节。从这一视角出发,理解数字化生存既不能以形式主义的方式将资本运动的一般逻辑套用在数字经济领域,也不能只看到数字技术的更新换代,迷失在新技术不断涌现带来的进步幻象中。对数字化生存的思考必须立足于把握资本逻辑与数字技术相互勾连的内在机制的基础上。表面上看,数字技术及其所带来的生存方式似乎蕴含着克服资本积累矛盾的潜力,但事实上,生存世界的数字化不仅未能一劳永逸地克服当代资本主义的困境,反倒使当代资本主义的矛盾呈现更为复杂、更为微妙的局面。

第一节　作为一种存在方式的数字化生存

　　"数字化生存"这一说法因美国麻省理工学院教授尼古拉·尼葛洛庞帝而广为人知,在《数字化生存》一书中,尼葛洛庞帝将数字化生存界定为建立在信息通信技术基础上的以权力分散、全球化、追求和谐及赋权为特征的人类生存新形式。"数字化"指的是利用技术手段,将复杂多变的信息对象转化为由 0 和 1 表示的数字单元的过程。数字化并不是一蹴而就的,其渊源可以追溯到原始时期的结绳记事,那时的人类通过控制绳子的粗细、绳结的大小、数量、距离等量化的指标来记录族群的习俗与重大事件,以求得这些数据的永久流传。可见,"数字化"很久以前就已经作为思维方式影响着人们认识和改造世界的过程。现如今,数字化的本质依然是将复杂对象转换为可量化的数据的过程,但是现代的数字化具有时代的新特征和新手段。随着科技革命的开展,数字化主要指的是以计算机科学、信息技术等当代高新技术的发展为基础,把复杂多样的信息对象经过算法转化为二进制的代码并最终成为可量化的数据的过程。而"生存"一词主要指的是人类的生存方式,在一个时代中最为重要的生存要素决定了这个时代人类的生存方式。例如在原始时期,自然在人的生活中占支配地位,因此在此阶段人类主要的生存方式是自然化生存。再如在工业革命之后,机械技术成为最为重要的生存要素,因此在此阶段人类主要的生存方式是传统技术化生存。以此类推,在如今这个信息技术、数据与人类的生存紧紧联系的时代,人类就进入了数字化生存时代。

在《数字化生存》一书的结语部分,尼葛洛庞帝对数字化的未来表现出了十足的乐观态度。他写道:"我们无法否定数字化时代的存在,也无法阻止数字化时代的前进,就像我们无法对抗大自然的力量一样。数字化生存有四个强有力的特征,将会为其带来最后的胜利。"[①]然而,时过境迁,当尼葛洛庞帝在时隔 25 年之后为这本书写作再版序言时,曾经的乐观情绪早已烟消云散。数字化生存并未昭示出一个更加美好的世界,相反,"真实的情况是:民族主义甚嚣尘上,管制在升级,贫富鸿沟在加剧……全球化变成了本土化,尽管智识的、经济的以及电子的骨干设施都取得了飞速增长,但无所不在的数字化并没有带来世界大同"[②]。尼葛洛庞帝对数字化生存现实境况的忧思,启发我们切不可迷失在对技术进步的崇拜之中,而更应该警惕数字技术所带来的诸种负面效应。事实上,在同资本积累与流通的秩序相结合的过程中,数字技术及其设备很大程度上变成了规训和宰制人的工具。具体来说,数字化生存的特征主要表现在以下几个方面:

[①] [美]尼古拉·尼葛洛庞帝:《数字化生存》,胡泳、范海燕译,电子工业出版社 2017 年版,第 229 页。
[②] [美]尼古拉·尼葛洛庞帝:《数字化生存》,胡泳、范海燕译,电子工业出版社 2017 年版,中文版专序第 6 页。

一、人机互动取代人与人之间的互动

当代都市生活中十分普遍和常见的现象之一,是一群孤立的原子式个人沉浸式地参与到人机互动之中。在各种社交和聚会场合,人机互动对人与人互动的取代既显示出公共空间的衰落,又构成了新自由主义反共同体主张的仪式性展示。这些现象预示着人与人之间的互动和交往,以及建立在不可或缺的"与他人共处"原则之上的生机世界的消失。马克思认识到,全球市场的发展必然导致社会凝聚力的解体,取而代之的是普遍的原子式个人。数字媒体的出现进一步加剧了社会分裂,并且催生了一种信念,认为我们可以独自行动和生活,并且可以像管理手机上的好友列表一样管理我们的朋友。韩炳哲指出:"数字人的世界还表现出完全不同的拓扑结构……他们组成的是一种'汇集而不聚集'的特殊形式,构成了'没有内向性的群体',没有灵魂,亦无思想。他们主要是那些独自坐在电脑屏幕前的、与世隔绝的、分散的'蛰居族'。电子媒体,例如收音机,会聚集人群,而数字媒体只会使他们分散。"[1]

现实交往中,会受到诸如样貌、性别、身份、地位等各种因素的局限,因此人们致力于追求一种更加自由化的交往。海量的数据让世界的关系变得多元化,通过数字技术的发展建立起了虚拟空间与现实空间的对接与联系,构建出一些新型的人际关系。"数据化将现实的人映射成数字,同时又将虚拟空间活动的人的真实面貌显性化。"[2]数字化交往恰好弥补了现实交往的局限,建立了一条人类交往的新的通道,人们在虚拟世界中相互作用、相互影响。世间万物在透明化的网络中清晰可见,"我们本身也只是全球网络中的通道而已"[3],人们心甘情愿接受数字化网络的奴役,为实现信息的高速流通,加速自身的运行,数字化网络彻底打破所有时空之间的距离,我们被完全暴露在一个无孔不入的网络之中。随着数字技术的延伸,大量原子式的个人油然而生。人本身是在交往中构建社会关系,展现自身的本质,正如马克思所言:"人的本质不是单个人所固有的抽象物,在其现实性上,它是一切社

---

[1] [德]韩炳哲:《在群中:数字媒体时代的大众心理学》,程巍译,中信出版集团2019年版,第19页。
[2] 彭兰:《数字化与数据化:数字时代生存的一体两面》,《人民论坛》2023年第17期。
[3] [德]韩炳哲:《他者的消失》,吴琼译,中信出版社2019年版,第51页。

会关系的总和。"[1]在虚拟交往中,人们的交往发生了质变。从形式上看,人们联系更加密切、轻松,在网络上更加自由,但是过度依赖社交媒体,忽视现实社会中的人际接触和交往,造成人们心灵的渐行渐远。数字技术打破了物理时空的壁垒,但同时又筑起了人们交往的心理城墙,造成"群体性孤独"的社会现象,"我们彼此联系得更加紧密,但奇怪的是,也变得更加孤单"[2]。我们缺乏安全感,却又渴望亲密关系,借助于数字技术,既可以处于某种人际交往,保持社交关系,又可以自我保护。由于数字交往的高效与便利,我们越来越避免与真实世界中的人甚至是真实的东西进行直接接触,数字媒体让我们越来越多地远离他者。当所有人都习惯"管道式的世界",人类现实的社会交往关系不复存在,这将成为人类面临的严峻的生存挑战。

在那些原本拥有着自身传统及凝聚力的国家或地区,互联网复合体成为一种新的技术殖民,涣散了长期存在的社会凝聚力。特别是在城市化的进程中,这一趋势被进一步加剧。由于旧的村庄共同体瓦解而新的共同体尚未建立起来,血缘、宗法、邻居等社会关系对于背井离乡的新一代进城青年的约束力日渐式微,导致他们普遍陷入意义的迷失并被市场和城市文明所裹挟,成为个体主义和消费主义至上的原子式个人。不仅如此,20世纪90年代以来,工作时间与非工作时间、公共时间与私人时间之间的区分进一步被瓦解,也使政治社区或公民社区的建立变得越发困难,甚至已经不再可能。总体来看,由于数字时代的孤立原子式个人缺乏团结性,他们无法向着共同的目标持续行进,因此无法迸发出足够的政治能量。在这个意义上,哈特和奈格里寄予厚望的能够在帝国之内对抗帝国的多众,也面临着根本的质疑。

总之,需要重点解决中国人注重彼此交往、彼此相遇的生活哲学问题。真实世界的相遇,是虚拟世界的相遇所不可替代的。居伊·德波在《景观社会》(*The Society of the Spectacle*)中指出,"相遇"似乎非常利于抵抗景观社会对共同生活世界的破坏。他写道,景观社会产生了"一种系统化的组织,使相遇的能力崩溃,它用一种社会幻觉、一种相遇的幻觉来取代这种能力"。不难看出,今天,中国人正是需要真实世界的相遇和交往,促进了中国与世界的各方面关系的发展,也使世界了解了

---

[1] 中共中央马克思恩格斯列宁斯大林著作编译局编译:《马克思恩格斯选集(第1卷)》,人民出版社1995年第2版,第60页。

[2] [美]雪莉·特克尔:《群体性孤独》,周逵、刘菁荆译,浙江人民出版社2014年版,第20页。

中国。单靠数字世界的彼特联系,发展仅仅是虚幻的数字联系,没有中国与世界共同呼吸的感觉。

二、理性计算取代对生活世界的感知

感知是理性认知的前提,中国人对丰富生活的体验以及对理性认知的把握,从哲学道理上来说,是离不开感知的。数字经济容易给我们带来数字决定一切的世界观,只注重数字逻辑计算,强调片面的理性工具作用,对生活世界的感知不被重视,然而,这是人的生活认知外部世界的前提,是皮亚杰认识论意义上的前提和原始动力。我们在数字化生存时代,不能把人的一切认知行为发生学原理归结为简单的数字计算原理。与此同时,取代对作为他者的物的感知的是对信息流的感知,"我们今天首先基于信息流来感知现实。信息层像是没有孔洞的薄膜一样笼罩在物上,它将感知与内在的强度隔绝开来。信息重新展现于现实。但信息的统治妨碍了当下在场的经验"[1]。由于我们生活在被数据流和信息流包围的世界之中,因此我们对外部世界的感知失去了深度和强度、失去了身体和重量。我们不再能够深入到对象的当下在场之中,而只是停留于信息的表层。胡塞尔特别强调人的感知问题,感知(perception)是共同经验的动力和构成要素。生活世界通过感知的调整和适应不断被重塑,这些调整和适应来自个体在公共环境中的感知,数字化生存世界却隔断了这种感知,这种感知以"天"为节奏,以工作和休息为节奏。用胡塞尔的话说,"感知"就是"与他人的实际接触",是社群和民主形式不可或缺的形式。与对物的日益关注相伴随的是对自我的遗忘和自我的丧失。在"我"弱化的时候,人们才容易接受那种安静的物的语言。

从存在论层面来看,数字化带来的是从物到非物的转变,是世界的物性的祛除。与外部世界的变化相适应的是,我们今天更多是以理性计算的方式把握现实。理性计算不同于思维,正因为单纯的理性计算排除了感知,所以它无法进行真正的思维。海德格尔指出:"我们把哲学运思规定为从此在本质性的感动中、以概念把握的方式进所进行的提问。但是只有源于并且处于此在的基础情态之中,才可能有这样一种感动。"[2]这意味着,由于数据和信息无法提供感动,因此,基于大数据的

---

[1] [德]韩炳哲:《非物:生活世界的变革》,谢晓川译,东方出版中心 2023 年版,第 96 页。
[2] [德]海德格尔:《存在与时间》,陈嘉映、王庆节译,生活·读书·新知三联书店 2006 年版,第 137 页。

计算也在根本上不同于思维。一方面,基于大数据的计算本质上是寻求相关性,也即特定事件出现的概率,而对概率的运算服务于人们的预测及控制活动。"一切东西都变得可以计算、可以预测和可以控制。……数据挖掘揭示出了相关关系。"[1]按照黑格尔的逻辑学,相关关系展示的是知识形式的最底层,它还没有达到因果关系的阶段,更谈不上以概念的方式来把握对象。概念的把握意味着将相互作用的双方都纳入其中作为环节,并以此构建起作为整体的第三者。在黑格尔看来,"存在和本质是概念的转变的环节,而概念是它们的根基和真理,是它们沉没并包含在其中的同一性。因为概念是它们的结果,所以它们包含在概念之内,但不再作为存在和本质"[2]。另一方面,思维或概念的把握采用的是推理的形式,而大数据则是加成性的。"加成性的东西不建构整体性,不建构推理。它缺少概念,即缺少将各个部分关联为一个整体的那种抓手。"[3]这意味着,大数据、人工智能等数字技术无法超出预先给定的东西,从而无法真正面向未来而思维。总的来说,在人工智能及大数据等数字技术复杂难懂的计算中,隐藏的是对真正思维的遗忘,以及作为这种遗忘之结果的开拓新事物可能性的丧失。

三、社会加速与时间匮乏

在发明和应用各种新技术的基础上,人们的目光、语调、声音及表情都被作为被监控和分析的对象从社会交往空间中剥离出来。虽然目的和用途各异,但核心的目标是将人类更加平顺地纳入机器系统和机器操作之中。换言之,真正的问题不是对隐私的侵犯或者对数据的挖掘,而是所有醒着的时间都被互联网复合体吸纳,与此同时,对虚拟空间的沉浸取代了对现实空间的感知。"每年有数十亿的美金投入这样的研究,研究如何减少做决定的时间、如何消除反应和思考所无端耗费的时间。这就是当下技术进步的形式——对经验和时间无情的捕获或控制。"[4]

如今,手机、电脑等技术设备不再仅仅是工具性的存在,而是变成了一个让人们通往虚拟世界的"管道"。为了实现对时间和空间的剥夺,诸如眼球追踪及情感

---

[1] [德]韩炳哲:《非物:生活世界的变革》,谢晓川译,东方出版中心2023年版,第71页。
[2] [德]黑格尔:《逻辑学Ⅱ》,先刚译,人民出版社2021年版,第201页。
[3] [德]黑格尔:《逻辑学Ⅱ》,先刚译,人民出版社2021年版,第73页。
[4] [美]乔纳森·克拉里:《24/7:晚期资本主义与睡眠的终结》,许多、沈河西译,南京大学出版社2021年版,第23页。

识别等技术都被相继发明并应用在人机交互之中。乔纳森·克拉里指出:"对眼部运动的典型特点了解得越多,如一个人的眼睛会注视什么、回避什么,就越容易设计出各种视觉吸引,越能够成功吸引或占据人的视觉注意力。因此,眼球追踪设备实际上仅仅是获取数据的手段,个人用户是否被'跟踪'并不是问题的关键。我们应该关注的是,我们都逐渐在更大程度上生活在网络世界中,并与之互动。然而,这个网络世界却是经过精心设计的,目的是实现预先确定并被常规化的视觉反应。"[1]同样,情感识别技术也发挥了类似的功能,它可以识别出人们在重复观看广告时,哪个片段更能引起人们的兴趣,也可以分析出公众人物的何种肢体动作更能吸引观众。除此之外,移动互联网时代的到来也加剧了互联网复合体对人类时空的剥夺效应,如今,各种碎片化的时间都在被吸纳到机器系统之中。

当今时代,在网络信息技术与数字化技术的支撑下,新的异化形式诞生了,呈现"科技加速、社会变迁加速、生活步调也加速"[2]的社会现状。科技进步改变了社会现实的"时空体制"。在时间方面,技术的更新与不断推陈出新的高科技产品加快了社会生产与日常生活节奏,释放出大量的时间资源,使人们有更多的自由时间可以支配。另外,数字资本主义的发展越来越模糊了劳动时间与自由时间,且数字劳动正最大限度地去占有劳动者的自由活动时间,延长劳动者的工作时间。正如哈特和奈格里所说,"福特制产业承诺——八小时工作、八小时休闲、八小时睡眠——就全球来说,只在少数工人身上实现,无法再成为一个指导性的思想。无论是好岗位还是差岗位,工作与非工作的界限正在瓦解"[3]。时间界限的模糊,消弭了工作与休息、公共与私人、白天与黑夜的界限。越来越多的人并不严格按照任何固定时间或者"朝九晚五"的劳动模式工作,24/7 的体制将人们裹挟进没有间歇的持续状态,每周 7 天,每天 24 小时,最终侵蚀了人们的日常生活。正如马克思所言:"在一昼夜 24 小时内都占有劳动,是资本主义生产的内在要求。"[4]数字化不仅要打造"996",而且要创造出 24 小时劳动的数字人,整个社会也转向全天候作业。随着

---

[1] [美]乔纳森·克拉里:《焦土故事:全球资本主义最后的旅程》,马小龙译,中国民主法制出版社 2022 年版,第 124 页。
[2] [德]哈特穆特·罗萨:《新异化的诞生:社会加速批判理论大纲》,郑作彧译,上海人民出版社 2018 年版,第 38 页。
[3] [美]迈克尔·哈特、[意]安东尼奥·奈格里:《大同世界》,王行坤译,中国人民大学出版社 2016 年版,第 208 页。
[4] [德]马克思:《资本论(第一卷)》,中共中央马克思恩格斯列宁斯大林著作编译局编译,人民出版社 2018 年版,第 297 页。

技术加速的进程越来越快,时间流逝得越来越快,逐渐变成了一种稀缺的商品资源。

各种数字技术的复合体力图全面实现对人类主体的时空剥夺,盯着各类电子屏幕的时间不断延长,数据无限度地被创造和收集,沉浸在混杂着图像、文字和声音的虚拟世界等已足以让人们深感倦怠和疲惫。在一个比特逐步取代原子的世界中,我们感觉不到自己还是充满生机的自然世界中的一部分。数字虚拟世界种种炫目的假象使人们的思维受到限制,减少了人与人之间真实互动的机会。今天,利用数字技术对信息的生产、储存、分析、流通等永不停歇的运作已经渗透到了各个地方。智能设备之所以被称为智能,不是因为它能够更好地造福人类,而是因为它能把使用者完全整合进全天候运作的机器体系之中。由此带来的结果是,人类建筑于自然节律之上的时间性被扭曲,取而代之的是一种没有时间的时间,一种不再连续或循环的时间。

第二节　数字化生存的五大忧患

数字化时代人类的生存境遇凸显出人类技术进步(形式化的人类)与人类的生存异化(人类的形式化)同在的二律背反。所谓"形式化的人类",是指人类有着追求文明不断完善的禀赋,笃信工具理性对人类生存格律具有进化意义改变的理念。简言之,科学技术是第一生产力,表现为知识、公理、范畴、原理等形式对人类生存范式内容的定义。既定义了物性世界,又定义了意义世界,它使人类生存形式越来越自由开放,生存内容越来越丰富饱满。所谓"人类的形式化",主要指人类对工具理性的心理依赖及崇拜。康德指出,人是目的,而且是一种无法用任何其他目的取代的目的,别的东西都应当仅仅作为手段来为它服务。具体来说,"人类的形式化"表现在以下几个方面:

一、算法从工具性地位上升到主体性地位

通过尽可能全面地收集用户的个人数据并不断优化算法,数字平台如今能够达到比用户本身更了解自己的境地。数字平台会对用户的消费兴趣进行数字画像,并以此作为依据来推送定向广告。同时,它能够利用用户的点赞、浏览、转发等

数据,预测用户的性格和倾向,甚至可以用表情、照片乃至与屏幕的互动来评价一个人的精神状态。如果算法仅仅被用于推送广告以促进消费,那么,算法的使用似乎并不会造成多大的危害,大多数人并不介意收到一些自己可能感兴趣的商品的广告。但问题在于,对用户的全面了解将会促使算法逐步接管人们生活中各项事务的决策权。一开始可能仅仅是出行线路的选择,随着算法的优化及数据体量的增大,人们会愿意将生活中更多的事项的决策权交给算法。如此一来,算法将逐步从工具性地位上升到主导性地位,而人类个体则更多沦落至执行层面并日渐丧失思考和决策能力,这种境况加剧了人类主体与算法之间的紧张关系。

算法操控人类个体最为典型的事例是算法在美国总统选举中的运用,剑桥分析公司在 2016 年美国总统大选后宣布他们基于数据分析的竞选指导对特朗普获胜起到了重要作用。通过收集并分析大量美国选民的数以百万计数据,可以较为准确地刻画特定选民的政治人格。在此基础上,"被量身定制的信息将被直接推送给个人,为他们提供符合他们现有世界观的宣传信息,进而操纵他们的选票"[1]。不仅如此,通过与监视系统结合起来,算法操控表现为监视机制的内在化。例如,优步会收集司机在驾驶过程中诸如刹车、加速等数据,据此对司机的驾驶行为进行综合评判。于是,处于平台监视之下的司机不得不自我规训,不断地完善自己的驾驶行为,以便能够获得更多的工作机会和收入。"由于优步将司机和客户联系在一起的算法对工人来说是个谜,而后者却被引诱到一个潜在的自我改进的无限循环之中。无论优步在测试什么活动,司机都必须改进数据,以便获得更多的工作机会。这样的系统建立起一种'精神吸纳'的方式,迫使工人将平台的盈利动机内化于自身的行为中。"[2]总体来看,算法操控凸显了当代人所面临的主体性困境,尽管算法技术为当代人的生活提高了效率,却是以人们失去对生活的自我掌控能力为代价的。

二、"机器式征服"取代"社会驯服"

"机器式征服"是意大利哲学家莫雷齐奥·拉扎拉托所提出的概念,他认为数

---

[1] [瑞典]萨普特:《被算法操控的生活:重新定义精准广告、大数据和 AI》,易文波译,湖南科学技术出版社 2020 年版,第 36 页。
[2] [荷]蒂姆·克里斯蒂安斯:《数字时代的生命政治与平台资本主义中的倦怠问题》,杨雷译,《国外社会科学前沿》2023 年第 6 期。

字-生命政治主要是通过"机器式征服"而非"社会驯服"。在"社会驯服"中,人们是通过话语和意象来告诉他们自己的社会角色是什么。而"机器式征服"则针对的是人们与环境的前意识、身体以及情感的互动。数字化时代的股票经纪人就是非常典型的"机器式征服"的案例。在算法时代,交易员的意识思维太慢,而纳秒的速度太快,这意味着交易员无法通过理性的思维来做出投资决策。因此,交易员接受了这样的训练,即以预先确定的方式做出反应。如果信号灯变红,他们会不假思索地点击抛售按钮。抛售的决定并不是来自自主的人类主体,而是来自一个由机器和人类元素交互组成的网络。交易员通过身体动作与计算机算法之间的自动交互,从而与市场建立联系。

"机器式征服"也表现在利用大脑的惯性来引导个体的行为:网飞(Netflix)的自动排队系统在观众看完某部剧时,通过自动建议和播放新材料来鼓励观众狂看电影。因为人脑受惯性支配,所以人们主动停止观看网飞比继续观看需要付出更多努力。优步对司机也采用了同样的策略:在司机完成一项工作之前,优步就会自动提出新的要求,利用惯性的力量诱使司机延长工作时间。在这里,"机器式征服"的核心在于将权力施加于生物性身体,而非理性的思维。在这个过程中,反思和批判性思考的时间被消解了,人类慢慢转化为汽车、客户和交通的组合中的自动化节点,由平台中的算法控制。

三、全景式监控与人的自我规训

大数据成为透明社会的监控手段。透明的概念有多重含义,此处透明不同于与可信度相关的透明度,而是包含穿透之意,指被彻底照亮的社会。福柯在《规训与惩罚》的第三部分"全景敞视主义"中,将边沁以人道主义为出发点的全景监狱视作隐匿的监视机构以及崭新的纪律社会。新自由主义时代进入"全景监狱"的新阶段即"数字全景监狱"。在"数字全景监狱"中,数字主体全方位接收数据注视和监控,当代数字主体既充当囚犯又充当看守者,进行自我定位和自我监控。"数字全景监狱"的阐释遵循了福柯"视觉-规训-权力"的理论逻辑,是数字时代的"治理术"。

"数字全景监狱"包含三个特征。其一,大数据充当"视觉"工具。大数据的社会效应之一为人类心理和性格在屏幕和网络中的显化,数字技术大范围渗透至个体的活动选择,个体的社会交际动态被全面获取,个体所做的每一个选择不自觉地被纳入数据创造和攫取的过程中,一切物变得透明、迅捷、相互关联和公开,接受全景注视。其二,大数据成为规训手段。统治者根据大数据信息统治认知,介入人的精神,对精神在前反思层面进行施压,主体被囚禁在数字化总内存中,伴随着动力、项目、竞赛、优化和倡议被归为自由主义政权的精神政治学统治技术成为新的潮流。从福柯的生命规训的范式转向精神规训,极尽利用自由,使人们自愿地将自己交付给全景注视,进行展示和曝光。其三,大数据导向了"数字权力"的结果。"数字全景监狱"的注视不同于边沁"全景监狱"的目光统治,它以彻底照亮的形态存在,不再依赖于目光,不再依赖于中心视角的视觉瞭望,消除了边界和外围的概念,从有视角的监视变身为无视角的透视。透明社会的透视及边界的消逝导致个体之间只会产生偶然的、表面的联系。监狱的看管者与犯人、医生和病人尚且可以出现互动,信息的不对称为隐蔽联盟提供了可能性。而在透明社会的数字全景监狱中,信息完全透明意味着信任根基的崩塌,人与人之间不存在纽带关系,个人成为向内追寻的孤岛。

不难发现,在早期资本主义时期,生命政治范式主要体现在工厂空间中资本逻辑对劳动者的肉体规训。在实体的工厂空间中,劳动者的主要任务是通过肉体劳动为资本家创造剩余价值。为了使所创造的剩余价值最大化,资本家往往会制定严格的工厂制度要求劳动者按照制度工作,劳动者在工厂中似乎就是一个上了发条的机器,既被预设了工作的内容和动作,也被要求了工作的效率。因此,在工厂空间中,面对铁一般的纪律和程序化的机器,个体的精神和意志并没有发挥的余地。随着数字信息技术和互联网的兴起,如果说描述工厂空间中资本逻辑对生命过程的主要规范方式是通过对肉体的规训,那么在数字化生存时代,资本逻辑则使得生命政治的规训方式逐渐转向数字空间的精神规训。利用劳动者进行广泛的数字劳动,资本逻辑的精神规训已经跨越了工厂空间的物理城墙,蔓延至生产与生活空间的方方面面。在规训方式和特点上,精神规训往往以尊重劳动者主体性为名,呈现一种隐蔽而广泛的影响,与肉体规训形成鲜明对比。例如,很多时候,劳动者能够选择线上或者线下办公,看似给足了劳动者自主选择的机会,其实资本逻辑通过网络信息技术实现了工作空间的扩张,使得随时随地都能要求和监控劳动者工作。

四、数字崇拜与数字拜物教

数字化时代出现了新的拜物教形式,即数字拜物教。对"数"的崇拜,最早可追溯到古希腊时期的毕达哥拉斯学派。毕达哥拉斯学派认为"数"是世界的本原,是构成一切事物的始基,世界可用"数"来解释,从而赋予"数"抽象的本体论意义。柏拉图学派延续了毕达哥拉斯学派的观点,认为"理念就是数"。近代时期,科学意识与实证主义的快速发展使"数"的地位明显上升,数字也呈现科学性、客观性的特征,是理性演绎的结果。现代哲学中的逻辑主义、形式主义也围绕着数学展开了各式各样激烈的争论。无论如何,"数"对于人们的认识活动与实践活动一直具有极重的价值是无疑的。数字化浪潮袭来,人们被裹挟在数字化生存的状态里,数字化逐渐形成一种意识形态,使人们迷恋于数字化的世界之中。"数"从最初的作为世界的客观的、抽象的本原转化为现实的数字存在。

人与物的主客关系发生颠倒,物的关系开始支配着人的行动,物凌驾于人并取代了前资本主义现代性时期宗教的地位成为世界的主宰。马克思把这种现象总结为"人脑的产物表现为赋有生命的、彼此发生关系并同人发生关系的独立存在的东西。在商品世界里,人手的产物也是这样。我把这叫作拜物教"[①]。商品拜物教是马克思通过政治经济学批判对资本主义现代性展开批判的核心。资本关系中的拜物教首先表现为商品拜物教,商品作为物掩盖了人与人之间的关系,使得人与人之间的关系可以被计量化。数字资本主义在借助于科学技术不断发展的同时,拜物教的形式表现也呈现新的特征,自商品拜物教、货币拜物教、资本拜物教之后出现了新的以技术至上的拜物教——数字拜物教,但是,数字技术发展带来的并不是商品拜物教、货币拜物教在当代的简单变形,而是一种新型的拜物教形态。一方面,数字拜物教不仅仅是对于"数字"的主观崇拜,更重要的是"数字"作为一种异己的力量支配人的思想和行为。尤其是人机关系的颠倒,智能机器越来越像人,人越来越像机器,人逐渐丧失主体性和能动性,这是资本主义利用数字技术而重塑人的后果。另一方面,数字背后的社会权力有着比数字本身更加诱人、更加神圣的地位。数据的商品化,掌握数据就是掌握了财富密钥,平台对数据的追逐就是对其背后可量化的经济利润的追逐,经济价值背后蕴含的则是各种权力关系。人对数字的崇拜,毋宁说是人对数字权力的崇拜。在现代性的过程中,对数字拜物教进行批判性的分析,也是为了进一步揭示人与人之间的关系如何变化成为数据与数据之间的抽象关系。

[①] 中共中央马克思恩格斯列宁斯大林著作编译局编译:《马克思恩格斯选集(第 2 卷)》,人民出版社 2012 年版,第 123 页。

五、人工智能与人类的存在危机

当代人类至少面临着两大危机：首先是地球及整个生态系统的危机，我们对这一点最切近的体验是气候变暖，而全球气候变暖所蕴含的毁灭性后果已在大量影视作品及纪录片中被昭示出来；其次是由人工智能的发展所带来的超强人工智能对人类地位的挑战和奴役人的可能性。不妨借助于黑格尔的主奴辩证法来讨论人工智能与人的关系。智能设备的发明一开始是作为人的工具，用于提升人类生活的便利度和舒适度的。为了让智能设备更好地发挥其功能，人类倾注了巨大心血不断进行技术升级，与此同时也通过"喂养"大量数据来提升智能算法的准确性。随着人工智能越来越胜任它的工作，人们也愿意将越来越多的工作交给智能设备，结果是人类逐渐变得无能、愚蠢并在无所事事中虚度时光。正如黑格尔主奴辩证法中依靠生死斗争的胜利取得对奴隶统治地位的主人一样，人类在面对人工智能时也在经历着主奴关系的翻转。当人们对人工智能的设备和技术装置越发依赖的时候，也就是逐步丧失主人地位的时候，最终的结果是人工智能成为人类的主宰。资本主义的发展带来了工人阶级的被支配和被奴役，无论这种奴役是来自资本家阶级，还是来自卢卡奇、马尔库塞等西方马克思主义者所分析的技术本身。今天，我们面临的不再是某一个阶级的被奴役，而是整个人类变成人工智能的奴隶。

人工智能带来的危机本质上是技术的危机，很多人声称人类或许已经进入了技术末世论阶段。我们该如何应对技术的危机呢？

首先，应该看到技术的危机根源于人与自然关系在近代的决定性转变，我们之所以滥用技术去征服和改造自然，是因为自然本身被祛魅，换言之，自然不再被认为蕴藏着神明、魔法或者灵魂，而仅仅是僵死的质料罢了。既然自然是质料，那么人类作为主体就可以将其作为满足自身需要的手段。为了实现这一点，技术的应用就顺理成章地介入进来。随着人类需要和欲望的不断膨胀，对技术的要求也不断提高，这正是技术不断升级换代的根本动力。然而，技术的进步及对自然的征服和利用，既导致了人类对地球的毁灭性破坏，也使得人类日益接近被技术反噬并成为技术装置奴隶的临界点。从人与自然关系的转变视角来看，破除人工智能所带来的潜在危机，首先需要破除人类中心主义，构建人与自然和谐共生的关系。

其次，应当准确把握人工智能的身份定位问题，进而认识到人工智能技术所具有的"双面性"。在迄今为止的人类历史中，技术的发明对于改善人类生活福利水平、满足多元需求起到了不可替代的作用。正是人类对美好生活的欲求为技术的创造、更新提供了不竭的动力。在原始时代,人类依赖打磨石器、制作弓箭来获取必要的生活资料。到了机器大工业时代,人类依靠流水线大批量、标准化地生产大量物质产品,由此带来物质财富的极大丰富。今天,借助于人工智能技术,不仅能使生产过程走向定制化、多元化,从而更为精准地满足人类的个性化需求,而且能极大地解放人类的双手,让人类从繁重的工作中超脱出来。然而,技术在发挥其服务人类的正向作用同时,也有其不可忽视的"缺陷"和"负面效应"。美国扔向日本广岛和长崎的两颗原子弹,背后所依赖的原子能技术既可以用于对人类进行毁灭性打击,也可以用于发电等造福人类的项目。人工智能本质上仍然是一种技术,它不仅没有突破人与技术的界限,而且共享了技术本身的双重效应或双面性。技术的负面效应恰恰是在其越来越成熟、越来越强大、越来越有用的过程中逐步凸显出来的,当技术在人类生活中所能发挥的正向作用还很小时,其负面效应也往往是可被人忽视的。相反,人工智能技术在极大地提高生产力并促进社会进步的同时,也使人类的存在面临空前的危机。有学者指出:"机器人加上基因工程正在使人类极易陷入机器自主决定的境遇之中,有了机器的自主决定,人也许会感到轻松,但肯定是不自由的,就像动物园中被饲养的动物。慢慢地,人类终将被挤出生存空间,成为'濒危物种'。"[1]

最后,站在唯物史观的基本方法和立场上,克服人工智能的发展所带来的人类危机,关键在于超越人工智能技术的资本主义应用。技术本身蕴含着造福人类生活的巨大潜力,但技术的资本主义应用,使得技术沦为资本增殖的工具,并为人类带来一系列生存危机。正如马克思所言:"同技术的资本主义应用不可分离的矛盾和对抗是不存在的,因为这些矛盾和对抗不是机器本身产生的,而是从机器的资本主义应用产生的。"[2]正是人工智能技术的资本主义应用为人类生存带来了一系列困境,具体表现在以下几个方面:技术的加速迭代不仅未能让人类拥有更多自由时间,反倒使人们深感时间的匮乏;数字技术成为资本隐蔽剥削劳动者的新手段;数字技术的不平等占有,造成了技术垄断与数字鸿沟的愈演愈烈。总之,人工智能及数字技术的发展并未使人在数字化生存中完善自我,反而使其成为算法技术黑箱中的"囚徒",加剧了由算法产生的技术异化以及人自身异化的现象。

---

[1] 戴茂堂、彭保林:《人工智能技术的"双面性"及其人生隐喻》,《山东社会科学》2024年1期。
[2] [德]马克思:《资本论(第一卷)》,中共中央马克思恩格斯列宁斯大林著作编译局编译,人民出版社2004年版,第508页。

人工智能等技术的发展之所以引发了人们的忧思,很大程度上是因为这是一个涉及存在论的问题。从阿尔法狗到 ChatGPT,人工智能技术的进展一再震撼人类,让人类意识到至少在某一专门技能上人类已经彻底输给了人工智能。赵汀阳指出:"所有涉及'存在'的问题都是要命的,所以刻不容缓。这就是问题之所在:如果人类运气不佳,人工智能和基因编辑等技术有可能要了人类的老命。历史经验表明,没有一种批评能够阻止技术的发展,尽管人喜欢吓唬自己,但终究还是抵挡不住技术的美妙诱惑。"[1]或许,人工智能在实际应用层面的危险还远没有理论上的可能性那么大,但是,这不妨碍对人工智能的忧思成为一个严肃的哲学问题。未来向度是人类生活的根本性向度,人总是面向未来而活在当下的,正是在这个意义上对人工智能的前瞻性思考是十分必要的。为了能够让人工智能更好地发挥造福人类的工具性作用,必须在立足于社会主义生产方式及以公有制为核心的生产关系,超越人工智能技术的资本主义应用。唯其如此,才能有效应对人工智能技术发展所带来的潜在危机和负面效应,实现对人工智能技术的驾驭和规范。

第三节　数字化生存的限度

只有从唯物史观的历史总体性视野出发,才能看到数字经济及数字化生存出现在何种意义上有其必然性,又在何种意义上是对资本积累和流通既有难题的回应。面对生产领域的低迷状况,资本主义已经转向数据,并将它作为维持经济增长和活力的一种方式。进入 21 世纪,在数字技术变革的基础上,数据越来越成为企业竞相争夺的战略资源。在资本与技术的共谋下,当代人成为数据挖掘的对象,并日益深刻地陷入数字化生存的境地。但是,数字化生存并非没有限度:其一,作为遵循着特定自然节律的生命体,对人的时空剥夺及数据挖掘遭到了人的生理局限施加的限制;其二,数字化生存所依赖的数字技术复合体对自然资源及生态环境的消耗与破坏遭到了生态系统承载能力所施加的限制;其三,作为资本积累的环节,数字化生存从属于资本增值的逻辑,因此,数字化生存也将随着资本的内在否定性而遭遇自身的限制。

---

[1] 赵汀阳:《人工智能的神话或悲歌》,商务印书馆 2022 年版,第 2 页。

一、生命体的生理局限

睡眠的存在为人类保留了免于被数字技术和资本殖民的最后"净土",也为数字化生存对时空的剥夺施加了生理局限层面的限制。历史地看,资本主义自诞生以来就力图强化对人类时间的占有,只是到了数字时代,这一占有才趋于极致。资本主义扩大对人类时间占有的第一步是对农业时间的改造,农业社会"日出而作,日落而息"的时间节奏由此被打破,早期资本主义对绝对剩余价值的残酷追求,让"日落"之后的时间也尽可能地变成工作时间。无论是季节还是昼夜,循环往复的时间性一直都是农业的根基。农业生活的"自然状态"不利于对生产时间进行必要的控制。在改造农业时间的过程中,尽管工作时间被延长了,但工作与休闲的二分仍旧被保留下来。电视是资本主义侵入日常生活的第一个环节,不过,电视网还是跟传统的人类睡眠模式同步的,到点就不再播送节目。只有到了数字化时代,工作与休闲、公共生活与私人生活的二元框架才被决定性地打破。

乔纳森·克拉里在《24/7:晚期资本主义与睡眠的终结》一书中鲜明地指出:"不受约束的市场对时间的操控,与人类被要求服从这些要求时面临的固有的生理局限之间,存在着残酷的矛盾。"[①]人类的时间是有限的,企图被推销出去的"内容"却是无限的,二者的比例极不相称,这导致各大公司激烈竞争,希望占有或控制人们每天醒着的时间。对时间的剥夺力图推到极致,甚至于将睡眠的时间也尽可能地缩减。"如今北美人平均每晚睡大约 6.5 个小时,上一代人睡 8 个小时,20 世纪初的人则要睡 10 个小时(尽管难以置信)。"[②]由于睡眠时间无法带来数据和流量,因此资本主义力图从睡眠中尽可能多地窃取时间,但人的生理极限决定了睡眠无法被彻底剥夺和重塑。马克思曾区分了相对剩余价值和绝对剩余价值,如果套用马克思的上述区分,那么可以说窃取睡眠时间意味着对绝对时间的剥夺,而当代数字资本主义则通过"多任务"模式实现了对相对时间的榨取。今天十分常见的情景是,无论是工作还是休闲,我们会同时与多个屏幕或机器互动,一边追剧一边在线聊天,或者一边网上购物一边在线处理工作上的事务。尽管数字技术承诺为人们

[①] [美]乔纳森·克拉里:《24/7:晚期资本主义与睡眠的终结》,许多、沈河西译,南京大学出版社 2021 年版,第 23 页。

[②] [美]乔纳森·克拉里:《24/7:晚期资本主义与睡眠的终结》,许多、沈河西译,南京大学出版社 2021 年版,第 18 页。

提升效率、节约时间,但我们越发感到了时间的匮乏,甚至我们采取"多任务"的策略也无济于事。如果说对绝对时间的窃取意味着量上的延伸,那么"多任务"模式就意味着榨取时间的强度得到了提升。

二、生态系统的承载能力

数字时代造就了一种假象,似乎数字经济代表了一种与环境污染和资源耗费无涉的生产方式,或者至少可以说相比于传统的工业生产方式,已经极大地减轻了对整个生态系统的压力。一方面,数字技术试图把身边的一切事物非物质化,诸如"虚拟空间""云""流量"等术语正是这一状况的反映。另一方面,数字技术追求集约化,我们所使用的各类电子设备在体积越变越小的同时却集成了越来越多的功能。以上两个方面极大地促进了我们关于数字化时代环境和资源友好的想象。但事实真的如此吗? 实际上,随着数据的大规模增长,越来越多的数据中心和服务器被建造出来,而这些设施需要耗费巨大的能量。不仅如此,"它会产生很多热量,这些热量会对微电路造成损害,因此每天需要数百万加仑的水来冷却每个单元。按照目前数据指数级的增长速度,从现在算起,50年后所需的服务器能覆盖整个美国大陆"[①]。物联网时代的到来,意味着数据的提供者已经不仅仅局限于人类自身,而是扩展到了几乎一切外在对象,这将使得数据的增长迈上一个新的台阶,而其对能源的耗费也将是惊人的。

不仅如此,当我们拿起身边的电子设备仔细观察,会发现诸种电子设备尽管形态各异,但其所采用的质料总是会包含多种金属。事实上,任何一种电子设备的生产都离不开作为基础的矿物开采。对铜的巨大需求无疑与其作为发电传输和电信设备的首选导体这一用途有关。除了对铜矿的大规模开采外,"还有其他数以百计的公司在为电动汽车的电池掠夺锂,为风力涡轮机掠夺钕,为'捕食者'无人机掠夺钶钽铁矿,为数字设备和网络基础设施掠夺镍、钼和其他元素。这些公司的行为,使这种社会灭绝式的开采规模成倍扩大,危害不可估量,这种情况在南方世界尤为严峻"[②]。通过大规模开采以及用有毒的方式从矿物中提炼所需的金属,已经对土

[①] [美]乔纳森·克拉里:《焦土故事:全球资本主义最后的旅程》,马小龙译,中国民主法制出版社2022年版,第38页。

[②] [美]乔纳森·克拉里:《焦土故事:全球资本主义最后的旅程》,马小龙译,中国民主法制出版社2022年版,第41页。

地、水和生命造成了无可挽回的损失。当我们在享受数字设备带来的便捷、高效甚至愉悦感时,我们或许不会想到,数字产品背后牵连着对环境的巨大破坏、对能源的巨量需求,而这一切将导致生态系统的承载能力越来越接近界限。

三、资本的内在否定性

无论是数字化生存的兴起,还是数字化生存在深度和广度上的持续推进,都可以视作顺应资本积累要求的结果。数字技术的普遍商业化及建立在此基础上的数字化生存有力地抵消了消费不足这一资本主义的固有趋势,一定程度上延缓了生产与实现之间矛盾的爆发。可以说,数字化生存实现了对资本主义的另类"修复"。一方面,数字化生存越彻底,所能提供的数据就会越多,供给与需求就越可能达到精准匹配,生产的无政府状态就越能得到克服。另一方面,借助于各类数字平台对生产、流通、分配、消费活动跨国界、跨部门的整合,整个社会生产与再生产的效率得到提高,流通费用显著降低。各类数字平台使得全天候的、超越时空限制的生产与消费成为可能:"平台根据消费者的个人数据,使产销敏捷对接,缩短商品流通时间,节省流通费用。数字平台'用时间去消灭空间',开拓了社会发展的新天地。"①

但是,这并不意味着数字技术能一劳永逸地克服资本主义的基本矛盾,进而化解潜在的经济危机。丹·席勒曾在《数字化衰退:信息技术与经济危机》一书中深入分析了信息技术革命与经济危机的关系,他认为,信息技术的发展并未使得资本主义免于经济危机,相反,技术革命与经济衰退同步展开。"一方面,不断崛起的数字资本主义强有力地推动资本的重新积累;另一方面,它也有可能引发天翻地覆的矛盾与张力。"②所谓数字化衰退,实则意味着生产方式、生活方式的数字化转型将会孕育出新的矛盾形式及危机表现形式。在这个意义上,资本主义恰恰是不断通过危机实现结构性调整,从而为重启资本积累进程扫清障碍。

在《数字化衰退:信息技术与经济危机》一书中,丹·席勒通过丰富的资料与翔实的数据,分析了资本主义经济内部危机的趋势,罗列了金融、生产与军事等各方力量围绕信息技术展开的各种竞争、矛盾与冲突,厘清了2008—2009年间数字化衰退现象的原因,从信息地缘政治学的角度出发鲜明地提出了"数字化衰退"这一

---

① 谢富胜、吴越、王生升:《平台经济全球化的政治经济学分析》,《中国社会科学》2019年第12期。
② [美]丹·席勒:《数字化衰退:信息技术与经济危机》,吴畅畅译,中国传媒大学出版社2017年版,导论第7页。

概念。数字化衰退何时到来？从历史的角度看，经济危机具有周期性、反复性的趋势，一段时间的积累之后危机才会再次爆发。资本主义的发展过程是自我否定、自我调节、自我扬弃的，一旦资本主义实现自我超越再次重生，下一次危机的种子也早已扎根于政治经济结构中。资本主义的危机是不可避免的，正如大卫·哈维所言，"危机趋势从未缓解，它只是四处游窜而已"[①]。资本主义在发展的过程中呈现一个不变的特征，即周而复始的停滞趋势是不能完全避免的，繁荣过后周期性的危机就会爆发。"互联网的最重要的成就是使资本主义的矛盾现代化。数字网络深深地嵌入到 2008 年的危机和此后持续至今的停滞综合征中。"[②]经济危机爆发的根本原因在于资本主义的生产方式，数字资本主义不仅无法从根本上解决资本主义的内部矛盾与危机，反而进一步加剧了资本主义经济危机的全球化。

20 世纪 90 年代网络技术萌芽，互联网崛起。2001 年，高科技及新兴的互联网初创企业在股价飙升及风险资本的狂热推动下，摒弃传统陈旧的商业模式，盲目扩大市场份额最终未能成功实现预期盈利，导致投资失败，"泡沫"破灭。再到 2008 年全球性经济危机的爆发，这场由美国爆发的次贷危机席卷全球，导致全球世界经济的崩溃与衰退，数字资本无限扩张的神话随之破灭，让我们清醒地意识到数字技术也不能使全球摆脱资本主义的危机趋势。资本主义矛盾与危机的爆发，也伴随其自身的重构与完善。不可否认，信息技术是进步的，是能够为人们带来自由和光明的力量，但是并不能把希望完全寄托于技术身上，将其视为能够帮助人类彻底摆脱资本主义经济危机的"普罗米修斯之火"。

"萧条总是扮演结构转型的助产师角色——目前的数字化衰退也不例外。"[③]在经历 2008 年的全球性金融危机后，美国数字通信产业的投资额不降反增，但是数字通信产业的发展并未减缓当前的金融危机局面，经济不平等、社会贫富差距、劳动剥削现象仍然存在并不断加深，资本主义改变不了走向灭亡的必然趋势。在数字技术的支撑下，资本主义运行的模式如盈利模式、投资场域、劳动力的技能以及商品的种类等发生了巨大的变革，但是不变的仍是资本主义追求利润最大化、追求效率的运行逻辑。信息技术为人类打开了新的生存与发展空间，资本主义迅速填

[①] David Harvey, *The Enigma of Capital : and the Crises of Capitalism*, Oxford University Press, 2010, p. 117.

[②] ［美］丹·席勒：《信息资本主义的兴起与扩张：网络与尼克松时代》，翟秀凤译，北京大学出版社 2018 年版，第 185 页。

[③] ［美］丹·席勒：《信息资本主义的兴起与扩张：网络与尼克松时代》，翟秀凤译，北京大学出版社 2018 年版，第 224 页。

满了这个空间,并不断重复其逐利行为。不断更新和增强的信息通信技术一方面大大促进了经济的发展,使生产与生活更便捷;另一方面吸引着企业盲目、投机、无节制的金融投资活动,新兴投资全方位地将数字化体系整合到当前的政治经济体系之中,最终的结果是数字资本主义上升为危机。在经济全球化的背景下,任何领域的崩溃都会发生连锁反应,局部风险可以引起全球性的危机。

回顾历史,无论是出于对绝对剩余价值的追求还是出于对相对剩余价值的追求,资本都力图扩大流通范围、生产新的需要、发现和创造新的使用价值。为此,资本必须"既要克服把自然神化的现象,克服流传下来的、在一定界限内闭关自守地满足于现有需要和重复旧生活方式的状况,又要克服民族界限和民族偏见"[①]。但是,正如马克思所强调的,"决不能因为资本把每一个这样的界限当作限制,因而在观念上超越了它,所以就得出结论说,资本已在实际上克服了它。……资本不可遏制地追求的普遍性,在资本本身的性质上遇到了限制,这些限制在资本发展到一定阶段时,会使人们认识到资本本身就是这种趋势的最大限制,因而驱使人们利用资本本身来消灭资本"[②]。生产力的革新与新产业的开辟短期内的确会缓解生产与实现的矛盾,但最终只会使矛盾更猛烈地爆发。由于限制资本的是资本自身,因此,这种限制无法因为新技术手段的出现而被打破。作为资本积累与流通总体秩序众多环节之一的数字化生存,必将随着资本积累的不可持续而遭遇自身的历史限度。如果说数字技术的发展代表着资本在生产力更高的发展程度上突破自身限制的尝试,那么,其结局一定是它"遭到一次比一次更大的崩溃"[③]。

四、诗性生活与数字生活的矛盾

当前,大力发展数字经济已上升为国家战略,以一种辩证的视角观之,数字经济的积极效应和"文明面"无疑是值得高度肯定的。作为新兴技术和先进生产力的代表,数字经济的发展既关乎全球竞争格局的重塑,又是畅通国内经济大循环的关键抓手。作为现代经济体系中的关键生产要素,数据流可以带动人才流、技术流、

---

① 中共中央马克思恩格斯列宁斯大林著作编译局编译:《马克思恩格斯选集(第2卷)》,人民出版社2012年第3版,第716页。
② 中共中央马克思恩格斯列宁斯大林著作编译局编译:《马克思恩格斯选集(第2卷)》,人民出版社2012年第3版,第716页。
③ 中共中央马克思恩格斯列宁斯大林著作编译局编译:《马克思恩格斯选集(第2卷)》,人民出版社2012年第3版,第723页。

资金流的汇集和融合，帮助市场主体重构组织模式，克服时空障碍，打通从价值生产到价值实现的各环节。因此，数字经济的健康和规范发展对构建现代化经济体系具有十分重要的意义。但与此同时，数字经济及数字技术发展所引发的生存悖论也越来越引发人们的忧思。手机、电脑等数字设备的出现原本是为了促进人与人之间的交流和联通，却造成了人机互动逐步取代人与人之间真实互动，结果是数字化时代人的原子化和孤立化胜过以往任何时代。数字技术及其设备的便捷和高效无疑有助于人们提高效率、节省时间，但现实是人们在数字技术普及化的今天越发感到时间紧迫、疲于奔命，甚至于原本下班之后的休闲时间也被吸纳到了为平台生产数据的被剥削过程之中。

从马克思在《资本论》中对资本主义生产方式的分析出发，不难发现，问题的症结不在于技术本身，而在于技术的资本主义应用。正如马克思所言："同机器的资本主义应用不可分离的矛盾和对抗是不存在的，因为这些矛盾和对抗不是从机器本身产生的，而是从机器的资本主义应用产生的！"[①] 为了克服数字技术所引发的生存悖论，必须打破各类平台企业对算法和软件的垄断。"平台公司运营背后的算法可以而且应当成为工人集体自组织的工具。平台提供商不应提供成品，而应制定允许人们编写自己的工作时间表的基本协议。……如果平台公司将他们的软件开源，那么平台软件就可以成为社会解放的工具，而不是机器式的征服。"[②] 换言之，只有将数字技术的发展从服务于资本的无序扩张中解放出来，通过国家资源的投入引导数字平台的规范和健康发展，利用大数据分析分配资源并实现民主参与，才能实现技术向善，才能让技术更好地服务于人类对美好生活的追求。

本章思考题

1. 数字化时代的人类生存境遇有何特征？
2. 如何理解"人类的形式化"与"形式化的人类"的二律背反？
3. 数字化生存是否存在其应有的限度？
4. 如何通过引导技术向善，让数字技术服务于人类诗性美好生活的构建？

---

① ［德］马克思：《资本论（第三卷）》，中共中央马克思恩格斯列宁斯大林著作编译局编译，人民出版社2004年版，第508页。
② ［荷］蒂姆·克里斯蒂安斯：《数字时代的生命政治与平台资本主义中的倦怠问题》，杨雷译，《国外社会科学前沿》2023年第6期。

本章阅读文献

1. [美]尼古拉·尼葛洛庞帝:《数字化生存》,胡泳、范海燕译,电子工业出版社2017年版。

2. [美]丹·席勒:《数字化衰退:信息技术与经济危机》,吴畅畅译,中国传媒大学出版社2017年版。

3. [瑞典]萨普特:《被算法操控的生活:重新定义精准广告、大数据和AI》,易之波译,湖南科学技术出版社2020年版。

4. [美]乔纳森·克拉里:《焦土故事:全球资本主义最后的旅程》,马小龙译,中国民主法制出版社2022年版。

5. [德]韩炳哲:《在群中:数字媒体时代的大众心理学》,程巍译,中信出版集团2019年版。

6. [德]马克思:《资本论(第一卷)》,中共中央马克思恩格斯列宁斯大林著作编译局编译,人民出版社2004年版。

7. [德]马克思:《资本论(第二卷)》,中共中央马克思恩格斯列宁斯大林著作编译局编译,人民出版社2004年版。

8. [德]马克思:《资本论(第三卷)》,中共中央马克思恩格斯列宁斯大林著作编译局编译,人民出版社2004年版。

第九章

数字化生存经济读写：无形经济崛起

  21世纪随着互联网、大数据及人工智能叠加发展的新时代到来，数字成为人类新的生产要素，它已构成现代经济发展的重要引擎。利用数字技术和AI来推动资源优化配置和生产力发展的经济范式，有着高度抽象、高度虚拟、高度精神意向性特征，被国际学者指认为"无形经济崛起"的新态势。

  无形经济崛起，标志着人类心智的提升。经济发展由传统的物质资源拉动，转变为精神和物质资源双向拉动。经济活动离传统的物品经济、实物经济、物质经济越来越远，离创意经济、意识经济、视觉经济越来越近。显然，大量哲学问题沉浸式嵌入经济领域，催生了经济学与哲学的关联性沉思。例如，无形经济带来的经济世界观定位问题不容忽视：秉持"思中无物"经济理念，就会产生经济虚无性、经济单纯的意志论背书、经济的纯文学叙事幻象，世俗之城将会变成观念梦呓的乌托邦之城；秉持"思中必有物"的经济世界观，就会坚定持有"在实体经济基础上的虚拟经济与实体经济辩证综合发展"的技术总方针、总路线，经济发展将会走向健康、稳定和丰裕。又如，经济抽象和工具理性的智能化，加强了意识对物质商品的嵌入，赋予商品新的内涵，无形经济凸显的意识能动性原理值得新解。

第一节 "无形经济"范畴解析

  行为心理学的研究指出，人类并非理性的生物，而是本能的生物。从经济学的视角来看,"无形经济"这一范畴,与"数字经济"范畴有着一定的家族相似性。但就内涵而言,后者更多关注的是如何理性高效地发展和利用数字技术、AI以优化资源配置、推动经济发展。这不足以反映和洞察智能化时代经济活动背后日益凸显的精神意向和意识动能,更不能体现人类智慧对这一态势的准确把握和深刻反思。毫无疑问,前者更能契合这样的需要。

一、无形经济崛起

2017年,英国帝国理工大学经济学教授乔纳森·哈斯克尔和英国皇家统计学会首席执行官斯蒂安·韦斯特莱克合著出版的《无形经济的崛起》一书,首次全面论述了无形经济在国际经济中日益占主导地位的发展趋势。该书被多家媒体评为年度最佳图书。美国微软公司联合创始人比尔·盖茨在书评中指出,世界经济中与旧模式不同的部分只会越来越大……这是全球经济中最大趋势之一,却没有得到足够的关注。该书是"我所见过的最好的解释"[1]。2020年,阿莱克·斯塔布斯撰写文章《技术资本主义、无形经济和经济集权》[2],重点研究无形经济为当代资本主义发展所带来的经济意识形态的新变化。该文内容值得研究参考。

2021年,乔纳森·哈斯克尔和斯蒂安·韦斯特莱克再度合作出版《重启未来:无形经济的挑战与应对》,引起学术界和商业领袖的关注和呼应。《金融时报》首席经济评论员马丁·沃尔夫指出:"这将是一本值得被广泛讨论的重要作品。"[3]同年,麦肯锡高级合作人哈里克·哈赞在《意见领袖》(*Project Syndicate*)杂志上发表《无形资本主义的崛起》[4]一文指出,"数字化、非物质化的经济已然到来,其蔓延势不可挡"。哈赞认为,从19世纪到大约25年前,企业主要投资于有形资产之上,但在过去的25年里,对所谓的无形资产(如知识产权、研究、软件以及管理和组织技能)的投资飙升。麦肯锡全球研究院(MGI)的一项研究发现,到2019年,无形资产占美国和10个欧洲经济体总投资的40%,比1995年增长29%。[5] 随着人们加速发展

---

[1] 参见"盖茨笔记"网,https://www.gatesnotes.com/Capitalism-Without-Capital。

[2] Alec Stubbs, "Technocapitalism, the Intangible Economy, and Economic Centralization", *Perspectives on Global Development and Technology* 19,2020(1-2):32-44, Koninklijke Brill NV.

[3] [英]乔纳森·哈斯克尔、[英]斯蒂安·韦斯特莱克:《重启未来:无形经济的挑战与应对》,江生、于华译,中信出版社集团2022年版,封底。

[4] 参见 https://www.mckinsey.com/mgi/overview/in-the-news/the-rise-of-intangible-capitalism。

[5] 参见 https://www.mckinsey.com/mgi/overview/in-the-news/the-rise-of-intangible-capitalism。

和运用数字化技术以应对"新冠"疫情,无形投资似乎在 2020 年再次飙升。著名商业杂志《经济学人·商论》的执行总编辑吴晨在 2021 年 12 月 20 日的《经济观察报》上撰文指出,"新冠"疫情加速了从有形经济向无形经济的转型,而且因为技术的指数级发展,这种衔接真实和虚拟世界的转型会日益深入。①

2022 年 4 月,英国经济学家蒂姆·哈福德,畅销书《卧底经济学:非理性世界的理性经济学》的作者,在《金融时报》上发文阐述为什么需要集中精力修复无形经济。他评价说:"仔细看看过去两年里发生的种种事件,无形经济似乎比以往任何时候都更加重要。"②

由此可见,在数字化技术的强劲助力下,长期隐藏在有形经济之中的无形经济不但走到幕前,而且已经在世界范围内引发深刻的经济形态革命,打破人们传统认知中单一的有形经济格局。无形经济崛起,已是国际学术界和企业界的一个共识。

二、无形经济范畴的历史哲学追问

无形经济不仅是一个经济学范畴,而且是一个值得深究的经济哲学问题。反思人类行为和经济动因方面最根深蒂固的一些观念,关注因此观念变化而带来的人类生存境遇和未来发展的命运,是马克思主义哲学经济思辨之所好。我们应当从马克思主义哲学高度,甄别这一范畴的内涵与外延,梳理人类经济发展史的规律与趋势,赋予无形经济事实判断与价值判断。

(一)无形经济的历史生成:有形经济长期发展的产物

有形经济是指以物质为特征的经济范式③,如物品经济、实物经济、物质经济。用经济学话语说,资产是指可以触摸的实物,而投资是指建造或购买实物资产。远溯前古典经济学时代(公元前 800—1776 年),在古希腊、罗马以及欧洲中世纪教会的经济思想中,物质经济是所有经济学叙事的中心概念。物质生产、物品交换以及财富积累离不开看得见、摸得着的实物财产。近代英国工业革命爆发,亚当·斯密撰写了人类第一部科学意义上的"物质经济"理论教科书。在斯密看来,劳动概念

---

① 参见 https://www.eeo.com.cn/2021/1217/515497.shtml。
② 参见 https://www.ft.com/content/a14263cd-35e0-4f34-b10e-ae8523fad8d5。
③ "范式"概念,是美国科学哲学家库恩提出的。他认为,范式是观察世界和实践的系统方法,它与一系列假设密切相关。

不应包括精神劳动,精神生产本身既不生产价值也不能用于交换,因此,政治经济学应当是关于物质经济的学问。可见,有形经济是工业革命以来,人类积极打造原子式资本经济时代的经济范式。实体性、物质性、物品质料性是该时代经济本体的哲学内涵。一切经济活动,都围绕着追求可触摸实物多寡的中心议题而竞争。因此,所有资产、资本、财富等都隐喻着一种权力,即对一定数量可触摸到的实物的占有或支配权。

法国古典经济学家萨伊批判了斯密对于财富和生产的狭隘理解,通过效用创造这一理论拓展了人们对财富创造认知的教条,首次提出精神生产创造精神产品,也应当视作生产性劳动的理念。19世纪上半叶,精神生产力范畴被德国经济学家李斯特首次提出。他指出,从国家视角出发,精神生产者的任务是一个涉及内政、国防、外交,贯穿政治、经济、文化各领域的命题,根本目的就是通过这样一个高效综合体制的构建来提高整个国家的精神生产力,使精神生产和物质生产实现良性互动、相互促进,实现国家的富强。[①]马克思在批判地继承古典政治经济学关于精神生产论述的前提下,从唯物史观的视阈,深刻提出了三种社会生产理论:物质生产、精神生产、人的自身生产。精神生产大致分为两部分,"思想、观念、意识的生产"和"政治、法律、道德、宗教、形而上学"等社会意识形式的生产。[②] 精神生产由物质生产的一定形式所决定,必须依附于一定的物质条件才能实现。但精神生产一直参与了物质产品的创造过程。显然,马克思的贡献在于大大拓宽了人类对经济性理解的视野,从单纯的物质选项,转变到物质与精神双向选项的辩证原理上。

20世纪下半叶,"无形经济"范畴在未来学家阿尔温·托夫勒三次浪潮理论中被发现。他指出:"一旦我们认识到第二部类可计算的生产(和生产力),和第一部类无法计算的生产(和生产力)这个无形经济之间的强大紧密关系时,我们就被迫重新对这些关系做出解释。……富科斯说:'消费者的知识,经验,诚实和动机,影响着服务行业的生产力。'"[③]托夫勒已预感到信息社会的经济学,应当足够重视人的个性结构的性质本身、计算机模式和矩阵等非实物要素的影响。美国未来学家

[①] [德]弗里德里希·李斯特:《政治经济学的国民体系》,陈成煦译,商务印书馆1964年版,第140页。
[②] 中共中央马克思恩格斯列宁斯大林著作编译局编译:《马克思恩格斯文集(第1卷)》,人民出版社2009年版,第524页。
[③] [美]阿尔文·托夫勒:《第三次浪潮》,朱志焱、潘琪、张焱译,生活·读书·新知三联书店1983年版,第352页。

丹尼尔·贝尔在著作《后工业社会的来临》中明确指出,后工业社会有五大变化趋势:

(1)经济方面:从产品经济转变为服务性经济;

(2)职业分布:专业与技术人员阶层处于主导地位;

(3)中轴原理:理论知识处于中心地位,它是社会革新与制定政策的源泉;

(4)未来的方向:对科技的控制以及技术评估;

(5)制定决策:创造新的"智能技术"。[①]

可见,贝尔看见了知识经济为中轴原理的后工业社会,经济活动的内涵已发生了根本改变:从单纯的物质选项,走向物质与意识的双重选项。尤其是,对信息、知识、技术等非物质要素的经济哲学观察,让我们对经济概念的理解,进入看不见、摸不着的非实物经济视阈中。现在看来,丹尼尔·贝尔是依据社会存在论原理思考无形经济缘起的第一人。

20世纪下半叶,英国《独立报》经济编辑黛安·科伊尔在著作《无重的世界》中非常简洁形象地概括了无形经济体经济学特征——无重量经济,并声称人类将很快进入"靠无形事物过活"的时代。"无重经济学的先驱"[②]——伦敦经济学院经济学教授丹尼·奎指出,在无重世界里,"比特是唯一的货币,而塑造我们生活的商品(全球金融交易、电脑信息和自动控制领域的商业)实际上并无重量"。可以断言,这是一个"非物质化时代"[③]。

应当说,21世纪有三个市场背景发展趋势,加速了人类对无形经济新范式的关注和思考:

一是全球经济活动中无形资产(intangible assets)投资和政府研发的投入长期呈指数增长趋势[④],它使人们对经济有形和无形的财富效应有了更直观的认识。全球财富总量出现倍增效应。

二是数字智能化技术改造,使得工业自动化和人力节约设备的应用,导致制造业的生产率增长普遍高于服务业。电脑、互联网、大数据等高科技成果的商业化,使得经济效能提高的动力,以及工作机原理,越来越呈现虚拟化、抽象化、无形化

[①] [美]丹尼尔·贝尔:《后工业社会的来临》,高铦、王宏周、魏章玲译,江西人民出版社2018年版,第11-12页。

[②] [英]黛安·科伊尔:《无重的世界》,罗汉、方燕、陆从珍译,上海人民出版社1999年版,引言第9页。

[③] [英]黛安·科伊尔:《无重的世界》,罗汉、方燕、陆从珍译,上海人民出版社1999年版,引言第1页。

[④] [英]乔纳森·哈斯克尔、[英]斯蒂安·韦斯特莱克:《无形经济的崛起》,谢欣译,中信出版社2020年版,第11-16页。

特征。

三是"微软资产评估"事件震惊世界。2006年,微软市值约为2 500亿美元,而其厂房和设备等传统有形资产的价值仅为30亿美元,只占微软资产的4%和市值的1%。微软案例深刻地向世界昭示:无形经济时代已经到来,我们应当做好宏观经济的应对措施。

可见,无形经济发展是有形经济长期发展的最新形式。数字化生存世界,是原子与比特共生、现实世界与虚拟世界同在的世界,有形经济和无形经济并蒂发展,相互渗透、相互联系、互促发展,这才是21世纪数字经济发展的规律特征之一。

(二)无形经济概念内涵辨析

1. 无形经济概念有广义和狭义之分

首先,广义的无形经济概念,意指经济的抽象表达,表现为:经济图腾、货币符号、实物图像、数字货币、商品符号等。经济活动何时开始,经济抽象伴随而至。原始思维有一特征:原始人以感知、图像符号表达为基本思维方式。著名的符号学家罗兰·巴特把语言符号分为能指和所指,能指是具体存在的事物,所指是抽象化的概念,巴特认为,人们在获取物的过程中,不是因为物的某种功能性需求,更重要的是,想要获取附加在物上的符号,真正追求的并非物本身,而是隐藏于深处的意义。先从物里面逐步分离出具有指代含义的符号,再反过来讨论符号怎样逐步深入物中,最后实现对意识形态的广泛渗透以及被完全吸收内化。例如,早期商人随着交易数量的增加,开始寻找交易媒介,货币的早期约定使它既有有形资产的实物样式(铸铁等),又有脱离该实物并仍然用来交易他物的媒介符号功能,即无形资产。早期经济活动的各种象征符号,应当属于广义无形经济范畴,但由于缺乏可量度、可计算,不能用来直接交换,因此对这种无形经济意义的理解,多数存放在集体无意识的经验劳作中。原始经济商品制作者,往往不自觉地把美学、哲学、宗教、艺术融于对象存在的物品元素中,以视觉模仿及想象的方法,抽象的符号形式,打造令人惊讶的商品。质料是肉体,形式是灵魂,肉体是有形的,灵魂是无形的。

其次,狭义无形经济概念,与广义无形经济概念相比,有两点不同:

一是概念的内涵不同。广义无形经济,只是强调经济抽象行为的性质本身。而狭义无形经济,重在强调21世纪人类经济活动特有的某种范式,意指数字智能化时代人类经济活动特征的抽象表达,即经济发展由传统的物质资源拉动,转变为精神和物质资源双向拉动的特征,标志着人类心智的提升:从古老的经济性①内涵认知——单纯物质选项,转向物质与意识的双重选项的共识。正是在这个意义上,学术界对狭义无形经济概念有着多种认知:知识经济、后工业经济、数字经济、比特经济、虚拟经济等。在笔者看来,虽然它们之间有着解释的历史间距,但它们都有着概念的家族相似性:"抽象、无形、非物质"特征指向。

二是无形经济起源的划分时代不同。广义无形经济起源于人类经济活动的远古时期,经济活动何时出现,经济抽象就何时发生。而狭义无形经济的出现,来自20世纪后工业社会的来临,它与第三、第四次工业革命密切勾连。狭义无形经济对人类社会生产力的影响巨大:比特劳动的贡献率大大超过体力劳动的贡献率;生产者的知识化、生产工具的智能化、生产资料的数字化,既放大了生产力的实体和虚拟空间,又提高了先进生产力的效能。

2. 辩证理解狭义无形经济的范畴有着五个方面的关注点

(1)狭义无形经济是有形经济发展的最新形式,它不是告别以物质经济为特征的有形经济,而是有形经济发展出现了"精神和物质双重选项"的经济生存范式。

人们对经济活动本体论的理解,有了崭新的认知,即经济发展由传统的物质资源拉动,转为精神和物质资源双向拉动。经济活动中的"暗物质"出现了,不是实物,而是由数字、创意、知识等构成的生产要素。内容包括:以无形资产(不可直接用货币或实物计量的经济资产)为核心,软件、芯片为心脏,创意品牌为牵引,知识产权保护为红利,数字智能化运作为原理,物质经济为始基和根本,构成完整的比特②和原子式无形经济存在与发展的经济新范式。

总之,无形经济和有形经济不是相互替代的关系,而是互补的关系。如原子经济与比特经济的结合,推动制造业发展走向高端智能化水平,使铸铁的机器变成智能化的机器人。

(2)狭义无形经济始于后工业社会来临,兴盛于数字智能化时代,动力源在于科技进步成果的商业化。

---

① 经济性概念,意指哲学对经济活动的本体论抽象。古代通常把经济活动的本体论抽象,理解为物质实体论。随着20世纪后工业社会来临,精神劳动价值的市场发现和交易,以"思想、知识和关系为基础的经济的转变,以及投资向无形资产(如软件、数据、研发、设计、品牌、培训和业务流程)的转变"出现了,经济本体论开始被理解为物质实体和精神赋能的双向构成。引文参见[英]乔纳森·哈斯克尔、[英]斯蒂安·韦斯特莱克:《重启未来:无形经济的挑战与应对》,江生、于华译,中信出版集团2022年版,第XV页。

② 关于比特概念的深度理解,请参阅张雄:《"数字化生存"的存在论追问》一文,《江海学刊》2022年第4期。

20世纪后工业社会来临,正处在第三次工业革命背景下,当科学技术最新成果在经济领域得到广泛运用,尤其是,信息、知识对生产力要素的渗透,精神生产力大大超过物质生产力的效能,经济范式的转变势所必然。虽然,斯密时代有经济学家早就发现了精神劳动的作用,但只因为不可计量,市场交换不认可,加之整个社会缺乏自觉共识,无形经济的自觉表达尚未提及。20世纪,知识经济成为社会结构的中轴,商品生产经济转向服务型经济,职业分布以技术阶层的崛起为特征,知识被编码成抽象的符号系统,理论知识日益成为创新的源泉。后工业社会来临的最大改变,就是人类从单纯物质经济范式向狭义无形经济范式的转变,而狭义无形经济最具代表性也最具价值的恰恰是对消费者行为商业模式的创新。

21世纪随着互联网、大数据及人工智能叠加发展的时代到来,尤其是,第四次工业革命的兴起,数字要素对生产力的浸入,经济活动的元素变得主要依赖非物质事物,如数据、技术、创意、精神意向等。与有形经济不同,那些你摸不着的无形经济,不论是从竞争及风险,还是从资产的评估,都使我们对当今社会的经济活动有了全新认识。

(3)有形经济是原子时代的经济,它受绝对物质、绝对时间与空间的条件限制,一切交易必须遵守有重量世界的"物质属性"准则;而狭义无形经济是比特时代的经济,有着虚拟世界和物理世界共存、比特与原子同在、理性计算与非理性情感共生的物质与精神互动的特点。一切交易遵守无重量世界"实体与虚拟互动交换"的准则。在虚实互动的时空叠加里,全球资源总量和财富的总量大大超过原子时代;经济交易的内容更加丰富、更加符合人性需求;经济创新通过智能造物展示了"物质变精神、精神变物质"的哲学格律。交易不再仅仅是物质实体属性的流转,而数字与数字、流量与流量、符号与符号之间的翻转成为人类当代经济活动的时尚交易主流。

(4)狭义无形经济加速了世界历史发展总进程。

在狭义无形经济的推动下,全球现代化运动的总进程进一步加速。这既是历史普遍性发展的"景象"[①],又是各个国家追求现代化运动的特殊样态,集中体现在:狭义无形经济发展的内在规律,决定了全球经济发展的新规则、新秩序,客观上促进了民族历史积极主动地走向世界历史。

---

① 中共中央马克思恩格斯列宁斯大林著作编译局编译:《马克思恩格斯文集(第2卷)》,人民出版社2009年版,第239页。

另外,狭义无形经济加速了世界历史的交往并提高了质量。例如,无形资产的投资,简化了种种物理条件限制,使企业跨国工程项目由不可能变为可能,由几十年预算变为几年工期。再如,互联网经济打通了市场需求双方信息非对称渠道,使全球通市场商品流转格局成为可能。

总之,数字化技术和全球化商业的巨大驱动,为人类创新和经济繁荣,释放出更新、更大的经济自由,正是从这个意义上说,狭义无形经济的到来,是人类历史的进步,是文明发展的新阶段。

(5)狭义无形经济的局限性评估。

第一,经济发展受诸多不确定性因素左右,狭义无形经济到来,加大了世界经济发展的风险性和不可预测性。财富"过山车"现象屡见不鲜。

第二,无形资产的评估难度,极易导致社会财富的两极分化,经济不公和政府的腐败日趋严重。

第三,社会制度不同,人的异化形式更为多样、剥削程度加深、资本对物质世界和精神世界的凌驾日趋严重,戴镣铐的自由体验更加充盈等。

第二节 无形经济的辩证唯物主义世界观

历史进步总是在正反两方面因素推动下辩证行进的。狭义无形经济在世界范围的崛起,使一些发达国家产业结构发生了"脱实向虚"重大变化。经济性的物质本体论判断,正在一些经济学家、企业家和政治家的脑海中弱化,传统物质、物品经济体系正在瓦解,物质基石逐渐走向边缘化,唯物主义是否会破产?

一、狭义无形经济对哲学唯物论的挑战

狭义无形经济从三个方面提出了哲学唯物论问题:

其一,世界经济极端"金融化"趋势,以空套空、买空卖空的财富流转形式愈演愈烈。由意念、知识和创意等构成的生产要素,是狭义无形经济内在的轴心原理。它与传统的以物品经济、物质经济为轴心的经济存在论相冲突。在经济系统中对物质的觉解越来越弱化,传统的物质第一性原理被深度解构,在世界观领域,唯物主义物质始基论、物质决定论受到普遍质疑。

其二,以往投资,主要是代表工业辉煌的有形资产或实物商品;现在的投资,往往出现看不见、摸不着的东西:不是物质的东西,而是思想、知识和社会关系等,简称"暗物质"。无形资产的品质大大压倒有形资产的品质,非物质的东西,在经济上的重要性越来越被广泛接受。物质不再具有第一性原理;符号逻辑成为物质商品世界价值构成的逻各斯灵魂,物质始基论受到质疑。

其三,虚拟经济决定实体经济的价值溢出效应。上市公司股票资产远远高于该公司物质生产部门实物资产。物质似乎是一个无关紧要的存在。

二、马克思主义辩证唯物论的回应

马克思主义经济哲学理论工作者应当回答、必须思考智能化时代经济发展的哲学问题。毋庸置疑,狭义无形经济关涉着人类当下经济生活境遇和未来经济健康发展的命运,也关涉创新和增长、平等与不平等以及经济政策改革等重大问题。

首先,历史有着惊人的相似之处。一个多世纪以前,在科学发展史上有一重大事件值得提及。一个物理学新的发现,导致诸多自然科学家和哲学家认识的一片混乱。19世纪末20世纪初,物理学家卢瑟福发现了 α 粒子并用它打开了原子大门,提出原子内部结构模型的设想。顿时,物理学界和哲学界出现了认识的种种幻象:人类几千年来认定的"原子"不见了,物质消失了,唯物主义破产了!就在这关键时刻,列宁站在世纪转折点上,深度分析了这场物理学革命的哲学实质,运用辩证唯物主义基本原理,撰写出马克思主义哲学重要经典文献《唯物主义与经验批判主义》,科学地揭示了物理学革命所带来的哲学危机的认识论根源。其明确指出,哲学的物质概念与物理学物质结构理论有着极大的区别,互相不可替代,并提出了著名的辩证唯物主义物质概念的经典定义,拨开了迷雾,澄清了真相,捍卫和发展了马克思主义辩证唯物论学说,具有划时代的理论及实践意义。

其次,今天拯救哲学意义的物质命运,似乎再次被提及。20世纪人类正在经历本能时代向智能化时代的转变。尤其是,互联网、云计算、数字化等高科技工具理性的运用,经济性的物质内涵发生了变化。经济学变得越来越不经济了,它离传统的物品经济、实物经济、物质经济越来越远;离无形资产、创意经济、意识经济、视觉经济越来越近,经济性内涵选项的变化,再一次引起人们对哲学物质第一性原理的思考。

再次,狭义无形经济崛起并没有驳倒马克思主义哲学的"物质第一性原理"。

事实上，哲学"物质第一性"原理与经济性的"物质追问"，既相互联系又相互区别。联系在于，哲学问题的不同回答，决定着人们对经济性问题回答的站位立场：是单纯经济理性思维，还是融入辩证理性思维？（经济理性思维：追求经济行为者的自利原则和最大化利润目标实现；辩证理性思维：注重普遍联系和永恒发展的矛盾规律。）是坚持经济发展"脱实向虚"的技术总方针、总路线，还是坚持"在实体经济基础上的虚拟经济与实体经济辩证综合发展"的技术总方针、总路线？这决定了经济的事"理"与经济的事"道"是否两级相通，决定了经济学实证分析方法能否上升为思辨经济学"方法论"，决定了经济领域好奇心和问题背后问题的甄别，决定了经济生活是否始终坚持生活世界第一性原理，即能否脚踩大地拥抱自由的问题。

依辩证哲学分析，狭义无形经济是有形经济长期发展的产物，是对有形经济的高度抽象。"物质经济内在需要""工具理性"加"人的意识功能"是构成狭义无形经济的核心要件。倘若滑向唯心主义世界观，就会信奉"思中无物"的经济世界观。经济的虚无性、经济单纯的意志论背书、经济的纯文学叙事等，统统被视为经济存在与发展的根本。如此错误的经济世界观，必然导致经济成为无根的浮萍、断线风筝、空中楼阁、越吹越大的泡沫，人类世俗之城最终变成观念梦呓的乌托邦之城。显然，这不是人类经济活动本身所追求的。倘若走向辩证唯物主义世界观，就会信奉"思中必有物"的经济世界观。互联网、大数据、区块链、计算机等工具的运用，经济流转形式虽然越来越抽象，越来越便捷，越来越意识流，但人类的物质劳动始终是财富创造的根本源泉，物质生产永远是财富创造的根本动力。虚拟经济虽然具有杠杆率和倍增效应，但一旦离开实体经济的根脉，虚拟经济就只能是虚幻的存在。显然，辩证唯物主义物质第一性原理，仍然是我们智能化时代经济世界观的根本依据。经济行为的最终效益确认，应当是实体经济的物质量度。用政治经济学话语表达，没有强大物质生产力发展，没有实体经济的发展，哪来国强民富？

可见，这是社会主义市场经济认识的大是大非问题，也是马克思主义经济世界观的"定海神针"。人类经济行为的本质，不是画饼充饥，而是物质变精神，精神变物质的辩证过程。它既是人的生命有机体延续的自然本能所为，更是人类追求自由禀赋在交换领域的定在。经济学的资源优化配置原理，从最终意义上说，不是观念与观念的资源配置，而是物质与物质的资源最佳配置。金融衍生工具的多样性是加快资源流动和精准配置的重要手段，但金融的"寻根"意识必不可少。有了这个"根"，金融运行确保了安全和财富倍增效应真正物质化，进而从根本上避免了金融风险的发生。

三、哲学世界观的物质论追问与经济性物质内涵的追问的根本区别

哲学世界观的物质论追问与经济性物质内涵的追问有着根本性质的不同，主要表现在四个方面：

其一，哲学世界观的物质论追问，只是回答世界存在的终极原理，有着始基论、本体论的意义指向；而经济性物质内涵的追问，只是回答经济体构成的有形资产占比与无形资产占比的实证判断问题，有着财富创造的"虚与实、快与慢、要素与实体、质料与形式、物质与暗物质"的心理选项。

其二，哲学世界观的追问，是"物质第一性原理"的追问。我们认为，要精准理解辩证唯物主义"物质第一性原理"，需从如此维度分析：狭义无形经济虽然从某种程度上弱化了物质在经济系统中的地位，但不等于唯物主义世界观的破产。恩格斯指出："哲学家依照他们如何回答这个问题而分成了两大阵营。凡是断定精神对自然界来说是本原的，从而归根到底承认某种创世说的人……组成唯心主义阵营。凡是认为自然界是本原的，则属于唯物主义的各种学派。除此之外，唯心主义和唯物主义这两个用语本来没有任何别的意思，它们在这里也不是在别的意义上使用的。"[①]可见，经济领域物质作用的弱化，与唯物主义世界观物质第一性原理是两回事。前者，属于经济领域经济性的判断；后者，属于哲学终极意义上"第一原理"的追问。

其三，哲学物质第一性原理，具有"始基-质料"含义。亚里士多德认为："所谓'质料'就是事物所产生的，并在事物内始终存在的那个东西。质料又可以被定义为：一切自然事物所依托的原初的基础，万物不是偶然地而是绝对地由之产生并且继续存在下去。从这个意义上讲，质料虽然是事物存在的必不可少的基础，但它仅仅是被动的、消极的、被制作的、惰性的、没有内在活力的材料。"[②]也就是说，物质质料虽然是被动、杂多的存在，但在谁产生谁、谁决定谁的第一存在论（终极追问）原理上，拥有"始基-质料"地位。试想，没有实体经济，哪来虚拟经济？无形资产无论有多高价值溢出效应，没有相应的有形资产的参照系，我们如何去评估？

其四，哲学物质第一性原理，具有"本体"含义。亚里士多德对本体的含义做了

---

① 中共中央马克思恩格斯列宁斯大林著作编译局编译：《马克思恩格斯选集（第4卷）》，人民出版社2009年版，第231页。
② 舒红跃、宋伟：《西方哲学原著导读新编》，社会科学文献出版社2022年版，第21页。

如此解释:"本体,就其最真正的、第一性的、最确切的意义而言,是那既用来表述一个主体又不存在于一个主体里面的东西。"[①]显然,本体有两层含义:事物的原样和自身,第一性的存在。实际上,"本体"在今天无形经济领域中的反映,就是在"实与虚"关系的事实判断上,世界变化再大,我们都要紧紧抓住"物质本体之根",不可从本体上"脱实向虚"。殊不知,"质料因决定形式因"是终极意义上的绝对真理。它是我们理解世界存在与发展的根本基点,任何时候都丝毫不能动摇。

基于上述逻辑,狭义无形经济的运转本质上应当如此:以物质实体为基础和前提,通过抽象化、符号化、数字化运作(实体经济的普遍性原理与特殊性原理的结合),以及经济原子世界的虚拟化、智能化运作,实现倍增效应,并在资产会计账目上得到确认。这其中,未来预期、资产评估、数字技术、网络工具、虚拟货币、知识产权、信用级别、精神意向及叙事等要素贯穿于狭义无形经济运转的全过程。不难看出,从感性实体出发,通过意识的抽象运作,对原在性实体以及个性内涵,赋予形式因及意义世界的解读,产生观念与观念、数字与数字、符号与符号的市场交易,本质上是对具有看不见,但又有着持久价值的资产赋能的物质经济的一种读写。

第三节 无形经济的意识能动性

在数字技术和 AI 的加持下,人类经济行为的复杂性得以无限放大,从而带动无形经济的迅速崛起和发展。要揭开无形经济的神秘面纱,以探究其背后被技术法相遮蔽的深层次动力因,我们就必须使用马克思主义的意识能动性原理。

一、辩证唯物主义意识能动性原理

马克思关于意识能动性原理有过精辟论述。他在《关于费尔巴哈的提纲》中指出:"从前的一切唯物主义(包括费尔巴哈的唯物主义)的主要缺点是:对对象、现实、感性,只是从客体的或者直观的形式去理解,而不是把它们当作感性的人的活动,当作实践去理解,不是从主体方面去理解。因此,和唯物主义相反,唯心主义却

[①] 舒红跃、宋伟:《西方哲学原著导读新编》,社会科学文献出版社 2022 年版,第 15 页。

把能动的方面抽象地发展了,当然,唯心主义是不知道现实的、感性的活动本身的。"①

显然,马克思关于意识"能动性"的强调,有两个特点:意识能动性来自现实的、感性活动本身;意识能动性是辩证唯物主义与旧唯物主义相区别的重要特征。旧唯物主义只是物性化理解世界的存在,把人与外部世界的关系理解为 A＝A 的直观反映的关系。而辩证唯物主义意识能动性原理,重点强调实践活动的能动性,即意识所特有的积极反映世界与改造世界的能力和活动。它主要包括:意识具有目的性,意识具有自觉的选择性,意识具有主动创造性。

二、20 世纪以来人类关于意识能动性认知发展的知识背景

20 世纪以来,随着人类感性活动发生了翻天覆地的深刻变化,哲学和科学技术的发展,为意识、意识能动性的研究提供了可贵的学术资源。在哲学界,布伦塔洛的意象性学说,尤其是意识对对象的关涉、指向,意识与对象综合统一等观点;弗洛伊德的关于意识、无意识理论;胡塞尔的现象学观念关于心理现象对人的感觉、知识、意向、意识等科学哲学的分析;等等。在实证科学技术领域,第四次工业革命导致人工智能飞速发展,机器模拟、延伸和扩展人的智能成为工业时髦。人工智能不是人的智能和意识,相反,它是人的意识对象化产物,能像人那样思考,又能解决一些人类意识难以触及的问题,尤其是在精准性、实证性、对象深度把握等方面,表现得比人更强。

随着数字化生存世界的到来,连接原子世界与比特世界有着六大技术的突破(人工智能和量子计算、传感器和物联网、自主机器、分布式账本和区块链、虚拟现实和混合现实、5G 网络和卫星星座),这些突破为"人机互动智能机器人"意识哲学研判提供了有力证明。

众所周知,意识的生物学基础是大量神经元集群的协同活动。在高等生物大脑中,存在大量的自编码器-解码器(Autoencoder-decoder)。当代人工智能部分揭示了神经网络与意识的物相关系,机器人的神经网络系统与人相比,其共同点逐渐增多。如机器学习中的神经网络模型,尤其是注意力的机制在机器学习模型中的

---

① 中共中央马克思恩格斯列宁斯大林著作编译局编译:《马克思恩格斯文集(第 1 卷)》,人民出版社 2009 年版,第 499 页。

显现等。人类能使用一些算法,从大脑的信号中解码出意识所需要的部分信息。当前轰动世界的 ChatGPT 机器人的出现,已经证明机器人的神经网络系统,已初步具备部分人脑的意识功能。它的核心技术是 GPT(Generative, Pre-trained, Transformer),意指生成性预训练变换模型。G,生成性,意指生成性 AI 模型。生成意味着不断追求内容出新,具有较强的创建性。P,预训练,包括两项技术:监督学习、通过人类反馈强化学习。后者具有一定的评价功能。T,转换器,准确地说,是一个非常底层的人工智能机器学习的算法架构,是一种深度神经网络。可见,ChatGPT 问世,证明了智能化机器人已具备特殊的意识功能。哲学界完全承认智能机器人的意识功能将不会遥远。特别是,在意识的社会功能方面,智能化机器人有着历史化信息检索精准表达的优势。这说明"意识"并不是一个纯生物学的机制,我们不能单纯地把它放在生物学、神经科学、心理学的范畴下求解。

三、狭义无形经济的意识能动性

狭义无形经济的意识能动性,是 21 世纪高科技成果转化的经济版哲学读写。准确地说,人工智能使经济活动变成"编程与思维、算力与联想、经济与哲学"人机互动的派生物。人工智能显示的"意识"范畴内涵有了新变化:

一方面,意识是人脑的机能,但它受到诸多非意识因素的激活和制约,如社会因素、科技因素、数据因素、人-机互动因素、环境因素、互联网因素等。应当说,智能化时代,意识是人脑受综合因素协调共振所呈现的物质-精神互动现象。

另一方面,意识包括形象思维、逻辑思维、历史向度思维、多维度交叉思维、实证数据推演思维等。毫无疑问,狭义无形经济关涉的大数据分析应用,拥有着超人的实证数据推演思维能力。无论深度和广度都是人脑无法比拟的。但我们可以说,在人机互动作用下形成的意识功能新载体,促使人的意识功能大大增强,计算机成为人脑意识功能的延伸,这是当前考量人的意识能动性最新的变化特征之一。在 21 世纪的比特时代,那种用干瘪、纯粹抽象的哲学概念或原子时代计划经济条件下形成的哲学教条来理解丰富而又复杂的意识能动性原理的做法,早已不合时宜。

狭义无形经济所显示的意识能动性主要表现在三个方面:

(1)经济的抽象和工具的智能化,使得意识对物质商品的嵌入,赋予了商品灵魂和意义。

没有它，物质就是僵死被动的质料。有了它，物质价值连城。例如，商品符号经过意识的加工，赋予了实物商品的灵魂，使商品有了高倍溢价效应。耐克符号比耐克球鞋更值钱。意识能动性反映在意识反作用于物质，符号商品决定物质商品的命运；符号商品提升了商品的市场占有率，使产权可以发生多次转让。商品灵魂可以大大超越该商品的物质意义。在马克思所区分的使用价值和交换价值之外，鲍德里亚又增加了对符号价值的分析。再如，芯片产品，浓缩着人的设计意识及集成电路技术信息。芯片载体的材质是很微小的物质颗粒，但芯片内容汇聚了极为重要的商业秘密，它是意识对客观物质的反映与再创造。芯片这个物质载体，在意识的充盈下变成载体中看不见的抽象价值大大高于物质载体本身。显然，意识能动性改变了物质的市场命运。

（2）精神意象性智能造物。

哲学寓意的意象性有三层含义：①意识针对物自体，意识是主体；针对未加反思的意识，它又是客体。因此，意识既是客体，又是主体。②意识有着"朝向性"和"赋予性"。③主动生成与对象化存在。[①]

智能造物，其本质是人类利用计算机系统或计算机系统本身自动生成的内容，是由人类提供基础数据并由非人类的人工智能通过数据分析和算法完成的内容。其有三种形式：人机交互性相互协同完成的新产品；智能机器人自感知、自决策、自执行完成的产品；产业链协同共创的物质附属物等。

很显然，这里所有的物质创出，都离不开意识活动。但机器本身功能的协同造物，再次提出智能机器人的意识探索问题。通过互联网、人工智能和计算机等工具运用，"精神变物质"成为可能。例如，新产品问世，离不开人机互动原理打造。在

[①] 我思中"纯粹自我"的追问，可谓胡塞尔现象学的基础，早在《逻辑研究》(1900—1901)第二卷中，胡塞尔就讨论了意象性及其相关内容。在胡塞尔看来，哲学作为科学尚未真正开始，原因在于哲学家没有根本摆脱"自然主义"的思维方式，布伦塔洛是意识意象性的发现者，他对"内感知/意识"的分析具有某种意象性意识的"分析样式"。胡塞尔在此基础上，明确提出将"意象性"式的"心理现象"作为考察对象的意向。在他看来，自然态度把物看作实在，自然思维的知识形成是有前提和预设的，不具有被赋予性，人的哲学思维就是要改变它。它具有赋予性，即认识如何"切中"事物。"意象性"一方面是指意识活动必然有其所指向的对象，即显现在我们直观视阈中的那些现象；另一方面是指我们在意识活动中所意识到的一切都是由相应的意向活动确立的，它以"我思"的方式进行，主体"朝向"意向的客体，而我思本身就包含着一个内在于它的"朝向"客体的"目光"。这就是说，人的意识永远都是在指向着某处，并且在这种指向的过程中赋予对象以意义，这种意义通过意识活动的"意指"被确立。显然，意象性不仅是被动的、被绝对给予的意象性，而且是一种生成着的主动的建构性。胡塞尔把内在指向活动与超越性指向活动区别开来，意向对象彼此勾连，而后者指关于某一特定知觉的关联项，它在本质上不需要任何"物"的存在，并且充分地与意识相关。世界在意识之中得到了确立。自然物都是意识的关联项。

产品研发阶段,人的精神意象性作用凸显:追求唯一品质的创意模拟、想象力叙事、工艺设计原理运用、审美意识介入等方面,哲学意象性的"对象化""物化""给与""指向""选择"等特征,贯穿其中。毫无疑问,没有意识创意中的"黑天鹅""灰犀牛"设计理念,就不可能出现富有极强创新能力和生命力的实体企业。在这里"不怕做不到,就怕想不到"。又如,数字化 3D 打印,可以把视频中商品设计图像直接打印出物理世界的真实存在物品。此商品图像形成,正是通过精神意象性运作:对象化劳动、创意、知识技术运用、情感的介入、灵感与审美的融入等,打印出"第二自然"商品,更加彰显人的"理性狡计"。

(3)以实证分析为底板的智能机器人,具有极强的"意识能动性"。

例如,聊天机器人+搜索工具+文本创造工具的新物种 ChatGPT。意识能动性突出反映在两个方面:首先,信息检索具有超强的选择性功能。在信息海洋中可以按某一内容指向要求瞬间撷取相关信息。信息选择可实现精益求精、精准表达。其次,具有在实证分析基础上的抽象思维、逻辑推理、情景模拟等方面所显示的意识能动性,如撰写商业报告、完成大学生课堂作业、编写小说文本等。

可以断言,智能化就是人与机器同构的意识能动性读写。但在创造性思维方面,美国麻省理工学院著名语言学家乔姆斯基教授对 ChatGPT 评价并不乐观。他认为,ChatGPT 本质上是对高科技成果的剽窃。这是美国追求效率社会设计的产物。一切变成实证分析,思辨的批判性培养不足。或许,这正是未来人工智能努力的方向。

值得重视的是,狭义无形经济彰显的意识能动性,脱离不了物质的"纠缠"。马克思指出:"意识并非一开始就是'纯粹的'意识。'精神'从一开始就很倒霉,受到物质的'纠缠'。"[1]纠缠说明意识能动性永远是在物质本体论基础上展开的。

第一,芯片的制造。内容是对物质世界客观规律及其本质的反映,也是对物质生产实践活动需要的满足。它的外在形式更离不开芯片生产的物质承载。

第二,3D 打印彰显精神变物质的哲理,但打印原理离不开物质生产实践活动的前提条件。马克思说:"最蹩脚的建筑师从一开始就比最灵巧的蜜蜂高明的地方,是他在用蜂蜡建筑蜂房以前,已经在自己的头脑中把它建成了。劳动过程结束时得到的结果,在这个过程开始时就已经在劳动者的表象中存在着,即已经观念地存

---

[1] 中共中央马克思恩格斯列宁斯大林著作编译局编译:《马克思恩格斯文集(第 1 卷)》,人民出版社 2009 年版,第 533 页。

在着。"①3D 打印,首先来自工程师、设计师对"原型物体"在观念中的反映、再模拟、再组合、再创造。他们的劳动实践,通过计算机辅助设计(CAD)或计算机动画建模,无论是电脑程序的编写还是打印模型的设计,都离不开物质的"纠缠"。

第三,无形资产的评估。物质"纠缠"表现在无形资产的附着力方面。无形资产往往以数字抽象形式为存在,它附着在有形资产中,发挥固有功能,可以通过某种载体形式反映或发挥作用。物质"纠缠"反映在专利权以专利证书的物质形式上;无形资产的评估,离不开有形资产的基准坐标。

第四,上市公司股票资产认定。股票代表着投入企业的现实资本,但它本身并不是现实资本,不能在企业中发生作用,只是有权索取这个资本所生产的一部分剩余价值的证书。虚拟资本只能间接地反映现实资本的运动,是"现实资本的纸制复本"②。

总体而论,机器人的意识、意识能动性是一个很值得探索的哲学新问题。我们要敢于表白生活在 21 世纪应当表白的哲学观念和思想。尽管不充分、不严谨,但要有"破坏性创新"的勇气,科学发现来自不断地被证伪的命题。笔者以为,人工智能显示了意识、意识能动性,它参与了人类认识世界、改造世界的活动,尽管目前是实证分析基础上的意识、意识能动性。甚至我们可以说,机器人永远赶不上人类智慧,是人类赋能给机器人的。如古希腊哲人所言,阿喀琉斯追乌龟,永远追不上。但就具体的每个人来说,现实个人和机器人,他们各有思维优势:在理性方面,机器人更加实证,更加精准;在非理性方面,现实个人情感拿捏要复杂得多,其空间要大得多。人比机器人更显灵性。

第四节　狭义无形经济认识的"真相"与"真理"

罗素指出:"思想要比感官更高贵而思想的对象要比感官知觉的对象更真实。"③北京大学先刚教授重译的黑格尔著作《精神现象学》,揭示了在旧译本中被遮

---

① 中共中央马克思恩格斯列宁斯大林著作编译局编译:《马克思恩格斯文集(第 5 卷)》,人民出版社 2009 年版,第 208 页。
② 中共中央马克思恩格斯列宁斯大林著作编译局编译:《马克思恩格斯文集(第 7 卷)》,人民出版社 2009 年版,第 540 页。
③ [英]罗素:《西方哲学史(上卷)》,何兆武、李约瑟译,商务印书馆 2020 年版,第 45 页。

蔽的"真相"这一重要概念,并将其与"真理"概念明确区分开来,我们表示认同。事实上,真相是未加反思的表象存在,与事物的本质若即若离。如记者到事件现场所抓拍的照片,从第一时间反应,它似乎记录了真实场面。但事件背后的本质原因,仍需要诸多因果关系的逻辑推理和思辨反思。由直接表象性存在进入必然性本质判断的"存在之存在"。这样,才能获得真理认识。

一、狭义无形经济的"真相"认识

狭义无形经济的"真相"认识意指什么？它有两个指向：

一个是未加反思的狭义无形经济阐释。例如,把狭义无形经济理解为"没有资本的资本主义",混淆了从生产关系的特征划分资本主义的客观尺度,它代表了未加反思的经济必然性指认。这是直接现实性的表象显现,与经济发展的趋势判断不相吻合。

另一个是朴素的真实判断。例如,把狭义无形经济解释为"背离原子时代经济特征的无重量经济"形象的描述,概括了事物的某一方面真实特征,但不是最本质的特征。黑格尔指出,熟知未必真知。这些表象的真实,犹如黑格尔批评那些企图通过"超凡脱俗的直观""经验"等手段来认识"绝对者"或"绝对现实性"的做法,尽管可以直接认知命题,但持这种思维方式的是不折不扣的独断论者。

二、狭义无形经济的"真理"判断

狭义无形经济的"真理"判断应是什么？我们认为,当意识以真相为对象,经过概念的反思并达到与这个对象相一致或契合的时候,就达到了真理判断。因此,精神的认识过程尤为重要。精神就是对追求绝对的现实性即"真相"的提问。如果说,真相是一个本体论层次的概念,那么,真理就是一个认识论层次的概念。[①] 当意识以真相为对象,并且与这个对象相一致或契合的时候,就达到了真理。黑格尔在《法哲学原理》中指出："哲学上的真理指概念和实在相适合。"[②] 在被马克思称为"黑格尔哲学的诞生地"的《精神现象学》一书中,黑格尔把精神现象学定义为"意识的

[①] 先刚:《黑格尔〈精神现象学〉中的"真相"和"真理"概念》,《云南大学学报(社会科学版)》2016年第6期,第5—12页。

[②] [德]黑格尔:《法哲学原理》,范扬、张企泰译,商务印书馆2009年版,第35页。

经验科学"。

真相与真理的区别在于,真相不仅是实体,而且是一个主体。而作为主体,它不仅仅是一种辩证运动,而且是一个自己制造出自己,引领着自己返回到自身内的过程。因此,从根本上它是同一个东西。只有这个以他者为中介的自身反映——而不是原初的或直接统一性——才是真相。真相是一个整体。但整体只不过是一个通过自身的发展而不断完善着的本质。真相就是精神,真相是精神的各种呈现。①

关于狭义无形经济的"真理判断",马克思主义经济哲学的三个追问给了我们反思后的启示:

其一,本体论追问——欲望、利益、需要的经济原在性原理。

可以说,狭义无形经济本质上并不神秘,人类欲望是狭义无形经济活动重要的内生动力和根据。在此基础上,人类的利益、需要和生产是沟通、平衡、把控欲望的唯一桥梁。简而言之,狭义无形经济发展来自有形经济,经济行为的根永远是物质经济,如经济学家马歇尔所言,经济学是关于人类欲望及其欲望满足的学问。②

其二,认识论追问——经济行为本质上是"自然的计划",还是"历史的计划"追问。③

"自然的计划"注定了人类经济发展脱离不了自然理性的框架,狭义无形经济发展受经济发展客观物质规律的支配。但没有科技发展的现代性影响,经济的"自然的计划"不会变得如此快捷、精准和无重量。而"历史的计划",是人类追求自由自觉、全面发展的意志显现,是经济演化创新的历史化过程,在"自然的计划"底板下,朝着理智自觉方向运动。毫无疑问,狭义无形经济是"历史计划"的产物:追求经济自由,永远是人类追求命运打击不到领域的生存范式。二者展现了"必然"与"自由"的关系。

其三,价值观追问——关于进步观念的审查。

狭义无形经济带来的财富增长是否意味着文明的提升和人的全面发展?财富的丰裕是人全面自由发展的前提,但财富的一般抽象使人心理上形成具有超然的可以通约一切的权力幻象,遮蔽了自由发展的前景。只有把财富的使用价值与人

---

① 先刚:《黑格尔〈精神现象学〉中的"真相"和"真理"概念》,《云南大学学报(社会科学版)》2016年第6期,第5—12页。
② [英]阿尔弗雷德·马歇尔:《经济学原理》,朱志泰译,商务印书馆1964年版,第103—105页。
③ [德]康德:《历史理性批判文集》,何兆武译,商务印书馆1970年版,第3页、第16页。

的本质力量全面发展相贯通，它才能真正促进人类社会的经济正义。

本章思考题

1. 什么是"无形经济"？
2. 如何理解"无形经济"与"有形经济"的关系？
3. 狭义无形经济所显示的意识能动性反映在哪些方面？
4. 无形经济的崛起是否颠覆了马克思主义哲学的"物质第一性原理"？

本章阅读文献

1. 中共中央马克思恩格斯列宁斯大林著作编译局编译：《马克思恩格斯文集（第5卷）》，人民出版社2009年版。
2. [德]黑格尔：《法哲学原理》，范扬、张企泰译，商务印书馆2009年版。
3. [德]黑格尔：《精神现象学》，先刚译，人民出版社2013年版。
4. [英]乔纳森·哈斯克尔、[英]斯蒂安·韦斯特莱克：《无形经济的崛起》，谢欣译，中信出版社2020年版。
5. [英]乔纳森·哈斯克尔、[英]斯蒂安·韦斯特莱克：《重启未来：无形经济的挑战与应对》，江生、于华译，中信出版社2022年版。
6. [英]黛安·科伊尔：《无重的世界》，罗汉、方燕、陆从珍译，上海人民出版社1999年版。
7. [美]丹尼尔·贝尔：《后工业社会的来临》，高铦、王宏周、魏章玲译，江西人民出版社2018年版。
8. [英]马歇尔：《经济学原理》，朱志泰译，商务印书馆1964年版。
9. [美]熊彼特：《资本主义、社会主义与民主》，吴良健译，商务印书馆1999年版。
10. [德]李斯特：《政治经济学的国民体系》，陈万煦译，商务印书馆1997年版。
11. [德]康德：《历史理性批判文集》，何兆武译，商务印书馆1990年版。
12. 张雄：《当代中国马克思主义经济哲学探索》，光明日报出版社2022年版。

第十章

数字经济的劳动价值论分析

互联网、大数据与 AI 技术交叠加速的 21 世纪智能化时代,带来了人类经济活动范式的新变化,数字成为驱动现代经济发展的重要引擎。数字经济深刻改变了人类劳动范畴与资本范畴的内涵,对马克思劳动价值论提出新挑战,产生了关涉价值形成与价值创造、价值实现与价值转移、价值认定与价值评估等重要劳动价值论问题。立足于新的时代精神,本章主要提出物质劳动与精神劳动、客观价值论与主观价值论、商品的社会必要劳动时间与商品的科技含量和知识产权转让等新的原理探究。旨在证明,数字经济的科学劳动价值论,仍然是马克思劳动价值论的核心原理在当代的延伸与深化。辩证把握数字化时代人类生存境遇的实质,依然离不开马克思劳动价值论核心原理坐标。

第一节 马克思劳动价值论新挑战

一、劳动范畴内涵出现诸多变化

众所周知,劳动范畴首先是一个历史范畴,随人类生产实践活动方式的改变而改变。古希腊哲学家亚里士多德最早从历史哲学视阈提出了劳动范畴的两个特征:"制作活动"与"实践行动",将其从自然秩序与神圣秩序中剥离出来,彰显人本主义的深刻寓意。近代,亚当·斯密从政治经济学角度将劳动视为一切财富的源泉,强调劳动内涵的社会化大分工与大生产的历史化进步意义。劳动被赋予了深邃的现代性交换价值的特殊功能,因而不再是古代意义上单纯实体质料的改变,而是超越物质质料意义的社会财富效应的动力源。黑格尔看到了劳动作为人的感性对象化活动的积极价值,但同时认为这种生命塑造方式并不具有本体意义,而是服务于绝对精神自我把控的需要。马克思在批判地继承古典政治经济学观点的基础上,对资本主义机器大工业时代的劳动内涵进行了深刻规定:其一,劳动概念受到严格的雇佣关系框架限制。工人通过向资本家出卖劳动力换取最低生活资料,资本家用生活资料购买工人的劳动力进行生产,由此建立起"以雇佣劳动为前提"的资本主义生产方式[1],对劳动时间、劳动场所、生产方式与生产过程等内容有着固定的制度性要求。其二,劳动主要体现为改变物质自然实体的社会化生产性劳动,是劳动者将其生命倾注到对象化活动中的物质实践过程。其三,劳动是工人生产剩余价值的体力支出,以肌体劳动为主,脑力劳动为辅。21世纪数字智能化时代,知识、数据、创意等非物质生产要素越发成为经济活动的重要驱动,劳动范畴呈现三个新特征:其一,劳动内涵更多是摸不着、无重量的比特劳动。"比特"是数字化信息存在的基本粒子,无色、无尺寸或重量[2],携带海量丰富信息,具有"高度抽象、高度虚拟、高度精神意向性特征"[3],深刻变革着人类传统的生产与生活方式。其二,比特劳动属于精神劳动,不完全属于雇佣关系框架下的劳动,具有"非物质劳动"当代形式的特征属性,虚拟性、灵动性、意识能动性是其存在与运动的原理特征。其三,比特劳动以智能化的脑力劳动为主导形式,体力劳动的重要性逐渐萎缩。劳动内涵的历史嬗变表明,人类社会生产活动实践越来越丰富、深刻,越来越趋向主观性和人本自由诉求,对马克思劳动价值论唯物史观原理提出了新挑战。

二、劳动工具及劳动对象的改变

马克思认为劳动对象包括"天然存在的"与"劳动滤过的"两大类。前者表现为人类在原始性劳动中使用的土地,以及能够从自然中分离出来的物质存在要素,"所有那些通过劳动只是同土地脱离直接联系的东西,都是天然存在的劳动对象"。

---

[1] 中共中央马克思恩格斯列宁斯大林著作编译局编译:《马克思恩格斯选集(第1卷)》,人民出版社2012年第3版,第343页。

[2] [美]尼古拉·尼葛洛庞帝:《数字化生存》,胡泳、范海燕译,电子工业出版社2017年版,第5页。

[3] 张雄:《无形经济:一个值得深究的经济哲学问题》,《哲学研究》2024年第1期,第23页。

后者指机器大工业时代经由前期劳动改变、过滤所形成的各种物质原料[①]，主要是各种机器、设备、厂房、流水线等物质形态工具，即"机械性的劳动资料（其总和可称为生产的骨骼系统和肌肉系统）"[②]，反映了物质生产劳动在商品经济中起决定性作用的社会化大生产阶段，实体性、物能性、刚性化的劳动工具直接作用于劳动对象本身，使其符合产品制造的需要的劳动过程特质。

数字经济时代，劳动对象和劳动工具均发生巨大而深刻的变革。一是劳动对象从自然界或原料的外在物质领域逐渐向人的主观精神层面扩展，如互联网用户的创意、想象、情感、注意力等内在意识。主体性因素的增强拓宽了劳动对象的边界，表征着人类创造与转化能量的实践水平不断提升，对自然改造利用的效果更加精准合理。二是劳动工具不再完全依赖直接的肌肉力量对自然物的操控，更多是以比特能量转化的间接形式丰富着人类的生产与生活。软件、数据、网络平台、人工智能既是劳动手段，也是劳动对象，二者的界限越发模糊淡化。劳动对象与劳动工具不断主观化、隐形化与趋同化的发展演变，凸显了人类追求自由自觉创新禀赋的需要及其创造力，同时带来了深化发展马克思劳动价值论的新问题。

三、价值创造与价值转移方式发生变化

数字智能时代劳动范畴外延与内涵的变革引发了价值衡量与价值转移的新问题：（1）关涉价值贡献率的确定难题。马克思主义价值理论认为价值创造的唯一源泉是活劳动，资本、技术、管理等生产要素对社会财富的创造有所贡献，但只有活劳动才创造价值。数字经济时代，价值创造体现为脑力劳动主导的隐性运动，其价值生成凝结在知识、信息、数据、意识等多种精神生产要素参与的财富创造过程中，比特劳动是核心，原子世界的呈现是其结果，是检验数字经济劳动贡献率的标准，反映出数字经济价值衡量复杂性、模糊性的特征。（2）关涉比特劳动效率的测定难题。马克思用"社会必要劳动时间"衡量劳动价值量，"是在现有的社会正常的生产条件下，在社会平均的劳动熟练程度和劳动强度下制造某种使用价值所需要的劳

---

① 中共中央马克思恩格斯列宁斯大林著作编译局编译：《马克思恩格斯全集（第44卷）》，人民出版社2001年版，第209页。
② 中共中央马克思恩格斯列宁斯大林著作编译局编译：《马克思恩格斯全集（第44卷）》，人民出版社2001年版，第210页。

动时间"①。社会生产力发展水平、生产条件、劳动方式及劳动强度等是影响该尺度的主要因素,其具有可预测、可估算的物理属性。数字经济时代,比特劳动打造的多维虚拟世界冲破了传统生产条件、生产方式、市场交换机制的束缚,劳动时间不再囿于现实可感的三维物理界限,"所有消费的时间都是商品生产时间"②。显然,传统劳动价值量测定方法已经无法精准把握其效率程度。(3)高科技附加值商品带来复杂劳动与简单劳动折算的价值衡量技术问题。马克思认为机器大工业时代生产商品的劳动主要是简单劳动,但他同时承认复杂劳动的存在,"比较复杂的劳动只是自乘的或不如说多倍的简单劳动,因此,少量的复杂劳动等于多量的简单劳动"③。据此,复杂劳动的价值量可以直接兑换为多倍的简单劳动折算。数字经济时代,非物质生产要素在劳动中的比重越来越大,原创性劳动、改进性劳动、推广应用型劳动等创新劳动层出不穷④,不断拓展着复杂劳动的内涵与外延。传统经济学定价机制与价值的技术衡量不再适用,由此提出了复杂劳动与简单劳动折算新问题,亟待学术理论与考量测度的查审革新。

四、数字经济提出了主观价值论的新问题

在经济学史关于财富范畴本质的探讨中,有形财富论历史悠久且居于主流。这种观点认为财富具有客观属性,以一定的物质基础为载体,劳动是彰显该实体的唯一生产要素,如斯密所言,"财富并非由金或银带来,其实全世界的财富最初都是通过劳动得到的,对于那些拥有财富和想要用财富换取某些新产品的人来说,财富的价值精确地等于获得或支配这些产品所需要耗费的劳动数量"⑤。然而,财富的客观实体论无法解决这样一个疑问:如何阐释"商品外表上被赋予的人们所需要的属性,即商品有为其占有者或受益人带来快乐和效用的能力"⑥?由此引出了财富

---

① 中共中央马克思恩格斯列宁斯大林著作编译局编译:《马克思恩格斯选集(第 2 卷)》,人民出版社 2012 年第 3 版,第 99 页。
② [英]克里斯蒂安·福克斯:《数字劳动与卡尔·马克思》,周延云译,人民出版社 2020 年版,第 123 页。
③ 中共中央马克思恩格斯列宁斯大林著作编译局编译:《马克思恩格斯全集(第 44 卷)》,人民出版社 2001 年版,第 58 页。
④ 鲁品越:《"创新劳动"价值与社会生产历史进程——两层次劳动价值创造论》,《哲学研究》2009 年第 7 期。
⑤ 《新帕尔格雷夫经济学大辞典(第 4 卷)》,经济科学出版社 1996 年版,第 952 页。
⑥ 《新帕尔格雷夫经济学大辞典(第 4 卷)》,经济科学出版社 1996 年版,第 952 页。

的主观心理因素渗透问题。李嘉图最先提出财富产生的主观享受与创造商品所需劳动的花费之间存在重要区别的问题,"有些商品的价值,单只由它们的稀少性决定。劳动不能增加它们的数量,所以它们的价值不能由于供给增加而减低……它们的价值与原来生产时所必需的劳动量全然无关,而只随着希望得到它们的人的不断变动的财富和嗜好一同变动"①。但他没有沿着主观价值论开拓的概念与分析路径继续挖掘。② 19 世纪下半叶爆发了西方经济学边际革命,经济学家门卡尔、杰文斯与瓦尔拉斯不约而同地提出了效用价值论:商品的价值并非来自其客观属性,而是基于人类的认知评价与道德判断的主观偏好满足,其衡量尺度取决于物品的效用程度、稀缺性,以及消费者心理感受的边际效用。财富范畴的主观阐释与标准选择问题被更加明晰地呈现。20 世纪下半叶消费驱动的后工业社会,主观精神需求逐渐超越客观物质需要成为力比多释放的新函数。鲍德里亚指出:"购买商品现在主要不是为了真的使用,而是一种符号性的凸状炫示:'我能买得起××商品'则意味着通过这一商品品牌的凸状符号意义,让自己进入到一个处于较高社会地位的团体之中。"③符号化、形式化、幻觉化是这一时期财富创造的鲜明表征。21 世纪数字化智能时代,信息、数据、意识等各种智能工具不间断地开发着人的欲求与心理空间,市场交换呈现"数字与数字、流量与流量、符号与符号之间的翻转"④的新特点,带来了财富总量的极大丰富,同时价值创造更显灵性,工作时间、劳动过程、剩余价值的确认衡量变得更为复杂与困难,由此引发主观价值论与客观价值论矛盾关系的新问题,传统价值衡量理论分析的变革迫在眉睫。

第二节 马克思的劳动价值论核心原理没有过时

数字经济全球崛起,精神意向对物质实体的不断渗透,从根本上改变了人类原有的劳动属性:劳动者出现了智能化机器人阵容,人的自然力加机器力的传统劳动原理,逐渐被 AI 机器人的生成和迭代劳动原理所替代,劳动的智能化所迸发出的

---

① [英]李嘉图:《李嘉图著作和通信集(第一卷):政治经济学及赋税原理》,郭大力、王亚南译,商务印书馆 2017 年版,第 6 页。
② 《新帕尔格雷夫经济学大辞典(第 4 卷)》,经济科学出版社 1996 年版,第 952 页。
③ [法]让·鲍德里亚:《消费社会》,刘成富、全志钢译,南京大学出版社 2014 年版,代译序第 10 页。
④ 张雄:《无形经济:一个值得深究的经济哲学问题》,《哲学研究》2024 年第 1 期。

新质生产力效率,大大超过马克思所处的第一次工业革命时代的劳动属性和内涵。关于这一点,目前学术界存在两种截然对立的观点:有些学者认为,鉴于非物质生产要素已经成为商品生产过程中价值增值的决定性力量,活劳动不再是价值创造的本源,马克思劳动价值论已过时;另有部分学者认为,知识、软件、数据、创意等生产要素驱动的非物质劳动,在信息时代是财富创造的主导形式,但这种形式只参与价值的转移过程,对价值创造没有贡献。笔者以为,上述两种观点均失之偏颇。我们以为,数字经济的崛起,马克思劳动价值论核心原理没有过时。

《资本论》劳动价值论的核心原理,在于资本座驾下的雇佣劳动的社会本质关系的揭示,它告示了人类:仅仅作为简单的经济学范畴去理解,劳动不过是人所具有的能够被使用于一切的素质,可是在《资本论》政治经济学批判的框架中,劳动范畴的内涵绝非如此浅显,马克思指出:"比较简单的范畴,虽然在历史上可以在比较具体的范畴之前存在,但是,它在深度和广度上的充分发展恰恰只能属于一个复杂的社会形式",换言之,劳动范畴"在历史上只有在最发达的社会状态下才表现出它的充分的力量"。[①] 所以,"劳动这个例子令人信服地表明,哪怕是最抽象的范畴,虽然正是由于它们的抽象而适用于一切时代,但是就这个抽象的规定性本身来说,同样是历史条件的产物,而且只有对于这些条件并在这些条件之内才具有充分的适用性"[②]。对劳动范畴的政治经济学批判,使马克思从一般意义上的劳动——劳动作为一种人类活动的普遍素质,过渡到对劳动的一种历史哲学思辨——在资本主义社会,对象化劳动既是反映一种不平等的经济关系和社会关系的社会组织形式,更是由于劳动力商品存有形式必将导致现代性"二律背反"发生的深刻根据。从资本的观点看来,劳动"表现为资本本身的再生产。实质上这是劳动本身的不断再生产"[③]。显然,今天的一般学者,恐怕难以理解如此深刻的结论。[④]

在国际学术领域,我们看到资产阶级经济学家用"没有资本的资本主义"来概括数字经济背景下资本的本质,缺乏马克思政治经济学批判的眼光,对劳动价值论所依托的《资本论》的核心原理不甚了解。不理解资本范畴,就不能理解劳动价值

[①] 中共中央马克思恩格斯列宁斯大林著作编译局编译:《马克思恩格斯文集(第8卷)》,人民出版社2009年版,第27页。

[②] 中共中央马克思恩格斯列宁斯大林著作编译局编译:《马克思恩格斯文集(第8卷)》,人民出版社2009年版,第29页。

[③] 中共中央马克思恩格斯列宁斯大林著作编译局编译:《马克思恩格斯全集(第31卷)》,人民出版社1998年版,第142页。

[④] 张雄:《政治经济学批判:追求经济的"政治和哲学实现"》,《中国社会科学》2015年第1期。

论。然而今天的资本仍然没有超出马克思的深刻洞见。简单地从生产力观点来理解资本,没有从生产关系视角透视资本的本质,必然得出没有资本的资本主义的错误结论。马克思从生产力与生产关系的辩证关系的原理出发,精准把握住了资本范畴的核心本质,即作为预付金的资本,作为生产要素的资本,作为生产关系的资本和作为权力象征的资本。[1] 一方面,马克思肯定了资本作为财富创造与倍增效应的加速器功能,对不断推动现代社会生产力的发展,有着积极推动作用。但另一方面,"资本不是物,而是一定的、社会的、属于一定历史社会形态的生产关系,后者体现在一个物上,并赋予这个物以独特的社会性质"[2]。"可见,资本显然是关系,而且只能是生产关系。"[3]在数字经济时代高度理性、高度抽象、高度虚拟、高度精神意向性的资本生产与再生产过程中,对符号、图像、数据越发严重的依赖造成资本对劳动者更加精准的宰制,资本的剥削更加直接、更加隐蔽,异化程度越发深重,所形成的高度垄断的私人财富动力学与生产社会化之间的矛盾越发不可调和,资本盲目追逐剩余价值的狂飙带来极大的社会危机与风险效应。所以,智能化时代的资本虽然多以没有具体形式存在的状态呈现,但其内核依然是资本,只不过"无形""虚拟""智能"的外在形态遮蔽了其实存的生产关系本质。由此可以得出结论,数字经济时代的世界依然没有摆脱资本,依然是马克思《资本论》框架的本质显现。在这个意义上,《资本论》里关于资本的深刻的社会存在论思考与批判仍然有效,马克思对资本内在否定性矛盾的本质透视毋庸置疑。辩证把握数字化时代人类命运的本质,依然离不开马克思主义劳动价值论、剩余价值论核心原理的坐标。

笔者以为,对数字经济时代的劳动价值论分析,要本着实事求是的分析方法,抓住问题的实质和要害,分别进行知识论反思、价值哲学的批判,其中三个问题值得关注。

一、关于价值创造源泉如何指认的问题

劳动永远是创造价值的本源,精神劳动和物质劳动都归属为劳动。

---

[1] 张雄、张柏川:《马克思对资本范畴本质的揭示》,《光明日报》2021年4月26日第15版。
[2] [德]马克思:《资本论(第三卷)》,中共中央马克思恩格斯列宁斯大林著作编译局编译,人民出版社2004年版,第922页。
[3] 中共中央马克思恩格斯列宁斯大林著作编译局编译:《马克思恩格斯全集(第30卷)》,人民出版社1995年版,第510页。

经济学中"价值"一词最初与物的使用价值或效用相勾连。在人类改造自然的原始性物质生产过程中,诞生了价值范畴的本原内涵,即它应当能够为满足个人需要提供积极的作用,是"某种因为其自身的缘故而值得估价的东西,这种东西具有人所欲求的、有用的、有兴趣的质"[①]。随着分工的出现及资本主义社会化大生产的发展,亚当·斯密发现了彰显物品内在价值的交换价值,其由劳动决定。"劳动一般,而且是它的社会的总体形式即作为分工的劳动,是物质财富或使用价值的唯一源泉。"[②]李嘉图继承了斯密关于使用价值与交换价值的区分,坚持商品价值由耗费的劳动决定,其衡量尺度是"在最不利的条件下进行生产的人所必需投入的较大量劳动"[③]。显然,无论是斯密意义上的"劳动一般",还是李嘉图的"最不利的条件下的最大化直接劳动",其特点都在于将生产使用价值的具体、直接劳动视为创造价值的人类普遍劳动。马克思批判性地继承了古典政治经济学劳动价值论,从生产关系视角创造性地提出了劳动二重性原理。他指出,人类劳动自开启"就立即表现为双重关系:一方面是自然关系,另一方面是社会关系"[④]。人类通过改造自然的具体劳动进行着自我生命的生产,同时,这一劳动过程创造的物质产品经由市场交换,带来了他人需要的满足及其生命的充盈,在对象化地自我实现中形成了人与人之间的社会关系。马克思认为,劳动之所以是价值创造的本源,乃在于其是对人的本质力量的唯一实现:通过勾连生命之间内在联系与生存发展的劳动过程,人与人之间实现了价值意蕴的构建与自由意志的彰显。"在我个人的生命表现中,我直接创造了你的生命表现,因而在我个人的活动中,我直接证实和实现了我的真正的本质,即我的人的本质,我的社会的本质。"[⑤]而形成人的本质价值的劳动,是从社会生产实践劳动过程中抽象出来的无差别的一般人类劳动,"是扬弃所有个体劳动的一种平均劳动"[⑥]。它负载于物质劳动中,将人的本质对象化为彼此内在联系的社会

[①] 李醒民:《价值的定义及其特性》,《哲学动态》2006 年第 1 期。
[②] 中共中央马克思恩格斯列宁斯大林著作编译局编译:《马克思恩格斯全集(第 31 卷)》,人民出版社 1998 年版,第 453 页。
[③] [英]李嘉图:《李嘉图著作和通信集(第一卷):政治经济学及赋税原理》,郭大力、王亚南译,商务印书馆 2017 年版,第 58 页。
[④] 中共中央马克思恩格斯列宁斯大林著作编译局编译:《马克思恩格斯选集(第 1 卷)》,人民出版社 2012 年第 3 版,第 160 页。
[⑤] [德]马克思:《1844 年经济学哲学手稿》,中共中央马克思恩格斯列宁斯大林著作编译局编译,人民出版社 2000 年版,第 184 页。
[⑥] 孙乐强:《马克思劳动价值论的革命意义及当代价值——对非物质劳动论与知识价值论的再思考》,《理论探索》2017 年第 3 期。

力量,即价值世界的联结。

  毫无疑问,唯物史观语境中打造人类存在方式的劳动主要是指物质生产劳动。然而马克思指出,在这种"最初的动物式的本能的劳动形式"[①]中,已经存在着赋予物质生产与财富创造以更加属人意志的精神劳动的萌芽。作为劳动的一体两面,物质与精神的关系并非机械固定,而是随社会生产力发展的不断变化动态演变。分工产生以后,精神劳动与物质劳动逐渐分离,更加独立的精神产品形式开始出现。马克思在19世纪资本主义机器大工业时代已经认识到精神生产日益凸显的地位:科学技术深刻地变革着人对自然的能动关系,不仅能够将劳动者的主体性劳作以客观的机器化生产方式呈现,更重要在于其开始作为"社会实践的直接器官",作为"实际生活过程的直接器官"[②],控制与改造着人在物质世界中的生存现实性。20世纪下半叶,第三次技术革命的爆发诞生了以信息科技为驱动的后工业社会,知识经济成为社会生产力发展的中轴原理,精神对物质的渗透全面加速,经济领域的非物质属性越发彰显。"人类文明可以被理解为将现实逐步精神化的过程。人将他的精神能力持续地传递给物,以便能让物作为人(an seiner Stelle)去劳动。主体性的精神因此转变成了客体性的精神。只有当物在自身中蕴含着一种作为精神原始形式的冲动时——这种冲动让物获得了自我行动(Selbsttätigkeit)的能力——作为机器的物才是文明的进步。"[③]值得注意的是,应当辩证地理解作为精神劳动成果的科学技术对价值创造的贡献:一方面,高度发达的科学技术的使用带来了巨大的社会财富,同时构成价值增值的必要前提;另一方面,科学技术对价值创造起重要作用的关键在于活劳动对于其成果转化的创新与创造性运用,而非科学技术本身,"科学技术对提高劳动生产率具有决定性作用,正是通过把科学技术这一要素融进其他生产要素,即劳动者、劳动工具、劳动对象与科学技术相结合,劳动者才具有较高的劳动生产率,劳动者的劳动才能够得到自乘,从而创造出更多的使用价值和价值。所以,直接创造价值的是人类的活劳动,而不是科学技术本身"[④]。因此,精神

---

  ① 中共中央马克思恩格斯列宁斯大林著作编译局编译:《马克思恩格斯全集》(第44卷),人民出版社2001年版,第208页。
  ② 中共中央马克思恩格斯列宁斯大林著作编译局编译:《马克思恩格斯全集(第31卷)》,人民出版社1998年版,第102页。
  ③ [德]韩炳哲:《非物:生活世界的变革》,谢晓川译,东方出版中心2023年版,第13页。
  ④ 程恩富:《科学地认识和发展劳动价值论——兼立"新的活劳动价值一元论"》,《财经研究》2001年第11期。

劳动的价值源泉在于其"高复杂和高效率"的劳动本质属性①，与物质劳动一起作为劳动的有机构成，不断深化和发展着劳动范畴的内涵与外延。21世纪数字经济时代，精神对物质的嵌入更趋深化、更显智能，精神劳动形式越发丰富多样，创意、符号、数据等精神生产成果更加符合人性的需求，但它们依然是现阶段物质生产力发展水平的产物，本质上是对人类智能化时代物质劳动实践生活的反映和透视，物质劳动依然具有本体-始基的意蕴。

二、关于价值实现与价值转移如何解释的问题

在马克思主义劳动价值论诞生的机器大工业时代，价值实现与价值转移依赖于劳动力商品价值的价格溢出。劳动创造价值，资本家通过支付给工人一定的薪酬购买其活劳动商品以实现价值增殖，即 G—W—G'。然而在马克思看来，劳动者获得的工资并不等于其进行生命再生产活动所创造的全部价值，原因在于劳动力商品是一种特殊的商品，"它的使用价值本身具有成为价值源泉的独特属性，因此，它的实际消费本身就是劳动的对象化，从而是价值的创造"②。雇佣劳动制度下，作为价值衡量基本标尺的劳动力商品价值实际上只有部分纳入了资本主义价值体系（体现为工人获得的维持基本生存及其再生产的最低薪资水平），二者之差被资本家无偿占有，"工人每天的劳动只有一部分是有偿的，另一部分是无偿的，这无偿的或剩余的劳动正是产生剩余价值或利润的基础，但是看起来就好像全部劳动都是有偿的劳动"③。剩余价值作为劳动力商品价值的价格溢出，其生产与再生产机制成为资本主义社会价值创造与价值转移的根本动力，在使资本家牟取巨额利益的同时为资本主义发展提供物质保障基础，是"让整个资本主义生产体系的逻辑得以成立的隐秘前提"④。

数字经济时代的非严格雇佣劳动制度下，资产的价值创造与转移依赖于比特

---

① 程恩富：《科学地认识和发展劳动价值论——兼立"新的活劳动价值一元论"》，《财经研究》2001年第11期。
② 中共中央马克思恩格斯列宁斯大林著作编译局编译：《马克思恩格斯全集（第44卷）》，人民出版社2001年版，第195页。
③ 中共中央马克思恩格斯列宁斯大林著作编译局编译：《马克思恩格斯选集（第2卷）》，人民出版社2012年第3版，第50页。
④ 蓝江：《从剩余价值、剩余快感到剩余数据——数字资本主义时代的辩证逻辑》，《南京社会科学》2023年第1期。

劳动过程中的自我复制、自我更新、自我生成过程的实现。"信息也许仍然是以报纸、杂志的形式(原子)传播的,但其真正的价值在于内容(比特)。我们仍然用金钱(原子)来购买物品与服务,但是世界范围内的资金流——每天数以万亿计——却是通过电子计算机控制的电子资金转账系统(比特)来实现的。"① 通过多维空间的相互转换或叠加,比特劳动进行实时的自我复制、自我传播、自我拓展、自我计算、自我迭代,吸引网络受众浏览、获取并使用,体现其使用价值属性;数据资本平台收集受众的习惯、偏好、欲求等数据,算法逻辑整合后精准投放并随市场需求的变化不断调整,积极打造更符合个体私向化需要的流量集聚,进而生成价值倍增的网络效应与价值溢价,"比特可以由无限的人使用,使用的人越多,其价值越高"②。此过程中凝结在每个用户脑力与体力劳动背后的无差别抽象劳动,即为比特劳动的内在价值。

不同于马克思时代,数字化生存时代比特劳动价值创造与转移的特点在于,劳动力商品的价值溢出更加隐晦、更具无意识冲动,表现为大资本数字平台对网络受众创造的"非雇佣数字劳动剩余价值"③的攫取。智能化虚拟界面中的网络用户是信息流的接受者、使用者更是制造者,其彰显个性与精神意向性的消费过程也是"无意识生产过程",在互联网中分享、体验、休闲时留下的数据痕迹、创造性劳动成果等归数字平台最终占有,经资本运作生成创造出巨额利润的"互联网产-消者商品"④,劳动者却未能从中获得与其劳动付出对等的报酬,"必要劳动和剩余劳动之间的矛盾在企业社交媒体资本中以特定的形式呈现出来:有酬劳动减少,无酬劳动增加。价值创造从有酬到无酬劳动外包,必要劳动和剩余劳动之间的矛盾被消除从而产生一种新质的东西:价值创造转化成无酬劳动;同时,矛盾处于一个新的层面上并加剧:一方面是劳动者的无财产(property-lessness)、贫穷和不稳定性;另一方面是资本财富的变本加厉"⑤。伴随数字化智能技术对网络受众越发普遍、深入物质与意识双重领域的规训,非雇佣数字劳动剩余价值的生产与再生产日益庞大、

---

① [美]尼古拉·尼葛洛庞帝:《数字化生存》,胡泳、范海燕译,电子工业出版社2017年版,译者前言第51—52页。
② [美]尼古拉·尼葛洛庞帝:《数字化生存》,胡泳、范海燕译,电子工业出版社2017年版,译者前言第51页。
③ 董涛:《非雇佣数字劳动的价值创造及转移》,《山东工会论坛》2023年第5期。
④ [英]克里斯蒂安·福克斯:《数字劳动与卡尔·马克思》,周延云译,人民出版社2020年版,第180页。
⑤ [英]克里斯蒂安·福克斯:《数字劳动与卡尔·马克思》,周延云译,人民出版社2020年版,第146页。

隐形,资本"理性的狡计"更显疯狂。不仅如此,劳动力商品的价值溢出不再全部表现为雇佣劳动制度下商品价值中去除可变资本后的价值剩余,而是逐渐作为可变资本的一部分,即与大资本平台深度捆绑的数字"人力资本"的函数表达显现。"资本已经变成了一个数字平台……所有生命的价值都没有明确的市场定价,也没有劳动法律的确定保障,风险被平台资本迅速地转移到每一个参与平台的具体生命身上,那个曾经作为可变资本的 v 所创造的剩余价值,不再是可变资本剩下的余数 m,而是在不断耗费自己生命的过程中,将自己从属于一个巨大的资本平台,由此获得绵薄的'人力资本'的分红。"[1]非雇佣数字劳动力商品的价格溢出过程表明,智能时代剩余价值的生产动力机制更趋复杂,难以量化测定。

三、关于价值认定与价值评估如何确定的问题

马克思劳动价值论的商品价值量度是社会必要劳动时间,是对劳动的自然时间的社会化抽象。数字经济时代,商品的价值度量应当是科技含量多寡与商品满足社会需求效用程度的有机结合。

首先,数字经济时代资产价值区别于有形时代的突出特征在于其所蕴含的高科技因素,如计算机、互联网、人工智能等可以改变整个社会生产力结构系统的发明创造。"随着大工业的发展,现实财富的创造较少地取决于劳动时间和已耗费的劳动量,较多地取决于在劳动时间内所运用的作用物的力量,而这种作用物自身——它们的巨大效率——又和生产它们所花费的直接劳动时间不成比例,而是取决于科学的一般水平和技术进步,或者说取决于这种科学在生产上的应用。"[2]通过极大地提高劳动生产率与劳动复杂程度,科学技术使劳动起着不断自乘的作用,生成的高技术附加值创造出海量社会财富,科技含量的多寡程度决定了劳动的复杂程度。不同于一般常规劳动,智能时代的创新型复杂劳动是对既定社会生产条件进行颠覆性变革的复杂劳动,"所生产的不是商品本身,而是商品生产的新条件和新方式"[3],其诞生时间、发展经过、潜在价值、未来经济效益等无法精准确定,所

---

[1] 蓝江:《空间、时间与生命政治:价值形式的三次重组——从〈资本论〉来解读数字资本主义下的价值形式》,《学习与探索》2024 年第 2 期。
[2] 中共中央马克思恩格斯列宁斯大林著作编译局编译:《马克思恩格斯全集(第 31 卷)》,人民出版社 1998 年版,第 100 页。
[3] 鲁品越:《"创新劳动"价值与社会生产历史进程——两层次劳动价值创造论》,《哲学研究》2009 年第 7 期。

依托的精神生产机制高度复杂智能,更多依赖主体意识的能动创见而非相对可预测把控的物质载体。因而,创新型复杂劳动的价值衡量并不完全适用于"现有的社会正常的生产条件下"的社会必要劳动时间估算。从某种程度上可以说,智能时代复杂劳动与简单劳动之间的还原问题更多表现为一种抽象的"隐喻"意义的存在。[①] 正如鲁品越教授所指出的,创新劳动"所创造的总价值等于其所引起的价值增值在'社会历史时间'中的积分"[②],是对社会宏观历史条件的质的改写,其价值考量需要融入更多维度的分析评判。

其次,数字资产的价值还要结合其满足社会需求的效用程度来评估。有形经济时代的价值理论属于客观价值论,认为价值来源于物质生产领域的人类实践活动。数字经济时代,消费成为牵引与驱动生产的主导力量,消费过程中人的感官、情绪、情感、主观心理需求等层面能否获得特别的、非凡的、刺激的享受与体验,成为人们评价某项商品是否具有价值的新标准,"物的信息内容(比如某一个品牌的形象)变得比使用价值更为重要。我们首先依据存储在物中的信息来感知这些物。通过购物,我们购买和消费的是情绪。借助于讲故事,制造品充满了情绪。创造价值的关键在于制造带来区隔感的信息,这样的信息让消费者期待获得特别的体验,甚至让他们期待获得作为特别之人的体验"[③]。在"一切坚固的东西都烟消云散了"的"祛物性化"趋势中,客观物质载体所具有的固定的、物理的价值属性逐渐萎缩弱化,不断让位于其在意义赋值中所引发的主观效用评判。值得注意的是,将效用程度与价值衡量联系起来并不是对马克思劳动价值论的驳斥,毋宁说是对其在智能经济时代的一种创新探索,是对价值作为实现人的全面发展的社会关系本质的深刻揭示,"劳动是价值的最终源泉,但价值是一个关系范畴,不与需求联系起来就不可能有价值。劳动价值论不与供需关系联系起来肯定是不完整的,因为并不是所有劳动都是有价值的。只有能满足人的需要,从而具有市场需求的产品才能成为商品,只有生产这种商品的劳动才可能有价值"[④]。因而,在对智能时代商品价值内涵的考量过程中,科学技术是"第一生产力"的要义不但体现为日益增长的社会财富,更在于牢牢把握住人的创新需要是科技成果转化与运用效率的根本动力这一

---

① 任洲鸿:《"还原问题"新探——基于劳动价值论和复杂性科学的双重视角》,《河北经贸大学学报》2016年第1期。
② 鲁品越:《"创新劳动"价值与社会生产历史进程——两层次劳动价值创造论》,《哲学研究》2009年第7期。
③ [德]韩炳哲:《非物:生活世界的变革》,谢晓川译,东方出版中心2023年版,第22-23页。
④ 王天思:《创新劳动价值论的探索及其启示——兼与鲁品越教授商榷》,《哲学研究》2011年第3期。

核心，始终以符合人的内在需要的不断发展为旨归，在推动人类文明发展过程中彰显其内在价值。

上述分析表明，数字经济崛起带来的价值形成与价值创造、价值实现与价值转移、价值认定与价值评估等问题，依然离不开马克思劳动价值论的阐释坐标。因为，人类社会依然无法脱离现代性的规制，离不开资本制度的宰制。高度理性、智能、虚拟的数字资本逻辑对人的操控更加便捷、更为精准、更显隐秘。因而人类必定在数字化生存世界里，如萨特所言，煎熬、痛苦、恶心。在这个意义上，数字经济的科学劳动价值论，仍然是马克思劳动价值论的核心原理在当代的延伸和深化，这是人类经济全球化与经济正义论发展的必然趋势。

第三节　数字经济提出了劳动价值论的三种矛盾关系

数字经济的到来虽然并没有使马克思主义劳动价值论彻底失效，但依然引发了不少值得关注的重大问题。具体来说，数字经济提出了关涉劳动价值论的三种矛盾关系，辩证把握其内在本质，有必要对这些矛盾关系进行深刻的经济哲学反思。

一、精神劳动与物质劳动的矛盾关系分析

精神劳动是否可以彻底摆脱物质劳动存在？数字经济带来了传统生产方式的深刻变革，比特运动对原子造物的超越日益凸显，精神劳动对物质劳动的从属地位[1]似乎正在发生根本性逆转。然而，精神劳动的飞跃并非完全不涉及物质对象，更不等于唯物世界观的终结。这是因为：

其一，精神劳动的"根"永远是物质劳动，精神始终离不开物质的"纠缠"。[2] 通过批判地翻转黑格尔关于抽象劳动是人本质的观点，马克思得出了"关于人的科学

---

[1] 袁杰:《论唯物史观语境中物质劳动和精神劳动的地位》,《哲学研究》2016年第2期。
[2] 中共中央马克思恩格斯列宁斯大林著作编译局编译:《马克思恩格斯选集（第1卷）》,人民出版社2012年第3版,第161页。

本身是人自己的实践活动的产物"的科学论断。① 这一"实践活动"即物质生产实践活动,是"现实中的个人"维系自身生命基本需求首要进行的活动,"第一个历史活动就是生产满足这些需要的资料,即生产物质生活本身,而且,这是人们从几千年前直到今天单是为了维持生活就必须每日每时从事的历史活动,是一切历史的基本条件"②。因此,物质劳动是全部人类存在与全部历史展开的第一个前提。在现实的、感性的物质生产与物质交往的发展过程中,诞生了最初的精神劳动即人们的"思想、观念、意识"等③,一方面受物质劳动制约;另一方面对其积极地反映,推动人类从依赖本能生存趋向能动地追求自由的生命意志,其前提基础是"第一个需要"即基本生存需要的满足。"已经得到满足的第一个需要本身、满足需要的活动和已经获得的为满足需要而用的工具又引起新的需要,而这种新的需要的产生是第一个历史活动。"④原始社会、工业社会到后工业社会的历史演变发展,彰显了人类追求历史不断完善、趋向生命更高自觉的欲望和诉求;比特劳动的产生和运动是这一"新的需要"的能动产物,智能高科技成果的转化与运用是实现这一"新的需要"的技术驱动,21世纪"数字化生存世界"是其打造的"历史的计划"⑤的最新阶段性产物。因此,数字经济时代精神造物的强大意识能动性依然遵循物质与精神双向交互、双向驱动的文明发展格律,遵从物质世界"母本"原像的内在规律,或以一定的物质资料为载体,绝非人脑意识的纯粹虚构,其价值阐释与意义构建永远不能脱离物质本体论的坐标。

其二,物质与精神、思维与存在之间不断变化的基本矛盾推动着哲学世界观问题域的不间断转换,二者缺一不可,构成人类社会历史发展的永恒张力:在19世纪大工业资本主义时期表现为刚性的物性化生产与雇佣劳动之间的激烈对抗,在20世纪下半叶后工业社会展现为"物质丰裕"与"精神匮乏"之间的对立悖论⑥,在21世纪数字化智能时代,则呈现为经济领域中物质因素作用不断弱化与精神因素不

---

① 中共中央马克思恩格斯列宁斯大林著作编译局编译:《马克思恩格斯全集(第3卷)》,人民出版社2002年版,第359页。
② 中共中央马克思恩格斯列宁斯大林著作编译局编译:《马克思恩格斯选集(第1卷)》,人民出版社2012年第3版,第158页。
③ 中共中央马克思恩格斯列宁斯大林著作编译局编译:《马克思恩格斯选集(第1卷)》,人民出版社2012年第3版,第151页。
④ 中共中央马克思恩格斯列宁斯大林著作编译局编译:《马克思恩格斯选集》(第1卷),人民出版社2012年第3版,第159页。
⑤ [德]康德:《历史理性批判文集》,何兆武译,商务印书馆1990年版,第16－22页。
⑥ 张雄、刘倩:《马尔库塞的政治经济学批判思想探析》,《马克思主义与现实》2020年第2期。

断增强的鲜明对比。关于物质与实践之间的矛盾关系,唯物史观有着深刻的辩证思考:"从前的一切唯物主义(包括费尔巴哈的唯物主义)的主要缺点是:对对象、现实、感性,只是从客体的或者直观的形式去理解,而不是把它们当作感性的人的活动,当作实践去理解,不是从主体方面去理解。因此,和唯物主义相反,唯心主义却把能动的方面抽象地发展了,当然,唯心主义是不知道现实的、感性的活动本身的。"① 辩证地把握"数字化生存世界"思维对存在的能动反映,在"物质与精神双向驱动"的经济新范式中赋予财富创造和价值创造以更加属人的目的和计划,是数字经济崛起下精神劳动与物质劳动矛盾关系得以新解的重要前提,意识能动性原理的内在价值由此凸显。

二、主观价值论与客观价值论的矛盾关系分析

首先,日益严重的"经济学与财富范围的任何数量估价的必然脱离"②,是否意味着财富创造可以摆脱客观劳动价值规律的限制,成为一个单纯的主观感觉叙事?有形经济效率的最终认定遵循"物质第一性"原理,由实体经济的物质考量决定。数字经济崛起下一切交易打破了"有重量世界的'物质属性'准则",信奉"无重量世界'实体与虚拟互动交换'"的圭臬③,由此极大丰富了财富创造的想象空间,享受财富的主观心理感受甚至重新定义了生存概念,"信息资本主义将非物质性的事物也变成了商品。生活本身具有了商品的形式。人们将人的全部关系都商业化了。社交媒体全面地利用交流来牟利"④。诚然,主观价值论在数字化智能时代的彰显一方面带来了令人炫目的财富倍增效应,极大拓展了人类自由意志权力的边界,深层次反映了人类不断追求自由意志的定在与创新进步秉性,一定程度上弥补了客观价值论对人类欲望本能与主观偏好认识的不足,具有重要的积极意义与价值意蕴;但另一方面,财富倍增效应的爆发带来了日益严重的财富脱离客观实体的现象,存在巨大泡沫隐患。究其原因,经济唯感觉论与唯意志论以纯粹主观任性的"丛林"法则替代客观"自然法"的市场原则,作为形式因的财富脱离了物质经济度量的尺

---

① 中共中央马克思恩格斯列宁斯大林著作编译局编译:《马克思恩格斯文集(第 1 卷)》,人民出版社 2009 年版,第 499 页。
② 《新帕尔格雷夫经济学大辞典(第 4 卷)》,经济科学出版社 1996 年版,第 953 页。
③ 张雄:《无形经济:一个值得深究的经济哲学问题》,《哲学研究》2024 年第 1 期。
④ [德]韩炳哲:《非物:生活世界的变革》,谢晓川译,东方出版中心 2023 年版,第 28 页。

度,违背了劳动价值的深层规律,所打造的财富权力意志论本质上是极端危险的金融冒险,如 2008 年美国次贷危机引发的全球金融危机,比特币疯狂炒作引爆的金融风险等事件,进而引发关于人类未来遭遇的深层忧患——"形式化的人类"与"人类的形式化"之间的二律背反。① 数字智能时代财富幻象的精神现象学表明,脱离了物质"拷问"的人的对象化世界极易陷入形式化的虚无、虚空,与追求人的全面自由发展的内在本质相异化、相背离。显然,单纯的精神与心理因素对财富的渗透并不能直接产生出对等的价值创造,没有了物质载体的本源坐标,其存在犹如空中楼阁、无源之水。

其次,价值内涵的真谛是追求极度主观化、私向化与利益最大化的"见物不见人"的单维关系,还是实践以劳动价值论为基石的"思中必有物"②的双向度辩证思考? 张雄教授指出,财富范畴主观价值论的提出深层次指出了一个"影响至今的经济学与哲学问题":"市场实存着心理叠加规则,人的精神因素可以在主观感觉的经济时空里回避劳动价值论的公理,从事财富的虚拟创造;从主观效用过渡到经济学的感觉论、意识论乃至意志论,这是一个极为深刻的经济学认知观念的改变,其意义与历史时间概念的发现相等同。"③数字经济时代,借助日新月异的智能化工具理性,主观意识对客观实存的改造更加彻底、更加脱域、更显任性。比特劳动以高度精准性与技术有效性对原子质料进行意识的能动赋予,在无重量法则的市场交换中不断拓展着财富创造的历史时空,未来变成了一场场经济利益可预期、可计算、可度量的资本投机游戏,理性经济人的逐利行为更趋贪婪,财富的私向化与社会化矛盾加剧,资本与财富幻象消解了劳动者、劳动对象和劳动资料的客观性,将价值等同于纯粹主观偏好选择与心理效用分析的单向度经济理性思维成为潮流。然而,这种"只看到物对人的客观有用性(客观价值),以及人对物的客观有用性的认识(主观价值)"的观点是对价值内涵的极大误解,"价值是以物对人的自然价值为载体的人与人的社会关系……在这里,作为物对人的意义的自然价值是价值的外在形式,而作为人与人的社会关系的'社会价值'是价值的内在本质"④。因此,价值内涵是在主体与客体双向交互的社会历史实践发展过程中诞生、发展,"人类经济行为的本质,不是画饼充饥,而是物质变精神,精神变物质的辩证过程。它既是人

---

① 张雄:《"数字化生存"的存在论追问》,《江海学刊》2022 年第 4 期。
② 张雄:《无形经济:一个值得究究的经济哲学问题》,《哲学研究》2024 年第 1 期。
③ 张雄:《财富幻象:金融危机的精神现象学解读》,《中国社会科学》2010 年第 5 期。
④ 鲁品越:《再论马克思的"价值定义"与马克思主义价值哲学之重建》,《教学与研究》2017 年第 2 期。

的生命有机体延续的自然本能所为,更是人类追求自由禀赋在交换领域的定在。经济学的资源优化配置原理,从最终意义上说,不是观念与观念的资源配置,而是物质与物质的资源配置。"[1]作为有形经济长期发展的最新形式,数字经济价值理论的哲学本质应当是:在劳动作为价值创造永恒本源的前提下,意识能动性对物质存在进行的智能抽象读写与精神意向叙事,反映了数字智能化时代人的生命生产的鲜明特征,彰显的是物质与精神交互感应的"实践二重性"历史过程。

三、商品的社会必要劳动时间与商品的科技含量和知识产权的转让的矛盾关系分析

第一,数字经济时代,科学技术的运用一方面大幅提升了劳动生产率,商品生产耗费的社会必要劳动时间不断下降;另一方面,高科技附加值意味着商品内在价值的巨大增值,由此导致了商品蕴含社会必要劳动时间低同时价值高的矛盾现象,即劳动价值论的"产值悖论"问题。[2] 这是因为,智能时代商品的高科技附加值体现为商品效用度的多维跃升,打破了马克思时代社会必要劳动时间对价值核算的内在尺度规定,传统的社会必要劳动时间定价机制或难以对其精准测量。"创新劳动价值通过影响'既定社会生产条件'实现其劳动价值,并不具有真正的市场价格计量的意义。"[3]而只有当科技创新劳动成果向商业产品的转换与人类不断追求进步观念的意志相契合,对其价值的评判才更具科学性与可行性。"只有当创新劳动成果成为'正常的社会生产条件'时,创新劳动变成常规劳动时,劳动价值才建立起与社会必要劳动时间的线性关系。这表明,与常规劳动价值相比,创新劳动价值的创造更与市场需求相关,其度量必须考虑人的需要。"[4]因此,马克思时代所建立的劳动价值与社会必要劳动时间的线性关系,在数字经济时代更趋复杂、更显能动,其要义在于:创新科技劳动"变革与生产社会生产条件"的复杂劳动价值属性是否真正彰显了人的本质力量,"新的需要"驱动下科学技术的运用成果与人的全面发展的价值生成函数仍待考量。

---

[1] 张雄:《无形经济:一个值得深究的经济哲学问题》,《哲学研究》2024 年第 1 期。
[2] 鲁品越:《劳动价值的物化形态与人化形态——"产值悖论"及其解决途径》,《财经研究》2009 年第 2 期。
[3] 王天思:《创新劳动价值论的探索及其启示——兼与鲁品越教授商榷》,《哲学研究》2011 年第 3 期。
[4] 王天思:《创新劳动价值论的探索及其启示——兼与鲁品越教授商榷》,《哲学研究》2011 年第 3 期。

第二，商品知识产权的转让对社会必要劳动时间的价值衡量标准提出了挑战。数字资产转让包括所有权转让和使用权转让，二者都需要对资产价值量进行评估。而马克思的社会必要劳动时间，并不能直接作为衡量智能时代知识产权转让所依据的价值量评判尺度，而是依赖于多种维度的综合评判。这是因为：其一，知识内在的非竞争性特征导致数字资产普遍具有较高的扩展性、外溢性与协同性特征①，其价值测度并非表现为某一固定的、具体的数值量，而是要将有可能被他人发现并利用的网络效应、溢出效应与协同效应等情况纳入估算范围，难以用社会必要劳动时间精准裁定；其二，数字资产价值具有高互联性与高度依赖于消费者需求的鲜明特征，是该资产的网络价值与主体选择偏好的综合函数表达②，传统社会必要劳动时间量度无法进行准确估算。其三，以知识产权转让为代表的数字资产价值评估体系，是对基于物质实体财富的传统估值体系在数字智能时代的完善与发展，其价值衡量需要在经济利益的基础上叠加更多其他价值维度的分析。如ESG因素法将环境（Environmental）、社会责任（Social）和公司治理（Governance）三个方面纳入资产价值评估体系，"是在经营决策中将企业的环境、社会和治理表现纳入评价的新理念，是责任投资观念的延伸和补充，是可持续发展的重要内容"③。经济可持续发展的新理念对企业价值内涵评估提出了新要求，目的在于使经济发展与人的全面发展有机融合，真正实现高质量发展与共同富裕，彰显人类命运共同体的价值意蕴，体现探索中国特色估值体系构建的内在诉求。

第三，应当如何看待数字经济崛起所凸显的财富创造与价值创造的辩证统一关系？笔者以为，可以从以下三个方面把握。

其一，财富创造与价值创造内在勾连。二者都离不开人类劳动，对价值创造的分析应结合整个财富创造过程展开。数字经济时代，占主导地位的智能脑力劳动不仅参与财富创造，而且对财富的贡献具有价值属性。"劳动价值论一直强调，土地、资本、知识、信息之类的生产要素是商品使用价值的直接构成要素，并且是活劳动创造商品新价值的重要经济条件，主张活劳动创造价值并不否定不同生产要素

---

① [英]乔纳森·哈斯克尔、[英]斯蒂安·韦斯特莱克：《无形经济的崛起》，谢欣译，中信出版社2020年版，第74页。这里的"无形资产"，是数字资产的经济哲学表达。

② 李永壮、杨泽新、郭华：《数字资产内涵、价值评估与交易研究——基于演化视角的展开》，《北京财贸职业学院学报》2018年第3期。

③ 崔晨：《环境、社会责任和公司治理（ESG）对企业价值评估的影响分析》，《中国资产评估》2022年第7期。

在经济活动中的各自作用。"[1]"所谓生产要素的贡献必然体现为对价值创造所做的贡献。"[2]因此,凝结在精神性或知识形态商品中的数字生产要素应当构成商品价值的一部分,而将精神生产要素纳入对价值创造贡献的考量范畴,为我国深化发展按生产要素贡献分配制度,以及未来更多非物质生产要素的确权、定价等问题提供了一定的理论基础,是对马克思劳动价值论与时俱进的补充、完善而非僵化教条。

其二,财富创造对价值创造的背离。对财富的无度追求极易导致主观任性对客观实在的僭越,陷入"见物不见人"的形式化窠臼,从而引发深刻的财富危机乃至人类生存境遇的全面危机。财富创造对价值创造的背反,本质上是形式对质料的超越,意识对客观存在的背离。

其三,新质生产力是财富创造与价值创造统一的前提。主体通过对客体世界的赋值来实现价值,这一价值生成过程有着积极的"所指"内涵——旨在实现人的全面自由发展,而它的实现必须以符合先进生产力的需要为前提,"必须使社会物质生活与文化生活条件总体上得到提高,即符合先进社会生产力的发展要求,符合先进文化的发展方向"[3]。先进生产力内在意蕴的彰显在于,将财富创造和价值创造与追求人的全面发展的价值世界相协同,将经济发展、财富生成、科技创新应用的最终旨归落实到人的本质力量的丰富及其价值世界的充盈,启迪人的意志愈益走向自觉,推动人类境遇不断趋近"新质"的存在之境,从而真正实现财富创造与价值创造的辩证统一。新质生产力作为财富创造与价值创造统一的显现,加深对其内涵的探讨有助于国内学界对马克思劳动价值论研究走向更深领域,对习近平总书记"新质生产力"的深刻命题理解更加自觉和自信。

本章思考题

1. 数字经济崛起为马克思劳动价值论带来了哪些新挑战?
2. 精神劳动与物质劳动的矛盾关系是如何的?

---

[1] 程恩富:《科学地认识和发展劳动价值论——兼立"新的活劳动价值一元论"》,《财经研究》2001 年第 11 期。
[2] 蔡继明:《从狭义价值论到广义价值论》,商务印书馆 2022 年版,第 185 页。
[3] 鲁品越:《价值新概念与唯物史观新境界》,《西南大学学报(社会科学版)》2014 年第 4 期。

本章阅读文献

1. 中共中央马克思恩格斯列宁斯大林著作编译局编译:《马克思恩格斯选集(第1卷)》,人民出版社2012年第3版。
2. 中共中央马克思恩格斯列宁斯大林著作编译局编译:《马克思恩格斯选集(第2卷)》,人民出版社2012年第3版。
3. 中共中央马克思恩格斯列宁斯大林著作编译局编译:《马克思恩格斯文集(第1卷)》,人民出版社2019年版。
4. 中共中央马克思恩格斯列宁斯大林著作编译局编译:《马克思恩格斯全集(第3卷)》,人民出版社2002年版。
5. 中共中央马克思恩格斯列宁斯大林著作编译局编译:《马克思恩格斯全集(第31卷)》,人民出版社1998年版。
6. 中共中央马克思恩格斯列宁斯大林著作编译局编译:《马克思恩格斯全集(第44卷)》,人民出版社2001年版。
7. [德]马克思:《1844年经济学哲学手稿》,中共中央马克思恩格斯列宁斯大林著作编译局编译,人民出版社2000年版。
8. [德]马克思:《资本论(第三卷)》,中共中央马克思恩格斯列宁斯大林著作编译局编译,人民出版社2004年版。
9. [德]韩炳哲:《非物:生活世界的变革》,谢晓川译,东方出版中心2023年版。
10. [英]黛安·科伊尔:《无重的世界》,罗汉、方燕、陆从珍译,上海人民出版社1999年版。
11. [美]尼古拉·尼葛洛庞帝:《数字化生存》,胡泳、范海燕译,电子工业出版社2020年版。
12. [英]克里斯蒂安·福克斯:《数字劳动与卡尔·马克思》,周延云译,人民出版社2020年版。
13. [英]李嘉图:《李嘉图著作和通信集(第一卷):政治经济学及赋税原理》,郭大力、王亚南译,商务印书馆2017年版。
14. 《新帕尔格雷夫经济学大辞典(第4卷)》,经济科学出版社1996年版。
15. [法]让·鲍德里亚:《消费社会》,刘成富、全志钢译,南京大学出版社2014年版。
16. [英]乔纳森·哈斯克尔、[英]斯蒂安·韦斯特莱克:《无形经济的崛起》,谢欣译,中信出版社2020年版。
17. [德]康德:《历史理性批判文集》,何兆武译,商务印书馆1990年版。
18. 蔡继明:《从狭义价值论到广义价值论》,商务印书馆2022年版。
19. 戎珂、周迪:《数字经济学》,清华大学出版社2023年版。
20. 张雄:《无形经济:一个值得深究的经济哲学问题》,《哲学研究》2024年第1期。

21. 张雄:《"数字化生存"的存在论追问》,《江海学刊》2022 年第 4 期。
22. 张雄、刘倩:《马尔库塞的政治经济学批判思想探析》,《马克思主义与现实》2020 年第 2 期。
23. 张雄:《财富幻象:金融危机的精神现象学解读》,《中国社会科学》2010 年第 5 期。
24. 鲁品越:《再论马克思的"价值定义"与马克思主义价值哲学之重建》,《教学与研究》2017 年第 2 期。
25. 鲁品越:《价值新概念与唯物史观新境界》,《西南大学学报(社会科学版)》2014 年第 4 期。
26. 鲁品越:《"创新劳动"价值与社会生产历史进程——两层次劳动价值创造论》,《哲学研究》2009 年第 7 期。
27. 鲁品越:《劳动价值的物化形态与人化形态——"产值悖论"及其解决途径》,《财经研究》2009 年第 2 期。
28. 任洲鸿:《"还原问题"新探——基于劳动价值论和复杂性科学的双重视角》,《河北经贸大学学报》2016 年第 1 期。
29. 李醒民:《价值的定义及其特性》,《哲学动态》2016 年第 1 期。
30. 袁杰:《论唯物史观语境中物质劳动和精神劳动的地位》,《哲学研究》2016 年第 2 期。
31. 孙乐强:《马克思劳动价值论的革命意义及当代价值——对非物质劳动论与知识价值论的再思考》,《理论探索》2017 年第 3 期。
32. 王天思:《创新劳动价值论的探索及其启示——兼与鲁品越教授商榷》,《哲学研究》2011 年第 3 期。
33. 蓝江:《空间、时间与生命政治:价值形式的三次重组——从〈资本论〉来解读数字资本主义下的价值形式》,《学习与探索》2024 年第 2 期。
34. 蓝江:《从剩余价值、剩余快感到剩余数据——数字资本主义时代的辩证逻辑》,《南京社会科学》2023 年第 1 期。
35. 崔晨:《环境、社会责任和公司治理(ESG)对企业价值评估的影响分析》,《中国资产评估》2022 年第 7 期。
36. 李永壮、杨泽新、郭华:《数字资产内涵、价值评估与交易研究——基于演化视角的展开》,《北京财贸职业学院学报》2018 年第 3 期。
37. 程恩富:《科学地认识和发展劳动价值论——兼立"新的活劳动价值一元论"》,《财经研究》2001 年第 11 期。
38. 董涛:《非雇佣数字劳动的价值创造及转移》,《山东工会论坛》2023 年第 5 期。
39. 张雄、张柏川:《马克思对资本范畴本质的揭示》,《光明日报》2021 年 4 月 26 日第 15 版。

第十一章

数字经济的三大伦理学追问

数字经济作为代表"新质生产力"的新形态经济,对当下经济、社会、文化生活等领域的作用力日益凸显。数字经济的发展在提质生产力的同时,其生成的新技术、新制度、新业态等对传统伦理观念产生了双重影响。数字经济的发展促进了人的自由、权利、公正、责任等正向价值观的形成,也带来了相应的伦理价值观的冲突。因此,探讨数字经济下的伦理关系新变化,确定数字经济的伦理边界,寻求即时性的规制措施,使之与伦理原则"价值对齐"十分重要。

第一节 数字经济的权利伦理追问

一、权利伦理的理论基础

对权利概念的解读有多重维度,从道德权利的角度看,权利就是资格,每个人都有平等做某事的资格。"道德权利,简言之,是作为主体的人所赋予的特定权利或人权,是指那重要的、规范的、合理的要求或资格。"[1]但是,权利并不是"天赋的"资格,马克思主义认为,权利是一定社会经济条件的产物。马克思指出,"权利,就

---

[1] [美]理查德·T.德·乔治:《经济伦理学》,李布译,北京大学出版社2002年版。

它的本性来讲,只在于使用同一尺度"[1],"权利决不能超出社会的经济结构以及由经济结构制约的社会的文化发展"[2],可见,作为上层建筑一部分的权利,既由一定社会的经济基础决定,又受一定社会的文化影响和制约,因此,只有从唯物史观的角度看待权利的概念才能避免抽象地理解权利。

马克思在阐述平等权利时,从生产劳动及分配的角度进行了论述。他认为,"生产者的权利是同他们提供的劳动成比例的;平等就等于以同一尺度——劳动——来计算。但是,一个人在体力上和智力上胜过另一个人,因此在同一时间内提供较多的劳动,或者能够劳动较长的时间……这种平等的权利对不同等的劳动来说是不平等的权利"[3]。马克思虽然认为,等量劳动获取等量报酬是权利的平等,但对于事实上拥有不同等的劳动能力和家庭负担不同的劳动者来说又是不同等的权利。当我们只看到表面上权利的平等,或只停留在抽象的权利平等上的时候,就还是只停留在"资产阶级的框框里",权利应该不只看到形式上的权利,更要看到实质上的权利。

从这个意义上看,习近平总书记关于权利的论述深刻体现了实质性的权利。习近平总书记指出:"生存权和发展权是最重要的人权。""时代在发展,人权在进步。中国坚持把人权的普遍性原则和当代实际相结合,走符合国情的人权发展道路,奉行以人民为中心的人权理念,把生存权、发展权作为首要的基本人权,协调增进全体人民的经济、政治、社会、文化、环境权利,努力维护社会公平正义,促进人的全面发展。"[4]这里将人的权利(人权)发展看作一个过程,是由一定的生产关系及生产力状况所决定的。中国正是基于这一理念,成功走出了一条中国特色的扶贫开发道路,使七亿多农村贫困人口成功脱贫,这是实实在在人权的提升和进步。而西方的权利观从抽象的权利出发或者"天赋人权""普遍权利"等出发来构建权利的内涵,是有资产阶级的特性和表面性的。

社会主义的权利的真正实现是建立在生产力的高度发展基础上的,马克思认

---

[1] 中共中央马克思恩格斯列宁斯大林著作编译局编译:《马克思恩格斯文集(第3卷)》,人民出版社2006年版,第435页。

[2] 中共中央马克思恩格斯列宁斯大林著作编译局编译:《马克思恩格斯文集(第3卷)》,人民出版社2006年版,第435页。

[3] 中共中央马克思恩格斯列宁斯大林著作编译局编译:《马克思恩格斯文集(第3卷)》,人民出版社2006年版,第435页。

[4] 《习近平致信纪念〈世界人权宣言〉发表70周年座谈会》,https://www.gov.cn/xinwen/2018-12/10/content_5347429.htm。

为,共产主义是"以生产力的巨大增长和高度发展为前提的"[①],作为"新质生产力"的重要形态的数字经济是推动高质量发展的重要引擎,代表了新时期的新质生产力,"完全超出资产阶级权利的狭隘眼界"[②]。

权利的种类有许多,如法律权利、道德权利、经济权利、政治权利等,而法律权利和道德权利是最主要的权利。道德权利是最基本的权利即人权,法律权利是法律所赋予的权利。数字经济的权利一般包括生存权、发展权、知情权、隐私权等,在这些权利中,生存权和发展权是最主要的权利。

二、数字经济的发展对道德权利的推动作用

(一)数字经济提升了人的发展权和生存权

数字经济的发展给劳动者创造了更多的发展空间和机会。数字经济催生的新兴行业和新经济形态为就业市场提供了广阔的空间。一是为大众创业、万众创新提供了可能,网络的发达和无形经济的出现为广大社会人员提供了创新创业的机会。数字经济的运用和个人对数字经济的把握无疑给人们带来了更多的平台和机会。例如,科技的发展促进了人们创业创新的积极性;互联网、创意、直播带货的出现使普通大众有了更多致富的机会,出现了更多以创意、管理、设计、技术为谋生渠道的众多高收入的劳动者;等等。二是数字经济的发展催生了共享经济,使人们可以通过互联网平台实现资源共享,通过使用权的运用使以前的财产所有权的障碍得以消除,协调共享使数字经济受惠的人数增加。劳动用工出现了新变化,为大众提供了自由选择和发展的空间。例如,平台经济为兼职和临工提供了机会,这对特殊群体,如退休人员、家庭主妇、失业者等提供了灵活就业机会。这些新型劳动者不受传统行业、企业的限制,可以自主决定工作时间、工作地点和工作内容等。

(二)数字经济发展促进了人的实质自由权利的提升

自由是基本的人权,而自由又分形式的自由和实质自由。自由市场经济理论对自由的解读可以视作形式的自由。哈耶克认为,如果平等的获得以自由为代价,那么这种平等是不可取的;平等只能通过竞争市场机制来实现而不能靠政治组织

[①] 中共中央马克思恩格斯列宁斯大林著作编译局编译:《马克思恩格斯文集(第1卷)》,人民出版社2006年版,第538页。
[②] 中共中央马克思恩格斯列宁斯大林著作编译局编译:《马克思恩格斯文集(第3卷)》,人民出版社2006年版,第436页。

的措施来实现。主张把市场竞争放在首位,侧重经济效率的提高,而不应该采取人为的收入均等化措施,强求平等,给社会带来更大损失。阿马蒂亚·森对形式自由观的局限性进行了批判:不顾后果的政治优先性理论的建议由于在很大程度上漠视了人们最终能够享有(或不享有)的实质自由而陷于困境。只重简单的程序性规则而不计后果——不管那些后果对所涉及的人们的生活会何等可怕,并且完全不可接受。他将"可行能力"作为自由的条件,发展权是在促进能力下才能获得。《以自由看待发展》阐述了他的以"实质自由"为核心的新发展观,人的"实质自由"是发展的最终目的和重要手段。他认为,发展是涉及经济、政治、社会、价值观念等众多方面的综合过程,它意味着消除贫困、人身束缚、各种歧视压迫、缺乏法治权利和社会保障的状况,从而提高"人们按照自己的意愿来生活"的能力。

马克思认为,自由不是一成不变的,而是随着历史的发展而发展,随着历史条件的变化而变化的。在马克思看来,自由既不是人的某种先天固有的东西,也不是在人之外与人无关的、永恒的东西,自由就存在于人们的社会劳动实践之中,表现为不断的追求过程,最终的自由是人的全面发展。

数字经济发展提升了人们实质的自由,使人民生活水平不断提高,数字化生活生存方式给人们的生活带来了便利,扩大了人的能力和自由权利;通过提升劳动者的知识水平和素质,掌握数字技术和人工智能等应用技术,拓展了人们的行为能力;数字经济使劳动者得到了更多的平等性和自由发展的空间,增强了人们对数据资源所有权的认识;等等。

三、数字经济在道德权利上的价值冲突问题

数字经济在拓展人的权利的同时,也带来了价值冲突和挑战。对道德权利的侵蚀以新的形式出现,值得我们认真对待。

(一)数字资源市场和数字资本的垄断问题

在市场经济条件下,数字经济导致的垄断容易形成,而垄断显然侵犯了权利。数字资源市场的垄断不仅会影响市场竞争的公平性,而且会导致消费者权利的受损和社会福利的降低。数字资本垄断则会加剧区域发展的不平衡现象,从而使数字经济发展处于弱势的国家的发展权受到侵害。

数字资源市场的垄断首先会限制市场竞争的活力。当某家企业或少数几家企业控制了数字资源市场的主导权,其他企业进入市场或获得公平竞争机会的权利

就会受到影响。同时，垄断企业还会通过操纵数据、限制用户选择或实施不公平的定价策略来维护自身利益，如互联网大厂的垄断，要求用户二选一、利用大数据"杀熟"等行为就是利用垄断地位，侵害消费者的选择权、知情权等权利。此外，在垄断格局下，数字市场的资源往往被少数企业所控制，这可能导致社会公共资源的浪费和分配的不平衡。一些垄断企业甚至可能通过控制关键技术和数字资源危害公共利益和国家安全。

在数字经济全球化的过程中，掌握数字技术优势的国家对数字技术的管制和垄断日益严重，出现了数字资本主义、数字霸权主义等形式。资本主义，特别是垄断资本主义不仅实施经济垄断、金融资本的垄断，而且有技术垄断，在数字经济条件下表现为数字垄断和数字科技霸权，进行逆全球化、脱钩断供，试图剥夺发展中国家的科技发展权利，在新的国际分工的数字鸿沟方面阻止其他国家获得数字资源的权利，从而剥夺他国尤其是发展中国家的发展权。

（二）劳动者权利受到侵害问题

数字经济的发展使企业的生产要素、劳动关系发生了一些变化。在传统生产要素的基础上出现了数据生产要素，数字要素以新的独立形式出现，使数字企业生产集约化水平更高，带来了生态结构的变化，数字生产与劳动者权利问题逐渐呈现，数字经济下的资本与劳动的关系具有了新的形式和特点。

一是运用算法控制劳动者的时间。比较典型的是互联网企业，外卖行业劳动者常常面临长时间工作、超时工作、无休假等问题，劳动时间的不稳定性和工资计算的不透明性给劳动者带来了巨大的压力和不确定性等。

二是数字化企业为了降低用工成本，采用零工经济、平台经济等形式致使劳动者缺乏足够的保障，许多经济平台未能为劳动者提供充分的保险和福利待遇，劳动者面临意外伤病和失业的威胁。这些风险和不确定性因素加剧了劳动者的经济压力和社会风险。此外，还有不完全契约的存在，使劳动者面对不公正契约等。

三是人工智能的广泛应用导致部分劳动者的失业。人工智能技术进步能够变革生产模式，使传统就业方式由劳动密集型不断向资本密集型、技术密集型转变。这一过程伴随着结构性失业、摩擦性失业、技术性失业和隐藏性失业等现象，不同程度地对就业产生破坏效应。

因此，在数字经济快速发展的当下，要充分重视劳动者的权利问题，避免雇佣劳动关系的模糊性，由于劳动保险和社会保障的模糊性、不确定性给企业带来了空白地带以及企业数字化转型对劳动者就业权利的影响。这就需要进一步研究和解决在数字经济条件下的劳动关系及企业的责任问题。

(三) 隐私权问题

数字经济中的数据隐私权是一个重要的伦理问题。隐私，本质是一种信息，一种属于私人的排他性的不愿为他人知晓或干涉的信息。例如信件、记事本等，这些本身并不是隐私，其中记载并反映出来的信息才是隐私。隐私应包括绝对个人隐私和相对个人隐私。所谓绝对个人隐私，是指纯个人的，与一切非本人的他人无关的信息，如人身性数据等。所谓相对个人隐私，是指由于某种关系如夫妻关系、合同关系等与特定的他人相关的应为他们共同支配的共同保护的隐私。家庭关系是典型的相对个人隐私。隐私应当是一种合法的，不危害到公共利益或他人利益的事物或行为的信息。[①] 隐私权的内容包含个人生活自由权，即权利主体按照自己意愿从事或者不从事某种与社会公共利益无关或者对社会公共利益无害的活动，不受他人干预、破坏或者支配。

数据隐私的重要性在于保护个人数据不被滥用、泄露或被不当使用。例如，个人数据泄露可能导致身份盗窃、诈骗、虚假账单和未经授权的身份验证等风险。此外，个人数据可能暴露个人的敏感信息，如健康状况、财务状况和个人喜好，从而威胁到个人隐私和安全。

在许多数字经济的应用程序中，算法需要收集和使用大量的个人数据来进行训练和优化。这些数据可能包含敏感信息，如医疗记录、财务记录和位置数据等。如果这些数据被泄露或被滥用，就可能导致个人隐私遭受侵犯和滥用风险。将伦理框架应用于算法偏见和隐私问题的解决方案中，需要在算法设计、数据采集、模型评估等各个环节中考虑伦理原则。例如，在数据采集阶段，应该遵循隐私原则，收集和使用用户数据必须得到用户的充分同意，并确保数据不被滥用和泄露。在算法设计和模型评估中，应该采用公正性原则，防止算法产生偏见和歧视性结果。

联合国会员大会于 2013 年 12 月 18 日通过了《数字时代的隐私权决议》(The Right to Privacy in the Digital Age)。该决议注意到科技发展除了使人类拥有新的通信方式外，也指出科技同时强化了国家、企业与个人进行监控的能力。决议对通信监察及拦截所带来的负面影响表达深度关切，并强调任意或不合法的通信监控、资料收集，将侵犯民主社会的隐私权与言论自由。该决议认为人们无论在离线或线上，皆应享有相同的人权。

[①] [美]理查德·T.德·乔治:《经济伦理学》，李布译，北京大学出版社 2002 年版。

四、数字经济时代权利的保护

（一）提高尊重个人权利的意识

尊重和保护个人权利在于尊重人的隐私权、知情权、访问权和控制权等权利。尊重知情权意味着个体在数据被收集和利用之前要清楚地了解到底发生了什么。如果个体无法理解个人的财务状况、交易记录等敏感信息如何被使用，就会失去对自己信息处理的知情权。尊重访问权涉及个体对于自己的数据有权进行审查和验证。如果 AI 系统的决策基于某些个体数据，那么这些个体应该有权访问、审查这些数据。这种权利不仅有助于个体了解系统是如何做出决策的，而且能让其纠正可能存在的错误。这既是对个体自主权的尊重，也是系统透明度的实际体现。尊重控制权关乎个体对于自己信息的管理，包括对于数据的使用目的、使用方式的选择权。如果个体能够掌握自己信息的去向，可以自主决定是否分享以及分享到什么程度，那么他们就拥有了对于自己信息的控制权。

对数字企业而言，尊重个人权利要有自律意识，同时政府监督及正面引导必不可少。近些年来，也出现了许多积极的变化。如互联网企业为避免陷入维权纠纷，纷纷采取措施设立隐私条款。2017 年 7 月以来，中央网信办等四部门组织评审十大常用网络产品隐私条款的"成绩单"。评审内容包括隐私条款内容、展示方式和征得用户同意方式等。首批参与测评的网络产品，包括京东商城、航旅纵横、滴滴出行、携程网、淘宝网、高德地图、新浪微博、支付宝、腾讯微信、百度地图这 10 款常用的网络产品。评审认为，这 10 款产品和服务在隐私政策和用户控制力增强方面均有不同程度的提升，包括做到了明示其收集使用个人信息的规则，并征求用户的明确授权。其中，8 款产品和服务做到了向用户主动提示并提供更多选择权。用户的访问权、更正权、删除权和注销权等权利也变得更加明确。京东新版隐私条款中，以增强告知或即时提示的方式在收集、使用及共享个人信息时向用户明示选择权，并在产品设置中允许用户即时撤销授权。微信则是在功能设计层面进行了用户撤回其同意采集、使用敏感信息的设置，用户可以根据其需要通过便捷的操作随时撤回其同意。

（二）认识数字确权的重要性

数字确权是数据交易、流通等环节的基础和先决条件。它涉及数字资产的所有权、使用权、流转和交易等多个方面，确保了数字资产在数字化时代的合法性和安全性。通过明确数字资产的所有权归属和权益分配,以及进行使用权的授权和认证,数字确权可以有效防止数字资产被非法复制、篡改或滥用,保护数字资产所有者的权益。同时,数字确权还能促进数字资产的合法交易和流转,推动数字经济的发展。在这个过程中,数字确权还注重提高数字资产的安全性和可靠性,保障用户的数据隐私和信息安全。因此,数字确权对于保护数字资产、促进数字经济发展以及保障用户权益都具有重要意义。这里的数字确权既包括数据的产权,也包括数据的使用权。大数据时代,由于数据是重要的资源,因此人们在收集数据时很容易产生知识产权纠纷,包括侵犯知识产权、过度使用、挖掘数据资源等。由于数据产权的所属具有不确定性,因此数据确权比较困难。数据交易过程中对数据的利用的不规范性也会影响数字确权。我国《数据安全法(草案)》规范了数据交易流程,提出"从事数据交易中介服务的机构在提供中介服务时,应当要求数据提供方说明数据来源,审核交易双方的身份,并留存审核、交易记录"。

第二节　数字经济发展中效率与公平的伦理追问

在数字经济发展过程中,效率与公平是判断数字经济发展的经济合理性与伦理合理性的两个基本维度,二者不可偏废。在数字经济背景下,信息的快速流通和数据的广泛应用,使得资源配置更加精准和高效,极大地推动了经济的高速增长。但信息和数据的流通又使得市场竞争更加激烈,同时加剧了资源分配的不平等现象。因此,如何在数字经济发展过程中更加注重平衡效率与公平的关系,实现经济发展与社会公平的良性互动,成为当前发展数字经济的重要课题。

一、效率与公平的理论基础

效率与公平是社会经济生活中两个核心要素,也是经济伦理学的一对重要范畴。效率追求的是资源利用的最大化,而公平则强调社会成员在资源分配上的正义性。正确理解效率与公平的内涵,能够更好地在经济活动中既有效率又公平地配置社会资源。

(一)效率的内涵

效率通常用于衡量投入和产出之间的比例,即在工作或活动中所使用的资源

（如时间、金钱、人力等）与所获得的结果或收益之间的比率。高效率意味着在相同的资源投入下，能够获得更多的输出或更好的结果。阿瑟·奥肯认为："效率，意味着从一个给定的投入量中获得最大的产出"①；美国经济学家曼昆认为，效率是"资源配置使所有社会成员得到的总剩余最大化的性质"②。在经济学中，关于效率的使用主要在两种意义上：一是经济效率，二是生产效率。经济效率是指经济资源的有效利用程度，它主要是指资源的配置状况，资源的有效配置是衡量效率高低的重要标志。生产效率是指单位时间里的投入产出之比，反映一定量活劳动的投入所取得的有效成果数量。从经济伦理学的角度看，"效率是指人类社会有效地改造自然以满足人类需要的能力和程度"③。

（二）公平的内涵

在现代政治哲学、经济学、伦理学和社会学等学科中，公平、平等、公正、正义是经常出现的概念，对这些概念的解读也非常丰富，莫衷一是。然而，在实际的使用过程中，一般没有很严格的区分。这里只注重在效率与公平的对应关系上谈公平，重点在于对分配的公平或分配正义的解读。

公平在经济学意义上，一般是指市场经济等价交换原则所体现的平等，也就是人们通常所说的机会均等；在伦理学的意义上，要求每个人都拥有平等的生存、发展权利和机会。在马克思看来，公平是特定的历史与社会的经济结构所派生的意识形态的一个组成部分，判定某一社会制度是否公平，不能用抽象的、超时空的绝对的自然法则，而是要依赖这一制度的基础——生产方式的状态来评定，要从具体的、历史的经济结构和经济关系来评定。马克思认为，把经济分配和生产分开是错误的。首先，"需要分配的最重要物品是生产手段"④。任何社会的权力平衡将由生产要素分配而不是消费品分配来决定。"分配的结构完全决定于生产的结构。"⑤马克思反对从纯粹科学的角度看待公平分配问题，强调国家应该为所有人提供可接受的物质生活条件。

公平理论也有很多研究成果。对当代正义理论做出重要贡献的罗尔斯，提出了正义的两个原则："第一个原则要求平等地分配基本的权利和义务；第二个原则

---

① ［美］阿瑟·奥肯：《平等与效率》，王奔洲译，华夏出版社1999年版，第2页。
② ［美］曼昆：《经济学原理》，梁小民译，北京大学出版社1999年版，第152页。
③ 何建华：《经济正义论》，人民出版社2004年版，第334页。
④ ［美］塞缪尔·弗莱施哈克尔：《分配正义简史》，吴万伟译，译林出版社2010年版，第134页。
⑤ 中共中央马克思恩格斯列宁斯大林著作编译局编译：《马克思恩格斯文集（第8卷）》，人民出版社2009年版，第18页。

则认为社会和经济的不平等(例如财富和权力的不平等)只要其结果能给每一个人,尤其是那些最少受惠的社会成员带来补偿利益,它们就是正义的。"①他还特别强调,其中第二原则可以表述为:"社会的和经济的不平等应这样安排,使它们:①适合于最少受惠者的最大利益;②依系于在机会公平平等的条件下职务和地位向所有人开放。"②其中,第一原则通常被称为"平等原则",第二原则被称为"差别原则"。

诺齐克认为,按个人权利分配就是公平的,也是正义的,反对任何模式化的或目的的正义观念对自由的破坏。他认为:"分配正义的整个原则只是说:如果所有人对分配在其分下的持有都是有权利的,那么这个分配就是公正的。"③诺齐克强调持有者从最初的正当获取加上正当地转移权利是正义的唯一条件,不必再去考虑其他什么标准,包括现时的结构性标准。他看重的是市场体制下人们正当获取和自由交换的方式,对此提出的唯一限制条件就是这种获取和交换不可使他人的状况恶化。

阿玛蒂亚·森在公平问题上提出了自己的"能力平等原则"。他认为对平等的衡量是基于基本能力的,即一个人赖以进行基本活动的能力。基于基本能力的平等原则,比基于效用和物品的平等原则,更接近对人的价值的肯定。人类能力的提高也可以扩大生产能力和获取收入的能力。因此根本保证就是把民主作为普遍的价值,建立起自由、平等的社会制度。阿玛蒂亚·森认为人类社会对于平等和自由的追求是永恒的价值目标。人的自由是经济发展的目的,提高人的能力、获得收入的方法只是手段。他不仅关注个体内在能力的提高,而且强调主体之间生产关系和权利平等的重要性。他从人的存在、尊严和权利平等的视角出发,力求实现经济与伦理、效率与公平的结合与统一,以此来解决经济领域的分配正义问题。

总之,公平理论的观点很丰富,我们要基于马克思主义的观点,并吸收现代相关正义理论的合理内核,具体、历史地去看待公平正义问题,从一定社会的经济基础去理解公平问题。正如恩格斯所指出的:"一个社会的分配总是同这个社会的物质生存条件相联系,这如此合乎事理,以至经常在人民的本能上反映出来。"④就是

---

① [美]罗尔斯:《正义论》,何怀宏、何包钢、廖申白译,中国社会科学出版社1988年版,第12页。
② [美]罗尔斯:《正义论》,何怀宏、何包钢、廖申白译,中国社会科学出版社1988年版,第79页。
③ [美]罗伯特·诺齐克:《无政府、国家与乌托邦》,何怀宏译,中国社会科学出版社1991年版,第157页。
④ 中共中央马克思恩格斯列宁斯大林著作编译局编译:《马克思恩格斯选集(第3卷)》,人民出版社1995年第2版,第491-492页。

说,在一种生产方式处于上升时期时,因为它有利于人和社会的发展,所以人们从本能上会认为它是公正的。这说明分配正义原则不是永恒的,而是历史地变化着的;同时,每一个历史时代的分配正义原则都是与当时的生产方式的性质直接相关的。

(三)效率与公平的关系

效率与公平是一对矛盾,是对立统一的关系。一定程度上,公平总是与一定水平的效率互为前提的。在对待分配公正与经济效率的关系上,既不能把经济效率与分配公正绝对地对立起来,认为二者不可兼得;也不能简单地认为二者是相互促进的,否认二者之间的矛盾。从理论上,"分配公正与经济效率是辩证统一的:一方面,分配公正是提高生产效率的有效手段,没有机会均等,缺少公平竞争的有效规范,就不可能有真正的效率;另一方面,效率是维系分配公正的物质保证"[①]。在一个没有效率、物质财富匮乏的社会里,分配公正只不过是一句空话。但是在实践中要实现二者的统一并不容易。因此,公平与效率问题的真正解决并不在理论本身,而是在实践过程之中。

我们不能只顾效率而忽略安定,更不能以发展和稳定为借口而任意剥夺人的基本生活资料及人在社会生活中的基本权利。市场竞争是一种优胜劣汰,分配正义还是对市场缺陷的一种补偿和对竞争过度的一种制约。当然,分配正义还要抑富济贫和普度众生。所以要通过国家制定的税收制度、工资制度、就业制度、教育制度、社会保障制度等来调节利益差距,进行社会福利的二次分配,并使在市场上竞争无力或竞争失败者具有起码的生存保障和发展的机会。只有通过完善市场制度、发挥政府在公共行为中的积极作用、加强社会保障等措施,一方面强化能力、提高效率,另一方面平等权利、讲究公正,才能真正实现分配正义。

二、数字经济对效率的提高和公平的促进

随着互联网快速普及和数字技术的广泛应用,信息技术和人类生产生活的交会融合程度逐渐加深,全球数据呈现爆发式增长,生产效率得到了大幅提升,商品和服务更加丰富多样,这对经济发展、社会治理、国家管理、人民生活都产生了重大的影响。总体而言,数字经济的发展向着具有包容性的增长模式前进,成为"在高

---

① 何建华:《经济正义论》,人民出版社 2004 年版,第 347 页。

质量发展中实现共同富裕"的重要途径。

(一) 数字经济的发展使效率得到了巨大的跃升

1. 数据与实体经济融合推动传统产业转型升级,提高了效率

2022年12月2日,中共中央国务院发布《关于构建数据基础制度更好发挥数据要素作用的意见》,提出要"建立体现效率、促进公平的数据要素收益分配制度"①。作为数字经济时代的一种关键生产要素,数据要素在经济增长的过程中起到了举足轻重的作用。与传统生产要素不同的是,数据要素通过促进企业生产要素的合理配置间接提升了社会生产效率,数据与实体经济的融合成为推动传统产业转型升级的重要途径。

首先,数据的应用为传统产业带来了前所未有的机遇。通过大数据分析,企业可以更加准确地了解市场需求、消费者行为以及行业趋势,从而制定出更加科学、合理的发展战略。同时,数据还可以帮助企业优化生产流程、提高产品质量、降低成本,提升整体竞争力。

其次,数据与实体经济的融合有助于推动传统产业的创新。在数据的驱动下,传统产业可以开发出新的产品和服务,以满足消费者多样化的需求。例如,制造业可以通过引入智能制造、个性化定制等新模式,提高产品的附加值和市场竞争力。

此外,数据的应用还可以帮助传统产业实现绿色发展。通过对生产过程中的能源消耗、废弃物排放等数据进行实时监测和分析,企业可以及时发现问题并采取相应措施,降低对环境的影响。这不仅有助于企业的可持续发展,而且能降低生产成本,提高经济效益。

数据与实体经济的融合是传统产业转型升级的重要推动力量,而传统产业的数字化转型又提供了大量的就业岗位,"已成为我国稳就业的重要力量"②。企业通过充分利用数据资源,可以在新时代抓住机遇、应对挑战,实现更加高效、绿色、可持续的发展。同时,政府和社会各界也需要共同努力,为数据与传统产业的融合创造良好的环境和条件。

2. 数字技术助力新兴产业和模式的蓬勃发展,为企业带来了更高效、更便捷、更智能的解决方案

随着数字技术的不断发展,新兴产业和模式正在蓬勃兴起,呈现前所未有的活

---

① 《中共中央国务院关于构建数据基础制度更好发挥数据要素作用的意见》,https://www.gov.cn/zhengce/2022−12/19/content_5732695.htm。

② 中国信息通信研究院:《数字经济概论:理论、实践与战略》,人民邮电出版社2022年版,第95页。

力和创新力。

在新兴产业方面,数字技术为许多领域带来了革命性的变革。例如,人工智能技术的广泛应用,正在推动智能制造、智慧医疗、智能家居等领域的快速发展。在智能制造领域,人工智能技术可以实现自动化生产、智能调度等功能,提高了生产效率和产品质量。在智慧医疗领域,人工智能技术可以帮助医生进行疾病诊断和治疗,提高了医疗水平和患者体验。在智能家居领域,人工智能技术可以实现家居设备的智能化控制,提高了生活质量和便利性。

除了新兴产业,数字技术也在推动传统产业的升级和变革。例如,数字技术在零售业中的应用,推动了电商、社交电商、无人超市等新型零售模式的出现。这些新型零售模式利用数字技术实现了线上线下融合,提高了销售效率和顾客体验。在交通运输领域,数字技术可以实现智能交通管理、自动驾驶等功能,提高了交通运输的安全性和效率。

数字技术的广泛应用,不仅推动了新兴产业和模式的蓬勃发展,同时对人民生活质量的提高也是全方位的。医疗、购物、教育、交通、娱乐等各个领域都在数字经济时代下实现了质的飞跃,无处不体现着"便民性""利民性"。除了各种线上服务、移动支付带来的便利,随着物联网时代的到来,多样的数字服务有着更加广阔的前景,比如远程医疗、居家医疗、健康检测在"医联网"上成为可能;在 5G 的赋能下,"车联网"、无人驾驶、数字孪生的智慧城市也有望实现,并在社会公共服务的各个领域提升人民的生活水平。

数字经济与绿色发展理念是紧密结合的,数字经济时代的绿色技术创新促进了"碳"目标的实现。在数字技术的驱动下,通过生产端和消费端促进绿色发展。在生产端,数字技术的应用提升了能源的使用效率,带动污染处理的技术创新,降低了生产过程中的环保成本;在消费端,数字经济催生了多样的绿色消费方式,以需求带动供给朝着低碳方向发展,为低碳产业创造更大的发展空间。此外,数字技术通过资源整合,还能提高政府的环境治理能力,同时推动产业转型升级,向绿色的发展模式转变。[①]

总之,数字技术的快速发展正在推动新兴产业和模式的蓬勃发展,为企业带来了前所未有的发展机遇和广阔前景。未来,随着数字技术的不断创新和应用,会有更多的新兴产业和模式涌现,为人类社会的发展带来更多的创新和进步。

---

① 戎珂、周迪:《数字经济学》,清华大学出版社 2023 年版,第 14 页。

(二) 数据流通的共享性促进数字红利的普惠化，有利于公平的实现

随着数字技术的飞速发展，数据流通的共享性已经成为推动数字红利普惠化的重要动力。"数字化生存之所以能让我们的未来不同于现在，完全是因为它容易进入、具备流动性以及引发变迁的能力。"[1]在数字经济的浪潮中，数据的共享和流通不仅能够促进资源的优化配置，而且能够为各行各业带来新的发展机遇，从而推动整个社会的繁荣与进步。波特曼指出："共享消费让人们认识到，越过所有权，大家可通过共享产品和服务互利互惠，同时还可以省钱、省地方、省时间、交到新朋友、让生活变得丰富多彩……这些系统提高了使用效率，减少了浪费，并鼓励开发更好的产品，消化了由于生产过剩和过度消费所产生的剩余产品，因而对环境极其有益。"[2]

1. 数据流通的共享性提高了资源的利用效率

在传统的经济模式下，资源的分配往往受到地域、时间等因素的限制，导致资源利用效率低下。然而，在数字经济时代，数据的流通和共享打破了这些限制。通过大数据、云计算等技术手段，企业可以更加精准地把握市场需求，实现资源的优化配置。这不仅能够提高企业的运营效率，而且能够为消费者提供更加个性化、更加高效的服务。

2. 数据流通的共享性促进了数字红利的普惠化

在数字经济的背景下，数据成为新的生产要素，具有极高的价值。然而，如果数据只被少数企业或个人所垄断，那么数字红利的普惠化将无从谈起。因此，数据流通的共享性显得尤为重要。通过数据的共享和流通，更多的企业和个人能够参与到数字经济的建设中来，分享数字红利。这不仅有助于缩小贫富差距，而且能够推动整个社会的均衡发展。

3. 数据流通的共享性为各行各业带来了新的发展机遇

在数字经济时代，数据已经成为企业的核心竞争力。通过数据的共享和流通，企业可以更加深入地了解市场需求、消费者行为等信息，从而开发出更加符合市场需求的产品和服务。这不仅有助于企业提高自身的竞争力，而且能够为消费者带来更加优质、便捷的服务体验。

---

[1] [美]尼古拉·尼葛洛庞帝：《数字化生存》，胡泳、范海燕译，电子工业出版社2017年版，第232页。
[2] Rachel Botsman and Roo Rogers, *What's Mine Is Yours: The Rise of Collaborative Consumption*, HarperCollins, 2010, xv – xvi.

4. 数据流通的共享性正在推动整个社会的繁荣与进步

在数字经济时代,让更多的网民参与数字经济发展成果分配,共享数字经济红利和社会进步成果,就必须推动数字经济朝着开放、包容、普惠、平衡、共赢的方向发展。为此,要建立共享发展的实现机制:完善收入分配制度,在初次分配、再分配和三次分配环节都要注重社会公平,坚守共同富裕目标;坚持公共服务普惠原则,加强对各类灵活从业人员的社会保障制度建设;为个体提供共创共享的数字网络平台,推动创业创新,发挥个人最大潜能,实现发展机会的均等化和数字红利的普惠化。

三、数字经济发展面临的公平问题挑战

数字经济作为 21 世纪的新兴经济形态,以其独特的优势在全球范围内迅速崛起。然而,随着其快速发展,一系列正义挑战也逐渐浮现。这些挑战不仅关乎经济利益的分配,而且涉及社会公平、隐私保护、数据安全等多个层面。

(一)数据要素参与市场与不正当竞争的冲击

随着数字经济的快速发展,数据要素的市场化进程日益加快,其在市场中的作用也日益凸显。然而,在这一过程中,不正当竞争的问题也逐渐浮出水面,为数字经济的健康发展带来了不小的冲击。

数据要素参与市场,为各行各业带来了前所未有的机遇。无论是金融、医疗、教育还是其他领域,数据的价值都在被深度挖掘和利用。然而,这种价值的实现往往伴随着激烈的市场竞争。尤其在当前平台经济的发展过程中,一些不法平台为了牟取私利,不惜采用不正当手段来获取、使用或交易数据,从而扰乱了市场秩序,损害了其他竞争者的利益。"平台经济是一种基于数字技术,由数据驱动、平台支撑、网络协同的经济活动单元所构成的新经济系统,是基于数字平台的各种经济关系的总称。"[①]我国互联网平台经济已经渗透到生产、生活的诸多方面。其规模可分为中小平台、大型平台和超级平台三级。超级平台具有规模、数据、算法、技术、资本等诸多优势,在市场竞争中容易占据优势地位。互联网企业通过"烧钱"等手段获得市场规模优势,实现赢家通吃和流量垄断,部分平台企业滥用市场地位,限制竞争性交易,导致依靠互联网平台的生产经营者失去了与平台企业谈判议价的权

---

① 赵昌文:《高度重视平台经济健康发展》,《学习时报》2019 年 8 月 16 日第 1 版。

利,存在互联网平台限制弱势企业发展、屏蔽和拦截第三方网址链接、阻碍平台间互联互通、网络资源(如知识产权等)的垄断、违规合并获取市场垄断优势等问题,扰乱了市场秩序。部分平台企业依托包括资本、技术等在内的要素资源优势,形成围绕"流量"的全新资本竞争模式和估值体系,依托互联网平台进行资本积累,通过平台资本补贴压缩市场参与者的利润空间,提高行业壁垒,限制公平竞争。[1]

数据窃取和非法交易是不正当竞争中最为常见的两种表现形式。数据窃取是指通过非法手段获取他人的数据资源,这种行为不仅侵犯了他人的隐私权,而且可能导致数据泄露、滥用等严重后果。而非法交易则是指未经授权或违反法律法规进行的数据交易,这种行为严重破坏了市场的公平性和公正性。不正当竞争对数据要素参与市场带来的冲击是多方面的。首先,它破坏了市场的公平竞争环境,使得一些守法的经营者难以获得应有的市场份额。其次,它损害了消费者的权益,可能导致消费者面临数据被泄露、隐私受侵犯等风险。最后,它还可能引发法律纠纷和社会信任危机,对整个社会的稳定和发展造成不利影响。

为了减少不正当竞争对数据要素市场的冲击,需要我们采取一系列措施来应对。政府要加大法律法规建设,完善数据保护法律体系,为数据的合法使用和保护提供有力保障;同时要加大监管力度,严厉打击数据窃取和非法交易等违法行为,维护市场秩序和公平竞争;最后要加强行业自律和公众教育,提高全社会的数据保护意识和法律意识。

数据要素参与市场的健康发展离不开公平竞争的环境和有效的监管措施。只有通过全社会的共同努力,才能有效应对不正当竞争对数据要素参与市场的冲击,保证数字经济的健康可持续发展。

(二)数字鸿沟的加深与算力差异的存在导致机会的不平等

随着数字技术的飞速发展和广泛应用,我们已经进入了一个全新数字经济时代。互联网、大数据、人工智能等数字技术的出现和普及,极大地改变了我们的生活方式、工作方式和思考方式。然而,在这一进程中,一个不容忽视的问题逐渐浮出水面,那就是数字鸿沟的加深。在20世纪80年代互联网经济还不发达时,数字鸿沟的研究已经开始涌现。美国《洛杉矶时报》在1995年首次使用"数字鸿沟"一词。2001年,英国政治学家皮帕·诺里斯出版的《数字鸿沟:世界范围内的公民参与、信息贫穷与互联网》产生了不小的影响。

---

[1] 黄奇帆、朱岩、邵平:《数字经济:内涵与路径》,中信出版集团2022年版,第199-200页。

数字鸿沟，简单来说，就是不同社会群体在接触和使用数字技术方面的差距。这种差距可能源于经济条件、教育水平、地理位置、年龄等多种因素。在数字技术的浪潮中，一部分人能够迅速适应并掌握新技术，享受其带来的便利和机遇；而另一部分人则可能因为各种原因，难以接触或掌握这些技术，从而在信息时代中处于边缘地位。

数字鸿沟的加深首先表现在城乡差异上。在发达城市，数字技术的应用已经渗透到生活的方方面面，人们可以通过手机、电脑等终端设备轻松获取各种信息和服务。然而，在一些偏远地区或农村地区，由于基础设施建设滞后、教育资源匮乏，因此人们接触和使用数字技术的机会大大受限。这种城乡之间的数字鸿沟，无疑会进一步加剧地区间的发展不平衡。

此外，数字鸿沟还体现在不同社会群体之间。例如，年轻人通常更容易接受和掌握新技术，而老年人则可能因为学习能力的下降或对新技术的抵触心理而处于劣势地位。同样，受过高等教育的人群往往能够更快地适应数字时代的变革，而低学历人群则可能面临更大的挑战。这种群体间的数字鸿沟，不仅会影响个体的发展机会，而且可能对整个社会的公平与和谐造成负面影响。

数字鸿沟的加深还带来了一系列社会问题。一方面，那些无法充分接触和使用数字技术的人群可能在信息获取、教育、就业等方面遭受不公平待遇，从而加剧社会的不平等现象。另一方面，数字鸿沟的存在也可能导致社会分裂和隔阂的加剧，使不同群体之间的沟通和理解变得更加困难。

算力是全球数字技术和数字产业发展的重要组成部分，但目前由于国家间算力发展水平不均，因此不同国家的算力鸿沟进一步扩大。算力也就是计算能力，算力为数字经济发展提供了基本的计算能力的支撑，是数字经济的底层逻辑。数字经济的任何发展都建立在优化的算法和强大的计算速度上，这让算力成为关键的核心生产力。"新冠"疫情暴发后，从全球层面来看，国与国之间的数字发展鸿沟问题更为严重，出现了明显的分层断代现象，特别是广大亚非拉地区的欠发达国家极度缺乏数字发展所必需的物质基础。[1]《全球计算力指数评估报告》明确指出，由于GDP要素极为重要，因此其对全球算力的评估范围仅能涵盖15个国家，即2022年全球GDP排序前十五名者。即便如此，这十五国也被划分为领跑者、追赶者与起步者三个层级，最高得分者为美国，其算力指数得分是排名末位者南非的2.7倍，

---

[1] 戚凯、周祉含：《全球数字治理：发展、困境与中国角色》，《国际问题研究》2022年第6期。

是中间者加拿大与韩国的2倍左右。① 当前全球算力技术水平与市场规模正在大幅攀升，但算力的发展需要极高的门槛，几乎成为富国与大国的专属赛场，以算力为支撑的生产力变革与经济发展呈现"强者更强、弱者难追"的马太效应。

因此，我们需要正视数字鸿沟的加深与算力差异所带来的不公平问题。一是要采取切实有效的措施来缩小数字鸿沟，实现数字技术的普惠和共享。政府应加大对基础设施建设的投入，特别是在偏远地区和农村地区，以提高网络覆盖率和数字设备普及率；教育机构应加强数字技术的教育和培训，帮助更多人掌握数字技术的基本技能；社会各界也应共同努力，推动数字技术的普及和应用，使更多人能够享受到信息时代带来的便利和机遇。二是要加强算力产业及生态的发展。2024年政府工作报告明确提出，要"适度超前建设数字基础设施，加快形成全国一体化算力体系，培育算力产业生态"②。因此还要大力发展我国算力，切实保障算法运转，激发数据价值，为数字经济发展提供基本的计算能力的支撑，使算力"成为数字经济时代的新质生产力"③。只有这样，我们才能确保每个人都能在信息时代中平等地参与到数字经济的发展中来，共同构建一个更加公平、和谐的社会。

（三）数字资源的分配不公与贫富差距的扩大

马克思曾深刻地指出："资产阶级借以在其中活动的那些生产关系的性质绝不是单一的、单纯的，而是两重的：在产生财富的那些关系中也产生贫困，在发展生产力的那些关系中也发展一种产生压迫的力量。"④进入数字经济时代，数字巨头主导下的平台垄断展现出与以往任何垄断形式都不同的特征，数字资源的占有和分配不公加剧了经济不平等程度，造成了新的财富鸿沟，进一步扩大了贫富差距。"联合国贸易和发展会议发布的《数字经济报2019》指出，数字技术创造的巨大财富并没有惠及所有人，相反，数字技术加速了国与国之间以及国家内部的贫富差距。"⑤

随着数字技术的普及和应用，一部分人通过掌握先进技术和大量数据资源，获得了巨大的经济利益。然而，也有很多人因为缺乏数字技能和信息资源，被排除在

---

① 清华大学等：《2022—2023全球计算力指数评估报告》，第10页。
② 李强：《政府工作报告》，《人民日报》2024年3月13日第1版。
③ 金光敏、梁琳：《算力产业高质量发展的价值维度、现实困境与推进策略》，《经济纵横》2023年第10期。
④ 中共中央马克思恩格斯列宁斯大林著作编译局编译：《马克思恩格斯文集（第1卷）》，人民出版社2009年版，第614页。
⑤ 黄再胜：《数字经济重大理论与实践问题的政治经济学研究》，格致出版社、上海人民出版社2023年版，第229页。

数字经济的大门之外,导致贫富差距不断扩大。同时,随着数字巨头的崛起,大型平台对市场支配地位的不当利用、数据独占、垄断性扩张等不正当竞争行为给市场带来了诸多不利影响。由于网络效应、规模效应、锁定效应,以及掌握和处理相关数据的能力等因素,大型平台容易占据市场的主导地位。平台规模越大,边际成本越低、用户聚集意愿越高、数据汇聚越多,越能够进一步取得市场优势地位。这些巨头企业凭借其庞大的用户群体、丰富的数据资源和技术优势,形成了强大的市场支配力,对竞争对手形成压制,从而获得了巨大的经济利益,进一步拉大了社会的贫富差距。

数字巨头们掌握了大量的财富和资源,而中小企业和初创公司则难以在激烈的竞争中获得发展机会。同时,数字平台的垄断也导致了消费者权益的受损。消费者在面临少数几家大型平台的选择时,往往缺乏议价权和选择权,容易受到不公平的价格策略和服务质量的影响。创业环境和消费环境的恶化带来的是不断扩大的贫富差距,这种贫富差距的扩大不仅抑制了创新活力,而且加剧了社会的不公平。

数字经济进入新发展阶段,加强反垄断监管,防止平台垄断和资本无序扩张,是保护平台从业人员和消费者合法权益的必然要求。这意味着,要加强对平台企业算法技术的审查和监管,促进算法透明和算法可释;加快构建算法问责机制,促进平台算法治理公平、公正;构建合理的数据要素收益分配制度,促进数据更为公平地交易和流通;也需要鼓励中小企业和初创公司的发展,激发社会的创新活力,共同推动数字经济的可持续发展。

第三节　数字经济发展中自由与责任伦理追问

在数字经济高速发展的今天,自由与责任这两个概念显得尤为重要。数字经济为我们的生活带来了前所未有的便利和机遇,如何在享受数字经济的自由与便捷的同时,确保个人和社会的责任得到履行,是我们必须直面的问题。

一、自由与责任关系的理论基础

自由通常被理解为个体能够根据自己的意愿和选择来行动的能力。自由赋予了人们探索、创新、实现自我价值的机会。但自由并不是无限制，它常常与责任相伴相随。责任意味着个体需要对自己、他人以及社会的行为负责，它确保了社会的稳定和秩序，防止个体行为对他人造成不必要的伤害。自由与责任是人类哲学史上经久不衰的议题，不同哲学家对自由和责任的关系都进行了深入的思考和探析。

康德认为自由是道德责任的基础。他提出了"绝对命令"(Categorical Imperative)这一道德原则，强调个人应该遵循那些能够普遍化的行为准则。康德认为，真正的自由不是随心所欲地行动，而是在理性指导下选择符合道德法则的行为。"人类行为在道德上的善良，并不因为出于直接爱好，更不是出于利己之心，而是因为出于责任。"[1]康德认为，自由意志使我们有责任选择道德的行为。

尼采颠覆传统的自由与责任观念。他认为，传统道德观念中的自由和责任是建立在"奴隶道德"基础之上的，这种道德压制了个体的创造力和生命力。尼采提倡"超人"(Übermensch)的概念，并指出："生命就是强力意志。"[2]他认为真正的自由应该是摆脱传统道德束缚，追求自我实现和创造力的过程。责任不是外在的强制，而是内在的动力，驱动着个体追求更高层次的生命体验。

萨特是存在主义哲学的代表人物之一，他强调人的自由选择和责任。萨特认为，人是被"抛入"这个世界的，没有任何先定的本质或目的。他指出："假如存在确实是先于本质，那么，就无法用一个定型的现成的人性来说明人的行动，换言之，不容有决定论。人是自由的。人就是自由。"[3]因此，人必须通过自己的选择来定义自己的存在。这种自由选择带来了巨大的责任，因为每个人都要为自己的选择负责。萨特认为，真正的自由是一种自我承担的责任，即不仅要为自己的行为负责，而且要为自己的存在负责。

马克斯·韦伯对责任的理解强调了社会和文化内涵。他认为责任不仅关乎个人行为的道德要求，而且反映了社会结构和文化传统。在现代社会，责任已成为普遍的社会价值观念，与社会的复杂性和分化性紧密相连。实现责任需要个体的自由意志和理性选择，责任不仅关乎过去，而且是对未来的承诺和担当。他指出：一个人"遵循责任伦理的行为，即必须顾及自己行为的可能后果……他没有丝毫权利假定他们是善良和完美的，他不会以为自己所处的位置，使他们可以让别人来承担

---

[1] ［德］伊曼努尔·康德：《道德形而上学原理》，苗力田译，上海世纪出版集团2005年版，第99页。
[2] ［德］尼采：《权力意志》，孙周兴译，商务印书馆2008年版，第181页。
[3] 中国科学院哲学研究所西方哲学史组：《存在主义哲学》，商务印书馆1963年版，第342页。

他本人的行为后果"①。此外,责任观念在不同文化和社会中存在差异,因此需考虑文化背景的差异。

从康德的道德法则到尼采的超人理念,再到萨特的自我承担和韦伯自由意志和理性选择的关系分析,这些哲学家都试图从不同的角度揭示自由与责任之间的内在联系。尽管他们的观点不尽相同,但有一点是比较一致的,即自由是有责任的自由。这些思考不仅有助于我们深入理解自由与责任的本质,而且为我们在数字经济时代下面对选择和挑战时提供了重要参考。

二、数字经济下自由竞争与企业社会责任要求

在数字经济的发展过程中,自由竞争是市场经济的基础,它促进了企业的创新和效率提升,推动了经济的发展。在自由竞争的同时,企业也需要承担相应的社会责任,以保护消费者和数字劳动者的权益,这样才能维护社会公正和可持续发展。

在数字经济下,数字技术的普及和应用为企业提供了更多的市场机会和创新空间,企业可以通过大数据分析、人工智能等技术手段来优化产品和服务,提高市场竞争力。数字经济的全球化趋势使得企业可以更加便捷地进入国际市场,拓展业务范围。这种自由竞争的环境除了为企业提供了更多的发展机会,还带来了资源的不合理分配和市场垄断等负面效应,这要求企业承担应有的责任。

(一)企业应为错误行为承担"罚责"

罚责是做错了事应当接受应有的惩罚,不要逃避责任。在数字经济的市场中,也要确定责任主体,马克思指出:"商品不能自己到市场去,不能自己去交换。因此,我们必须找寻它的监护人——商品所有者。"②目前,对人工智能道德责任的探讨比较火热就在于人工智能不同于自动化机器,它有自主决策权,因此,要讨论人工智能的责任问题。无人驾驶汽车发生撞人事件后谁应该对其负责?谁应当受到惩罚?显然,要解决这个问题就要找到决策者,这里有多元主体决策的问题。

如今,大型平台在日常经营活动中采集了大量的用户数据,成为数字商品的所有者、行为者和决策者,它们是责任主体。平台企业及其关联投资企业的社会责

---

① [德]马克斯·韦伯:《学术与政治》,冯克利译,生活·读书·新知三联书店 2005 年版,第 107—109 页。
② 中共中央马克思恩格斯列宁斯大林著作编译局编译:《马克思恩格斯文集(第 1 卷)》,人民出版社 2009 年版,第 13 页。

问题比较突出,如将数据进行加工后,进一步挖掘用户的潜在需求和行为特征,在算法的辅助下为消费者精准地提供与其消费能力水平相当的服务。在不断增强客户黏性的同时,平台企业也在构建越来越高的"数据隔离墙",并形成平台经济下典型的数据独占。如果在平台规则、算法、技术、流量分配等方面设置限制和障碍,导致其他市场主体的经营活动受到约束,市场创新活力受到严重阻碍,数字企业就应该负责任,纠正这些不负责任的行为。当然,还有使用者、行为者和决策者不清的或模糊的情形,责任就难以划分,使有些企业钻空子。如由于数据权属界定不清晰,少数科技巨头以数字服务的免费使用为噱头,几乎无偿享有用户海量数据的使用权。其结果是,各大龙头平台企业在攫取无数数字劳动者剩余价值的同时实现"赢者通吃",形成数据垄断。

(二)企业要主动承担责任,成为有责任感的企业

数字企业在数字经济发展过程中得到了巨大的发展,拓展了自由的空间,伴随而来的是企业要对自己的行为负责。企业负多大的责任就看企业自由度有多大,一般而言,大企业比小企业有更大的自由,因此要负更大的责任。责任的对象包括利益相关者、社会等。数字企业的社会责任主要有:一是需要保护消费者利益,提供安全、可靠的产品和服务。二是需要加强技术防范和管理措施,遵守社会道德规范和法律法规,保护用户隐私和数据安全,防止信息滥用和泄露。三是要关注社会利益,维护公平竞争的市场环境,加强对产品质量的监管。四是要积极参与社会公益事业,为社会做出贡献。

总之,数字经济下企业的自由竞争和社会责任是相互关联的。企业需要在自由竞争的环境中不断创新和发展,也需要承担社会责任,维护社会公正和可持续发展。只有在这种平衡发展的模式下,企业才能在数字经济中立于不败之地,实现可持续发展。

三、数字经济下个人的自由权利与道德责任关系的矛盾

数字经济的高速发展,无疑为我们的生活带来了前所未有的便利,使我们获得了更多的自由。然而,个人的自由权利与道德责任在这股浪潮中也面临了新的矛盾和挑战。

(一)自由空间的拓展与挤压之间的矛盾

在互联网的推动下,信息传播的速度和范围得到了极大的拓展。人们可以轻

松地获取和分享信息，无论是商业信息还是个人意见，都能迅速地在网络中传播。这种信息的自由流通促进了知识和观点的多样性，也为创新和创业提供了广阔的舞台。此外，数字经济还为人们提供了更加灵活的工作方式和生活方式。远程办公、在线教育、电子支付等新型服务模式的出现，使得人们可以在任何时间、任何地点进行工作和学习，大大提高了生活的便利性。在享受数字化时代提供给我们的方便的同时，我们也要看到，数字经济新业态新模式下不断催生出形态各异的数字劳动，这种数字劳动也在蚕食着劳动主体的自由空间。从网络众包中的微劳动到平台用户的免费劳动，生产与消费、工作与闲暇、劳动与娱乐的界限日益模糊，数字资本的触角从工作场所扩展至社会的每个角落。进入数字经济时代，数字资本不再满足于雇佣劳动制下对人们体力劳动和智力劳动的吸纳，而是凭借平台垄断和数据抓取等手段，实现对大众日常生活的吸纳，个体主体性和自由正在被数字资本工具化、规训化和价值化；另一方面，伴随着具体劳动过程的数字化、网络化和智能化，数字泰勒主义应运而生，数字劳动者逃离了装配生产线，却又深陷 App、算法等数字机器体系左右的"数字漩涡"中，失去了自由。[①]

（二）自由的扩大与责任的缩小之间的矛盾

随着数字经济的深入发展，个人的道德责任的重要性也越发凸显。除了要重视数字经济带给我们的自由权利，我们也必须意识到个体在数字社会生活中道德责任的重要性。在网络世界中，人们的行为往往更容易受到匿名性和距离感的影响，导致一些不负责任的行为出现。网络谣言、恶意攻击、虚假信息、侵犯他人隐私等现象屡见不鲜，这不仅损害了他人的权益，而且会对个人和社会造成负面影响。此外，数字经济中的隐私泄露、数据滥用等问题也日益严重，对个人隐私安全构成了严重威胁。因此，在享受数字经济带来的便利的同时，我们也应该提升自己的数字素养和伦理意识，加强个人道德素养，增强自我约束意识，尊重他人的权益，避免传播虚假信息、恶意攻击等行为。同时，我们应该关注个人隐私安全，避免泄露个人信息、滥用数据等行为。只有这样，我们才能在数字经济中真正实现自由权利与道德责任的和谐统一。

[①] 黄再胜：《数字经济重大理论与实践问题的政治经济学研究》，格致出版社、上海人民出版社 2023 年版，第 87 页。

四、数字经济下政府所应承担的相关责任

丰富、鲜活、真实的全量数据是未来经济生活的完整映射,"数据拥有者有责任采取必要的技术、规章制度和组织保障数据安全和个人隐私"①。因此,政府在数字经济中需要承担制定法律法规、推动技术研发和应用、维护市场公平竞争等多重责任,以确保数字经济的健康发展。

(一)制定和完善数字经济相关的法律法规和政策体系

要确保数据的合法、合规和有效利用,政府需要建立数字经济的法律法规体系和政策体系。当前,全球有 76% 的国家已经或即将出台数据与隐私相关法律。

欧洲从平台企业数据处理和个人数据保护两方面出发,在个人信息的绝对安全方面逐步构建了数据治理体系,同时鼓励非个人数据可开放共享,从而保证企业的活力。2016 年,欧盟颁布《欧盟一般数据保护条例》(GDPR)②要求在合法公平、透明、数据收集最小化、保障数据的完整性与保密性等原则下开展个人数据的采集、存储、加工等活动,并且原则上禁止处理个人敏感数据,如种族或民族、政治观点、信仰、工会、健康与性、基因、经处理后可识别特定个人的生物识别数据等,就此确立了个人数据主体对自身数据的绝对控制权。此后,又专门针对数字平台制定了系列监管规则。

作为全球第一大数字经济体,美国秉持着尊重数据要素市场和网络自治的价值观和治理观,在法律的基础上为个人数据提供保护,并针对金融、医疗、教育等特殊领域使用个人数据进行立法,以重点保护可识别的个人敏感信息。同时,在数据利用方面,美国给予市场主体充分的自由,并致力于吸引世界各地的数据向美国流动,从而为美国的经济发展和科技创新提供更多的数据资源。美国数据治理体系的建立在各州进度不一,但总体来看,其目的都是最大限度提高企业的数据活力。

当前中国采取了兼顾安全与发展两个方面、国内与国际"双循环"的数据治理体系。在保障数据安全方面,2016 年《中华人民共和国网络安全法》通过,强调要"维护网络空间主权和国家安全、社会公共利益,保护公民、法人和其他组织的合法权益,促进经济社会信息化健康发展";2020 年 4 月 13 日,中央网信办等 12 个部门

---

① 汤潇:《数字经济影响未来的新技术、新模式、新产业》,人民邮电出版社 2019 年版,第 66 页。
② 具体请参考欧盟法律官网:https://eur-lexeuropa.eu/eli/reg/2016/679/oj。

联合颁布了《网络安全审查办法》,强调要"确保关键信息基础设施供应链安全,维护国家安全"。在推动发展方面,中国在"十三五"期间颁布了《促进大数据发展行动纲要》《大数据产业发展规划(2016—2020年)》,并先后建立了贵阳大数据交易所、北京大数据交易所、上海大数据交易所等数据市场化交易平台。在党的十九届四中全会之后,中国开展了系列数据治理的制度建设和针对平台数据治理的管控行动,力求建立健康可持续的数据治理体系。[①]

(二)加大对数据技术研发和应用的支持力度

为推动数字经济的持续健康发展,需要政府提供包括资金、技术、人才等多方面的资源,促进产、学、研、用深度融合,推动数据技术的创新和应用。政府应当做到加强对数字经济的研究和监测,及时了解和掌握数字经济的发展趋势和问题,为制定更加科学合理的政策提供支撑。同时,政府还需要加强数字经济领域的基础设施建设,如5G网络、云计算、大数据中心等,为数字经济的快速增长提供坚实基础。

人工智能技术在数据处理、分析以及预测等方面具有强大的优势,因此成为数据技术研发的重中之重。人工智能作为新一轮产业变革的核心驱动力,呈现深度学习、跨界融合、人机协同、群智开放、自主操控等新特征,将进一步释放历次科技革命和产业革命所积蓄的巨大力量,成为经济发展的新引擎。[②] 人工智能的快速发展和广泛应用,引发经济结构、生产方式、生活方式乃至思维方式的重大变革,并对世界各国就业总量和就业结构产生深远影响。虽然人工智能技术能将人类从烦琐的程式化工作中解脱出来,也是一种应对人口老龄化的有效手段,但其推广也意味着对(部分)劳动就业岗位的替代,并将最终影响就业结构及收入分配格局。

历次科技革命对就业的影响有一个共同特征:技术进步在破坏旧的工作岗位的同时也能创造新的就业机会。马克思指出:"虽然机器在应用它的劳动部门必然排挤工人,但是它能引起其他劳动部门就业的增加。"[③]人工智能技术作为一项通用技术,在与实体经济融合发展中会催生新业态,从而创造新的就业机会和就业岗位;人工智能技术能够进一步细化市场分工,扩大市场规模和交易半径,并通过创

[①] 戎珂、周迪:《数字经济学》,清华大学出版社2023年版,第195页。

[②] 《国务院关于印发新一代人工智能发展规划的通知》国发〔2017〕35号,http://www.gov.cn/zhengce/content/2017-07/20/content_5211996.htm。

[③] [德]马克思:《资本论(第一卷)》,中共中央马克思恩格斯列宁斯大林著作编译局编译,人民出版社2018年版,第509页。

新产业模式、增加数据服务类需求来带动智能化产业链增长、刺激高端服务业需求等,创造出全新的生产部门,从而对就业产生创造效应。

中国作为人口大国、就业大国和数字经济大国,辩证地认识人工智能技术进步对本国就业的影响、扬长避短、精准施策,实现"善治"与"善智"的良性互动,对于促进中国数字经济健康发展、实现更高质量和更充分就业具有重要的实践意义。[①]一方面,政府应该继续积极推动人工智能技术的研发和应用,以提高生产效率和经济效益;另一方面,也要关注人工智能的高速发展对社会和个人的影响,制定相应的政策和法规来保障劳动者的权益和利益。与此同时,政府还应采取具体可行的措施来加强职业教育和培训,帮助劳动者提升技能水平,以适应人工智能时代的就业市场。

(三)加强监管,维护市场的公平竞争

在数字经济中,一些企业可能利用技术优势或数据资源进行不正当竞争或实施垄断行为,损害其他企业和消费者的利益。因此,政府需要建立健全的市场监管机制,对违法行为进行严厉打击,维护市场的公平竞争和秩序。

在数据交易的过程中,政府应该设立类似于知识产权局的数据保护特殊执法机构,依法维护数据的使用;由于数据在交易过程中经常存在泄漏的风险,因此要依法规制数据的泄露问题,建立相应的惩罚与补救措施,这也是监管层面非常重要的抓手;随着数据的资产化,监管方还应实施数据资产的可靠评估,建立数据评估标准,严格开展数据评估工作,打击数据资产的虚假申报,发展数据核验和审计。与此同时,数据交易作为新兴事物,需要通过建立监管沙箱、运用人工智能等新型监管技术,实现对交易的事前、事中、事后全生命周期的穿透式监管。[②]

(四)积极参与数字经济国际合作与交流

为推动全球数字经济的共同发展,还需要鼓励和引导企业积极参加国际合作与交流。我们应当加强与国际数字经济发展的政策对话,推动建立开放、合作、共赢的数字经济发展环境,推进全球数字经济的繁荣与发展。在加强与国际社会的沟通与合作的过程中,共同应对数字经济带来的挑战和问题,为数字经济的全球发展贡献中国智慧和中国方案。

---

① 黄再胜:《数字经济重大理论与实践问题的政治经济学研究》,格致出版社、上海人民出版社 2023 年版,第 114 页。
② 清华大学社会科学学院经济学研究所:《数字经济前沿八讲》,人民出版社 2022 年版,第 66 页。

本章思考题

1. 数字经济下人们的权利得到了哪些拓展？
2. 高质量数字经济的发展会带来更多的不公平吗？
3. 请用自由与责任关系原理说明企业的社会责任边界。

本章阅读文献

1. [美]罗尔斯：《正义论》，何怀宏、何包钢、廖申白译，中国社会科学出版社2001年版。
2. [德]康德：《道德形而上学原理》，苗力田译，上海人民出版社2005年版。
3. [美]希尔：《经济奇点：共享经济、创造性破坏与未来社会》，苏京春译，中信出版社2017年版。
4. [新西兰]尼古拉斯·阿加：《大数据时代的生存法则》，蔡薇薇译，华中科技大学出版社2021年版。
5. [德]马克思：《哥达纲领批判》，中共中央马克思恩格斯列宁斯大林著作编译局编译，人民出版社2018年版。
6. 习近平：《习近平经济思想学习纲要》，人民出版社、学习出版社2022年版。

第十二章

唯物史观与数字经济战略

数字经济的出场是世界历史进程中的重大事件,在唯物史观视阈内,数字经济是生产力发生质变后最新的经济形态。马克思指出:"各种经济时代的区别,不在于生产什么,而在于怎么生产,用什么劳动资料生产。"[①]21 世纪之后,计算机算力成几何倍数飙升,神经互联网、人工智能陆续成为生产资料的重要组成部分,数字化生存世界带来了新的物质和财富空间,发展数字经济已经成为决定一个民族是否能够走在世界民族前列的战略问题。

第一节 习近平论数字经济

习近平总书记以马克思主义政治家、思想家、战略家的深刻洞察力、敏锐判断力、理论创造力全方位把握第四次科技革命的发展趋势,从历史唯物主义的高度洞悉生产力发展的历史规律,统筹国内国外两个大局,就数字技术应用和数字经济发展做出一系列重要论述。将发展数字经济上升到国家战略的高度,这是实现中华民族伟大复兴实践中对时代精神的高度凝练,已经成为把握新发展阶段、贯彻新发展理念、构建新发展格局、实现高质量发展的必由之路。

[①] 中共中央马克思恩格斯列宁斯大林著作编译局编译:《马克思恩格斯文集(第 5 卷)》,人民出版社 2009 年版,第 210 页。

一、数字经济的唯物史观原理基础

唯物史观认为:社会的经济生活决定社会的政治生活和精神生活,社会的经济基础决定社会的上层建筑,社会存在(物质资料的生产方式)决定社会意识等。在这些认识中,明显地体现了马克思对社会历史及其发展的规律性的深刻理解。一是生产力是人的本质力量的呈现,是推动历史进步的最终动力。二是生产方式是生产力和生产关系的对立统一。在生产力和生产关系的对立统一之中,生产力决定生产关系,同时生产关系又反作用于生产力。三是科学技术是第一生产力。科学是社会进步过程中最革命的因素,科学对社会发展的促进作用,在增强人的精神力量,推动经济发展和社会变革等方面表现出来。数字经济的发展是社会历史进步的必然结果,是唯物史观在当代世界政治经济生活中的集中表达。

首先,数字经济必然对应着一种更高级的生产力的推动。在当代中国,新质生产力的出现是推动数字经济繁荣的根本动力。习近平总书记强调:"概括地说,新质生产力是创新起主导作用,摆脱传统经济增长方式、生产力发展路径,具有高科技、高效能、高质量特征,符合新发展理念的先进生产力质态。它由技术革命性突破、生产要素创新性配置、产业深度转型升级而催生,以劳动者、劳动资料、劳动对象及其优化组合的跃升为基本内涵,以全要素生产率大幅提升为核心标志,特点是创新,关键在质优,本质是先进生产力。"[1]

其次,新质生产力的发展带来的相应生产关系的改革。经济基础的改变带来了上层建筑相应的完善。新质生产力在生产关系层面的"新"与其在技术层面的"新"是不可剥离的整体。新质生产力在其历史规定性层面上,必定对应着社会主义制度对资本主义的矫正,反映人类追求历史进步的主体精神,如此才能彰显新质生产力的历史进步意义。作为世代积累的实力,新质生产力背后凝结的是中华民族在探求自由与解放过程中创造的社会制度力量——中国特色社会主义制度的现实伟力。

最后,新质生产力是"科学技术是第一生产力"理论的最新表达。社会一般智力水平越高,生产的社会化程度越高,科学直接转化为生产能力的效能越大,社会

---

[1] 《习近平在中共中央政治局第十一次集体学习时强调　加快发展新质生产力扎实推进高质量发展》,《人民日报》2024年2月2日第1版。

财富越丰富,"所有的人的可以自由支配的时间还是会增加"[1]。科学技术在生产力层面发展的最高点是用机器智能地生产机器,当下 AI 技术的发展印证了唯物史观的真理性判断。

二、发展数字经济是国家重大战略目标的核心任务

2021 年 12 月,《"十四五"数字经济发展规划》对数字经济的定义是:"数字经济是继农业经济、工业经济之后的主要经济形态,是以数据资源为关键要素,以现代信息网络为主要载体,以信息通信技术融合应用、全要素数字化转型为重要推动力,促进公平与效率更加统一的新经济形态。"随着数字技术日益融入经济社会发展的各领域全过程,数字经济成为人类社会生产力发展和经济形态演进的必然产物,也成为我国重大战略目标的核心任务。

(一)数字经济的特征

1. 数字经济是以数据资源为关键要素的新经济形态

唯物史观以生产要素作为经济形态的主要判断依据。随着移动互联网和物联网的蓬勃发展,人与人、人与物、物与物之间的万物互联得以实现,由此产生的数据呈爆发式增长,庞大的数据量及其处理和应用日益成为竞争中的决定性因素。习近平总书记指出:"浩翰的数据海洋就如同工业社会的石油资源蕴含着巨大生产力和商机,谁掌握了大数据技术,谁就掌握了发展的资源和主动权。"[2]如同农业经济时代的土地和劳动力、工业经济时代的资本和技术,数据成为数字经济时代的关键生产要素。

2. 数字经济是以现代信息网络为主要载体的新经济形态

在数字技术崛起的背景下,大量数据的累积、处理及应用均离不开信息网络承载,网络与云计算已经成为一种必需的信息基础设施,它不仅包括宽带、无线网络等虚拟化网络承载空间,而且包括对传统物理基础设施的数字化改造,如数字化运维管理系统等。这两种基础设施一起为数字经济的发展提供必要的条件,促使数字化时代基础设施向基于"电子芯片"的方向转变。以互联网、大数据、云计算、人

---

[1] 中共中央马克思恩格斯列宁斯大林著作编译局编译:《马克思恩格斯文集(第 8 卷)》,人民出版社 2009 年版,第 200 页。

[2] 中共中央党史和文献研究院:《习近平关于网络强国论述摘编》,中央文献出版社 2021 年版,第 106 页。

工智能为基础的数字技术培育数字平台,发展平台经济对于数字经济的发展具有十分重要的意义。

3. 数字经济是以信息通信技术融合应用、全要素数字化转型为重要推动力的新经济形态

数字经济包括数字产业化与产业数字化两大核心,它代表着数字经济发展方向。其中数字产业化就是围绕着整个数据链的采集、储存、传输、加工与应用这一完整的全环节而发展起来的数字技术、数字产品与数字服务及其相关行业。产业数字化是数字技术和传统产业相融合的一部分,它催生了一系列新产业和新模式,其中主要包括以智能机器人和智能无人机为代表的制造业一体化新潮流,以移动支付和电子商务为代表的服务业融合发展新趋势。

4. 我国发展数字经济的目标导向是促进公平与效率更加统一

数字技术的不断更新和突破有利于推动社会财富的共享和普惠。一方面,数字经济的蓬勃发展促进市场的协同一体化,增强区域间经济活动关联的广度和深度,通过数字经济的无边界性促进全要素流通,提高整体发展的平衡性和协调性。另一方面,数字平台以其开放性和包容性的特征促进个体参与到经济活动中,不仅借助准入门槛低的优势为劳动者营造良好创业环境,而且数字平台的信息和知识溢出效应有利于提升劳动者的个人能力。

(二)发展数字经济的战略对策

国家战略抉择决定着国家的前途命运。习近平总书记指出:"战略问题是一个政党、一个国家的根本性问题。战略上判断得准确,战略上谋划得科学,战略上赢得主动,党和人民事业就大有希望。"[①]在发展数字经济的过程中,我国面临着诸多战略选择,需从下面五个方面重点考虑:

1. 明确数字经济在中国式现代化道路中的战略定位

习近平总书记指出:"发展数字经济意义重大,是把握新一轮科技革命和产业变革新机遇的战略选择""数字经济事关国家发展大局"[②]。这一论述,明确了数字经济在新时代我国全面建设社会主义现代化国家新征程中的两个战略定位:一是发展数字经济是把握新一轮科技革命和产业变革新机遇的战略选择,二是数字经济的发展程度事关国家发展全局。正因如此,党的二十大报告明确指出,要加快发

---

① 习近平:《习近平谈治国理政(第4卷)》,外文出版社2022年版,第31页。
② 习近平:《习近平谈治国理政(第4卷)》,外文出版社2022年版,第205、208页。

展数字经济。必须警惕的是，在当今数字经济全球化时代，西方霸权主义势力却奉行逆全球化思维，试图通过封闭的策略保持其数字技术的垄断地位，把数字经济当作打压他国的手段，并积极拉拢某些发达资本主义国家建立数字技术联盟，通过"小院高墙"打压、围堵中国的关键数字产业。应当看到，中国数字经济规模庞大，具备独特的发展优势，正在走科技自立自强的创新型发展道路，将以新型举国体制力求突破关键核心技术，其中包括数字经济领域的关键核心技术，以增强我国经济发展的安全性和稳定性。

2. 要将发展数字经济作为根本国策加以考量，在自立自强的条件下鼓励企业走自主创新发展道路

近年来，以美国为首的西方霸权主义势力对发展中国家的高科技创新采取了各种打压措施，譬如针对华为的市场封锁、设备封锁、技术封锁、脱钩断链。在这样的背景下，中国选择了科技自立自强的国家战略，企业采取自主创新的发展战略。通过技术创新，突破欧美设置的芯片技术"卡脖子"小院高墙，是我国坚持科技自立自强基本国策的成功表现之一，是我国抵制欧美国家实施逆经济全球化国策的战役性成功和胜利。

3. 积极推动数字经济领域的国际合作与交流，大力推进数字经济全球化

数字经济全球化是世界历史进程不可逆转的趋势。中国必须扩大数字经济领域的开放程度，吸引全球数字资本和数字产业，参与中国的经济建设；同时要积极参与数字经济国际规则的制定，重构全球数字治理体系，优化全球数字治理结构。习近平总书记指出："中国愿同世界各国一道，在全球发展倡议框架下深化国际数据合作，以'数据之治'助力落实联合国2030年可持续发展议程，携手构建开放共赢的数据领域国际合作格局，促进各国共同发展进步。"[1]"面对各国对数据安全、数字鸿沟、个人隐私、道德伦理等方面的关切，我们要秉持以人为中心、基于事实的政策导向，鼓励创新，建立互信，支持联合国就此发挥领导作用，携手打造开放、公平、公正、非歧视的数字发展环境。"[2]

4. 通过发展新质生产力加快培育战略性新型数字产业集群

党的二十大报告明确提出："推动战略性新兴产业融合集群发展，构建新一代信息技术、人工智能、生物技术、新能源、新材料、高端装备、绿色环保等一批新的增

---

[1] 《习近平向第四届联合国世界数据论坛致贺信》，www.news.cn/2023—04/24/c_1129557219.htm。
[2] 中共中央党史和文献研究院编：《习近平关于网络强国论述摘编》，中央文献出版社2021年版，第170页。

长引擎。"①无论是数字经济还是数字社会,都离不开数字技术和数字产业的发展,推进数字产业发展的根本路径是推动战略性新兴产业融合集群发展,形成数字产业链、数字产业集群。"加快发展数字经济,促进数字经济和实体经济深度融合,打造具有国际竞争力的数字产业集群。"②数字产业集群的国际竞争力直接决定了一个国家在数字经济全球化中的战略定位。数字产业集群国际竞争力的大小,意味着一个国家参与、引领、掌控和主导数字经济全球化的能力大小。因此,加快培育战略性新兴数字产业集群是我国积极参与、引领、掌控和主导数字经济全球化的重要国家战略选择之一。

5. 持续投资数字基础设施建设,以强大的物质基础保障数字技术和数字经济的发展

目前,中国 5G 通信覆盖率位居全球第一,5G 基站数占全球 60% 以上,光纤网络、移动通信、宽带、数据中心等基础设施建设在国际上处于先进水平。中国积极参与、引领、掌控和主导数字经济全球化的重要国家战略选择还应当适度超前投资建设数字基础设施,为数字经济的大发展奠定雄厚的物质基础。建设数字基础设施,必须构建数据基础制度。习近平总书记指出:"数据基础制度建设事关国家发展和安全大局,要维护国家数据安全,保护个人信息和商业秘密,促进数据高效流通使用、赋能实体经济,统筹推进数据产权、流通交易、收益分配、安全治理,加快构建数据基础制度体系。"③

三、发展数字经济国家战略的原理性解读

(一)数字经济与新质生产力

生产力作为唯物史观的核心范畴,包含着人与自然的关系、人与人的关系两大基本维度。从人与自然的关系层面看,生产力是人类集体生命的对象化,人与自然物质交换方式的不断迭代确证了其自我超越的本质;从人与人的关系层面看,生产力具有历史规定性,是具体社会形态人类整体力量质性的映射。在世界历史进程

---

① 习近平:《高举中国特色社会主义伟大旗帜 为全面建设社会主义现代化国家而团结奋斗——在中国共产党第二十次全国代表大会上的报告》,人民出版社 2022 年版,第 30 页。
② 习近平:《高举中国特色社会主义伟大旗帜 为全面建设社会主义现代化国家而团结奋斗——在中国共产党第二十次全国代表大会上的报告》,人民出版社 2022 年版,第 30 页。
③ 曹立、刘西友编著:《与党员干部谈数字经济——数字经济 36 问 36 答》,人民出版社 2022 年版,第 130 页。

中,生产力是支配社会变革最根本的力量,一个民族的生产力水平表征着该民族创造财富和实现自身自由的实力。面对百年未有之大变局,习近平总书记在新时代推动东北全面振兴座谈会上指出:"积极培育新能源、新材料、先进制造、电子信息等战略性新兴产业,积极培育未来产业,加快形成新质生产力,增强发展新动能。"

1. 新质劳动者

对于劳动者而言,"新质"体现在体力、智力等方面的发展程度。首先,新的物态世界需要新的处理财富的能力。其次,人的思维能力变得更为多元复杂。人类更高质量的进化彰显在智慧体系的攀升和思维能力的跃迁上,人脑必须在"人""机"双重赛道上思考自身世界的存在论问题,人类自我完善的禀赋在智能化生产逻辑中创造出崭新的智识体系,彰显了生命之流不断自我更新的能力。最后,智能化生产力拓展了人的交往空间。数字技术的发展对劳动者的能力提出了新的要求,强调劳动者对新质生产资料的应用,脑力劳动在社会生产中的作用越发凸显。人类在最大化的理性预期中规划当下和未来,旧的生产工具对交往的束缚被彻底打破,技术赋予每个人自身的能量催生了人类整体意义上的心智进化。

2. 新质劳动资料

劳动资料即劳动手段,是劳动者在劳动过程中用以改变或影响劳动对象的物质资料或物质条件。进入数字经济时代,数字技术链接、渗透、赋能万物,赋予了劳动资料数字化的属性。以人工智能为代表的数字化劳动资料,直接作用于数据这一新型劳动对象,实现了与再生产各环节的深度融合,打破了时空限制,推动资源要素快捷流动和高效匹配,将一切有形和无形的要素全部融入生产过程,全面提升了全要素生产率。

3. 新质劳动对象

劳动对象是指劳动者通过劳动资料对其进行加工,使其成为具有使用价值、能满足社会需要的物质资料。从劳动对象看,"新质"主要体现为劳动对象的"无形化"特征。与传统"有形"的劳动对象相比,数字劳动突破了劳动时间和空间的限制,以数据要素为代表的无形物开始成为重要的劳动对象。

(二)新质生产力与中国式现代化

1. 新质生产力是实现中国式现代化的根本驱动力

把握数字经济,就能抓住经济发展的"放大器"和"倍增器"。数字经济整合一切劳动、技术、科学知识和管理技能,形成合力,突破发展藩篱,促使财富充分涌流。

(1)智能化机器体系放大了意识构造客体的能力,各种创意、想象和创新思维等精神生产通过智能化运作成倍地对象化为新财富,实现财富积累量的激增与质的飞跃。

(2)数字经济是解决新时代主要矛盾的不竭引擎。矛盾体现了经济发展的内在诉求,其本质是人追求自由的精神与现实生活形成了对立,根源在于生产力和交往形式之间的矛盾。数字智能化与金融化相叠加,导致社会主义制度中产业结构、区域空间和社会阶层之间发展不平衡与不充分,以数字经济作为核心驱动,不但能持续不断地解决量的积累与质的提升相一致、蛋糕做大与蛋糕分匀相协调的难题,更能实现物质与情感、智慧与德性、人文与生态相统一。

(3)数字经济标志着新的文明高度,把握住它,就能自觉地摒弃狭隘的民族中心主义意识,自觉地将本民族的历史实践转化为具有普遍意义的世界历史活动,使得民族的创新性实践获得世界历史进程的时空意义。

2.新质生产力是实现中国式现代化的根本保障力

(1)数字经济是激发新时代生产活力的关键因素。数字经济作为不断自我超越的"变",激活了各种业已沉睡的资源禀赋,进行从"无"到"有"的创新活动,创造出"1+X=无限"的发展奇迹,是解决新时代系统性问题,实现民族伟大复兴的战略法宝。

(2)资本主义体系的财富总量仍占世界财富总量的绝大部分,世界物质利益总体结构仍由资本主义所控制,被资本宰制的数字空间使支离破碎的利己主义和虚无缥缈的世界主义如梦魇般萦绕在人类灵魂的深处,异化的物质力量和扭曲的观念形态仍然制约着中华民族伟大复兴的历史进程。依靠数字经济突破顽固的资本主义势力对进步力量的封锁,赋予国家战略确定性的原动力,是新时代历史方位下实现国家战略的应然选择。

3.新质生产力是改造国际资本主义体系的根本竞争力

中国特色社会主义所肩负的世界责任,就是通过不断地发展生产力,塑造属于人类自身的共同力量并使人类真正占有它,在历史阶段性上体现为与资本主义博弈并不断改造和转化它的过程。第三次革命浪潮的背后仍是生产力在起决定作用,数字智能化+金融化改变着资本的结构、市场权力结构、国际分工体系和人类财富构成,被资本操盘的技术蜕变拷问着进步力量如何应对持续加剧的两极分化。数字经济作为高科技与新制度相融合的运动主体,反映出人类共同的智慧成果和价值追求,不但能够占据国际分工体系中的主导地位,更重要的意义在于通过经济全球化的扩散过程将优质的生产关系输出到国际资本主义体系中,使正义力量从偶然因素转化为必然力量，重构世界经济秩序和政治权力格局，改造国际资本主义体系。这既是唯物史观深层视阈所揭示的必然性原理，也是中国特色社会主义制度不可回避的历史责任。

（三）不断优化生产关系发展新质生产力

新质生产力在生产关系层面的"新"与其在技术层面的"新"是不可剥离的整体。新质生产力在其历史规定性层面上，必定对应着社会主义制度对资本主义的矫正，反映人类追求历史进步的主体精神，如此才能彰显新质生产力的历史进步意义。作为世代积累的实力，新质生产力背后凝结的是中华民族在探求自由与解放过程中创造的社会制度力量——中国特色社会主义制度的现实伟力。

自新中国成立以来，生产力的每一次革新都推动着中国共产党自觉把握世界历史进程，以自我革命精神破解社会关系再生产时的阻力和困难。一方面，社会主义先进的生产力推动中国特色社会主义制度成熟定型；另一方面，中国特色社会主义制度通过释放巨大的创新活力赋予生产力质变的历史动能。这种良性互动的内在逻辑仍然是唯物史观真理性判断的时代表达。

（1）从发生学意义上看，定位新质生产力的历史规定性，必须重视生产关系的重要作用。改革开放以来，作为历史主体的中华民族对社会主义制度的创造性构建，对生产力产生了强大的反作用，推动相对于计划经济体制下的生产力发生质变。通过改革开放四十余年的制度激励和财富累积，新时代生产力技术的构成要素实现了由本能向智能的飞跃，再次触动了历史进步的"神经"。作为人类文明新形态的主旋律，这种新旧更替的节奏不但是对传统工业文明的提升与进化，更将人类制度文明推向新高度。

（2）新质生产力与生产关系形成必要张力，实质上反映了中国特色社会主义制度的生机活力。新质生产力所承载的历史必然性，必须通过社会改革形成更为理性化的社会结构和治理体系，才能转化为现实的人的自由。一方面，新质生产力不断破除传统工业化生产体系的障碍，赋予经济活动更高效的能量，使人拥有更广阔的财富空间；另一方面，社会体制、治理结构被生产力的质变倒逼着不断进行升级改造，现代国家治理体系更为智能化地管理和人性化地呵护着人的现实生活。这种矛盾运动促使社会主义制度中人的自由与解放程度不断跃升，展现了社会主义制度巨大的包容力和自我更新力。

（3）新质生产力凝结着无产阶级先进政党的自我革命精神。先进的社会制度必须由先进的政党领导，先进的政党作为社会进步中最具历史主动精神的领导者，必定代表先进生产力的前进方向。中国共产党人作为中国特色社会主义制度的"定海神针",始终将自我革命精神作为"最坚决的、始终起推动作用"的精神法宝。说到底,新质生产力的质变是人类实践活动方式的质变,制度之所以能够成为新质生产力的规定性,其根本原因在于具体制度中的实践主体具有观念自我更新、自觉创造历史活动的内在动力。新质生产力的提出,表明中国共产党在先进理论的驱动下,通过生产实践对客观世界的改造达到了新的高度,这种正向的矛盾运动是整个社会经济结构、政治结构和文化结构共同发力的结果。唯有如此,新质生产力才能真正被称为人的本质力量的具体呈现。

(四)新质生产力赋能数字经济

新质生产力赋能数字经济,是以创新作为第一驱动力,主要体现在以下三个方面。

1. 技术革命性突破

技术革命直接作用于生产力和生产关系,每一轮技术革命性突破均带来生产力质的飞跃。在蒸汽机技术革命推动下,机器生产代替手工生产并成为最主要的生产方式;在电气技术革命推动下,人类社会由蒸汽时代进入电气时代,大规模生产方式应运而生;在信息技术革命推动下,科学与技术紧密结合促使生产力进一步提升。当前,全球正处于新一轮技术革命酝酿期,取得技术革命性突破是获得新质生产力的原动力。

2. 生产要素创新性配置

生产要素创新性配置包括生产要素组成和生产要素配置两方面。从生产要素组成看,党的十九届四中全会提出"健全劳动、资本、土地、知识、技术、管理、数据等生产要素由市场评价贡献、按贡献决定报酬的机制"[①],数据首次被确认为生产要素,意味着数据成为新质生产力发展的重要生产要素之一。从生产要素配置看,以数据技术为载体的创新性配置驱动新质生产力发展。一方面,数据与其他生产要素相结合,融入劳动和资本等传统生产要素中,促进要素间的连通和流动;另一方面,数据促进土地、劳动和资本等传统生产要素重新组合,进而提高生产和服务效率。

3. 产业深度转型升级

产业深度转型升级是提升全要素生产率的必要之举。从新质生产力的内涵来

---

① 《中共中央关于坚持和完善中国特色社会主义制度 推进国家治理体系和治理能力现代化若干重大问题的决定》(2019年10月31日中国共产党第十九届中央委员会第四次全体会议通过),https://www.ccdi.gov.cn/toutiaon/201911/t20191105_96220.html。

看,产业深度转型升级包含两个方面。

(1) 传统产业向新兴产业升级。党的二十大报告提出:"推动战略性新兴产业融合集群发展,构建新一代信息技术、人工智能、生物技术、新能源、新材料、高端装备、绿色环保等一批新的增长引擎。"[1]当前全球正处于产业变革深入发展期,新一代信息技术产业、高端装备制造产业、新材料产业、新能源产业等战略性新兴产业集中涌现。

(2) 传统产业与新技术、新要素结合促进产业"数字化"和"绿色化"转型,进而带动传统产业全要素生产率提升。

在世界百年未有之大变局下,新一轮科技革命和产业变革加速演进,与我国全面建设社会主义现代化国家新征程形成历史性交会。新质生产力的提出,从理论层面来看,是习近平总书记对马克思生产力理论的重大术语创新,是"立足在经验基础之上的理论认识的发展过程"[2];从现实层面来看,体现了在新一轮科技革命和产业变革中所引发的数字技术革命带来的生产力跃迁。加快形成和发展新质生产力是发展数字经济的战略部署。

第二节 数字经济与高质量发展

习近平总书记在党的二十大报告中强调"加快构建新发展格局,着力推动高质量发展"[3]。"高质量发展是全面建设社会主义现代化国家的首要任务。"[4]当前我国经济已由高速增长阶段转向高质量发展阶段,经济发展必须以推动高质量发展为主题。在这一发展阶段,以数据为关键生产要素的数字经济已成为新的经济增长点和拉动力,单纯依靠传统要素驱动和投资拉动的经济增长模式不再具备可持续性。数字经济作为改造提升传统产业的重要支点,将成为带动我国经济实现高质

---

[1] 习近平:《高举中国特色社会主义伟大旗帜 为全面建设社会主义现代化国家而团结奋斗——在中国共产党第二十次全国代表大会上的报告》,人民出版社2022年版,第30页。

[2] 中共中央马克思恩格斯列宁斯大林著作编译局编译:《马克思恩格斯文集(第9卷)》,人民出版社2009年版,第489页。

[3] 习近平:《高举中国特色社会主义伟大旗帜 为全面建设社会主义现代化国家而团结奋斗——在中国共产党第二十次全国代表大会上的报告》,人民出版社2022年版,第28页。

[4] 习近平:《高举中国特色社会主义伟大旗帜 为全面建设社会主义现代化国家而团结奋斗——在中国共产党第二十次全国代表大会上的报告》,人民出版社2022年版,第28页。

量发展的重要引擎。

一、数字经济推动"双循环"

所谓"双循环",即加快构建以国内大循环为主体、国内国际双循环相互促进的新发展格局。"构建新发展格局的重要任务是增强经济发展动能、畅通经济循环。"①数字技术、数字经济推动了各类资源要素的快速流动、实现了各类市场主体之间的加速融合,为打通循环过程中的堵点和梗阻提供了有力支撑,不断地为我国的经济社会发展赋能,助力实现"双循环"新发展格局。

(一)数字经济畅通国内大循环

"双循环"的主体是国内大循环。因此,加速生产、分配、交换和消费各环节的循环畅通,释放内需市场潜力,促进数字经济与实体经济深度融合是构建有效的国内大循环体系的必由之路。以新一代信息技术为依托的数字经济通过打通信息渠道实现国内大循环体系的顺畅,充分释放了我国的内需市场潜力。通过传统产业的数字化升级,以创新提质代替规模扩张,从总体上提高了经济运行效率,成为推动构建新发展格局的主要动力。

1. 数字经济促进生产、分配、交换和消费各环节的循环畅通

(1)在生产环节,智能制造正在逐渐取代传统制造。生产商通过引入数字技术进行产业及其产品的数字化、智能化升级。物联网、大数据和人工智能等数字技术的广泛应用,实现了生产设备之间的信息联通与共享。通过收集并分析用户的数据信息,挖掘市场的潜在消费需求,从而推出更符合市场趋势和消费者个性化需求的产品与服务。

(2)在分配环节,数字技术的应用能够有效帮助企业处理好效率与公平之间的关系。通过提高分配效率、增强分配的透明度,数字经济的发展在调动生产者积极性的同时,更有利于促进社会共同富裕目标的实现。

(3)在交换环节,数字平台的创新运用在提升交换速度和交换效率的同时节约了交换成本。数字平台的出现加速了信息的传递与交流,使得买卖双方能够快速并直接地获取彼此的信息,实现商品与服务的实时交换,大大缩短了交易周期,加速了商品和服务的流通。此外,在线交易、电子支付等数字化手段减少了交换的中

---

① 习近平:《习近平著作选读(第2卷)》,人民出版社2023年版,第536页。

间环节，在提高整体效率的同时，也在一定程度上降低了交换成本。

(4)在消费环节，不断创新的消费模式为消费者提供了更加多元、便捷且个性化的消费选择。在线商城、电商平台等在为消费者提供更广泛的商品和服务选择的同时，打通了消费的时空限制，使得消费者能够随时随地地购买到所需的商品和服务。由此可见，数字经济的发展打通了从生产到消费各环节的堵点，使得数据、信息、资金等生产要素高效聚集、优化配置，实现了各类市场主体之间的紧密协作和广泛连接，提升了流通速度和流通效率，加速了经济循环各环节的循环畅通。

2. 数字经济助推内需潜力释放

数字经济的发展促进了传统消费模式从渠道到场景的深刻变革，拓宽了居民的消费通道，不断创造数字消费增量。消费空间的拓展使得商品和服务得以在更广阔的空间范围内实现循环，数字消费成为国家扩大内需、稳定经济增长的突破口，从而促进国内经济的良性循环。移动支付、直播带货、智慧商店、在线教育等一系列新型消费业态应运而生，数字技术的广泛应用在为消费者提供多元化选择和便捷服务的同时，也创造了更多的就业岗位和就业机会，进一步刺激并释放了人们的消费潜力。

3. 数字经济助推制造业高质量发展

伴随着数字技术向各行业、各领域的加速渗透，传统制造业企业正积极借助数字技术进行全方位、全链条的数字化、智能化转型升级，在产业数字化和数字产业化的进程中，不断为经济增长赋能。数字经济与实体经济的深度融合使得传统制造业突破了原有的时空限制，实现了跨行业、跨区域的融合创新，为构建"双循环"新发展格局提供了坚实的产业支撑。此外，数字技术的广泛应用与纵深发展也使得分工与协作更加专业化、多元化，进一步提升了传统制造业的生产效率，提高了生产产品的质量，不断以技术创新为中国传统制造业的转型升级与高质量发展开辟新路径。

(二)数字经济畅通国际大循环

"双循环"新发展格局要求在畅通国内大循环的同时，打通国内国际两个市场。伴随数字技术的突破创新与融合应用，数字经济已成为拉动世界经济增长的重要引擎，正高速辐射并影响着全球竞争格局。数字经济的发展不断推动重塑我国参与国际合作和竞争的新优势，使国内循环与国际循环紧密嵌套，在全面提升中国的对外开放水平，为经济发展赋能的同时，也为世界提供了巨大的中国发展机遇。

1. 数字经济的发展提升了中国的对外开放水平

大工业"首次开创了世界历史,因为它使每个文明国家以及这些国家中的每一个人的需要的满足都依赖于整个世界,因为它消灭了各国以往自然形成的闭关自守的状态"[①]。数字经济的发展进一步提升了中国的对外开放水平,为国内企业参与国际循环提供了便利的物质条件和技术支撑,加深并拓展了中国在世界贸易市场中的联系。数字技术的更新与应用引发了全球生产方式和流通方式的深刻变革。由互联网所构筑的虚拟交易空间补充并拓展了物理空间范围内的真实世界市场,进一步延伸了世界市场网。跨国数字平台的发展以及相关配套基础设施的完善带来了传统贸易模式的数字化升级。数字贸易打破了时空对传统贸易合作的约束和限制,使得更多的贸易环节得以在网络平台上开展,在降低贸易成本的同时,提高了交易效率。

2. 数字经济推动了全球数字贸易体系建设

数字贸易是对传统贸易模式的拓展升级,如今已成为全球贸易的主要形式。一方面,数字经济无边界、全球化、全天候泛在的市场特征为畅通国际贸易打通了新途径。数字贸易以数字技术为驱动、以数字平台为支撑,不仅产品和服务的交易范围从物理世界延伸至数字世界,贸易运输方式也从依靠传统的交通运输扩展至互联网、云平台等虚拟空间传输渠道。贸易信息的搜索、匹配和验证更加便捷高效,贸易活动更加便利化、自由化,国际贸易效率大幅提升。另一方面,全球数字贸易体系的建设推动了国际产业分工体系的纵深发展,促进了产业链间的内外联动,扩大了国际贸易的体量和规模。贸易流程及环节的规范化、标准化和体系化,加之贸易辅助手段的智能化,有效提升了贸易活动的安全性,一定程度上降低了贸易门槛,打开了我国的对外贸易通道,是畅通内外循环,实现中国从贸易大国向贸易强国转变的"助推器"。

二、数字经济促进绿色发展

唯物史观认为,自然与人是一种感性对象性的存在,因此,绿色发展是以效率、和谐、可持续为价值尺度的经济增长和社会发展方式。高质量发展是绿色成为普

[①] 中共中央马克思恩格斯列宁斯大林著作编译局编译:《马克思恩格斯文集(第1卷)》,人民出版社2009年版,第538页。

遍形态的发展,绿色是高质量发展的底色。发展数字经济与绿色发展理念相耦合,数字经济正以前所未有的深度与广度促进绿色发展。数字技术的广泛应用与融合创新推进了我国绿色发展水平的提升,引发了从生产要素到生产力再到生产关系的全面绿色变革,是高质量发展背景下遵循绿色发展理念的必由之路。

(一)数据要素是夯实绿色发展的基础

数据作为数字经济时代下参与社会财富创造的新型生产要素,改善了传统的要素投入结构,是夯实绿色发展的基础。首先,数据要素本身蕴藏着绿色属性。低能耗、高效率、无污染、可持续是数据要素的显著特征。相较于传统工业对能源资源的高需求和高消耗,数据在赋能生产的过程中对于环境的破坏微乎其微。其次,数据与资本、劳动力、技术、资源等传统生产要素融合促进绿色发展。数字技术的应用提升了各生产要素之间的协同效率,在精确配置要素资源的同时,能够最大限度地减少能源消耗和污染物排放,推动生产体系绿色低碳发展。再次,数字技术的应用有助于提高废弃资源处理的透明度和可追溯性。通过收集并分析废弃资源的数据信息,可以及时确定最有效的回收和处置方法,并通过实时监测和追踪废物的流向,确保废弃资源被适当处理,防止非法倾倒和不当处理的行为发生,在很大程度上减少了环境污染。

(二)数字经济与实体经济的融合推动了生产方式的绿色化、低碳化转型

产业结构的优化升级是数字经济赋能绿色发展的重要途径。2012—2022年,我国以年均3%的能源消费增速支撑了年均6.2%的经济增长,能耗强度累计下降26.4%,相当于少用标准煤约14.1亿吨,少排放二氧化碳近30亿吨。数字经济的发展为传统产业注入了新活力,在推动传统产业数字化、现代化转型的同时,带来了生产方式的绿色化、低碳化转型,以最大限度地减少资源消耗和环境污染。通过构建高产、优质、低耗的生产体系和合理利用资源、保护环境、转化效率高的生态系统推动经济质量持续提升和资源的可持续利用。

(三)数字经济的发展为消费者带来了绿色生活方式

电子商务的发展为消费者开启了全新的绿色消费模式。线上购物不仅节约了消费者的购物时间和购物成本,而且在一定程度上减轻了传统消费模式下由于过度开发和利用资源所引发的资源浪费和环境污染问题。此外,数字经济催生的共享经济时代的到来,带来了人们在思想观念、消费理念以及社会治理等多方面的变革。例如,共享单车、共享汽车的投放与使用,在为人们提供出行便利的同时,也减少了私家车数量增加所带来的二氧化碳排放问题;线上办公、互联网医疗、数字化

治理等新业态的出现也减少了资源消耗,促使社会成员更加自觉地参与生态环境保护,切实践行绿色发展理念,形成"取之有度,用之有节"的生活方式。

三、数字经济助力国内大市场的形成

建设统一开放、竞争有序的国内大市场要求生产要素自由流通,商品及服务的区域流通壁垒较低,国民经济畅通循环。随着大数据、物联网、人工智能等数字技术的普及应用,数字经济通过扩大消费规模、提升流通效率、完善数字基础设施的建设来助力国内大市场的形成。

(一)数字经济通过扩大国内消费规模助力国内大市场的形成

线上消费以极大的便利性促进了居民消费增长。国家统计局数据显示,2022年全国网上零售额13.79万亿元,同比增长4%。其中,实物商品网上零售额11.96万亿元,占社会消费品零售总额的比重为27.2%。数字平台基于大数据和算法技术深度挖掘并精准匹配用户消费群体的潜在购物需求。通过对海量数据信息的分析处理,数字平台能够更准确地了解用户的消费行为、偏好和趋势,从而为用户提供个性化、精准性高的购物推荐,节省了买卖主体双方的搜寻时间和搜寻成本,促进交易的完成和商品价值的最终兑现,提升了资本循环效率(W—G—W')。依托数字平台,线上销售打破了传统销售模式下的时空限制,延伸了销售市场的时空范围,打通了城市、农村、山区等各地区消费市场的联系,有效促进了国内大市场的形成。

(二)数字经济通过提升商品流通效率助力国内大市场的形成

商品流通效率由流通时间和流通费用两个关键因素所决定。从商品的流通时间来看,数字技术的应用打通了制造商、供应商、经销商、物流运输公司之间的联系,形成了完整的数字贸易产业链,缩减了产品和服务的采购时间、销售时间和运输时间。企业利用强大的数字信息网自动匹配最佳配送路线及分销中心,通过搭建完善的"最后一公里"运输体系,提高配送效率的同时降低了运输成本,进而提高了商品的周转效率。从商品的流通费用来看,移动支付为商品交易提供了便捷性,提升了交易双方的支付效率和交易效率,降低了支付成本和流通成本。

(三)数字基础设施建设助力国内大市场的形成

信息通信等数字基础设施的建设作为一种社会先行资本,具有较高的外部溢出效应,能通过跨区域的信息整合和交易效率的提升推动国内大市场的形成。数

字经济的发展需要依托新型基础设施等相关配套服务的大量投产来为数据要素的产生与流动提供支撑。大数据、云计算等数据技术为海量数据信息的收集与处理以及跨区域的数据要素流通提供了技术支撑,提升了地区间的信息交互效率。数字基础设施的建设产生的跨区域溢出效应促进了资源的跨区域整合,使区域间的信息不对称程度大大降低,市场交易更加活跃、便捷,有效助推了区域经济的协调发展,进而加速了国内大市场的形成。

四、数字经济与经济全球化

纵观历史发展全局,每一次重大技术变革总会对人类的生产、生活方式产生深刻影响,每一次全球化浪潮总是伴随着技术变革推动的社会政治经济格局的重构而实现的。"进入 21 世纪以来,全球科技创新进入空前密集活跃的时期,新一轮科技革命和产业变革正在重构全球创新版图、重塑全球经济结构。"[①]数字经济是继殖民经济和资本经济之后的第三次全球化浪潮,其创建了一个全球化的虚拟世界,把虚拟世界和实体世界有机连接在一起,正加速驱动着全球经济的数字化变革。

(一)数字经济全球化

当前,新型数字技术与全球经济体系正加速融合,这一趋势推动着经济全球化向数字经济全球化转型。数字经济全球化以新型数字经济形态构建着经济全球化的新秩序、新格局,正加速推动经济全球化进程。移动互联网的广泛普及把世界连成了一个"地球村",世界各国之间的经济往来、贸易往来更加密切、便捷。数字经济使得全球化的速度更快、程度更深、壁垒更少、覆盖面积更广,真正实现了虚拟空间范围内的零距离互动。数字经济的发展缩小了世界地理的空间向度。无论何时何地,人们都可以在互联网平台上创造并分享数据信息,利用高速、高容量的物联网信息系统快速捕捉并利用分散在世界各地的海量信息资源,人类社会在科技世界中将更加趋于全球化。

(二)数据流动推动经济全球化

数据作为数字经济发展的关键驱动要素,已成为经济全球化的重要推动力量。通过数据的跨区域流动,参与经济活动的主体能够充分利用数据要素赋能资本、劳动力、土地等传统生产要素,从而实现更大的价值溢出效应。数据流动能够扩大全

[①] 习近平:《习近平谈治国理政(第 3 卷)》,外文出版社 2020 年版,第 245 页。

球化的覆盖范围。数据的高流动性特征表现为数据流动可以跨越时空、跨越国界，实现全球范围内的信息传播与共享。数据流动催生数字贸易的迅猛发展。数据要素的高流动性又进一步催生出数字贸易这一新业态，使数字时代下的人和物连接成为一个即时交互的整体。跨境电商、线上支付、跨境物流等新型贸易方式加强了各国之间的贸易合作与贸易往来，数字贸易在推进经济全球化的进程中正发挥关键作用。

（三）数字经济推动生产全球化

数字经济将数据、信息等作为全新的生产要素，利用数字网络进行智能化、精细化分工，综合考量并筛选出最优生产地。全球范围内的分结构生产提高了生产效率，节约了生产成本，最大化地实现了企业的经济效益，进一步推动了生产全球化。此外，生产部门利用数字技术实时监测人力、物力以及各种生产要素的配置及使用情况，优化资源配置，提高投入与产出的效率，改善企业的经济结构，推动经济实现高质量发展。

第三节　数字经济与人民福祉

习近平总书记指出："数字经济发展速度之快、辐射范围之广、影响程度之深前所未有，正在成为重组全球要素资源、重塑全球经济结构、改变全球竞争格局的关键力量。"[1]当前，以数据要素为关键生产要素，以生产基础性数字产品和服务的数字部门为核心的数字经济正在大规模扩张。数字经济不断促进经济增长以及创造社会财富，更新着人类的财富形式。正在成为我国推进共同富裕的重要组成部分。

一、数字化财富的定义和特征

数字化财富作为数字财富的延伸，是数字经济发展的结果之一。

（一）数字化财富的定义

所谓数字化，是指"使用数字技术将模拟信号转换为表示同样信息的数字信号的过程，这个过程也叫作'模数变换'，即运用一定规则将信息对象通过比特的方式

---

[1] 习近平：《不断做强做优做大我国数字经济》，《求是》2022年第2期。

进行描述"[1]，如果说数字财富是指"能够满足人们使用和交换需要的数字劳动产品"，那么数字化财富，则是在数字财富的基础上将数字财富作为生产对象运用科学技术再次对象化的结果。当数字财富通过比特的方式传达出来，财富就能通过数字化进入人工智能机器体系，是比特资源对象化为物质财富和精神财富的结晶，可以兑换一切物质财富和精神财富，它是人类最新的财富形式，必将推动构筑国家竞争新优势。

(二)数字化财富的特征

由于数字经济具有高虚拟性、强渗透性、广覆盖性等特征，因此数字化财富呈现不同于以往传统社会财富的典型特征。

1. 数字化财富的内涵更丰富

从唯物史观的财富形式看，数字化财富是人工智能自主运动、加工的产品。人工智能通过学习人的行为产生的仿真思维，可以兑换一切物质和精神财富。从结构上看，数字化财富大体包括智能化设备自主运行产生的数字产品、数字技术和知识、数据资产、数字平台和数据资源等。这些数字产品已延伸至多个领域，如电子商务、数字金融、数据管理等领域的数字产品都是其重要的表现形式。

2. 数字化财富是经济发展的"倍增器"

在当下，数字化财富已然成为社会生产中最具支配性的力量之一，它可以整合一切劳动、技术和数据要素，有效刺激数字经济的增长，成为数字经济时代最重要的一种财富。(1)人工智能机器开始具备自我意识，这种意识通过智能化运动成倍地对象化为新财富，实现财富量的激增与质的飞跃；(2)数据信息能在市场各经营主体、生产部门之间充分涌流，从而有利于市场主体间商业活动的开展，推动传统产业的转型升级，带来社会经济增长的新型模式，加速了数字财富的原始积累，带来了倍增的生产力。

3. 数字化财富是经济发展的"放大器"

数字化财富可以说是以数据要素为关键生产要素的数字产品和数据资源。(1)数据革命乐观主义者认为，"能让我获益的数据信息同样也能让别人获益"[2]，数据信息具有可复制性、可共享性，扩大了接收信息的主体范围，突破了原有实体财

---

[1] 舒华英：《比特经济》，商务印书馆2012年版，第54页。
[2] ［新西兰］尼古拉斯·阿加：《大数据时代生存法则》，蔡薇薇译，华中科技大学出版社2021年版，第94页。

富的独占性。(2)数据信息具有抽象性,不受物理规律约束,能够在市场主体和各经营部门间自由流动,促进社会财富充分涌流。

4.数字化财富要求提高生产智能化程度

(1)数字化财富作为数字财富的延伸,要使自身显现出来需要以比特为基础进入人工智能机器中,通过数字化技术转换成比特资源。比特资源不同于自然资源和精神资源,但其需要以智能化生产为支撑兑换一切物质财富和精神财富。(2)在数字经济的推动下,数字技术不断发展,财富形态也在发生着改变。数字化财富作为人工智能机器学习、模仿人的思维这一活动对象化的产物,需要与智能化生产力相适应。

(三)认识数字化财富的重要性

数字化财富的重要性越来越显现。(1)数字化财富使人们在数字经济时代的生活方式更加便捷和智能化。生产工具智能化带来财富的智能化。(2)数字化财富建立在不断收集的用户信息数据中,持有用户数据对其而言意义远远胜于持有传统社会财富。如房屋、土地是一种财富,但是与新型财富——数据相比,其重要性已经大不如前。数据对应着数字时代的技术集成包,这是卓越的财富增值模式的源头,为实现共同富裕奠定了坚实的物质基础。(3)数字经济的蓬勃发展正在影响着世界经济的发展格局,进而影响国际力量对比和世界格局变化,因此数字技术和数字经济的发展以及数字化财富的创造与发展尤为重要。

二、数字经济的共享模式

数字经济的共享模式是指在互联网、云计算、大数据、物联网等数字技术的支持和推动下,企业、个人或其他经济体之间通过共享资源(如资产、服务、数据和技能)来创造价值和进行交易的一种经济行为。数字经济必然以共享方式呈现在人类交换样态中,这深度印证了唯物史观的真理性。

(一)技术共享使人的生命力量更为凝聚

在共享经济模式下,技术共享是指企业或个人通过开放和分享技术资源,使其他企业、开发者或用户能够利用这些技术资源,从而推动创新、提高效率、降低成本,并促进共享经济生态系统的建设。

1.办公共享

办公共享通常涉及使用不同的工具和平台,以便团队成员能够协同工作和分享信息。它们利用自身的功能和优势为"低碳办公"的实现提供了可能。办公共享大幅减少纸张和会务用品的使用,便于团队成员快速沟通,提高团队办事效率。

2. 制造业共享

制造业中实现共享经济的概念通常被称为"制造业共享"或"制造业共享经济","制造业企业在生产的过程中共享资源、设备、知识和技术,以提高效率、减少浪费并促进可持续发展。从实践层面看,既有传统制造业龙头企业基于自身资源优势,依托网络平台开放和共享资源不断构建开放的生态;也有互联网企业发挥技术优势,助力制造企业和行业提质增效。① 目前,我国已有一千多家工业互联网平台,工业 App 数量突破 59 万。譬如:海尔集团打造的工业互联网平台"卡奥斯 COS-MOPlat"已链接企业 90 万家,不仅提高了机器人的工作效率,而且共同开发出智慧装车装备云平台场景解决方案,帮助企业提质、降本、增效。

3. 财务共享

财务共享是企业数字化转型的必经之路,企业应该积极探索依托财务共享实现财务数字化转型的有效路径。② 共享经济中的财务共享得以实现,归功于数字支付和金融科技的发展。开放银行是一种金融服务模式,通过开放银行 API,允许第三方应用程序访问用户的银行账户信息。这种模式提高了金融数据的可访问性,使用户能够更方便地管理自己的财务状况。一些平台提供共享的财务工具,如在线会计软件、财务规划工具等。这使得个人和企业能够更轻松地管理财务信息、编制报表和预测,以实现更智能的财务决策。除此以外,平台提供金融知识和咨询服务,帮助用户更好地理解财务概念、投资策略等。

(二)财富共享推动共同富裕

党的二十大报告指出:"构建初次分配、再分配、第三次分配协调配套的制度体系。"③财富共享是指在财富发展的过程中,社会主体对财富的公平享用,其目的在于扎实推进共同富裕,使人人在共建共享中过上美好的生活。

1. 劳动力共享

数字化时代的共享经济模式有助于带动低收入群体的劳动性收入增长。共享经济运用数字技术整合碎片化的需求形成规模市场,创造了大量熟练性劳动岗位,

---

① 《中国共享经济发展报告(2023)》,http://www.sic.gov.cn/sic/93/552/557/0223/10741.pdf。
② 《关于中央企业加快建设世界一流财务管理体系的指导意见》,https://www.gov.cn/zhengce/zhengceku/2022-03/02/content_5676491.htm。
③ 习近平:《高举中国特色社会主义伟大旗帜 为全面建设社会主义现代化国家而团结奋斗——在中国共产党第二十次全国代表大会上的报告》,人民出版社 2022 年版,第 47 页。

增加了劳动力的需求。依靠共享平台，人们可以通过兼职工作、自由职业或者参与临时项目等方式来赚取额外的收入，既提供了更灵活的就业机会，又让更多人能够参与劳动力市场。

2.出行资源共享

人们无须拥有车辆的所有权，车主可以通过共享出行服务分享他们的车辆，并从中获得一定的收入，而乘客也可以相对较低的价格获取出行服务。截至2022年年底，我国网约车用户规模达到40 507万，用户使用率达到38.5%，活跃人数领域渗透率达19.27%。① 与传统出租车相比，网约车具有更大的灵活性和便捷性。人们以拼车等方式与他人共享车辆，以达到节约成本、保护环境、提高出行效率的目的。共享单车作为共享经济的另一典型代表，为人们提供了一种环保、便捷的短途出行方式。共享单车的推出缓解了城市内的交通压力，也相对减少了汽车尾气对环境的影响，成为城市绿色出行的一部分。

3.住宿资源共享

2018年《共享住宿服务规范》的发布，是我国共享经济领域的首个标准性文件，是共享经济标准化体系建设方面的一个重要探索。2021年，"小猪民宿"围绕乡村振兴战略，与目的地政府、企业合作，整合地方优质资源发展休闲农业和乡村旅游业，盘活乡村闲置空心村宅，以点带面推动农文旅融合发展。"途家民宿"是中国本土的住宿共享平台，类似于美国的爱彼迎（Airbnb）平台。它提供了全国范围内的住宿选择，覆盖了各类房源，从公寓到别墅，为用户提供更加个性化的住宿体验。

技术共享和财富共享是数字经济共享模式的两种表现形式。技术共享可以促进创新和提高生产力，财富共享可以减少贫富差距和促进社会公平。二者共同推动着数字经济的发展，让数字经济更具包容性和可持续性。

三、数字经济提升公共服务效能

党的二十大报告指出："健全基本公共服务体系，提高公共服务水平，增强均衡性和可及性，扎实推进共同富裕。"②实践表明，只有将数字经济的物质能量和精神

---

① 《CNNIC：第51次中国互联网络发展状况统计报告》，https://www.199it.com/archives/1573087.html。

② 习近平：《高举中国特色社会主义伟大旗帜 为全面建设社会主义现代化国家而团结奋斗——在中国共产党第二十次全国代表大会上的报告》，人民出版社2022年版，第46页。

创造力转化为政府治理的动力,才能有效地提升人们的获得感。

(一)数字经济提升公共服务效能的优势

实现城乡公共服务均等化,提升公共服务效能,关键的问题在于破除原有的体制机制障碍,把握数字经济技术的优势,在城乡之间建立起更为完善的公共服务均等化体制机制,以保障城乡居民享受同质的公共服务。数字要素成本低、易流通,可以突破传统公共服务模式下的地域、资源的限制,搭建数字经济时代的城乡公共服务资源共建共享平台,解决传统公共服务机制下城乡资源不流通、发展不平衡的问题。数字技术具有信息收集、信息分析、信息监督功能,可以进行多元化需求服务,建立需求反馈机制,有效匹配公共服务的需求和供给,在保证公共服务均等化实现的前提下,提升公共服务效能。利用数字技术的成本低、覆盖面广等特点,赋能公共服务机制,可以有效调节公共服务效能,实现公共服务高质量发展。将数字技术应用于公共服务机制,既是数字技术发展的应有之义,又是实现数字经济与公共服务效能双螺旋上升发展的必然基础。

(二)数字经济提升公共服务效能的实践依据

2019年,中共中央、国务院发布《长江三角洲区域一体化发展规划纲要》,将上海、江苏、浙江、安徽三省一市的区域一体化发展上升为国家战略。长三角地区旨在探索解决城乡发展不平衡的问题,信息化程度不断提升,城乡居民人均可支配收入差距不断缩小。长三角示范区执委会数据显示,截至2020年年末,长三角三省一市的居民异地医保信息化水平不断提高。

(1)通过将云计算、大数据技术结合医保数据的方法,实现一体化医保就医。除此之外,长三角地区还将数字经济技术应用于生活领域。构建数字技术应用平台,将城市的优质医疗资源传输到农村地区。

(2)在教育领域打造"'互联网+义务教育'结对帮扶"的教育模式,互通城乡之间的教育资源,实现城乡课堂同步互动。同时,开展教师网络研修班、名师网络课堂等以鼓励结对教师进行集体备课,不断提升教师教学水平。在医疗领域,推出"'互联网+医疗'健康管理"的新模式。不仅如此,"云上医共体"的建立,全面打通了县域内的医疗服务资源,构建了以数字技术为核心要素的全民医疗健康服务体系。

(3)构建数字型智慧养老系统,有效匹配养老公共服务的需求和供给。通过为老人建立起数字化的资本信息库,利用信息技术满足老人的多样化需求。此外,采取"人脸识别+精准定位"的签到模式,以此保证服务过程的监督功能。建立养老服务评价系统,最终实现个性化养老服务的全流程闭环管理。

（4）数字经济提升公共服务效能，仍然存在发展不协调、不平衡的问题，这是发展过程中的必然，也是提升公共服务效能的关键突破口。地方发展公共服务，要以壮大村集体经济为突破口，把握好领头羊的关键角色。因地制宜，发展具有地方特色的"互联网+农业"模式；充分发挥数字技术的优势，实现对村集体经济的集中监督管理；不断调整优化公共服务资源空间配置，打造城乡一体化公共服务资源配置体系。只有解决好数字经济应用于公共服务中的问题，才能实现公共服务高质量发展稳步前进。

四、数字文明造福世界人民

唯物史观以人的全面发展为目的。伴随着数字技术与数字经济的蓬勃发展，世界经济格局的加速演进、国际交换关系日益扩大和加深，人类交往方式由"经济生存共同体等"向"生活交往共同体等"转变，数字经济成为未来全球发展的必然趋势。一方面，数字经济发展为全人类创造了辉煌的物质财富，数字技术的发展提升了人的能力，为人类创造了崭新的生存空间。但另一方面，数字技术和数字经济的发展也带来了诸多新问题。随着世界各国都积极投身全球数字经济新布局，关键核心技术领域的竞争越发激烈，与此同时，全球数字经济治理面临着新的挑战，平台垄断、数据安全和数据产权问题日益凸显。

习近平总书记在深刻洞察人类社会发展大势的基础上，指明了推动数字经济和人类生产生活深度融合的前进方向，认为各国只有携手共建网络空间命运共同体才能跨越数字鸿沟，这也为国际社会共同迈向数字文明新时代贡献了中国方案。2021年习近平总书记在世界互联网大会乌镇峰会上强调："中国愿同世界各国一道，共同担起为人类谋进步的历史责任，激发数字经济活力，增强数字政府效能，优化数字社会环境，构建数字合作格局，筑牢数字安全屏障，让数字文明造福各国人民，推动构建人类命运共同体。"[1] 如何让数字文明造福世界人民，承担起为全人类谋进步的历史责任，是人类社会共同面对的时代命题。

---

[1] 《习近平向2021年世界互联网大会乌镇峰会致贺信》，https://zqb.cyol.com/html/2021-09/27/nw.D110000zgqnb_20210927_1-01.htm。

本章思考题

1. 为什么说发展数字经济是应对百年未有之大变局的必然举措?
2. 如何看待数字经济中的社会主义资本问题?
3. 如何正确理解数字经济与新质生产力之间的关系?

本章阅读文献

1. 中共中央马克思恩格斯列宁斯大林著作编译局编译:《马克思恩格斯文集(全十卷)》,人民出版社 2009 年版。

2. 习近平:《习近平谈治国理政(第 3 卷)》,外文出版社 2020 年版。

3. 习近平:《习近平谈治国理政(第 4 卷)》,外文出版社 2022 年版。

4. 中共中央党史和文献研究院编:《习近平关于网络强国论述摘编》,中央文献出版社 2021 年版。

5. 习近平:《习近平书信选集(第一卷)》,中央文献出版社 2022 年版。

6. 曹立、刘西友编著:《与党员干部谈数字经济——数字经济 36 问 36 答》,人民出版社 2022 年版。

7.《习近平向第四届联合世界数据论坛致贺信》,www.news.cn/2023-04/24/c_1129557219.htm。

8. 习近平:《高举中国特色社会主义伟大旗帜 为全面建设社会主义现代化国家而团结奋斗——在中国共产党第二十次全国代表大会上的报告》,人民出版社 2022 年版。

9. 舒华英:《比特经济》,商务印书馆 2012 年版。

10.[新西兰]尼古拉斯·阿加:《大数据时代生存法则》,蔡薇薇译,华中科技大学出版社 2021 年版。

11. 陈雪频:《一本书读懂数字化转型》,机械工业出版社 2022 年版。

12.[英]杰米·萨斯坎德:《算法的力量:人类如何共同生存?》,李大白译,北京日报出版社 2022 年版。

13. 郭为:《数字化的力量》,机械工业出版社 2022 年版。

14. 叶毓睿、李安民、李晖等:《元宇宙十大技术》,中译出版社 2022 年版。

第十三章

数字资本主义的政治经济学批判

用马克思主义政治经济学批判视野来审视数字资本主义这个"着了魔的、颠倒的、倒立着的世界"[①],不仅能彰显马克思主义批判理论的时代价值和辩证特性,用资本主义的新实践来丰富马克思主义思想的历史架构,而且有利于揭露当今数字资本主义的深层本质,把握数字化时代历史发展的正确方向。

第一节 数字资本主义的事实判断

习近平总书记指出:"世界格局正处在加快演变的历史进程之中,产生了大量深刻复杂的现实问题,提出了大量亟待回答的理论课题。这就需要我们加强对当代资本主义的研究,分析把握其出现的各种变化及其本质,深化对资本主义和国际政治经济关系深刻复杂变化的规律性认识。"[②]当代资本主义出现了诸多新情况、新问题,值得当代中国马克思主义经济哲学深入探究。英国经济学者乔纳森·哈斯克尔等所著的《无形经济的崛起》,提出了"资本的无形化""测度无形价值"的判断,

---

[①] 中共中央马克思恩格斯列宁斯大林著作编译局编译:《马克思恩格斯全集(第46卷)》,人民出版社2003年版,第940页。

[②] 《习近平主持中共中央政治局第四十三次集体学习》,https://www.gov.cn/xinwen/2017-09/29/content_5228629.htm

值得我们深入思考和研究。① 它对我们认识数字资本主义发展的趋势和内涵,有着一定的借鉴意义。

一、资本主义发展简史

资本主义社会自萌芽以来,每一个阶段生产方式、商品类型、劳动形式、消费样式、社会文化、资本形态、生产关系的变化都与新技术革命息息相关。科学技术在马克思、恩格斯对社会形态的理解中一直占据着重要位置,恩格斯明确指出"我们视为社会历史的决定性基础的经济关系包括生产和运输的全部技术设备",因此,"经济关系不仅指人们在生产中形成的生产关系,而且包括这种生产关系赖以形成的生产力,……生产力是生产方式从而也是整个社会存在和发展的根本力量"②。马克思指出,"手推磨产生的是封建主为首的社会,蒸汽磨产生的是工业资本家为首的社会"③。可见,科学技术是马克思和恩格斯理解社会生产的重要切入点,在对资本主义社会的研究中,科学技术是一个重要的分析维度。

围绕科技创新,西方资本主义三百多年发展的历史,大致可划分为:18 世纪以蒸汽机的广泛应用为标志的第一次工业革命和工业资本主义,19 世纪以电力革命为标志的第二次工业革命和自由竞争资本主义,20 世纪以核能和电子计算机为标志的第三次科技革命和垄断资本主义,21 世纪以数字信息革命为标志的第四次工业革命和数字资本主义。④ 自 1500 年之后的百余年里,中国和伊斯兰国家而非欧洲引领着世界的科学发展,然而,从 17 世纪开始,西方长期占据着领先地位,西方资本主义经济腾飞的重要原因便在于利用科技进步从而有效地利用自然资源以及资本的可得性来使国家实现现代化⑤。

每次科技创新所带来的不仅仅是技术革命,更是一场根本性的社会变革。18 世纪末,随着蒸汽机的发明,工业资本主义逐渐兴起,资本主义生产方式的萌芽首

---

① [英]乔纳森·哈斯克尔、[英]斯蒂安·韦斯特莱克:《无形经济的崛起》,谢欣译,中信出版社 2020 年版。
② 田鹏颖:《恩格斯的故事》,辽宁人民出版社 2010 年版,第 162 页。
③ 中共中央马克思恩格斯列宁斯大林著作编译局编译:《马克思恩格斯文集(第 1 卷)》,人民出版社 1995 年版,第 602 页。
④ 张雄:《无形经济崛起后的当代资本主义》,《光明日报》2022 年 7 月 18 日第 15 版。
⑤ [美]戴维·E.麦克纳博:《繁荣的进程——全球工商业通史》,赛迪研究专家组译,人民出版社 2022 年版,第 14 页。

先发生在纺织业中,由于纺织机的租金较高,农业劳动力无力购买,于是,商人们以出租的方式向农村劳动力提供纺织机,通过将劳动工具所有权的转让,一种改变历史的新经济模式开始建立。这样,那些被剥夺劳动工具的工匠沦为雇佣劳动力,商人变成了资本家,纺织贸易的资本主义模式逐渐扩展到其他贸易领域,从而促成了资本主义生产方式在社会中的主导地位。20世纪下半叶,伴随新技术革命的兴起,尤其是1971年美元金本位制度解体(布雷顿森林体系解体)意味着资本的虚拟形式越来越多样化,资本的虚拟化程度越来越高。到了21世纪,资本主义发展最典型的特征表现为高度垄断、高度科技化、高度金融化,它们之间相互渗透、相互作用,共同指认一个总特征:当代数字资本主义的崛起。

二、数字资本主义的出场

数字资本主义的崛起离不开数字技术的加持,杰里米·里夫金在《零边际成本社会》中对新技术集群的阐释对于理解这次数字信息变革有一定的借鉴意义。[1] 这次技术革命虽然以互联网和信息技术为基础,但可能对社会发展趋势产生重大影响的技术组合是:在物联网智能基础设施的基础上,通信互联网将与逐渐成熟的能源互联网及物流互联网融合,建立一个分布式的神经网络。通信将高效管理经济活动,能源将生成信息或传输动力,物流和运输将整个价值链串联成经济活动。这个超级物联网涵盖范围甚广,在担当全球大脑、不可分割的智慧网络的整个经济链中,将所有事物和所有人联系在一起。当前的互联网加持可再生资源的矩阵具有分布性、扁平化、接近零边际成本的鲜明特点。这种超级物联网的技术范式正在以前所未有的广度和深度,对旧技术下的产业组织形态、企业运营结构、资源配置方式、生产营销策略及经济发展模式进行变革,不仅如此,它还在人类无法察觉的时候,渗透进人类的日常生活。[2] 数字化逐渐对人的主观领域造成影响,数字革命正在驱使传感器技术及网络科技,进一步挖掘出潜藏在更深层次的人类情感及意志性特征,通过各种形式将其显性化。[3]

---

[1] [美]杰里米·里夫金:《零边际成本社会》,赛迪研究院专家组译,中信出版社2017年版,第77—96页。
[2] 郭为:《数字化的力量》,机械工业出版社2023年版,第166页。
[3] [日]此本臣吾:《数字资本主义》,日本野村综研(大连)科技有限公司译,复旦大学出版社2020年版,第187页。

当然,关于数字资本主义的早期阐释可以往前追溯。20世纪60年代至70年代,美国未来学家阿尔温·托夫勒用三次浪潮的理论来表达信息文明与工业文明的不同。托夫勒已预感到第三次浪潮的经济学应当关注人的个性结构的性质本身、计算机模式和矩阵等非实物要素的影响。美国学者丹尼尔·贝尔在他的《后工业社会的来临》一书中也谈论了后工业的问题。他认为,后工业社会出现了五种变化:(1)经济方面:从产品经济转变为服务性经济;(2)职业分布:专业与技术人员阶层处于主导地位;(3)中轴原理:理论知识处于中心地位,它是社会革新与制定政策的源泉;(4)未来的方向:对科技的控制以及技术评估;(5)制定决策:创造新的"智能技术"。①

21世纪前后,美国学者丹·席勒在《数字资本主义》中用冷静客观的思考来审视数字化时代的资本主义,明确提出了"数字资本主义"概念,并指出数字资本主义是指一种状态:"信息网络以一种前所未有的方式与规模渗透到资本主义经济文化的方方面面,成为资本主义发展不可缺少的工具与动力","对生产、消费、流通领域的阶级结构进行了重新界定"。② 随着互联网时代的到来,数字资本主义的基本单位由"原子"而变成了"比特",非物质事物具有越来越重要的经济意义。社会学家热衷于谈论"网络社会"和"后福特主义"经济,经济学家开始思考如何将研发和因此产生的构想纳入他们的经济成长模型中,剑桥大学学者科伊尔以《无重的世界》为书名非常简洁地概括了这种经济体。后来重大的国际财务事件发生了,全球市值最高的公司微软,其资产的认定使众人惊讶:2006年,微软的股票市值约为2 500亿美元。但若看看微软的资产负债表,该公司资产账面价值约为700亿美元,其中600亿美元是现金和各种金融工具。厂房和设备等传统资产的价值为30亿美元,仅仅占微软总资产的4%和公司市值的1%,显得微不足道。以传统的资产会计法衡量,微软是一个现代奇迹,被西方学者称为"没有资本的资本主义"③。在高科技的作用下,无形事物使得数字资本主义变得高度抽象、高度理性、高度智能。从摸得着的传统物品经济流转,到摸不着的智能化数字运动,可以断言,这是后现代主义经济学的一种特有征兆。它的出现,深层次地反映了人类自由自觉创造历史、追

---

① [美]丹尼尔·贝尔:《后工业社会的来临》,高銛、王宏周、魏章玲译,江西人民出版社2018年版,第11-12页。
② [美]丹·席勒:《数字资本主义》,杨立平译,江西人民出版社2001年版,第6页。
③ [英]乔纳森·哈斯克尔、[英]斯蒂安·韦斯特莱克:《无形经济的崛起》,谢欣译,中信出版社2020年版。

求历史进步的秉性。

三、数字资本主义的新变化

数字信息革命带来了数字资本主义发展的新情况、新问题、新原理,主要呈现如下变化:

第一,资本主义社会财富总量有了巨大提升,呈现有形财富和无形财富的累加。除了机器、厂房、设备、土地、矿山、公路、机场等有形资产外,还包括芯片、软件、金融工具及衍生产品、人力资本、知识产权、数字标识、商品和公司品牌等无形资产。财富空间放大,财富存在的形式多元复杂。随着美国实体经济的衰落,社会实物财富的贡献率越来越小,占社会财富总量的比例也越来越小,而数字资本主义带来的虚拟财富占比越来越大,数字资本主义一方面有着财富发展的倍增效应,另一方面却存在着"财富过山车"的风险效应,客观上使资本主义国家政治、经济始终处在重大波动和风险危机中。

第二,资本的剥削形式和剥削程度,变得更加难以量化、难以精准把握。数字资本主义造成了传统有形实物资本向无形虚拟资本的过渡和运动:一是股权制造成了资本与劳动关系的定位复杂多变,雇佣与被雇佣关系,变成股权分享的关系,由一对一的主客体关系,变成多对多主体间的关系。委托代理、项目合作、平台挂靠等形式打破了传统的劳动人事制度。合同诚信变成一切关系的前提。剩余价值、剩余时间、剩余劳动因工作时空的弹性变化,变得难以衡量、难以确认。二是数字资本主义产业的劳动主体是白领阶层,他们受无形资本的剥削程度最直接、最隐蔽、最深重,因而异化最明显。英国学者福克斯曾依据一系列的全球大型上市公司案例研究,撰写了著作《数字劳动与卡尔·马克思》,书中揭示了数字媒体的劳动力成本,考察了资本主义信息通信技术(ICT)公司剥削人类劳动的方式,以及这种剥削对工人的生活、身心健康的影响。这部著作被大家称为 21 世纪媒体版的《资本论》。[①]

第三,政治、资本与数字化的密切渗透和叠加,加剧了全球经济不平等现象。资本家、科学家和权力机关呈现三位一体的状态,科学家可以是资本家和政治领袖,反之亦然。2011 年的"占领华尔街运动"喊出了"百分之一"的口号,这个口号将

---

① [英]克利斯蒂安·福克斯:《数字劳动与卡尔·马克思》,周延云译,人民出版社 2020 年版。

收入不平等具象化:最富的1％、0.1％和0.01％群体的收入在飞速增长中。经济学家布兰科·米拉诺维奇指出,这是一个全球性的现象,世界最富群体的收入出现大幅增加。① 皮凯蒂在《21世纪资本论》中指出了不平等的另一形态:财富不平等,通过研究揭示了极富群体难以测算的财富价值,美国、英国、法国等富人群体的财富近年来都出现了大幅增长。②

第二节　数字资本主义的价值判断

资本主义经济范式的每一次变化都带来对经济价值判断的又一次思考。在资本主义体制下,生产资料所有权集中,劳动力向资本屈服,从而导致18世纪后期的阶级斗争,亚当·斯密对资本主义核心矛盾进行解剖,发现土地所有权和生产工具所有权的关系,并认识到这两种所有权的存在剥夺了农民和工匠的生产工具,所谓的自由劳动力的"自由"是有代价的。但大多数古典经济学家及新古典经济学家所秉持的经济学信条是:利润是对冒险投资的资本家的特有回报。但是,马克思则认为,从工人工资中抽取的部分是利润,即剩余价值,这是不公平的分配,有必要做出更公正的安排,让工人充分享受其劳动成果的收益。③ 随着数字化技术的发展,关于数字资本主义形态,有些学者提出这是进入了"没有摩擦的资本主义",数字资本主义出现的新问题、新现象对经济价值判断提出新的挑战和要求。

一、当代资本主义劳动范畴的改变

翻开人类文明发展的生产力史册,从原始荒蛮时代的自然力劳动、铁骑时代自觉制作生产工具的劳动、蒸汽机时代机械力牵引的劳动,到电力时代的自动机劳动,再到智能化时代的数字劳动,随着生产工具不断更新,人类对劳动范畴的认知越来越丰富深刻,越来越趋于自觉。

早在古希腊罗马时期,亚里士多德就提出了两个重要范畴:"制作活动"与"实

---

① [英]乔纳森·哈斯克尔、[英]斯蒂安·韦斯特莱克:《无形经济的崛起》,谢欣译,中信出版社2020年版,第104-106页。
② [法]托马斯·皮凯蒂:《21世纪资本论》,巴曙松、陈剑、余江等译,中信出版社2014年版。
③ [美]杰里米·里夫金:《零边际成本社会》,赛迪研究院专家组译,中信出版社2017年版,第44页。

第十三章｜数字资本主义的政治经济学批判

践行动",这是早期人类对生产概念和实践概念的最初表达。制作就是质料与形式的结合,制作活动是人类为自身没有摩擦的资本主义需要而进行的自觉生产活动的特征之一,也是人类实践行动的主要内涵。实践行动是对制作活动的意义抽象。可以认为,对这两个概念的思考,代表了人类对劳动范畴的最初抽象:它是主体行为对象化活动。马克思对劳动范畴的政治经济学批判,使马克思从一般意义上的劳动——劳动作为一种人类活动的普遍素质,过渡到对劳动的一种历史哲学思辨——在资本主义社会,对象化劳动既是反映一种不平等的经济关系和社会关系的社会组织形式,更是由于劳动力商品存有形式必将导致现代性"二律背反"发生的深刻根据。

(一)作为生产价值的劳动

马克思指出,价值是"在商品的交换关系或交换价值中表现出来的共同东西"[①],是商品中"无差别的人类劳动",商品能进行交换的根本原因在于商品中凝结着无差别的人类劳动。从价值方面看,商品作为人类劳动的对象化存在,使劳动形成了价值。商品是"以自己的可以琢磨的自然形式表示价值的物"[②],但商品并不是只表现价值一般,而是需要表现出一定量的价值,在商品的交换中,是以货币形式呈现的。而剩余价值就是劳动者创造的产品中的交换价值被非生产者所占有的部分。劳动力商品的特殊性在于其独特的使用价值,这是资本家购买劳动力来进行生产的目的所在。马克思在《资本论》第一卷中分析商品生产过程时,剖析了生产中新价值的增加来自劳动力。生产过程中,转变为劳动力的那部分资本,在生产中创造了新的价值量,"它再生产自身的等价物和一个超过这个等价物而形成的余额,剩余价值"[③],这部分资本是可变量,称为可变资本。资本的不变和可变部分,从单纯的劳动过程来看,分为生产资料和劳动力;从价值增殖的过程来看,分为不变资本和可变资本。正因为从物的因素看,预付资本中不变资本和可变资本区别消失了,便出现了一种假象:剩余价值来源于全部预付资本,进而,剩余价值率便转化为利润率,剩余价值便转化为利润,从而掩盖了剩余价值产生的秘密。在以资本为轴心的社会,资本的剩余价值不停顿地生产和再生产,带来整个社会的两极分化,

---

[①] 中共中央马克思恩格斯列宁斯大林著作编译局编译:《马克思恩格斯全集(第44卷)》,人民出版社2001年版,第51页。
[②] 中共中央马克思恩格斯列宁斯大林著作编译局编译:《马克思恩格斯文集(第5卷)》,人民出版社2009年版,第66页。
[③] 中共中央马克思恩格斯列宁斯大林著作编译局编译:《马克思恩格斯全集(第44卷)》,人民出版社2001年版,第243页。

造成多数人不幸福、不自由；多数人的精神低迷、烦躁和消极；人成为追逐资本的手段，而不是自身存在的目的；人的生活成为资本逻辑机器中某一部分，一切听从资本的宰制，人在其中精神受到极大压抑；剥削属性的存在，使得劳动者永远没有主体感，永远被蒙蔽，永远受到心理上和精神上的伤害。

劳动一直有体脑之分、物质与精神之别。工业资本主义时期的劳动更多地体现为物质劳动（体力劳动、重复劳动），建立起以雇佣劳动为主的商品生产方式，劳动者、劳动内容、劳动时间、劳动产品、劳动关系都有着实体性、原子性、物质性的特征和规定性。但在数字经济发展进程中，精神劳动赋予了物质劳动更深的意义：看不见的劳动，比看得见的劳动更显人的生命之流的冲力，创新力、想象力在数字劳动过程中发挥着重要作用。数字劳动已是我们难以用感觉经验来把握的活动，无颜色、无尺寸、无重量、无气味是它特有的存在形式。麻省理工学院著名学者、被誉为当代"数字教父"、数字时代三大思想家之一的尼古拉·尼葛洛庞帝，在《数字化生存》一书中，将"比特"理解为数字信息存在（being）的最小单位，正如人体内的DNA 一样，是数字化生存（being digital）的存在状态。① "比特"没有颜色、尺寸和重量，但正是这种以"比特"为基因的数字劳动，正在改变着人类整个生存世界。

依赖于不断革新的数字化技术、不断被挖掘的人类智力以及在资本耦合下所塑造的虚拟空间，创意、知识、意向、数据等生产要素的作用变得越发重要，商品的价值更多地依赖劳动中的"暗物质"，是商品的实体形式承载中的虚拟质料。19 世纪下半叶经济学边际革命提出了边际效用论，20 世纪鲍德里亚提出了符号价值论，都可以看作对价值生成中人类主观、精神因素的考量和重视。21 世纪，数字时代的经济活动不仅靠物质资源拉动，而且转变为精神资源和物质资源双向拉动的特征，比特劳动的贡献率大大超过体力劳动的贡献率，生产者的知识化、生产工具的智能化、生产资料的数字化，既放大了生产力的实体和虚拟空间，又提高了先进生产力的效能，从而，剩余价值便在某种程度上不仅是"生产者剩余"，而且出现了"消费者剩余"。一方面，消费者剩余在于表示数字化所出现的"产消合一者"特征，劳动者所生产出的对象化产品既是对本身生活、消费、交往、娱乐等的需要，又因为产生了作为劳动资料的一般数据而参与到数据商品的生产与再生产过程。另一方面，消费者剩余受到支付主观意愿的影响。数字平台利用消费者流量差异对平台空间中不同区域、不同位置、呈现时间、呈现形式等的广告位置及设置规则展开不同的竞

---

① ［美］尼古拉·尼葛洛庞帝：《数字化生存》，胡泳、范海燕译，电子工业出版社 2017 年版，第 5 页。

价;消费者定制商品和服务同样受制于消费者愿意支出的价格差异,这些都对剩余的流向和价值转移产生了影响。

(二)作为劳动力商品的劳动

劳动力成为商品是资本主义生产得以开始和延续的必要条件。劳动力被理解为"一个人的身体即获得人体中存在的、每当他生产某种使用价值时就运用的体力和智力的总和"[1]。马克思在《资本论》中系统地阐述了劳动力成为商品的历史演进过程。劳动力是附着在劳动者本身之中的,劳动者欲把劳动力作为商品在市场上进行交换。当生产资本家用货币购买了作为劳动力的商品以后,资本主义生产方式的特征便开始了。资本家用预付资本到市场上去购买劳动力,形成了一种购买契约,看似是一种等价物之间的交换,但是恰恰在于作为价值形成要素的劳动本身不具有价值,而却以工资的形式用货币来购买,劳动便成为资本家的商品,开始发挥使用价值的作用。在这个交换行为中,货币占有者和劳动占有者是作为买者和卖者相对立,是作为货币所有者和商品所有者相对立,也就意味着劳动力作为商品使用价值和价值是相分离的,这种商品的"使用价值具有成为价值源泉的独特属性,因此,它的实际消费本身就是劳动的对象化,从而是价值的创造"[2]。

到了数字资本主义时期,劳动表现出了一种去商品化的趋势,出现了"新兴大众阶级",也就是不稳定无产者,这类人群的生产关系表现为拥有不稳定、不安全、阶段性的劳动,从事大量非雇佣性质的工作,没有职业或组织的叙事傍身,在工作场所和劳动时间之外仍旧受到剥削,成为"云任务工作者",被算法程序或劳务公司操控,他们和无产阶级(从事一份稳定的全职工作)不同,生活经常受到不可预测但常见的冲击,并长期处于不稳定、不确定及脆弱的状态。[3] 在数字化的加持下,免费或代币工资的劳动力越来越多地通过各种渠道获得:众包、数据挖掘或其他复杂的数字技术,从用户/参与者那里提取租金;在每个白领行业,无薪的、近乎强制性的实习激增;所有志愿参赛的选手把文化中的商业变成了业余的才艺表演,只有少数赢家能拿到头奖,其他人则能拿到运气不好的奖品。网络技术的发展吸引了最多的媒体关注,尤其是因为免费网络内容的浪潮直接威胁到专业作家和艺术家的生计。随着在线内容聚合公司大行其道,专业人士的薪资水平已降为尘埃,在信息领

---

[1] 张雄:《当代中国马克思主义经济哲学探索》,光明日报出版社2021年版,第195页。
[2] 中共中央马克思恩格斯列宁斯大林著作编译局编译:《马克思恩格斯全集(第44卷)》,人民出版社2001年版,第195页。
[3] [英]盖伊·斯坦丁:《食利资本主义、不稳定无产者与基本收入》,张超译,《现代哲学》2024年第1期。

域的大多数角落,无偿工作已经成为现实,很大程度上是因为它没有被当作剥削来体验。即便如此,这些社交网络公司的财务状况也是令人惊叹的。2011年,Facebook 的营收估计为 43 亿美元,其中近 10 亿美元是净利润。① 撇开 IPO 前超过 1 000 亿美元的估值不考虑,这些数字已经足够大了,尤其是考虑到这家公司的员工人数还不到 2 000 人。以任何历史标准来衡量,这样的员工收入比都是不寻常的,但对于那些在信息服务领域占据主导地位的公司来说,这是一种典型。其他快速增长的社交媒体公司——Twitter、Groupon、Zynga、LinkedIn 和 Tumblr,都处于同样的境地。

(三)作为社会劳动的劳动

从政治经济学批判的视角来审视,作为资本主义生产方式中的劳动或者作为商品生产中所包含的劳动,不仅是生产者的私人劳动,而且是社会总劳动的一部分。因为商品交换,私人劳动才有机会获得二重的社会性质。一方面,私人劳动作为有用劳动才能与其他私人劳动相交换,"只有在每一种特殊的有用的私人劳动可以同任何另一种有用的私人劳动相交换从而相等时,生产者的私人劳动才能满足生产者本人的多种需要"②。这种交换不仅仅因为完全不同的劳动已经内化为它们作为人类劳动力的耗费,作为抽象人类劳动的共性,而且在于这种劳动生产使用价值时是在社会必要劳动的限度内。另一方面,私人劳动必须成为总劳动的一部分,也就是作为社会劳动的一部分。"生产者的私人劳动必须作为一定的有用劳动来满足一定的社会需要,从而证明它们是总劳动的一部分,是自然形成的社会分工体系的一部分。"③这种有用性在于生产什么样的产品,这往往是资本家在生产开始前就已经决定的事情。在这里,价值规律所起的作用就不仅在产品按照它们的价值(生产价格)出售,而且在于影响的是因分工而互相独立的社会生产领域中的总产品,意味着,社会总劳动时间在社会各类商品上的比例是按照社会的一定需要来分配的,也就是,当"全部产品是按必要的比例生产时,它们才能卖出去"④。因而,资本生产方式中的劳动是作为社会劳动的一部分而有意义,劳动的结果只有在满足

---

① 中国经济网:《Facebook 提交上市申请》,http://intl.ce.cn/zhuanti/2012/kd_1/index.shtml。
② 中共中央马克思恩格斯列宁斯大林著作编译局编译:《马克思恩格斯全集(第 44 卷)》,人民出版社 2001 年版,第 90—91 页。
③ 中共中央马克思恩格斯列宁斯大林著作编译局编译:《马克思恩格斯全集(第 44 卷)》,人民出版社 2001 年版,第 90 页。
④ 中共中央马克思恩格斯列宁斯大林著作编译局编译:《马克思恩格斯全集(第 46 卷)》,人民出版社 2003 年版,第 717 页。

别人需求的前提下,才能满足自己的需求。社会分工产生的结果在于:商品占有者的劳动成为单方面的,而他的需求却是多方面的,意味着一个人不能通过自己的劳动来满足自己的需求,他的产品对于他来说只是交换价值,他需要到市场上去交换商品的使用价值。但私人劳动在商品中的价值量的衡量是"不以交换者的意志、设想和活动为转移"①的运动,它们的交换比例都是由生产商品的社会必要劳动时间决定的。

数字化劳动带来了劳动价值衡量的新困境:首先,关于人的创意、知识、信息等多种精神生产要素的衡量变得更加复杂和模糊,这种劳动的隐形运动对商品价值创造的贡献率难以用劳动生产率衡量。在工业化大生产中,劳动生产率是重要的衡量指标,对应了工业资本主义的劳动力商品的价值衡量问题,面对数字资本主义的生产,有些学者提出了"知识生产率",重在突出信息、数据、创意等数字化要素在何种程度上转化为价值的转化率。② 其次,数字劳动的社会必要劳动时间更难以确认。工业资本主义基于生产要素的所有权,所有的生产是在封闭中进行的。但如今生产者世界的活动是开放式创新,驿站式劳动空间加之便捷的个人笔记本电脑,令劳动者可以在旅游风景区、家庭休闲地、高铁、飞机、咖吧等场所灵活多样地延续着劳动内容,同时,数字劳动效率的测定中,无偿劳动时间被潜移默化地拉长,高频率"加班"偷偷占据了劳动者休闲生活时间,项目制代替了传统的计件制,劳动对象的"原子"质料被"比特"基因所替代。这些都对劳动价值的衡量标准提出了新的要求。

二、当代资本主义资本范畴的改变

几百年来,资本作为现代经济发展的"润滑剂""倍增器",促进了现代社会发展,带来了人类崭新的生产方式、交往方式和生活方式,但也带来了资本主义社会极端的经济个人主义张扬、社会高度两极分化、世界霸权主义盛行以及地缘战争频发等后果。显然,从经济哲学理论视阈来思考马克思主义经典著作中有关资本范畴的论述,对于理解数字资本主义中的资本范畴有着重要的理论与实践意义。

---

① 中共中央马克思恩格斯列宁斯大林著作编译局编译:《马克思恩格斯全集(第44卷)》,人民出版社2001年版,第92页。
② [日]此本臣吾:《数字资本主义》,日本野村综研(大连)科技有限公司译,复旦大学出版社2020年版,第131页。

（一）作为生产要素的资本

在《资本论》三卷本及其经济学手稿中，马克思关于"作为生产要素的资本"的直接论述颇为常见，其中值得解读的有以下典型的三处。例如："只要产业资本的投资不变，就是准备了商品资本到把它生产出来的各种相同的生产要素的再转化。"[1]再如："预付的资本价值——无论它采取货币的形式，还是采取物质的生产要素的形式——是出发点，因而也是复归点。"[2]还如："一般说来，预付资本会转化为生产资本，就是说，会采取生产要素的形式，而生产要素本身是过去劳动的产物。"[3]以上论述中作为生产要素的资本主要包括三层含义：其一，资本是现代经济发展的"润滑剂"，它能够确保生产过程中各种要素有机地耦合在一起，并形成整体性、系统性、结构性效益，极大地提高了生产力的总效能。"要素"有着现代生产必须具备的重要条件及资源的意思。在马克思所处的时代，生产要素主要包括：土地、资本、技术、劳动力。其二，资本是经济发展的"加速器"。追求利润最大化是资本的秉性，必然使资本高度重视科学技术与管理技术的创新，科技成果向企业或商业转换的过程，不仅使各生产要素物尽其用，而且加速产业升级换代。其三，资本是价值增值实现的"倍增器"。通过资本的杠杆作用，各种生产要素达到有机组合，效率和功能成倍放大，直接体现为有限的当下资源与未来无限资源的转换、货币想象与金融叙事的张力、虚拟与实体叠加的"意识经济学"原理。

今天，在数据化、互联网和智能化等高科技发展时代，还要包括数字、创意、经济信息和经济管理等生产要素。作为生产要素的存在，不仅仅是一个无生命资产或者财产，它由行动和达到目的的手段组成，最终目的是打造、推进和利用不断发展的经济的各项工具。事实上，资本是一个过程，或者一个方法、途径，不仅包括物质形态，而且包括精神形态。精神资本的出现越来越引起经济学家们的关注。（精神资本一般是指来自智力方面的成果积累，由德国经济学家李斯特率先提出。）精神资本对其他要素的渗透，越来越精准、抽象和便捷。发达国家在全球范围内对精神资本的垄断和控制，是资本对生产要素配置的新特征，这直接体现为关键核心技术和知识产权的货币兑现，成为发达资本主义国家剥削发展中国家的主要手段

---

[1] 中共中央马克思恩格斯列宁斯大林著作编译局编译：《马克思恩格斯全集（第45卷）》，人民出版社2003年版，第87页。
[2] 中共中央马克思恩格斯列宁斯大林著作编译局编译：《马克思恩格斯全集（第45卷）》，人民出版社2003年版，第172页。
[3] 中共中央马克思恩格斯列宁斯大林著作编译局编译：《马克思恩格斯全集（第45卷）》，人民出版社2003年版，第237页

之一。

在资本主义社会,作为生产要素的资本本质是剩余劳动的积累,无论是通过延长劳动时间,还是提高剩余价值率,在资本主义雇佣劳动条件下,资本都会最大限度地去无偿占有他人的剩余时间、剩余劳动和剩余价值。私人资本的这一动力学原理,决定了生产社会化与生产资料私人占有之间的对立矛盾,决定了资本主义社会资本疯狂、无序发展的命运。应当看到,当代资本在实现价值倍增方面还呈现新的特征:一方面,通过跨国公司、科技巨头在科技、知识产权、市场规则方面的优势地位和垄断能力,迫使其他国家支付巨额费用,获取超额利润;另一方面,通过对本国、他国金融市场的干预、控制,越过对有形生产要素的组织,直接使用令人眼花缭乱的金融工具在资本市场上猎杀其他市场参与者,甚至一些主权国家,都难以抵挡。

(二)作为生产关系的资本

关于作为生产关系的资本,马克思在《资本论》三卷本及其相关经济学手稿中有多处经典的表述,如:"资本不是物,而是一定的、社会的、属于一定历史社会形态的生产关系,后者体现在一个物上,并赋予这个物以独特的社会性质。"[1]"可见,资本显然是关系,而且只能是生产关系。"[2]从以上经典论述可以看出以下三点:其一,资本是具有社会属性的"生产关系"。所谓"生产关系",是指人们在物质资料生产过程中形成的社会关系,是生产关系的社会形式。资本所有者占有一定的社会生产资料,不论是作为货币资本,还是融入各种生产要素中的生产资本,资本的本质是一定组合的社会关系,是隐藏在物与物的交换关系背后的人与人之间社会关系的反映。其二,资本不仅生产"物",更是"社会关系"的再生产。在马克思看来,资本主义社会里,由资本所驱动的生产过程和价值增殖过程是同一个过程,它不仅生产出商品和剩余价值,而且是资本家和工人关系的再生产和新生产过程,这种生产关系是比物质结果更为重要的结果。其三,劳动人民是资本生产的主体。但是资本主体与资本生产的主体是两个不同的概念,不同的社会制度规定着不同的内涵,特定的社会关系决定了资本的社会属性。在资本主义社会,资本主体与资本生产的主体之间发生了严重的背离。如马克思所言,不是资本家养活工人,而是工人养

---

[1] 中共中央马克思恩格斯列宁斯大林著作编译局编译:《马克思恩格斯全集(第46卷)》,人民出版社2003年版,第922页。

[2] 中共中央马克思恩格斯列宁斯大林著作编译局编译:《马克思恩格斯全集(第30卷)》,人民出版社1995年版,第510页。

活资本家。资本的社会属性决定了劳动力作为一种商品,不仅能创造自身价值,而且可以创造出比自身价值更大的价值。它既是货币转化为资本的前提,也是剩余价值生产的前提。资本家雇佣工人,从形式上看,工人从资本家那里取得生活资料,维持着自身和家庭的生存与发展,但从本质上说,工人生产着对他起支配作用的他人财富,即资本。工人获取生活资料是以将其劳动力变成资本的一部分,再次把资本投入加速增长运动的杠杆为条件的。资本主义生产关系中,资本家把工人变成资本增殖的直接手段。

当下的资本主义社会,资本所表现的生产关系、社会关系出现了更为复杂的演变:垄断集团在资本逻辑驱使下的谋利模式出现新的变化趋势,也是其陷入新危机的信号——盈利越集中、越简便,马克思资本有机构成理论所预言的"工厂排挤工人"就越得到应验。在发达国家内部也面临着贫富差距的日趋扩大和工人失业、就业形势恶化的困境。当实体意义上的生产、制造环节已被资本所抛弃,实体经济大量转移至其他国家之后,本国工人阶级生存处境艰难,如诺贝尔经济学奖获得者约瑟夫·斯蒂格利茨指出的,今天美国富人阶级所拥有的财富从未在国民总收入中占据如此高的比例。[1] 原本自诩稳定的橄榄型社会开始瓦解,去工业化地区原本属于中产阶级的蓝领逐渐向社会底层滑落。资本主义固有矛盾日益激化,社会经济陷入"迷途",从 10 年前的"占领华尔街",到现在的"占领国会",都是当前由资本竞争关系所带来的全球生产关系和社会关系紧张的真实写照。

(三)作为权力象征的资本

在《1844 年经济学哲学手稿》《雇佣劳动与资本》以及《资本论》三卷本及其相关手稿中,关于"作为权力象征的资本"有多处较为经典的表述,如:"资本是对劳动及其产品的支配权力。资本家拥有这种权力并不是由于他的个人的特性或人的特性,而只是由于他是资本的所有者。他的权力就是他的资本的那种不可抗拒的购买的权力。"[2]"生产资本的增加又是什么意思呢?就是积累起来的劳动对活劳动的权力的增加,就是资产阶级对工人阶级的统治力量的增加。"[3]"资本就意识到自己

---

[1] [美]约瑟夫·斯蒂格利茨:《美国真相:民众、政府和市场势力的失衡与再平衡》,刘斌、刘一鸣、刘嘉牧译,机械工业出版社 2020 年版。

[2] 中共中央马克思恩格斯列宁斯大林著作编译局编译:《马克思恩格斯全集(第 3 卷)》,人民出版社 2002 年版,第 239 页。

[3] 中共中央马克思恩格斯列宁斯大林著作编译局编译:《马克思恩格斯文集(第 1 卷)》,人民出版社 2009 年版,第 728 页。

是一种社会权力,每个资本家都按照他在社会总资本中占有的份额而分享这种权力。"①从这里可以领悟到三层意思:其一,资本是一种拒绝的权力、否定形式的权力,而不是一种坚持要求他人承认自己权利的权力。这种权力直接表现为资本拥有者可以拒绝他人使用其资源,资本拥有者可以索取准许使用其资源所应付的报酬。其二,资本的积累意味着在资本主义社会资本家对工人阶级权力的固化与强化。资本的生产过程即资本在雇佣劳动条件下追求价值增殖的过程,工人生产着作为敌对权力的资本,而资本的增加意味着资本家对工人支配权力的增加。用较为形象的语言来说,工人为自己铸造着越来越长、越来越重的"锁链"。其三,资本权力与政治权力的互通,这是最为核心的体现。在资本主义国家,资本是国家政治权力存在和现实张力的基础、条件和核心。政治权力只是经济权力的象征,资本作为一种经济权力,对社会和政治权力的侵蚀不可避免。政治腐败和利益输送的不正当行为时常发生。因为,政治权力往往可以通过制定经济政策调控方向和力度大小,掌控国家经济资源配置空间和落地权力;更为危险的是,资本希望在掌握经济权力之后,谋取政治上的权力。显然,在资本主义社会,无论是资本家还是政府官僚都成为资本指令的执行者,资本以民主、自由和公正等为幌子,追求着私人利益最大化的经济预期,表现为"人"的主体决策权力与再生产体系的连贯性都被整个社会资本循环系统所控制和编排。资本的强大力量使资本的拥有者拥有着社会控制的权力系统,也拥有着对权力合法性予以揭示的意识形态话语权。

而在数字化运动中,资本权力更加肆意。数字化运动中的比特没有国界,存储和运用都完全不受地缘地理的限制,软件可以每时每刻不停顿地在全世界接力开发,这是比特运动的自由无限性表征,如约翰·马尔科夫所指出的,"这些强大、高效的技术更有可能促进财富的进一步集中,催生大批新型技术性失业,在全球范围内布下一张无法逃脱的监视网,也会带来新一代的自动化超级武器"②。应当说,当今地球上最大的任性是资本的任性。资本逐利的秉性诉求,决定了相当一部分比特开发的内容和方向,资本已经掌握了外购比特商品的购买权,通过资本的力量,可以在全球范围内配置生产比特产品的人力资源和研发资源。

同时,数字资本对"他者"的权力控制出现了新形式:利用高科技的手段和心理

---

① 《马克思著作选读(政治经济学)》编辑组:《马克思著作选读(政治经济学)》,人民出版社1988年版,第197页。
② [美]约翰·马尔科夫:《人工智能简史》,郭雪译,浙江人民出版社2017年版,第165-166页。

实验规律,针对不同"他者"的差异,有效地实施权力监控和约束,其目的是用不可言明的方式使"他者"默默无闻地为资本服务。福柯曾用"规训"概念来表示理性对作为他者的非理性所实施的权力关系的新特质。在他看来,当代资本对他者的权力行使,更多的是多维意义上监视,而不是某种制度仪式。如全景敞视建筑是一种分解观看和被观看二元统一体的机制。该机制在安排空间单位时,运用电子设备和各种窥视手段,使控制对象可以被随时观看和一眼辨认。它使权力自动化和非个性化:权力不再体现在某个人身上,而是体现在对于肉体、表面、光线、目光的某种统一分配上;它使权力抛弃外在的物理压力,而趋于非肉体性。现代社会往往根据某种有效的策略,把种种异质性的暴烈力量,把理性的他者转换成维护理性地位和权威的温驯而有用的工具。在资本的早期发育时期,资本的绝对标准、资本的制度形式尚未完全确立,他者被约束、被控制的感觉形式表现为:一种非人性的压迫力量和一种麻木顺从的行为惯性互为交织。随着数字资本时代的到来,资本与他者的关系被定义为:理性的专断,排斥与沉默的他者。透过一整套技术方法的采用,现代的他者被控制有着重心理方面的倾向,是更为"狡计"的肉体控制技术;权力触及个体的细胞,通达他们的肉体,并将寓于他们的姿势、他们的态度、他们的话语、他们的培训、他们的日常生活之中。惩罚的心灵化、人性化和宽容只不过是一种更精致的权力技巧,它丝毫不意味着资本与他者的内在矛盾已得到了人道主义的解决。

三、数字资本主义的特征

在数字化、智能化和自动化技术推动下,当代资本主义进入了数字资本主义的新形态:高度垄断的晚期资本主义、高度发达的科技资本主义、高度金融化的资本主义。它们的共性在于:资本的扩张贯通了原子世界和比特世界,资本获取剩余往往在高度隐形或高度柔性的领域中,拥有全球化垄断金融资本体系。

(一)高度垄断的晚期资本主义

垄断资本主义是以一种不同于新自由主义资本主义分析的视角来描绘数字资本主义的经济形态,新自由主义倾向于从自由竞争的市场经济对资本主义社会的激励和促进作用,强调市场的自由度,反对对市场的限制。新古典主义传统坚持完全竞争的市场是有效的,可以达到帕累托最优。而数字时代的垄断资本主义突出地表现在:

第一，从全球化和产业发展来看，利润率和剩余被认为由垄断程度所决定，而垄断程度基于的是产业集中程度、规模大小及进入壁垒等因素。近年来，发达资本主义国家在国际贸易中的参与度不断提高，跨国公司的发展、国外直接投资的增长以及国际供应链逐渐完善导致行业垄断程度上升，导致工人的劳动强度增加、工资降低，工人权力被削弱。"在世界的舞台上，通信、信息技术和媒体行业的集中度越来越高"，"越来越多的证据表明，少数大公司正在成为公共行业在全球层面的领导者"。[1] 跨国公司的总产值已占资本主义世界总产值的1/3以上，控制着50%的全球贸易、80%的技术研发、30%的全球技术转让。[2]

第二，知识垄断和无形资产垄断逐渐占据主导地位。21世纪，信息技术产业越来越具有垄断优势。目前领先的企业都是知识垄断企业，全球市值排名靠前的大多是这类企业，它们依赖于对部分社会知识的永久垄断和不断扩大的垄断而发展，对知识的私人占有产生了无形资产以及所谓智力知识或科技租金，结果是创新和增长之间的纽带断裂，同时，西方政府对知识产权和无形资产的强化使用和保护帮助锁定了这类资产和企业的垄断优势。[3] 1994年，美国牵头达成了一项国际协议——《与贸易有关的知识产权协议》，促使美国知识产权制度全球化，将垄断性的利润优先给予猎头公司和大金融资本。同时，国内政府给予本国大公司巨大的财政补贴和税收减免，以提高它们在国际市场中的竞争力。像谷歌、亚马逊、微软等科技巨头将数字服务贸易与无形资产的转变相结合，不断垄断知识并试图组织和控制全球创新体系。有些学者将它们描述为全球食利资本主义，显示着私有产权的扩张性，实物资产、金融资产以及知识产权的收益都大量流向财产所有者，较少的收入流向劳动者。[4]

第三，数字空间垄断成为权力集中的新领域。数字空间的扩展是数字化发展的必然产物，是人类活动的虚拟场景和环境。在数字化时代，资本主义的"掠夺式"积累不再以明目张胆地占有他国领土和资源为主要形式，而是凭借着数字科技、无形资产、知识产权塑造的不平等权力占有数字化的虚拟空间，并将其延伸到现实的生产力中，实现财富的积累和资本的扩张。位于价值链顶端的垄断资本家们掌控

---

[1] K. Cowling, P. Tomlinson, "Monopoly Capitalism", in D. C. Mueller (ed.), *The Oxford Handbook of Capitalism*, Oxford University Press, 2012：196 – 241.
[2] 尹雨虹：《跨国公司对世界经济的影响》，《商》2013年第9期。
[3] [英]马尔科姆·索耶：《过去40年的垄断资本主义》，赵庆杰译，《国外理论动态》2023年第3期。
[4] [英]盖伊·斯坦丁：《食利资本主义、不稳定无产者与基本收入》，张超译，《现代哲学》2024年第1期。

着尽可能多的全球信息源,一方面为全球民众塑造着精心打造的数字形态;另一方面尽可能地挖掘其中的价值要素,并试图影响每一个网络虚体(人的网络存在形态)的生产、生活及交往方式。2015 年,美国的马斯克公开了"星链"计划,试图完成由 1.2 万颗卫星搭建的互联网星空服务。美国航空航天局推出了"阿尔忒弥斯协定",数字空间主导权的竞争异常激烈。

这一阶段资本主义的主要标志在于无形资本的扩大和垄断的增强,无形资本成为在全球化背景下隐藏在现实生产方式背后的占主导地位的价值尺度、流通手段及交换手段。布兹加林将这种高度的垄断称为"晚期资本主义",意味着资本主义进入集权市场和高度垄断的霸权时期,是必然王国发展的最高阶段,也是内外矛盾加剧必然走向危机的过渡阶段。[1] 这种矛盾表现在:无形资产占主导地位的经济体系容易催生头部企业,它们坐拥高价值、可扩展的无形资产,并大力吸收其他企业的投资外溢,让对手纷纷败退,无力抗衡,企业间生产率差距不断扩大。经济学家舍温·罗森认为,在这个过程中,受益群体是本身拥有巨额无形资产的"超级明星",导致薪酬差距的扩大。此外,无形资产的高度跨国流动性引起了税收竞争加剧,导致更难以向资本征税,而且资本所有者多数是富人、政界人士、技术掌控者,因此西方政府更不会通过税收再分配来解决资本主义固有的贫富差距,在私有制条件下的这一系列技术、知识和无形资产垄断只能从根本上遏制生产力创新,从而加剧了资本主义自身的矛盾。[2]

(二)高度发达的科技资本主义

科技资本主义的提出,重在表明当代数字资本主义的生产方式、生产关系、劳动形式、商品形态、意识形态、文化结构等由于数字技术的革新而发生的重大变化,凸显数字资本主义建立在最先进和最具生产力的数字技术之上,是一种资本与先进技术相耦合的资本主义状态,资本主义生产、生活、分配、消费、交往的一切领域都依赖数字技术展开。高度发达的科技资本主义正是新一轮技术革命所催生的与之相呼应的资本主义社会形态,其特征突出表现在:

第一,以数据为"质料因"、平台做"形式因"追求资本增殖的"目的因"。资本主义依赖从地方网络到全球网络建立起各级新型大容量系统,通过一套指令或协议使许多电脑组成了数字化平台,是作为形式而存在的网络空间,实现随时随地的比

---

[1] 陈红等:《布兹加林晚期资本主义批判理论研究》,《海南大学学报(社会科学版)》2023 年 3 月刊。
[2] [英]乔纳森·哈斯克尔、[英]斯蒂安·韦斯特莱克:《无形经济的崛起》,谢欣译,中信出版社 2020 年版,第 126－127 页。

特生成和交换。这个平台具有全空域(打破固定场所对试生产空间的限制)、全流程(实现对人的生存空间的充分占有)、全场景(打通人的生产、生活、消费、交往的所有行为场景)、全解析(解构人的行为信息并形成数据)、全价值(将传统的单向、封闭、线性的经济结构转向多方整合的环形经济结构),以及隐性支配的特点。其实质在于利用数据分析工具(统计学和算法)和配套的设备(信息服务器),用于发掘数据中隐藏的价值。数据化有助于全面采集和计算有形物质和无形物质的存在,并对其进行分析、处理和存储,使得原本杂乱、无序、碎片化的原始信息转变为有价值、可量化、可交易的数据商品,并通过算法分析和决策推荐,在不为人知的情况下影响人类的信息获取方式、消费选择方式及交往互动方式,而资本则成为在技术背后偷偷操纵的幕后决策者,不同于之前的技术,现在的资本支配由智能技术自动化完成,不需假手于人类,从而使增殖过程披上了科技的外衣,剥削关系更是以数据算法为中介,表面上中立的数字技术却完成了资本对人的支配。

第二,追求现代资本主义的科技霸权扩张。数字技术在大国博弈、国际关系走向、世界格局重塑方面的影响越来越大,在维护资本主义强国的霸权地位中至关重要,以美国为首的西方国家通过国家军事、经济及科技实力操纵地域国家、社会团体,压制潜在的挑战国。对像中国这样崛起的国家通过知识产权保护、技术交流限制、贸易出口管制等措施全力打压中国的科技企业和科技行业,像华为、字节跳动等中方企业都遭到过美国的霸权压制、蓄意抹黑。2021年,美国提出了《民主技术合作法案》,号召全球民主国家联合起来在技术出口管制方面对华限制,用技术封锁、延缓新兴国家的发展势头,极力遏制发展中国家的弯道超车。当前,美国对数字霸权的追求已经渗透到各行业、各领域、各层次的战略政策中。2018年,美国总统特朗普签署了《澄清境外数据合法使用的法案》(《云法案》),这个法案指出,为保护公共安全和打击恐怖主义等,美国政府有权调取存储于他国境内的数据,而如果其他国家要调取美国的数据,则必须通过美国"适格外国政府"审查。这种打着"公共安全"口号对他国数字主权实行双重标准的行为只是资本主义国家的惯用手段。[1]

第三,智能化时代加深了工具理性崇拜幻象。工具理性的智能化,极易引发人们对技术理性、程序理性、操作理性的心理崇拜,技术理性过程的真实性、精确性往往遮蔽了技术前提预设——"理性狡计"的虚假性和有害性。数字化、信息化、符号

---

[1] 郭为:《数字化的力量》,机械工业出版社2023年版,第84页。

化时代,数字资本发展最为突出之处是系统的目的理性行动,包括明确的目标定义和对达到目标的最有效途径的越来越精确的计算。神奇的技术在数字化、信息化和虚拟化的驱动下,使属人的计划在时空坐标上更加极致地展现出来:资本的流速加快,财富扩张的速率加大,人的贪婪的欲望更趋强烈,货币幻象、资本幻象、财富幻象吞噬了工具及其对象产品的客观性,高科技智能化工具在直觉上给人以信赖:科技是最可靠的风险鉴别者,它可以把问题资产鉴别出来,也可以把问题资产变成安全资产,一旦拥有科技赋予的符号,人的理性便被直观样式所消解,技术元素翻转为信用元素,技术所承载的必然性判断,即刻变成人的意志所企及的主观性的逻辑判断,工具理性与经济理性的叠加,使人在技术理性的陷阱中不能自拔。同时,这种陷阱也深刻地波及人的其他生存领域,构成了数字资本主义各种社会心理问题、精神现象学问题。尤其是,关涉工具理性引发的人的各种非理性冲动。应当充分地认识到,随着人类由本能时代向智能化时代的转变,人类的经济交往方式有了令人惊叹的改变:从物品经济向符号经济的转变,从现实资本向虚拟资本的转变等,日新月异的精神产品的推出,使经济性的内涵由传统的物质形态转向物质与精神的双重形态。如计算机直接连接消费者个人和厂家、商家的意识,并能在各个个体的心灵之间进行纯粹思想的处理和沟通。电子交易市场的开拓,新技术和新媒介的介入,在经济的虚拟实在、赛博空间的输入过程中,电子乌托邦加创意,资本全球化空间的完整性、互联网交易市场的时空压缩、技术浪漫主义、理想主义和经验主义的传统在虚拟叙事之中是如何相互协调的?在统一和分裂之间、超越和秩序、无法言说的及语言的假想之间,这些都充分展示了:当下人类能够利用智能化手段,超越包含客体世界矛盾直奔意志。用詹姆斯·戴德里安在《仿真:资本主义最高阶段》一文中指出的,"我们已经把将幻想变成现实当作生意来做了"[①]。对如此精神现象的深刻批判应当引导我们重新反思康德在形式与内容之间的对立的思想。这不是拾捡资本的感觉碎片,而是将物性化的世界还原为人的世界。因此,注重经济发展和人的全面发展的一致性,这是关注当代人生命的形而上问题。

(三) 高度金融化的资本主义

20世纪人类的历史,经历了从前50年的世界性战争向后50年的全球理性化

[①] [美] 道格拉斯·凯尔纳:波德里亚:《批判性的读本》,陈维振、陈明达、王峰译,江苏人民出版社2005年版,第257页。

社会的转型。① 殊不知，一些对资本金融高度敏感的国家②，正是在 20 世纪下半叶开始了智能化资本运作工具创新的全球战略：以投行金融为主导，以全球资本市场为基础，以流动性和金融合约为特征的全球化资本金融体系的打造与实施。毫无疑问，如此金融战略的拟定，起因于布雷顿森林体系的解体和浮动汇率时代的到来，以及生产与金融的全球化发展趋势。21 世纪，可谓是资本主义走向金融化的世纪，如美国学者詹姆斯·里卡兹所言："全世界金融联系的规模和复杂性呈指数增长。""这更像一个充满金融威胁的新世界的开始。"③高度金融化资本主义是指资本主义全部经济活动总量中使用金融工具的比重已占主导地位，它是经济发展水平走向高端的显现。社会在诸多方面受到金融活动的控制，并产生实质性影响。毋庸置疑，金融化是人类智力发展的标志，其积极的正能量作用不可低估。但过高的社会成本，过度虚拟和无节制的衍生带来生存风险，利益冲突引起的结构性社会矛盾，短期投资行为带来的社会不稳定，尤其是，它对人类精神世界的影响更为创巨痛深。④

数字资本主义在何种意义上已被深度"金融化"？

首先，资本金融已构成全球核心的社会和政治力量。经济学家詹姆斯·斯图尔特指出："许多人力图提高国家的利益却可能加入毁灭这个国家的行列。"⑤被金融合约化的世界，严重地存在着高度经济理性导致高度政治非理性的风险。国家主权往往受到具有创新光环的金融机构或衍生品的攻击，主权极易被资本金融所控制，如希腊债务危机。具有 130 年历史的美国投资银行高盛集团为帮助希腊政府解除债务困境，利用衍生金融工具掩盖政府赤字的真实情况，通过货币掉期交易

---

① 张雄：《历史转折论》，上海社会科学院出版社 1994 版。
② 有关"资本金融""资本金融时代"的学术认知可参阅刘纪鹏教授撰写的《资本金融学》一书（中信出版社 2012 年版）。经济学家厉以宁在该书序言中指出：资本金融是当今世界现代金融发展的新领域，它是从传统货币金融单一的间接融资，向资本市场直接融资为主的现代金融发展的方向。笔者以为，资本金融最关键的变革理念，主要来自 19 世纪末和 20 世纪初由 J.P. 摩根提出的现代投资银行创新理念：把证券公司的业务从简单的证券经纪上升到包括行业、企业整合的策划与融资全套服务。以摩根家族为代表的华尔街投资银行导演了世界经济史上第一场企业大并购，成就了美国经济强国和世界新霸主地位。本书对资本金融进行现象学分析，不是全面否定它的存在，而是从精神与实在的关系中探讨现代性无法规避的"二律背反"问题。
③ ［美］詹姆斯·里卡兹：《谁将主导世界货币——即将到来的新一轮全球危机》，常世光译，中信出版社 2012 年版，第 XIV 页。
④ 关于金融化概念的理解，还可以进一步参阅［法］托尼·安德烈阿尼：《能否再次改革金融化的资本主义》，复旦大学国外马克思主义与国外思潮研究国家创新基地等编《国外马克思主义研究报告 2009》，人民出版社 2009 年版，第 257－263 页。
⑤ ［美］阿尔伯特·赫希曼：《欲望与利益——资本主义走向胜利前的政治争论》，李新华、朱东进译，上海文艺出版社 2003 年版，第 44 页。

的作弊手段使希腊进入欧元区。但是，欺诈最终被揭示，被投行玩弄于股掌之中的希腊政府陷入了严重的债务危机，至今不能自拔。资本主义的金融化深刻地体现在：资本主义被锁定在高风险投资中。资本金融的高流动性和无疆界性突破了民族国家的壁垒，实现了全球化和自由化的任性。世界资本市场作为市场经济的最高形态，对于培育新兴产业、促进产业结构调整有着神奇的功效，但我们也更应当看到：当今的资本能够在瞬间以金融合约及其衍生工具的运作方式把千亿、万亿财富或资产悄悄转移，以最小的代价、最短的时间达到用军事手段都难以实现的国家战略目的。金融战争在诸多领域替代了传统的军事战争，政治家们深刻地体悟到：注重21世纪资本金融大格局的战略，远比考量军事大格局战略更紧迫。毋庸置疑，以资本金融为主的现代金融体系，在新的国际经济秩序与分工中占据极为重要的核心地位。资本金融与传统的货币金融相比至少在三个方面显示出它特有的强势和控制力：一是通过从传统的债权关系向股权关系的跨越，使生存世界的关系交往变得更灵活便捷、更值得利益期待。二是资金来源从个体到全社会的配置，更强化了金融对社会的穿透力。三是融资模式从间接融资到直接融资的变化，大大提升了资本的渗透性和流动性，使生存世界的发展意志更加强硬。因此，拥有智能化的现代资本金融体系是一个国家掌握自身命运主动权的关键。上述的变化直接带来了资本主义剩余价值的占有方式有着如此时代特点：全球资本金融体系的巨头并不以攫取创业利润为满足，而是处心积虑地利用金融工具或股份制度所提供的有利条件，最大化地侵吞广大中小额股票持有者和其他中小企业家及工人阶级的利益，通过资本集中的操控权力，积极形成庞大的控制体系，实现控制金融虚拟资本的所有者与控制产业资本的所有者共同构成全球资本垄断权力体系，通过权力与资本的互动，最大化地占有全球范围的剩余产品、剩余劳动和剩余价值，从而导致全球贫富差距进一步拉大，两极分化更为严重的生存态势。这也进一步明证了马克思《资本论》思想的科学性、深刻性和现时代的指导意义。

其次，金融秉性的两大特征对生存价值观的侵蚀是深刻的、全方位的。一是追求逐利(套利)的秉性，使越来越多的人对货币、资本和财富的"权利可转让性"过于痴迷。在国际市场上，金融"可转让性"所显示的热情和意志十分高涨，外汇市场每日交易量就已超过全年的世界贸易总值。① 二是追求"证券化""高杠杆率"的价值

---

① ［美］罗伯特·L.海尔布罗纳、［美］威廉·米尔博格：《经济社会的起源》，李陈华等译，格致出版社、上海三联书店、上海人民出版社2010年版，第171页。

偏好,使得日益倍增的全球投行或金融机构倾力推进衍生品的创新,客观导致生存世界从物质资源到知识产权、从公民财产到国家主权、从生活方式到价值观念,都不同程度地被锁定在金融契约以及高杠杆率金融衍生品的巨大泡沫中。随着金融工具的不断创新,金融活动的主体结构也发生了深刻变化,原有的以少数金融寡头为主体的结构被打破,充满着疯狂投机意志的"散户"和投资机构成为撬动资本市场的力量。在操作方式上,计算机和移动互联网的发展,使金融交易可随时随地进行,从而使整个生存世界变成一个巨大的风险投资载体或赌场。人类随时可能因为很小的金融事件而爆发危机并产生"蝴蝶效应",如美国次贷危机、欧债危机。

再次,随着数字科技的发展,资本主义金融进入新的历史转折点。20世纪90年代互联网股票和互联网金融的问世,进一步加速了金融功能脱域的进程,资本金融在更为广阔的实体和虚拟空间中征服着世界和"酸蚀"着人类。进入21世纪后,全球资本的金融化导致直接性融资占比趋高,但2008年爆发的金融危机,深刻地显现了马克思《资本论》中所揭示的资本具有内在否定性的哲学真谛。"在经历这种危机之后许多人不禁要问,金融到底能在社会良性发展中扮演怎样的角色?不论作为一门学科、一门职业,还是一种创新的经济来源,金融如何帮助人们达成平等社会的终极目标?金融如何能为保障自由、促进繁荣、促成平等以及取得经济保障贡献一份力量?我们如何才能使得金融民主化,从而使得金融能更好地为所有人服务?"[①]在现代性的视阈下,金融化资本主义本质上是一个高度经济理性、高度世俗化、高度价值通约的社会,它使经济得到了快速增长、人性得到了解放、自由得到了发展,但它也是一个充满了"二律背反"的生存世界:人的精神本质与人的对象化世界的异化更趋深重,金融的"富人更富"的秉性与金融的民主化、人性化的矛盾对立不可调和。因此,21世纪人类生存的主要问题在于,如何借助金融化,超越金融化,进一步实现人的自由与解放。

本章思考题

1. 何为数字资本主义?其出现的新变化有哪些?
2. 马克思政治经济学批判的"劳动"和"资本"范畴在数字资本主义时代发生了哪些改变?
3. 数字资本主义的特征表现为哪些新形态?

---

① [美]罗伯特·希勒:《金融与好的社会》,束宇译,中信出版社2012年版,第2页。

4. 马克思政治经济学批判的当代适用性何在?

本章阅读文献

1. 中共中央马克思恩格斯列宁斯大林著作编译局编译:《马克思恩格斯全集(第30卷)》,人民出版社1995年版。

2. 中共中央马克思恩格斯列宁斯大林著作编译局编译:《马克思恩格斯全集(第32卷)》,人民出版社1998年版。

3. 中共中央马克思恩格斯列宁斯大林著作编译局编译:《马克思恩格斯全集(第44卷)》,人民出版社2001年版。

4. 中共中央马克思恩格斯列宁斯大林著作编译局编译:《马克思恩格斯全集(第45卷)》,人民出版社2003年版。

5. 中共中央马克思恩格斯列宁斯大林著作编译局编译:《马克思恩格斯全集(第46卷)》,人民出版社2003年版。

6. [美]丹·席勒:《数字资本主义》,杨立平译,江西人民出版社2001年版。

7. [美]丹尼尔·贝尔:《后工业社会的来临》,高铦、王宏周、魏章玲译,江西人民出版社2018年版。

8. [美]杰里米·里夫金:《零边际成本社会》,赛迪研究院专家组译,中信出版社2017年版。

9. [美]克里斯蒂安·福克斯:《数字劳动与卡尔·马克思》,周延云译,人民出版社2014年版。

10. [加]尼克·斯尔尼塞克:《平台资本主义》,程水英译,广东人民出版社2018年版。

11. [英]乔纳森·哈斯克尔、[英]斯蒂安·韦斯特莱克:《无形经济的崛起》,谢欣译,中信出版社2020年版。

12. 张雄:《当代中国马克思主义经济哲学探索》,光明日报出版社2021年版。

第十四章

数字化生存与人类社会进步

千百年来,人类社会进步的步伐从未停止,人类文明的进化从未终止。人类社会如何进步?在马克思看来,推动人类社会进步的根本动力是社会生产力。今天,人类社会生存在基于互联网、计算机和数字通信技术发展基础上特有的数字化生存空间,新质生产力的形成和发展是促进数字化生存与发展的重要推动力。由新质生产力所抽引出来的制造业智能化、市场经济数字化以及智能服务的数字政府,推动着人类社会朝数字化生存迈出历史性的一大步。为此,在数字智能化时代追求人类命运共同体的中国方案出场既为人类共存于同一个数字地球提出了可操作的实质方案,也为丰富马克思主义世界历史的数字化进程提供了更新的时空视野,更为人类社会的共同进步提供了指引方向。

第一节　数字化智能与新质生产力提升

始终代表中国先进生产力的发展要求,既是马克思历史唯物主义重要原理的体现,也是中国共产党长期革命、建设与实践总结出来的真谛,更是提升综合国力的重要支撑力量。"什么是先进生产力?如何发展先进生产力?"成为新中国成立以来每一代中央领导集体关注的首要话题,从毛泽东认为生产力是实现民族解放和国家民生的物质方向,到邓小平指明生产力具有决定性作用,到江泽民阐释中国共产党代表中国社会先进生产力的要求,到胡锦涛提出生产力是科学发展的重要动力,再到习近平总书记发展新质生产力。发展新质生产力是适应数字智能化时代的必然趋势,更是新时代推动高质量发展的内在要求和重要着力点。① 本节将围绕新质生产力展开介绍。

一、新质生产力的概念以及特征

人类社会历史进步,就是先进生产力不断取代落后生产力,生产关系不断适应生产力发展的历史进程。马克思论述社会生产力的发展规律:"社会的物质生产力发展到一定阶段便同它们一直在其中运动的现存生产关系或财产关系(这只是生产关系的法律用语)发生矛盾。于是这些关系便由生产力的发展形式变成生产力的桎梏。那时社会革命的时代就到来了。"②生产力作为整个社会系统里最为活跃、革命的因素,科学技术革命将科研成果物化到先进生产力,成为推动先进生产力的重要动力要素。新质生产力的出场和发展就是适应第四次科学技术革命,抢抓科研成果转化先进生产力的机遇,推动社会传统产业改革,发展新兴产业和未来产业的重要动力。

(一)新质生产力的提出

习近平提出"新质生产力"是结合我国国情以及第四次科学革命的特征,针对社会的产业结构调整以及生产力发展提出的重要举措,也是科学判断出数字智能化时代经济发展的战略定位。

2023年9月6日—8日,习近平在黑龙江考察时首次指出"新质生产力":"推动东北全面振兴,根基在实体经济,关键在科技创新",要"积极培育新能源、新材料、先进制造、电子信息等战略性新兴产业,积极培育未来产业,加快形成新质生产力,增强发展新动能"③,要"整合科技创新资源,引领发展战略性新兴产业和未来产业,加快形成新质生产力"④。习近平于2024年1月31日在中共中央政治局第十一次

---

① 《习近平在中共中央政治局第十一次集体学习时强调:加快发展新质生产力 扎实推进高质量发展》,http://www.news.cn/politics/20240201/df84c5b067e0457e9079e55b10f353e7/c.html。
② 中共中央马克思恩格斯列宁斯大林著作编译局编译:《马克思恩格斯文集(第3卷)》,人民出版社2009年版,第521页。
③ 习近平:《牢牢把握东北的重要使命 奋力谱写东北全面振兴新篇》,《人民日报》2023年9月10日第1版。
④ 习近平:《牢牢把握在国家发展大局中的战略定位 奋力开创黑龙江高质量发展新局面》,《人民日报》2023年9月9日第1版。

集体学习时提出,发展新质生产力是推动高质量发展的内在要求和重要着力点,必须继续做好创新这篇大文章,推动新质生产力加快发展。① 2024年3月5日,"新质生产力"写进2024年《政府工作报告》。自此,"新质生产力"成为数字智能化时代推动社会进步的重要原理范畴。

(二)新质生产力的概念

一般意义上来讲,生产力是人类改造对象世界而实现自己的目的的劳动所公开展示出来的本质力量,主要由劳动者、劳动资料以及劳动工具三要素组成。在继承与吸收重农学派代表人物魁奈"自然生产力"、英国古典经济学家斯密"市场生产力"、李嘉图"劳动生产力"以及李斯特"国家生产力"理论的基础上,马克思认为生产力是人类改造对象世界而实现自己的目的的劳动所公开展示出来的本质力量,包括物质生产力、精神生产力。

新质生产力是在数字智能化时代人类改造数字化生产世界而实现生产力创新发展的本质力量,核心在于"新质",是劳动者、劳动资料、劳动对象的优化组合。具体内涵主要包括:第一,劳动者具有产消合一的双重身份。福克斯提到,"在企业社交媒体平台诸如脸书、推特、YouTube 和谷歌上,用户不只是信息的消费者,而是产消者-生产性消费者"②。第二,劳动资料即比特,比特成为智能化劳动价值的重要来源,"比特没有颜色、尺寸或者重量,能以光速传播。它好比人体内的 DNA 一样,是信息的最小单位"③。第三,劳动工具的形式也发生着变化,手机 App、互联网平台、网络基站以及人形机器人是重要的劳动工具,这一系列劳动工具将科技创新产业进行商品化、结构化以及空间化。

(三)新质生产力的基本特征

新质生产力的特点是"创新",关键在"质优",本质是"先进生产力"。新质生产力既是数字智能化时代发展的必然要求,也是推进社会产业结构调整和全要素生产率提高的重要内涵,更是实现中国式现代化的重要路径,主要包括以下几个基本特征:

其一,高科技。科学技术是第一生产力,新质生产力的形成和发展是伴随着第

---

① 《习近平在中共中央政治局第十一次集体学习时强调:加快发展新质生产力 扎实推进高质量发展》,http://www.news.cn/politics/20240201/df84c5b067e0457e9079e55b10f353e7/c.html。
② [英]克里斯蒂安·福克斯:《数字劳动与卡尔·马克思》,周延云译,人民出版社2020年版,第369页。
③ [美]尼古拉·尼葛洛庞帝:《数字化生存》,胡泳、范海燕译,电子工业出版社2017年版,第5页。

四次科学技术革命而来,新质生产力的创新来源于高科技。高科技是新质生产力的首要特征,是新质生产力发展的前提要求。一方面,高科技实现技术革命性突破,使得旧技术在不断地进行革新升级;另一方面,高科技成果转化为人类生产和生活需要的产品,成为推动社会生活的重要力量。

其二,高效能。新质生产力追求高效能,摆脱传统经济增长方式、生产力发展路径,转向低消耗、效率高以及产能高方向。新质生产力依托人工智能、机器学习以及深度学习技术来对一些低产能、高消耗以及重污染的传统产业进行改造,使得产能和效率都有着跃迁式的质变。

其三,高质量。高质量是新时代发展经济的硬道理,新质生产力大力推进新兴产业和未来产业,完善现代化产业体系,要在新兴产业和未来产业里攻关克难、突破技术难题,在整个产业链条体系里高质量投入与产出,使得整体经济有着质的飞跃。

其四,智能性。新质生产力要进行原始创新和颠覆性创新都离不开数字智能化技术,智能性是新质生产力区别于其他一切生产力的重要标志之一。随着人工智能技术的发展,人工智能的数字性、自动性以及智能性成为发展新质生产力的重要工具,"人工智能生产力要素化表现为,人工智能成为人类知识创造和科学技术创新的新工具"[1],也就是说,新质生产力充分利用智能性来对技术、产业以及产品进行创新性改造。

其五,绿色性。新质生产力的质就在于质变,质变就是改变人与自然之间的关系,绿色生态成为新质生产力的重要特征之一。数字智能化就在构建人与自然资源的绿色关系,新质生产力也是绿色生产力,正如约翰·奈斯比特指出:"随着信息社会的到来,我们的经济才有史以来第一次可以建立在一种不仅可再生而且能自生的重要资源上,再也不会发生资源枯竭的问题了。"[2]

其六,开放性。新质生产力是实现中国式现代化的重要力量,世界各国之间的和平与发展需要相互学习、取长补短以及相互借鉴,其核心在于发展先进生产力。"新质生产力作为现代化进程中的重要推动力量,是走开放发展道路的坚实后盾。"[3]数字智能化时代的全球村,经济贸易交流一体化需要生产力有着质的飞跃。

---

[1] 王水兴、刘勇:《智能生产力:一种新质生产力》,《当代经济研究》2024年第1期。
[2] [美]约翰·奈斯比特:《大趋势》,梅艳译,中国社会科学出版社1984年版,第22页。
[3] 任保平、王子月:《新质生产力推进中国式现代化的战略重点、任务与路径》,《西安财经大学学报》2024年第1期。

二、数字化智能技术与新质生产力的辩证关系

自第一次科学技术革命以来,科学技术与生产力的发展就有着相互交织、不可分割的相互关系,科学技术作用于生产力主要体现在科研成果物化为对象物,对象物的积累、转换以及应用,成为人类进步生产的重要方式。马克思指出,应该把科学称为生产力的另一个可变因素,而且不仅指科学不断变化、完善、发展方面而言。科学的这种过程或科学的这种运动本身,可以看作积累过程的因素之一。新质生产力是适应第四次科学技术革命,系统综合以往科学技术的诸多要素而形成和发展的,要形成与之相适应的新型生产关系。

(一)数字化智能技术助推新质生产力的形成和发展

人类社会生产力发展的过程,科学技术占据重要位置,科学技术是第一生产力,是推动社会革命进步的重要力量。在马克思唯物史观视阈里,科学技术是纳入劳动范畴,是人类体力劳动和脑力劳动共同凝结的智慧结晶。科学技术以物化的形式附置在劳动资料上,重新形塑了劳动资料的物质存在方式[1],劳动资料是人类体力劳动和脑力劳动智慧成果的物质载体,科学技术以劳动资料为物质载体作用于人类社会生产和生活,如蒸汽机、汽车、电灯,推动人类社会生产力向前发展。

新质生产力的形成和发展离不开数字智能化技术如计算机、互联网、大数据、云计算、人工智能、虚拟现实。新质生产力的形成和发展需要大力发展新兴产业和未来产业,在《中华人民共和国国民经济和社会发展第十四个五年规划和2035年远景目标纲要》中明确指出了战略性新兴产业包括新一代信息技术、生物技术、新能源、新材料、高端装备、新能源汽车、绿色环保以及航空航天、海洋装备;未来产业则包括类脑智能、量子信息、基因技术、未来网络、深海空天开发、氢能与储能。这些战略性新兴产业和未来产业都离不开计算机、大数据、智能算法以及超量算力技术的积累、转化以及应用。

(二)新质生产力的发展激发数字化智能技术的创新

数字化智能技术不是一成不变的,而是在不断地进行自我革新、自我突破以及自我升级,新质生产力的发展需要数字化智能技术紧跟世界技术潮流的前列,才能

---

[1] 肖峰:《新质生产力:智能时代生产力发展的新向度》,《南昌大学学报(人文社会科学版)》2023年第6期。

在技术革命中抢抓先机,大力发展新兴产业和未来产业,数字化智能技术的创新主要分为两种,即原始创新和突破性创新。

其一,原始性创新。原始创新是新质生产力创新的源泉,原始创新是由"0 到 1"的创新过程,1 的出现就是生产力由量变到质变的发展过程。原始创新源泉在哲学层面上可以被指称为"灵感""想象""惊讶"以及"好奇",这些都是人类思维在经过怀疑、推理以及尝试,再经过实验形式来进行创新,原始创新关键在于人才和环境。新质生产力的发展就是需要创新性人才在数字智能化时代在基础研究领域启发思维灵感,从无到有的尝试性创新。

其二,突破性创新。突破性创新是新质生产力质的关键,突破性创新是要实现"1+1>2"的协同效应,"1+1>2"的系统是生产力质变的关键要素。随着人工智能技术的快速发展,人工智能与产业交叉融合愈加明显,这就要求提升大数据、算力和算法。谁抢占了这三大要素,谁就占领了数字经济的市场空间,如"十三五"期间的贵州省抢占技术突破性先机,数字经济增速连续 5 年位居全国第一,贵阳市数字经济增长值达 1 649 亿元,占地区生产总值比重达 38.2%,高于全国平均水平。华为、苹果、阿里巴巴、腾讯、京东等数字企业纷纷落户贵州省,其中,华为在贵阳市投资建设了其在全球最大的云数据中心——贵安华为云数据中心。[①]

(三)新质生产力需要与之适应的新型生产关系

唯物史观认为,生产力决定生产关系,生产关系要适应生产力的发展。当生产关系适合生产力的发展要求时,它会推动生产力的发展;反之,当生产关系不适合生产力的发展要求时,它会阻碍甚至破坏生产力的发展。

科学技术促进新质生产力发展的同时,新质生产力对不适应的生产关系进行调整与变革。新质生产力追求的是质变,新型生产关系主要体现在:一是发展数字化时代的新型公有制关系,将数字化技术运用到公有制产业和企业,激发公有制的数字活力与潜力。二是发展数字化时代的新型分配关系,健全各类先进优质生产要素由市场评价贡献、按贡献决定报酬的机制,深化职务科技成果产权分配制度改革,以所有权改革统筹牵引使用权、处置权、收益权改革[②],将信息、数据以及数字纳入生产要素分配,兼顾数字分配的效率和公平。三是落实一切满足人们美好生活需要的目的来推进新兴产业和未来产业的发展。

[①] 郑庆东主编:《践行习近平经济思想调研文集(2021)》,经济日报出版社 2022 年版,第 27 页。
[②] 徐飞、綦成双:《塑造与新质生产力相适应的新型生产关系》,《文汇报》2024 年 3 月 17 日第 6 版。

三、新质生产力在数字智能化转型中面临的发展机遇

随着大数据、云计算以及人工智能的快速发展,智能化工具不断涌现,技术性产业也在不断革新,如生成式人工智能 ChatGPT、文心一言、Sora 都在变革新的生产和生活方式,为新质生产力的发展创造了历史性的机遇。

(一)科学技术发展的机遇

纵观人类四次科学技术革命的发展历程,每一次科学技术革命的演进都推动着一个国家和地区的快速发展。第一次科学技术革命在英国,带动欧洲经济快速发展;第二次科学技术革命在美国,带动美洲经济乃至其他发达国家的发展;第三次科学技术革命在美国,带动一些新型的亚洲国家发展。如今,世界各国都在抢抓第四次科学技术革命的机遇,来推动国家经济的发展。新质生产力的形成和发展高瞻远瞩,立足于中国的国情,瞄准世界前沿的科学技术,以创新为主导,以社会整个产业链条的质变为根基,来推动我国经济的快速发展。

(二)社会主义市场经济条件下资本的机遇

新质生产力大力发展新兴产业和未来产业,新兴产业的发展方向以及应用离不开前沿的技术,如芯片、无人驾驶、新能源汽车、脑机接口新兴产业,在这一系列的新兴产业发展战略中,离不开作为生产要素的资本以货币的形态来购买新兴产业发展链条的材料以及设备,并对新兴的材料以及设备进行科技创新。

从近代工业革命以来,机器大工业的出现,使得资本对新兴未来产业充满着无限利润的想象。事实也证明,每次科学技术革命在技术革新的同时,也加速了时间和效率意识。在社会主义市场经济条件下,未来产业的时间收益也成为资本投资的重要方向,只有朝着专精尖的未来产业发展,才能让未来产业在世界产业发展格局中占据重要位置。此外,加大预付金资本的市场投入来拓展未来产业,是加快形成以国内大循环为主体、国内国际双循环相互促进新发展格局的重要纽带。

(三)人才创新发展环境的机遇

人才创新发展环境是发展新质生产力的重要软实力支撑,国家大力创造良好的人才创新发展环境,让人才有更多施展才华的空间。其一,提供创新性技术和实验设备的支持,政府支持创新性技术和实验设备落地,并给予相应的实验场所。其二,加大资金投入,政府加大对新兴产业和未来产业的资金投入,尤其是对关涉民生、民情以及民政的产业。其三,推崇企业家精神,鼓励企业家大胆创新改革。其

四,提倡"英雄不问出处、揭榜挂帅"的技术创新氛围,支持技术性人才主动承担项目,主动进行改革创新。

在大力发展新质生产力的进程中,要把握的几对关系:一是平衡新兴产业和未来产业的技术导向和目的导向。二是平衡地区和区域发展的关系,协调东部、中部以及西部的协调发展。三是平衡技术需要和人的精神世界需要的关系。四是平衡科研成果的各要素协调共享。

四、数字智能化转型推进新质生产力的发展方案

新时代我国的主要矛盾是人民日益增长的美好生活需要和不平衡不充分的发展之间的矛盾,破解这一主要矛盾关键在新质生产力。新质生产力在公有制基础上通过科技创新的方式,对传统的、旧的以及不合时宜的生产方式进行调整改造,协调区域和地区不平衡的发展状况。新质生产力在公有制条件下既要协调不平衡不充分的发展,也要满足人民日益增长的美好生活需要,需要包括品质性、品味性和品鉴性。

(一)推进满足人民美好生活需要的新兴产业和未来产业

从马克思的角度来看,需要包括自然需要、社会需要和个性化需要,无论哪种需要,都需要通过生产力来满足。在短缺经济时代,把谋生作为第一需要,人们迫于生计不得不从事繁重的农业和工业劳动,从而获取劳动报酬。在经济过剩时代,剩余产能如何来满足人们的需要?资本主义社会实行全球性和战争的扩张来完成剩余,从而加剧了发达国家和发展中国家的矛盾。然而,社会主义社会则是将剩余产能和过剩资本以公共设施的修建、公共产品补贴形式来满足和改善人们美好生活的空间环境,中国能够摆脱资本增殖和经济发展的强制性,把过剩产能和过剩资本转移到人民日益增长的美好生活需要的满足上,从而以高质量发展取代高速度增长。新质生产力的实现目的就是以创新过剩产能和过剩资本的形式来提升生产力的品质,从而更好地满足人民对美好生活的需要。

大力发展新兴产业和未来产业,既是推进社会经济发展的重要举措,也是将传统的产业进行换代升级,更是要满足人民美好生活的需要。从新兴产业层面而言,新兴产业包括芯片、无人驾驶、新能源、机器人以及脑机接口,其目的在于改善人民的居住环境以及健康条件,提高人民的幸福生活指数。从未来产业层面而言,未来产业包括未来制造、未来信息、未来材料、未来能源、未来空间和未来健康,其目的

在于提升人民未来的空间环境,满足人民对未来生存空间的需要。

(二)把握技术需要和精神需要的辩证关系

自从人类发明技术以来,技术与人的需要关系就成为重要的话题,人的发展需要技术,技术促使人更高层次的需要。技术是一把"双刃剑",既有进步的一面,也有不利的一面。技术改善人类生产和生活,人类生产和生活的需要都可以通过技术来加以实现。不仅如此,技术已经深入人的精神世界,成为人精神世界的需要而存在。

新质生产力重在科学技术创新,科技创新带动更高层次的物质需要和精神需要,要把握技术需要和精神需要的辩证关系。一方面,技术需要为精神需要提供了新的前提。为了满足人的精神需要,国家通过技术平台来给人们提供喜闻乐见、符合生活需要的数字化精神文化产品,让人们感受到时代变迁内涵的精神实质。另一方面,精神需要为技术需要指明新的方向。随着新质生产力的发展,人们的精神需要层次在不断提升,由社会需要和个性化需要构成的需要层次,为技术创新发展提供了方向,需要技术向善、技术便捷以及技术可控。

(三)实现新质生产力科技成果的全要素共享

新质生产力作为一种先进生产力,以全要素生产率大幅提升为核心标志,着力点在创新,在卡脖子技术上下功夫,在基础研究上加大投入力度,将原始创新和突破式创新相结合,推动社会产业和产品的高品质发展,满足人民美好生活的需要,实现共同富裕。共同富裕既是中国式现代化道路的重要特征,也是中国特色社会主义经济高质量发展的本质目的。共同富裕的动力和前提就是生产力的发展和解放,只有发展和解放生产力,才能实现共同富裕。

发展新质生产力,推进共同富裕,就是要实现科技成果的全要素共享。大力提升智能化技术,在卡脖子技术上破解难题,要敢于在芯片、半导体领域进行行业技术突破。新兴产业和未来产业要突破技术壁垒,大胆创新,将原始创新和颠覆创新结合起来,体现探索技术的前瞻性。降低智能化工具使用门槛,智能化技术服务于人,要简化工具的使用程序,让人们能够便捷地使用智能化技术来服务生产和生活。实现科技成果的要素共享,科技成果转化不是单方面的技术要素共享,也包括数据、人力、知识以及资本共享。

第二节　数字化智能与制造业的智能化

在新一轮科技革命和产业变革的百年变局中,制造业的智能化既是经济高质量发展的战略方向,也是推进制造业动力变革的内在要求,更是发展新质生产力的重要举措。从"十四五规划"提出到 2035 年基本实现制造业智能化的远景目标,可以看出国家对制造业智能化发展的高度重视。随着数字经济的快速发展,数字化赋能制造业智能化已经成为时代发展的趋势,数字化作为智能化生产的重要方式之一,在唯物史观视阈下有着哲学范式的解读。本节将围绕制造业智能化与数字化展开介绍。

一、制造业智能化的内涵及基本特征

制造业智能化是以互联网、大数据、云计算以及人工智能技术为支撑,推进制造业智能化生产过程。制造业经历了工业 1.0 到工业 4.0 的进程,制造业智能就是工业 4.0 在数字智能化时代的集中体现。

(一) 制造业智能化的内涵

何谓智能化？最早智能化是从技术层面定义的。人工智能的出现是智能化的基础,安德鲁和大卫[1]认为智能制造是指在生产制造过程中,使用计算机模拟人脑进行分析与决策,通过智能机器替代或增强人的智力与体力。随着机器学习算法和大数据技术的突破,智能化与工业产业结合,具有了更为深刻的内涵。龚炳铮认为智能化是基于智能科学的理论、技术、方法和工具,通过智能感知、大数据、物联网、信息管理、数据挖掘和专家系统途径,实现智能控制、管理、决策、调度的过程。[2]随后,智能化在制造业的广泛应用实践,使得制造业具有了更为智能化生产的全过程。

一般意义上理解,制造业智能化是制造业从采购、流水线生产到走向市场的智能化全过程,智能化将制造由传统的人工制造,到车间的机器制造,再到车间的无

---

[1] Andrew K, David D, Intelligent Manufacturing Systems, *Journal of Engineering for Industry*, 1991, 113(2):248-251.

[2] 龚炳铮:《推进我国智能化发展的思考》,《中国信息界》2012 年第 1 期。

人智能化制造。

(二)制造业智能化的基本特征

制造业智能化是当前制造业发展的必然趋势,也是智能化技术发展成熟的阶段,形成了以下具体的特征:

其一,制造装备智能化。制造业智能化首先是从制造装备开始的,制造装备是推动车间生产的重要方式之一。中国制造装备经历了机床—柔性生产系统—CIMS—智能生产车间的大致进程,而其生产的产品也相应地经历了从粗放到精细再到智能的转变,显然,只有装备的智能化才能有效支撑产品的智能化。[1] 装备智能化需要高端智能技术和产业作为支撑,这些技术和产业需要具有自主知识产权,以确保核心技术部件的可信性和可靠性。

其二,网络链接一体化。当前绝大部分工厂已经实现网络的全覆盖,网络在工厂车间无处不在。车间设备、工人以及操作管理都是通过网络来链接的,程序化的网络操作使得制造智能化后工作效率在不断提升,生产程序日益自动化以及智能化。

其三,智能软件云化。制造业硬件通常是可以看见的,随着制造业智能化日益加深,软件以程序的形式来辅助联通硬件,通过感应设备、传输设备以及终端设备来把控生产,实现制造智能化流程的无缝对接,"我们正逐渐被软件定义着,不再分身乏术,能够更简便全面地时刻关注着生产制造的流程"[2]。软件以其看不见、摸不着,以及云空间无形形式来自动化操控生产。

其四,组织管理智能化。组织管理智能化是制造业智能化的关键部分,组织管理智能化能有效优化智能技术的应用场景,也能有效建立其全面的智能体系。传统的管理耗时费力,人力成本较高,而且管理复杂,而智能化组织参与使得制造业的效率提高的同时,也有效降低了运行成本。

二、制造业智能化的发展历程以及历史经验

制造业智能化伴随着科学技术的革命以及应用实践,才得以发展起来,世界各国纷纷将制造业进行智能化转型,以提高制造业全要素生产率,从而提高制造业在

---

[1] 李廉水、石喜爱、刘军:《中国制造业40年:智能化进程与展望》,《中国软科学》2019年第1期。
[2] 张小强:《工业4.0智能制造与企业精细化生产运营》,人民邮电出版社2017年版,第86页。

世界的有效竞争力。

（一）世界制造业智能化的发展历程概况

世界制造业智能化的发展历程伴随着数字技术、网络技术以及智能技术三个阶段。第一阶段为20世纪50年代数字技术时代，麻省理工学院采用真空电路实现三坐标铣床的数控化，数控技术实现在制造业的商用。第二阶段为20世纪60年代以来的网络技术，CAD和CAM开始出现，在波音公司和通用公司的共同开发下实现了二者的融合，并与其他相关系统一起构建形成了计算机集成制造系统。① 随着CAD和CAM的一体化三维应用，智能制造系统概念被提出。第三阶段为21世纪初智能技术时代，2013年4月德国在汉诺威工业博览会上正式推出"工业4.0"战略，旨在通过充分利用信息通信技术和信息物理系统来引导制造业智能化转型，而后美国、日本以及欧洲其他国家加入"工业4.0"。此后"工业4.0"成为制造业智能化的开端。

（二）中国制造业智能化的发展阶段概况

中国制造业智能化的发展阶段，伴随着国家的综合国力提升以及技术的不断成熟而发展起来，分为三个阶段：第一阶段，新中国成立以后，制造业由工业来推动，在工业操控过程中研制出第一台数控机床，由于数控技术不成熟，因此还处于人力操控。第二阶段，改革开放以来，随着计算机技术的快速发展，制造业信息化走向快速发展阶段，20世纪80年代还提出建设"工业智能工程"，20世纪90年代到21世纪初工业与科研所和高校进行互联网技术合作，使得工业信息化网络逐渐形成。第三阶段，党的十八大以来，国家大力推进人工智能与产业交叉融合，人工智能深入工业以及制造业，将机器学习、深度学习以及神经网络学习运用到制造业的生产流水线，加速"中国制造"向"中国智造"转型。

（三）中国制造业智能化的历史经验

制造业智能化的快速发展，使中国成为世界上制造业的超级大国，成为商品和货物输出的大国，也成为智能化技术在制造业运用的强国，我们可总结如下历史经验：

其一，率先实现数字化智能转型。改革开放以来，国家已经高度关注制造业的信息化、智能化以及数字化，尤其是随着计算机技术的不断深入和场景应用，数字化在制造业转型过程中发挥着重要作用。从数字化的采购设备、生产流水线、车间

---

① 李廉水、石喜爱、刘军：《中国制造业40年：智能化进程与展望》，《中国软科学》2019年第1期。

操控以及生产成效都可以呈现在数字化生态平台,数字与制造业的融合为企业带来了丰厚的产业利润。

其二,抓关键核心的自主数字技术。制造业智能化的一体化流程建立在云平台上,核心的关键数字技术成为企业改造智能化生产的关键。国家大力支持将关键的核心技术掌握在自己的手上,如人工智能技术、新能源技术、航空航天技术以及机械智能制造技术,这些技术的关键都掌握在企业的内部。

其三,制造业智能化的建设中,相关企业建立多层级的个性化定制模式的生成以及应用,形成集群式的智能化企业、技术开放区以及研究机构。目前,各地政府已经相继推行技术开发区建设,加大开发区的制造业数字化转型以及智能化升级力度,尤其是聘请一批数字智能技术人才到企业进行技术指导。

其四,推进"人工智能+"的人才创新模式,聚拢更多的人才和技术投入制造业智能化。"人工智能+"已经成为时代发展的必然趋势,人工智能应用场景不断深入,使得机器学习、深度学习以及神经网络学习技术不断涌现、优化,加速人工智能与产业的交叉融合。工业4.0的大背景下,"人工智能+"的人才创新模式由传统的"先学后用",转向了"边学边用",创新人才的培养模式发生改变,需要深化智能化人才的培养体系,培养跨学科、交叉融合的复合型技术创新人才。

三、数字化赋能制造业智能化的唯物史观解读

随着大数据、互联网以及云计算技术的快速发展,数字技术与制造业智能化、信息化以及数字化的高度融合,使得制造业具有智能化操控一体化的特征,也具有唯物史观的重要特征意义。

(一)制造业智能化的数字劳动者主体

机器大工业时代,制造业的生产工人从事车间生产,资本家对生产工人进行车间管理,主要通过监工的方式来对生产工人的劳动时间进行督促和管理,生产工人除了劳动力之外一无所有,资本家对劳动力的时间剥削主要有两种方式:一是通过延长劳动时间,来榨取劳动力的价值;二是通过降低机器成本来提高工作效率。可以看出,在机器大生产条件下生产工人的时间为资本家所占有,作为生产者身份在从事着改造生产资料,为社会提供生产必需品的劳动。

人工智能时代,制造业智能化的数字劳动者形式发生了变化,他们具有双重身份,既是数字的生产者,也是数字的消费者。数字劳动者现在已经拓展到社会产业

各领域,从事生产和再生产活动。数字劳动者的身份具有复杂性、多元性和多样性,更为重要的是智能化时代数字劳动者的时间可供劳动者进行自由支配。

(二)制造业智能化的数字无人工厂

随着科学技术的变革,泰勒制生产形式逐渐占有着主导地位,社会产业部门生产效率在提高,制造业的生产形式也在随着科学技术的变革进行调整,尤其是进入人工智能时代,新的生产方式叠加了人类智能革命的专家系统、深度学习以及神经网络程序要素,具有了更为智能的效应,人们应用智能"机器人"只需要设定程序系统,它就可以高效准时地完成人类指定的任务,而人类不再需要进行全程监控,工厂车间已经普遍应用智能"机器人",将人排除在工厂车间之外,出现了数字无人工厂。

数字无人工厂是自第四次工业革命以来,自动化生产方式彻底进入生产环节,而彻底排除人在车间从事生产,这是具有划时代意义的产业变革。数字无人工厂不仅仅是互联网、技术新型企业在应用,如谷歌、微软、苹果、阿里巴巴、腾讯、京东等企业,传统企业也在进行产业设备的更新换代,由密集型的工人车间生产到智能型的机器自动生产。数字无人工厂在生产方式上有两大形式:一是技术的组织形式,数字无人工厂依赖技术的智能化和自动化,通过大数据和算法将产品个性化生产出来,只需要若干个工人在操控间进行程序操控。二是社会的组织形式,数字无人工厂在大数据和算法个性推荐下,将生产规模以及资料储存在程序里,实现供给和需求的精准匹配。

(三)制造业智能化的数字生产变革目的

随着科学技术的进步,作为制造业智能化生产方式的重要工具——机器形态发生了变化,尤其是在智能化时代机器的自动化程度日益增强。据统计,目前全球网民 46.6 亿人,这些网民都能够通过手机客户端的操作完成工作。在智能化时代,智能化技术的普遍应用需要让大众都能够受益,改变了制造业智能化的生产方式,生产的时间和空间都发生了变化,由固定时间的生产到自由时间的分配,由车间生产的泰勒制到随时随地的后福特办公,使得劳动者从被支配的时间到闲暇时间的分配,都享受到智能技术带来的便捷。

第三节 数字化智能与数字政府服务的智能化

数字化生存时代的到来,以数字技术的生成、创新以及应用为核心的信息革命带动数字经济的发展,推进新质生产力的发展,引发社会产业的快速升级,加速人类社会的智能化进程。由生产力革命所带来的社会形态演进对传统政府治理的有效性和适用性提出新的挑战,以数字技术嵌入的政府治理方式也已经发生改变,数字政府的出场和治理创新成为新型社会数字治理的重要标志之一。"什么是数字政府?数字政府如何治理?"关涉数字化生存中每一个公民的合法权益,也关涉一个国家的治理效能。本节将围绕数字政府展开介绍。

一、数字政府的内涵以及基本特征

数字政府的出场和发展,是伴随着数字技术的快速发展,依托大数据、云计算以及人工智能应用于社会各个场景,政府作为社会治理的主体,利用数字化的治理技术来进行治理结构和治理模式的重塑。

(一)数字政府的提出

"数字政府"理念的提出可以追溯到1998年美国前总统戈尔在加利福尼亚科学中心发表演讲提出的"数字地球",随后"数字政府"一词在西方政府与IT企业的合作中产生。[①] 此后,国外学者从政治学、管理学、经济学、社会学、计算机学科来对数字政府开展研究。

在中国,最早关注"数字政府"概念的学者是梁木生,从政府的技术和权力规制维度总结出数字政府的概念、特点以及法律建设。[②] 此后,学者们从政治学、行政管理学以及计算机学科角度来对数字政府的概念、治理形式以及途径进行研究。

随着数字技术的快速发展以及广泛应用,数字社会治理引发了政府的高度关注,以政策文件形式来推进数字政府的形成和发展。2019年10月,党的十九届四中全会审议通过的《中共中央关于坚持和完善中国特色社会主义制度、推进国家治理体系和治理能力现代化若干重大问题的决定》中明确提出"推进数字政府建设",全面建设"数字政府"正式提上国家战略日程。随后,在2021年3月全国两会审议通过的《中华人民共和国国民经济和社会发展第十四个五年规划和2035年远景目标纲要》中明确提出"提高数字政府建设水平,将数字技术广泛应用于政府管理服务,推动政府治理流程再造和模式优化,不断提高决策科学性和服务效率"。自此,

---

① 徐晓林:《"数字城市":城市政府管理的革命》,《中国行政管理》2001年第1期。
② 梁木生:《略论"数字政府"运行的技术规制》,《中国行政管理》2001年第6期。

"数字政府"既成为我国政府治理研究者的方向指南,也成为政府从事数字治理的行动纲要。

(二) 数字政府的内涵

数字政府是指在数字化转型时期,政府利用数字化技术来对治理理念、职业边界、组织形态、技术管理以及方式手段进行变革,从而达到治理主体与客体相互协调、相互促进以及相互平衡的目的。

从政府职能层面,数字政府既要熟悉数据的线下业务,也要熟悉业务的线上数据处理水平。传统政府是以"面对面"的形式来完成政务的处理,数字政府则需要完成"面对面、线对线以及点对点"的政务处理。从技术治理层面,数字政府要求政府在履职方式和治理手段方面充分利用信息技术变革潜力提升治理水平和治理能力,实现从"流程范式"到"数据范式"的技术应用逻辑转变。[1] 传统政府的技术治理以业务的流程作业为方式,而数字政府以数据"串联"的方式将相关的信息业务进行系统治理。从服务效能层面,数字政府以线上平台形式来服务,以最多"跑一次"为目标,甚至无须跑到线下办理业务,减少业务的时间成本。

(三) 数字政府的基本特征

数字政府是推进中国式现代化的进程中,依托数字技术而进行社会治理的重要主体,也是大力发展新质生产力、实现人民共同富裕的重要力量,具有以下基本特征:

其一,理念现代化。在推进中国式现代化的进程中,数字政府的理念要具有现代化特征,要批判和继承传统政府的治理模式进行突破式创新。数字政府面临的治理对象具有14亿规模的人口、东西南北中的区域结构,数字政府注重现代化的工作效率,在"放、管、服"改革方面进行综合改革,提升现代化的治理效率和服务效能。

其二,业务多样化。数字政府由流程范式走向数据范式的转变使得数字政府业务也具有多样性。数字政府的治理信息不再是单一业务,而是在每个公民平台页面都能够显示个人业务的综合情况,打通传统层面政府条块分割和条线孤立所产生的信息壁垒或信息孤岛,建立起基于政府内部和外部数字信息融通的治理网络[2],业务多样化的同时也具有信息治理的融通性。

---

[1] 黄璜:《中国"数字政府"的政策演变——兼论"数字政府"与"电子政务"的关系》,《行政论坛》2020年第3期。

[2] [美]达雷尔·韦斯特:《数字政府:技术与公共领域绩效》,郑钟扬译,科学出版社2011年版。

其三,技术智能性。数字政府的形成和发展与智能技术有着必然的联系,正是智能技术的更新升级使得数字政府的治理更具自主性以及自动性,智能化更强调技术的自主性,其在政府治理中的应用也即从过去的人机合作计算模式转变为机器自主计算模式。[①] 为了适应更好的社会治理和满足人民办事的需要,各地政府在数字化转型进程中推进数字平台建设,让数字技术来办理业务,以及自动提醒业务的时间规划,如上海"随申办"、浙江"浙里办"、广东"粤省事"将业务以打包的形式呈现在平台上,让业务办理更显自动化和智能性。

其四,服务人民性。人民性是数字化生存时代最本质的特征,一切技术的核心都是围绕"人"来展开的。数字政府的核心是为了人民,以人民为中心。社会公共数据、资源以及平台都是来自人民,数字政府的数据来源、资源结构以及平台框架来自人民,用之于人民。数字政府在现代化治理进程中,要精准根据人民的相关需求,统筹社会资源的配置,保障人民的合法权益。

二、数字政府的演变历程及发展阶段

数字政府的形成和发展是伴随着计算机技术,与社会治理相结合产生而来的,历经萌芽、接入以及实践操作三个阶段。

(一)2010年之前,数字政府的信息准备阶段

20世纪70年代中期,政府已经关注到计算机辅助技术在居民日常事务中的应用,如经济、金融、电力、铁路、航空、人口领域,计算机辅助技术能够对这些领域进行有效的信息计算并处理。随后,政府就将计算机辅助技术运用到管理过程中,称之为政府信息化。政府信息化的形成是数字政府的信息前期准备,为政府在计算机技术快速发展的过程中提供信息支撑。

(二)2010—2017年,数字政府的概念萌芽阶段

自2010年以来,政府逐步建立健全政府门户网站并制定运营标准。在此阶段,中国政府主要运用现代计算技术聚焦于电子政务的推进。[②] 这一时期没有明确提出数字政府的方向理念以及行动指南,但是电子政务为数字政府的概念萌芽提供了必要的准备。

---

① 黄璜:《数字政府:政策、特征与概念》,《治理研究》2020年第3期。
② 韩兆柱、赵洁:《数字政府研究的历程、现状和趋势》,《学习论坛》2022年第1期。

工业和信息化部与国家发展改革委在2012年前后分别发布《国家"十二五"电子政务规划》和《"十二五"国家政务信息化工程建设规划》,提出"信息惠民""智慧城市"。随后,国家提出"互联网+"与"放、管、服"改革相结合,国家发展改革委发布《"十三五"国家政务信息化工程建设规划》,提出"基本形成满足国家治理体系与治理能力现代化要求的政务信息化体系"。

(三)2018年至今,数字政府的实践推广阶段

习近平总书记在2017年年底指出要"加快建设数字中国",同时要"运用大数据提升国家治理现代化水平"。随后,党的十九届四中全会、2035年愿景规划都提出,推进"数字政府"建设。这样一来,"数字政府"进入实践操作领域,并开始在贵州、浙江、广东等地治理推广,各地纷纷相继出台"数字政府"的工作规划和具体举措。自此,"数字政府"成为政府治理的方向指南。

三、数字化时代政府服务职能面临的挑战以及亟待改革议题

数字政府的建设是跨学科、多层次、多领域的复杂系统,在数字化生存时代需要将数字政府的要素与要素之间的交互关系关联起来,既有发展的机遇,也有面临着的挑战,更有亟待改革的议题。

(一)数字化时代政府服务职能的发展机遇

随着大数据、云计算以及人工智能的快速发展,政府服务职能发生了转变,由流程范式转向数字范式的工作模式,工作框架由单一的线条式走向多元的组织形式,数字政府迎来了服务职能转变的发展机遇。

数字政府服务职能转变的机遇,主要体现在:第一,数字经济的快速发展。由数字经济所衍生的行政政务,要求数字政府善于应对数字经济所带来的经济事务效益,提升数字政府的效率意识。第二,数字技术的日新月异。随着科学技术的快速发展,数字技术工具层出不穷,如生成式人工智能、Sora改变了传统的文本、语言以及视频交流的方式,数字政府的改革也是伴随着数字工具的变革而改变。第三,数字管理的模式创新。数字政府不再是从上而下的科层制管理,而是扁平化管理,在互动平台空间完成线上数字业务,数字政府在政务处理模式上也在进行创新改革。

(二)数字化时代政府服务职能面临的挑战

当前,数字政府在进行数字转型的进程中还处于初步建设阶段,各地政府充分

利用数字技术,相继构建"一站式"的数字政务平台,也推出"最多跑一次"的处理政务模式;然而,在数字政府的服务职能进程中也面临着诸多的政务挑战。

数字政府服务职能转变的政务挑战,主要体现在:第一,公共治理利益的协调。数字政府的对象来自企业、社会组织以及公民,群体的公共利益出现不一致,企业与企业之间、社会组织之间、公民之间会在各自领域出现利益的需求点,数字政府如何通过数字平台进行利益协调处理。第二,数字技术的鸿沟。虽然数字技术在不断改进,但是数字技术的适应性需要一段时间的调整。此外,我国老龄人口在不断增加,老年人对数字技术的平台应用并不熟练,也需要周期性时间的安排。第三,信息不对称导致的矛盾纠纷。由于数字的隔屏效应,数字政府在处理政务的时候会出现信息不对称,对政务处理意见不一致,因此会在利益处理方面发生矛盾纠纷。

四、数字化时代政府职能治理能力的提升策略

数字政府的提出,是我国在适应数字化转型时代政府职能转变的重要战略之一,也是在大力推进数字经济快速发展的进程中提高政府工作效率的重要举措之一。随着数字化的纵深发展,面对不稳定和不确定的政治风险挑战,数字政府要不断提升数字治理能力。

(一)提升数字政府的治理领导力

围绕数字平台的建设来展开政府的领导决策与执行程度,各地政府纷纷出台数字化转型的战略,也取得了一定的成效,需要进一步提升自身的治理领导力。第一,提高政府公务人员的数字技术应用能力。数字化技术层出不穷,技术与政务结合开发的应用工具需要公务人员懂得如何应用并且便捷服务于民。第二,加强政府公务人员的数字培训。定期召开数字专题技术的培训,让公务人员熟知数字化技术的技巧和方法。第三,提升政府公务人员的数字素养。在数字化平台的政务互动交流,需要政府公务人员具有较高的数字素养,要懂得数字信息的合法性、合理性以及合规性。

(二)提高数字政府的数据保护意识

数字化时代数据具有全体性、复杂性以及相关性的特征,使得数据具有遮蔽性和隐藏性,也使得数据权利的权责归属难以裁定,这就需要政府在保护意识层面进行有效的处理。政府拥有海量的数据以及专门的技术机构,在数据的处理进程方

面要尽可能多让真实、可靠、可开放的数据根据需要对企业或公民个人进行合理的开放,让数据取之于民、用之于民以及服务于民。

(三)加强数字政府之间的合作交流

随着数字智能化技术的快速发展,各地政府出台的数字战略已经将数字化技术较快地应用到治理场景。《联合国电子政务调查报告》显示,我国电子政务发展指数从2018年的0.6811提高到2020年的0.7948,排名提升了20位,取得了历史新高,但与发达国家相比仍然存在一定差距,需要进一步加强政府之间的数字交流合作。第一,增加数字政府之间的交流渠道。各地政府依托数字技术媒介,围绕数字化理念、工具、政务系统开展合作交流。第二,推进数字政府之间的数据共享。各地政府结合政务的工作需要,进行数据空间的共享。第三,促进数字政府的国际交流,如"一带一路""海上丝绸之路"以及中外合作交流项目,来扩大数字政府之间的数字交流合作。

(四)政府加强对数字工业、数字农业以及数字服务业的全链条服务

随着数字智能化技术在工业、农业以及服务业的赋能升级,需要政府加大全链条的数字服务管理。第一,加强数字工业的智能水平。数字工业的智能水平聚焦在集成电路、芯片以及人工智能等行业,需要政府加大对这些行业的政策倾向和经费投入,并将先进的智能技术运用到数字智能生产线上,从而实现智能化工业生产。第二,加强数字农业的质量管理。数字农业即将计算机技术、通信和网络技术等高新技术,在农业生产过程中对农作物、土壤从宏观到微观的实时监测,对农业生产中的现象过程进行模拟,达到合理利用农业资源、提高农作物产品和质量的目的。政府需要加大对数字农业的技术指导,普及数字农业技术,让大众都能够使用数字农业技术,提高数字农业的成效。第三,加强数字服务业的全链条服务。如今,数字服务业已经成为服务业发展的趋势,智能化、自动化以及个性化的数字服务,使得人们更倾向于数字空间的服务。政府需要对数字服务业进行数字空间的管理服务,监督服务业的过程管理,保障数字服务业的服务质量水平。

(五)构建数字政府良好的生态环境

数字政府是一套完整的、庞大而又复杂的系统工程,需要营造良好的生态体系,协同各方力量,形成数字政府的建设合力。第一,重视数字政府的模式方法创新。数字政府要善于集思广益、深入人民群众去了解需求,寻找对策,来改进数字政府的服务方法。第二,强化数字政府的透明度。数字政府既要提倡"最多跑一次",也要提倡"公开透明化",才能让政务更加透明、更加贴近民生。第三,推广数字政府"枫桥经验"

的自治模式。支持数字空间的人民群众自己来解决政务的内部矛盾,让人民群众发挥自我治理的方式来相互影响以解决矛盾争端。第四,强化数字政府的技术普惠效应。降低智能化技术的技术门槛,在政务系统里尽量用人们喜闻乐见、易操作的方式来让大众群体能够便捷使用数字平台,进行政务事务处理。

第四节 数字化智能与追求人类命运共同体

人类社会进步离不开思想的指引,任何思想都是在人类社会的经济、政治与文化发展的现实过程中提出的。世界政治经济格局处于快速演进而又充满着不确定性的历史进程中,习近平总书记提出构建"人类命运共同体",既是对 21 世纪历史唯物主义的原创性贡献[1],也是中国积极在国际上拓展话语权、倡导新型外交关系和实现中华民族伟大复兴的时代理念。人类越来越你中有我、我中有你,尤其是数字智能化时代的到来,将人类社会构建在你我一体化的数字网络空间里,再次将人类命运共同体提到了历史的重要地位。"世界怎么了?我们怎么办?人类命运往何处去?"成为人类社会要共同面临的话题,这就需要在数字智能化时代人类命运共同体的中国方案中寻找答案。本节将介绍数字智能化时代的人类命运共同体。

一、人类命运共同体的内涵以及基本特征

当今世界政治经济格局复杂多变,边界领土争端、价值观冲突以及民族宗教矛盾时有发生,世界面临着合作或对抗、共赢或博弈、战争或和平价值行为的时代转折,人类命运共同体也就应时而生。

(一)人类命运共同体的提出及内涵

党的十八大以来,习近平总书记多次在国内外重要场合传递人类命运共同体的理念。人类命运共同体的最早提出是习近平总书记在 2013 年莫斯科国际关系学院的演讲中指出"人类越来越成为你中有我、我中有你的命运共同体"。2016 年 7 月,习近平总书记在中国共产党成立 95 周年大会上指出中国"推动形成人类命运共同体和利益共同体"。2017 年 2 月,人类命运共同体被载入联合国人权理事会决

---

[1] 刘同舫:《构建人类命运共同体是对历史唯物主义的原创性贡献》,《中国社会科学》2018 年第 7 期。

议,人类命运共同体的理念得到国际社会的共识、认可和支持。

随后,党的十九大报告明确提出"坚持推动构建人类命运共同体"的重要思想。在党的二十大报告中也明确指出"中国始终坚持维护世界和平、促进共同发展的外交政策宗旨,致力于推动构建人类命运共同体"的重要思想。

人类命运共同体是人类在面临共同的生存与发展问题,为了人类群体的共同安全、利益、价值以及行动[①],以达到人类的和平与发展目的而构建的价值理念。

(二)人类命运共同体的基本特征

人类命运共同体是面对错综复杂的国际政治经济格局,应对人类共同的话题而提出的时代理念。它从人类以往的历史实践和经验总结而来,具有鲜明的时代特征。

其一,主体多样性。人类命运共同体的主体具有多样性,不仅是单向的公民个体,而且包括社会、组织以及民间组织,也包括跨国组织、跨国公司以及跨国合作主体。正是主体的多样性,在面对共性的命运话题进行共同应对,在主体的多样性发现共性与个性,普遍性与特殊性,从而更加完善人类命运共同体的构建。

其二,交流多元化。世界各国之间的交流合作是具有开放性、包容性以及共赢性的,单向度的交流合作只会导致一个国家或者地区的封闭、滞后甚至消亡。人类命运共同体追求的是各国之间价值交流具有包容性,在相互包容中相互理解,促进相互合作。

其三,过程变动性。在构建人类命运共同体的过程中,中国本着和平与发展、合作与共赢的理念来推进世界合作交流,以"一带一路"和"海上丝绸之路"来推进各国的经济贸易往来,但是也不可避免地遇到曲折,甚至某些国家的排挤,过程具有流变性以及变动性。

其四,目标一致性。人类命运共同体自提出以来,就是要实现人类在同一地球上的和平与发展,应对人类普遍关注的话题,如自然灾害、气候变化、疾病瘟疫,这些都是为了让人类更好地在地球上生存与发展,在同一目标上具有共同性。

二、人类命运共同体的理论逻辑与历史演进

人类命运共同体理论的提出既是历史唯物主义关于人类社会历史进步的贡献

---

① 郝立新、周康林:《构建人类命运共同体——全球治理的中国方案》,《马克思主义与现实》2017年第6期。

创新,也是具有马克思主义共同体一脉相承的理论体系,是人类历史进步与发展的重要内容。

(一)马克思的共同体理论

共同的概念可以源自古希腊共和联邦之说,意指公共相同具有的某种理念或行为。共同具有真实和虚幻之说,真实的共同是建立在相互信任的基础上为了相互之间的共同目标而构建的,虚幻的共同是由虚假信任基础上的想象存在而构建的,马克思在《德意志意识形态》里指出:"一些虚幻的形式——普遍的东西一般说来是一种虚幻的共同体的形式——,在这些形式下进行着各个不同阶级间的真正的斗争。"[1]虚幻共同体的真实面目是利益的斗争结果,人类命运共同体的"共同"是真实的共同,是全人类在面对百年未有之大变局,在遭遇世界之变、时代之变和格局之变的政治经济形势下做出的共同判断,符合人类命运共同体的价值追求。

(二)列宁的共产国际思想

列宁继承了马克思的"共同体"思想,将"共同体"思想纳入阶级斗争实践中。在列宁看来,无产阶级革命运动是世界无产阶级的整体性运动,俄国革命是全世界社会主义革命的序幕,需要世界无产阶级联合起来建立共产国际,"在这里,俄国革命最大的困难,最大的历史课题就是:必须解决国际任务,必须唤起国际革命,必须从我们仅仅一国的革命转变成世界革命"[2]。事实证明,俄国革命将世界社会主义国际运动推向了高潮,世界各国纷纷邀请俄国共产国际代表来指导无产阶级革命运动。

(三)党的几代领导人的外交国际思想

习近平总书记的人类命运共同体思想是继承了党的几代领导人的外交国际思想而形成和发展起来的,党的几代领导人在革命、建设和发展中凝结成了适用我国国情发展的思想战略。

毛泽东把"三个世界"当作一个整体性的世界来看,不管是第一世界的美苏,还是中间派的欧洲、日本和加拿大,抑或是亚非拉国家,都是相互联系、相互依存的整体,有矛盾与纷争可以通过共同协商来解决。邓小平科学判断当前世界的两大主题是和平与发展,和平与发展是促进世界各国发展的重要基石。江泽民提出世界

---

[1] 中共中央马克思恩格斯列宁斯大林著作编译局编译:《马克思恩格斯文集(第1卷)》,人民出版社2009年版,第532页。

[2] 中共中央马克思恩格斯列宁斯大林著作编译局编译:《列宁选集(第3卷)》,人民出版社2012年版,第439页。

各国要在尊重文明多样性、文明相互交流的基础上，建立国际政治经济新秩序的理念、原则以及举措。胡锦涛主张在国际关系中弘扬互信、包容、互鉴、合作、共赢的精神，来建立新型全球发展伙伴关系，增进人类共同利益。

三、数字化智能技术与人类命运共同体的经济哲学解读

技术与人之间的关系是唯物史观的重要范畴之一，技术作为人的本质力量反映，为人类社会历史进步提供了发展的动力。数字化智能化技术的产生与发展不仅将人类命运紧紧关联在同一数字地球上，而且加速了人类对智能化技术的深刻反思与实践追问。

（一）数字化智能技术与人类命运共同体的关系

数字化时代是一个以比特式为单位的光速时代，比特基于互联网、计算机和数字通信技术，打破传统机械式的三维物理空间，创造"技术-载体-传播-交往"叠加式的多维虚拟空间，在虚拟的数字空间里沉浸式的场域使得人类命运共同体的生产、传播和治理具有发展机遇。

数字技术为人类命运共同体的构建提供核心要件。数字技术是指运用0和1两位数字编码，通过电子计算机、光缆和通信卫星设备，将语言、文字、图形、图像信息转换成数字编码，并进行传输、接收、处理、显示的综合性技术。当前，数字技术由4G走向5G，逐步实现了比特式的光速，已经不再局限于时间和空间的限制，地球村已经不分昼夜紧紧互联互通在一起。人类命运共同体关乎人类生存和发展命运的根本宗旨会成为地球村每个公民必然的价值选择，数字化技术也就成为一种重要传输人类命运共同体的核心技术要件。另外，数字载体为人类命运共同体的构建提供资源基础。数字化时代，媒介信息的载体在虚拟空间不断创造新的媒介工具，由单一的语言交流工具转向多样的虚拟现实交流工具，如Facebook、VR、微信、抖音等，将商品和资本的信息传播到全球各个角落，成为重要的数字资源基础。正是数字化的载体将海量的数字信息资源集成到一个平台，在平台的数据分析里蕴含着丰富的政治价值、经济价值、文化价值、生态价值和社会价值，成为构建人类命运共同体的重要基础。

（二）数字智能化时代数字资本与人类命运共同体的关系

历史唯物主义原理指出，经济基础决定上层建筑，上层建筑要有与之相适应的经济基础。人类命运共同体构建的重要基础就是一国的经济发展水平，经济水平

决定话语权和主动权。衡量经济发展水平最重要的因素就是资本,资本在世界经济的发展进程中起着润滑剂的作用,资本的形态也发生了嬗变,从产业资本到金融资本,再到数字化时代的数字资本,数字资本是资本发展的最新形态。

由平台打造前所未有的数字消费、数字战争、数字粉丝以及数字福利景观幻象,"景观是一场永久性的'鸦片战争',是一场根据自己的法则不断扩张的、精心设计的、强迫人们把货物等同于商品,把满足等同于生存的'鸦片战争'。可消费的生存必须始终增加,因为它继续内含剥夺"①。在叠层的景观幻象里人类命运共同体的理念容易遭遇数字垄断资本价值观的博弈、剥夺、牵制和误导,使得人类命运共同体的构建也受到挑战。这就需要通过人类命运共同体构建,"21世纪的世界交往与竞争,对传统的现代性交往与竞争方法的超越正在于不求独霸,但求共荣、共生;不求丛林生态,但求和谐共处的生态圈;不求财富两极分化的悲喜体验,但求人类命运共同体的境界实现"②,将中华优秀传统文化的精髓要义发扬光大,抵制西方丛林法则的数字资本价值观,从而实现人类的和谐共处。

(三)数字智能化时代的数字交往促进人类命运共同体发展

马克思在《德意志意识形态》里指出:"各个相互影响的活动范围在这个发展进程中越是扩大,各民族的原始封闭状态由于日益完善的生产方式、交往以及因交往而自然形成的不同民族之间的分工消灭得越是彻底,历史也就越是成为世界历史。"③交往打破了分工的界限,更重要的是将历史向世界历史转换,数字交往更是突破分工的时空界限,加速世界历史的数字化进程,使得世界历史性活动瞬息在平台得以呈现。数字化交往成为当前人类命运共同体话语体系的重要对话平台,如习近平总书记博鳌亚洲论坛、金砖国家领导人会晤、二十国集团领导人第十七次峰会、亚太经合组织第二十九次领导人非正式会议外交视频谈话,借助数字化平台与世界各国首脑进行视频连线,共同交流政治、经济、军事以及文化国际事务,可以看出,数字化交往达到了世界历史上前所未有的高度,各种地缘关系组合的不同国家经济共同体、政治共同体、文化共同体和团体组织在真实世界和虚拟世界纷纷刷出自己的存在感④,为人类命运共同体对话平台提供了有力的共同体保障。

---

① [法]居伊·德波:《景观社会》,王昭风译,南京大学出版社2005年版,第55页。
② 张雄:《历史的积极性质:"中国方案"出场的文化基因探析》,《中国社会科学》2019年第1期。
③ 中共中央马克思恩格斯列宁斯大林著作编译局编译:《马克思恩格斯文集(第1卷)》,人民出版社2009年版,第540-541页。
④ 张雄:《数字化生存的本体论追问》,《江海学刊》2022年第3期。

四、数字智能化时代追求人类命运共同体的中国方案

"中国方案"是 21 世纪中国特色社会主义理论逻辑和中国社会发展历史逻辑相统一的总表达,是中国对世界时代之问的回应。人类向何处去,成为人类关注命运的重要话题,也成为数字智能化时代的重要议题。数字智能化时代追求人类命运共同体的中国方案,既要充分认识马克思共同价值的整体性,也要回应在社会主义市场经济条件下数字技术与资本的关系,更要充分利用数字化技术加强人类命运共同体的传播,传播中国数字经济故事,提升中国在世界上的影响力。

（一）对人类命运共同体的价值观整体性认识

共同价值理论是马克思主义理论体系的重要部分,也是马克思主义认识世界和改造世界的价值准则。对数字化人类命运共同体话语体系的构建,前提是要对马克思主义共同价值理论的整体性进行认知,要回到马克思主义共同价值理论的思想史整体性链条。

人类命运共同体的价值观提倡"和平、发展、公平、正义、民主、自由",是具有历史性、关联性和整体性的,不同于西方"普世价值"的永恒范畴,和平与发展是人类命运共同体的前提,也是公平和正义的前提预设,更是民主和自由的重要前提；公平和正义是人类命运共同体的价值观的准则,也是和平与发展的判断标准,更是民主和自由的尺度；民主和自由是人类命运共同体的目的,也是和平与发展的目的,更是公平和正义的实践旨趣。"和平、发展、公平、正义、民主、自由"是具有整体性的特征,不仅是价值理念的表达,而且是价值理念的实践诉求,更是价值伦理的集中体系,只有把握其中的相互关系,才能在数字化时代合规范地构建人类命运共同体的话语体系。

（二）强化人类命运共同体构建的数字技术

人类命运共同体构建离不开数字技术,数字技术为人类命运共同体构建提供了技术基础,以"和平、发展、公平、正义、民主和、自由"的共同价值在世界范围内形成普遍的共识,必须系统融合数字化技术的核心要素,才能充分利用好技术,将符合人类命运共同体的价值认同在世界范围内传递。

其一,融合数字理念,提升人类命运共同体话语体系治理能力。数字全球、数字世界以及数字空间已经成为新一轮科学技术革命和产业革命的必然趋势,数字已经无处不在、无时不在,数字治理已经成为一国政治经济能力水平的体现,数字理念也是

一国公民治理能力水平的体现。人类命运共同体话语体系的构建离不开数字化,在数字空间里了解不同民族国家和不同文明之间的价值共性,在求同存异中追求人类命运共同体所需的价值共振。要融合数字化理念,树立大数据的全体性、效率、相关性[1]思维,用大数据来表达、用大数据来搜索、用大数据来决策、用大数据来治理,将数字化理念融合到人类命运共同体话语体系构建的世界范围内实践。

其二,创新数字技术,为人类命运共同体话语体系提供技术支撑。随着大数据、云计算和人工智能的快速发展,数字技术经历着熊彼特意义上的创新性技术突破,不管是数字的硬件技术,还是数字的软件技术都在经历着前所未有的技术新突破,如虚拟现实打造成立体3D的互动空间。数字化技术的创新发展,依托数字化技术的比特式传播速度,在世界的真实和虚拟空间进行人类命运共同体话语体系的生产、传播和治理,打破"信息茧房"的价值壁垒,真正传输符合人类普遍认同和追求的价值体系。

其三,提升数字素养,强化人类命运共同体话语体系机制建设。数字技术的重要支撑是数字素养,要在国际范围内进行数字素养的提升。中央网络安全和信息化委员会颁布的《提升全民数字素养与技能行动纲要》中提出,发挥政府、行业组织、企业各方力量,搭建数字素养与技能国际交流合作平台,设计开放一批数字技能公共产品与项目,多渠道宣介我国成果经验。数字素养关涉数字技术传播的规范性与有效性,要在国际技能平台技术互通中提升数字素养,强化数字机制体制建设。在国际技能合作技术交流的平台上,要发挥世界各国的政府、行业组织、企业各方力量,构建人类命运共同体的"发生—传播—反馈"体系机制,提升世界各国公民素养,遵守数字机制规则,以维护人类命运共同体的价值需求和利益需要。

(三)推进人类命运共同体构建的数字资本共享

资本在话语体系的构建中起着支配作用,数字资本在数字化时代具有强大的网络数字支配权,产业资本和金融资本以数字化的形式存在也是数字价值的集中体现,集中支配数字化时代的话语体系的构建。数字资本今天无处不在,但是并不是一种幽灵游荡,关键是让数字资本为人类命运共同体话语体系提供话语导向,让数字资本共享为人类命运共同体话语体系构建服务。

其一,理解数字资本的内涵本质,为人类命运共同体的构建提供物质基础。

---

[1] [英]维克托·迈尔-舍恩伯格、[英]肯尼思·库克耶:《大数据时代》,盛杨燕、周涛译,中信出版社2013年版,第Ⅷ页。

"信息网络以一种前所未有的方式与规模渗透到资本主义经济文化的方方面面,成为资本主义不可缺少的工具或动力。"[1]可以看出,数字资本天然具有逐利性和自私性,资本是为了实现自身增殖的目的,数字资本仍然是为实现自身数字增殖,只是负载着数字的价值形式。数字资本并不是天然就具有垄断性,关键问题是数字资本掌握在谁的手中。数字资本掌握在公有制的手中,数字资本是为公有服务。人类命运共同体是一种共同话语的体现,中国提出的人类命运共同体话语体系是在公有制体制下运用数字资本传导的人类命运共同体。

其二,把握数字资本的运行过程,为人类命运共同体的构建提供全链条跟踪。数字资本的运行过程,表面上是资本在数字化生产、交换、消费和分配的行为,其背后隐藏着资本的价值意义。数字资本依托数字化平台,以数字货币形式进行劳动力和价值交换,在交换进程中体现劳动力的价值,也关系到公平和正义的价值实现。同时,数字资本在生产和创造剩余价值的利润分割中对价值理念进行酸蚀。人类命运共同体的构建正是数字资本的生产过程,数字资本为人类命运共同体提供了话语基础,在全链条的话语体系中真正让资本为价值服务。

其三,共享数字资本的普遍红利,破除西方话语数字霸权的政治迷雾。由数字资本所打造的资本红利,由于信息技术的差异,因此发达国家与发达国家、发达国家与发展中国家之间发展极为不平衡,叠加上西方"普世价值"所营造的数字话语霸权迷雾,更是让世界局势处于博弈生存的状态,深刻影响着世界政治经济秩序。中国要在人类命运共同体的构建中正确处理好数字资本与数字价值之间的关系,使数字资本红利为人民的利益服务,就必须对西方数字资本有清醒的认知,对自觉反思西方所制造的"中心-边缘"世界格局的价值形态,秉持融合思维、实践理性和共生逻辑,推动构建基于实践关系理性的人类社会共同繁荣的价值秩序。[2]

(四)传播全人类命运共同体构建的世界影响力

世界影响力是人类命运共同体构建有效性的集中体现,也关系到人类命运共同体的传播力度。人类命运共同体在数字化时代,要充分利用好数字媒介,加强内部和外部数字传播的互动,才能达到价值传播的实际效果。

其一,加强内部数字传播,筑牢人类命运共同体的媒介机制。内部数字传播是传播的重要基础,内部传播的强度和广度跟人类命运共同体话语体系的成效紧紧

---

[1] [美]丹·席勒:《数字资本主义》,杨立平译,江西人民出版社2001年版,第5页。
[2] 刘同舫:《人类共同价值建设的伦理旨趣与中国方案》,《重庆大学学报》2022年第4期。

关联在一起。内部数字传播全人类命运共同体是一项系统的传播工程，主要体现在：一是加强传播主体的认知。作为各级政府和基层组织要加强理论学习和培训，准确把握人类命运共同体的价值观内涵，要正确理解"和平、发展、公平、正义、民主、自由"的范畴，要将人类命运共同体话语体系进行原汁原味的传播。二是加速传播媒介的创新。目前，主流传播媒介已经主动融入新型的数字传播媒介工具，如人民网进驻微信、央视新闻进驻抖音，在对人类命运共同体进行内容传播的同时，也要进行案例式的实时传播。三是强化官方媒体和自媒体互动。官方媒体推动自媒体，自媒体补充官方媒体，官方媒体和自媒体互动可以对人类命运共同体进行遥相呼应的传播，真正让全人类命运共同体话语体系走进和贴近人民群众。

其二，强化外部数字传播，讲好人类命运共同体的中国数字经济故事。外部数字传播是传播的重要渠道，外部传播的效应直接关系到人类命运共同体话语体系构建的传播质量。外部数字传播是拓展世界话语平台和展现中国力量的重要方式，在人类命运共同体话语体系的传播进程中，形成了两重维度：一是"造船出海"，培育一批语种多、信息足、覆盖广、受众量大、影响力强的一流媒体。二是"借船出海"，主动与海外企业展开合作经营，建立长期的合作伙伴关系，通过合资、收购、兼并方式实现媒体本土化。数字化时代，传播人类命运共同体话语体系，要摒弃由数字鸿沟和数字陷阱所引发的价值秩序冲突，要讲好中国数字经济故事，传播中华传统文化中的和合精神，将人类命运共同体话语体系的影响力扩散到世界各个角落。

第五节　数字化生存与人类社会的未来选择

人类社会进步观念是一种与科学技术革命相伴而生的现象，历史进步观念深植于每一次科学技术革命。著名历史学家克罗齐指出，进步观念永远是一种新型历史的主题，即人类精神进步史的主题。进步观念是自人类历史开始就有的，对进步的信念是近代科学革命确立下来的，自哥白尼、牛顿等科学革命给人类带来了进步的理想信念，弗朗西斯·培根也提出现代人将引导人类不断地走向进步，进步是历史发展的必然趋势，是历史的普遍性，而在历史进程中也有特殊性、个性的存在。进步性不仅仅体现在物质水平，而且体现在技术、市场、资本、道德、制度以及文化等领域。事实证明，历史的进步性可以看得见，并被人所定义、认可，这就是近代工业革命以来让人类看到科学技术对未来的发展趋势。同时，也要指出的是，进步观念加快了人们生产和生活的节奏,"效率就是生命",人们如同一部机器一样不停地在进行生产活动,在韦伯看来:"这种经济秩序现在却深受机器生产的技术和经济条件的制约。"历史发展的趋势是不可阻挡的,然而,历史在发展过程中必然是去除旧的观念、旧的产品以及旧的障碍,进步就具有加速流变的特征。

科学技术革命解决人类社会进步的问题从未间断,瓦特蒸汽机解决动力问题,而后电力解决能源问题,然后到计算机技术解决信息问题,再到智能机器解决数字化生存问题。万物皆数、万物互联成为数字化生存的显著特点,以数字勾连起来的经济哲学叙事已经成为数字化生存时代的必然趋势。大力发展数字经济,不仅是数字化生存时代人们发展的动力源泉,而且是人们在日常生活中要面对的共同经济话题。在社会主义中国将发展数字经济作为国家的重要战略,在经济发展过程中也凸显优势,主要体现在:一是聚集着海量的数字信息库。我国人口规模大、网络普及率高,每天都会生产出海量的数字信息,数字信息内容广泛,蕴藏着巨大的经济价值,数字生产、交换、消费以及分配成为人们日常工作生活中的新常态。二是集中力量推动数字新基础设施建设。数字新基础设施建设是当前我国发展数字经济的重要数字工程,5G、6G 以及更高频率的数字传输技术在政府的支持下不断进行升级优化。不仅如此,数字新基建既成为拉动经济的增长点,也成为人们就业、培训以及再就业的新方向。三是加速聚集数字产业集群。数字经济的发展也引发了数字产业的加速聚集,打造高新科技园以及产业发展成为政府的工作任务。不仅在北上广等一线城市,而且各地都在纷纷建立数字产业集群,将各行各业的产业链进行数字化赋能,从而更好地助推产业集群的经济效益。四是加强数字化全球合作,实现合作共享共赢。加强数字化全球合作,促进数字贸易之间往来成为当前我国发展数字经济的国际化窗口,也注重与世界其他国家在数字经济过程中合作交流,实现互利互赢。

伴随着数字经济的快速发展,人类历史在不断地进步,主要体现在:一是人类寿命的延长。在生命原理与机器原理相关性上,已经可以看出,人类的生命伴随着智能化机器取代了人的体力劳动乃至脑力劳动,人类相比于前三次工业革命更加愉悦,人类寿命也在延长,这一方面是人类物质水平提高的结果,另一方面是人类不再承受烦琐过重的生活劳动。二是时间空间的数字转换。如果说前三次工业革命时空转换依靠交通运输工具的改进,如汽车、轮船以及飞机等,数字化时代则让时间空间的转换更为先进,时间空间的转换在全球瞬时间就可以实现,比如交通工具的随买随走、网络清晰的视频对话,这得益于 5G 技术的发展,未来甚至会出现

6G，更让时间空间的转换成为一种流速，或许不需要再用"时间换空间"。三是车间工厂的数字休闲劳动。智能化时代，智能化机器、无人工厂的推进固然是在排斥一些劳动者，但是也在创造着新的岗位，这些新岗位劳动者的工作时间进一步缩短，他们也可以在工作时间从事其他的工作。车间工厂的休闲可以成为一种常态化，智能化机器的存在解放了大部分的工作时间，劳动者可支配的时间在增加。四是数字消费的便捷。智能化时代消费已经不再像传统货币消费了，已经成为一种便捷的电子数字消费，如今人们只需要拿着智能手机，就能够在世界各地消费。人类历史整体性也在数字化时代发生了改变，人类历史的整体性通过社会规律的普遍性和特殊性，推动人类的历史化进程。在第一次科学技术革命之后表现为全球化市场，全球化将世界商品、贸易以及市场整合在一起，通过国际市场运输和交往，世界各国加强了贸易往来以及互动交流。随着数字化时代的到来，快速、高效、精准的大数据、物联网以及人工智能使世界市场实现资源的快速整合，"数字地球村"已经转向了智能化机器，智能化机器将可能被分化的资源进行了有效整合，促使世界各国都加入第四次数字化革命，然而，数字化生存的原子与比特、真实与虚拟、量的有限性与无限性、理性与非理性等一系列二律背反的原理范畴进一步引发人类对深层次共同命题的思考，如：数字工具理性是导致目的的丧失，还是意义的再现？人的主体性是愈渐丧失，还是愈加巩固？人的意识、心智以及精神是可计算，还是被遮蔽？从工厂工作退出后，数字生活的效率与公平如何平衡测量、计算与分配？数字资本造福于人类，还是裹挟人类？视频化生活的主观体验、知识真相、感觉意识以及审美艺术是真实存在，还是虚拟架构？政治经济学批判对象的数字劳动是摈弃劳动价值论，还是重塑劳动价值论？

随着 AI 时代的深入，由大语言模型所构成的智能化数字机器在改变人类认识世界和改造世界的思维定式，以发展的眼光来看待人类的未来，还远远不够，需要以进化的思维眼光来看待人类的未来。发展是可控的，而进化则是不可控的，由 OpenAI 推出的 ChatGPT、Sora 等智能化数字机器虽然还处于弱人工智能时代，但随着智能技术的发展，这些智能化机器将以自我进化、自我颠覆、自我修复以及自我完善的形式来应对和改造世界。人类将以何种形式与智能化数字机器相处？是被"数字圈养"，还是"主宰数字"，抑或是"和平共处"？这是对人类社会的终结追问，这也使得人类对自身产生忧患，不由得想起老子的人性忧患、卢梭的技术异化、黑格尔的精神异化以及马克思的劳动异化。即便如此，人类对未来世界的技术探索也从未停步，在数字化生存时代推进新质生产力与新型生产关系、经济基础与上层建筑之间的关系原理从未停止,需要人类从不断反思中探讨社会进步的答案。为此,追求命运打击不到的领域,仍然是人类追求自由解放的永恒主题。在忧患中诞生,在实践中生成,在构建中进步,在希望中走向未来,这是人类追求社会进步的永恒格律。

本章思考题

1. 什么是新质生产力？新质生产力具有哪些基本特征？
2. 制造业智能化的特征有哪些？未来制造业智能化发展的前景有哪些？
3. 数字政府的内涵、基本特征以及运行机制有哪些？
4. 数字智能化时代追求人类命运共同体的中国方案有哪些？
5. 人工智能技术给人来带来的是便捷,还是异化？人类将以何种形式与智能化数字机器相处？

本章阅读文献

1. 中共中央马克思恩格斯列宁斯大林著作编译局编译:《马克思恩格斯文集(第1卷)》,人民出版社 2009 年版。
2. 中共中央马克思恩格斯列宁斯大林著作编译局编译:《马克思恩格斯文集(第2卷)》,人民出版社 2009 年版。
3. 中共中央马克思恩格斯列宁斯大林著作编译局编译:《马克思恩格斯文集(第5卷)》,人民出版社 2009 年版。
4. 中共中央马克思恩格斯列宁斯大林著作编译局编译:《马克思恩格斯文集(第6卷)》,人民出版社 2009 年版。
5. 中共中央马克思恩格斯列宁斯大林著作编译局编译:《马克思恩格斯文集(第7卷)》,人民出版社 2009 年版。
6. [英]亚当·斯密:《国富论》,郭大力、王亚南译,商务印书馆 2011 年版。
7. [英]李斯特:《政治经济学的国民体系》,陈万煦译,商务印书馆 1997 年版。
8. [美]尼古拉·尼葛洛庞帝:《数字化生存》,胡泳、范海燕译,电子工业出版社 2017 年版。
9. [法]居伊·德波:《景观社会》,张新木译,南京大学出版社 2005 年版。
10. [加拿大]文森特:《传播政治经济学》,胡春阳、黄红华、姚建平译,上海译文出版社 2013 年版。

本书参考资料

著作类：

1. 黄奇帆、朱岩、邵平：《数字经济：内涵与路径》，中信出版社 2022 年版。

2. 杨燕青、葛劲峰、马绍之：《数字经济及其治理》，中译出版社 2023 年版。

3. 任保平：《数字经济与实体经济融合推动新型工业化》，经济科学出版社 2024 年版。

4. 徐翔：《数字经济发展——网络、算法与数字平台》，人民出版社 2022 年版。

5. 江小涓：《数字经济发展与治理(第 2 辑)》，中信出版社 2024 年版。

6. 周之文：《数字经济：国家战略行动路线图》，中国经济出版社 2023 年版。

7. 杨虎涛：《数字经济：底层逻辑与现实变革》，社会科学文献出版社 2023 年版。

8. 白津夫、李政：《数字经济十大趋势》，中译出版社 2024 年版。

9. 刘志毅：《数字经济学：智能时代的创新理论》，清华大学出版社 2022 年版。

10. 刘西友：《新治理：数字经济的制度建设与未来发展》，中国科学技术出版社 2022 年版。

11. 马学礼：《全球数字经济规制博弈及中国方案研究》，经济科学出版社 2023 年版。

12. 赵刚：《数字经济的逻辑》，人民出版社 2022 年版。

13. 张建锋：《数智化：数字政府、数字经济与数字社会大融合》，电子工业出版社 2022 年版。

14. 韩文龙：《数字经济的政治经济学研究》，中国社会科学出版社 2023 年版。

15. 易棉阳、吴伟平：《数字经济史》，经济科学出版社 2023 年版。

16. 黄再胜：《数字经济重大理论与实践问题的政治经济学研究》，格致出版社、上海人民出版社 2023 年版。

17. 杨春季：《数字经济驱动区域经济发展方式转变研究——测度、影响效应及提升路径》，经济科学出版社 2023 年版。

18. 邢庆科：《算力：数字经济的新引擎》，北京大学出版社2022年版。

19. 汤潇：《数字经济：影响未来的新技术新模式新产业》，人民邮电出版社2019年版。

20. 周伟：《数字经济：产业历史、未来方向与中国机会》，中国经济出版社2024年版。

21. 张鸿：《数字治理》，清华大学出版社2023年版。

22. 袁国宝：《数字经济：新基建浪潮下的经济增长新引擎》，中国经济出版社2021年版。

23. 马特：《数字孪生变革：引爆企业数字化发展》，中国经济出版社2023年版。

24. 金巍：《数字文化经济浪潮》，中译出版社2022年版。

25. 齐英瑛：《双碳目标下数字经济赋能城市绿色发展》，中国社会科学出版社2024年版。

26. 徐晋：《平台经济学》，上海交通大学出版社2007年版。

27. 陈珊妍：《图形创意设计》，东南大学出版社2022年版。

28. 黄忠华、王克勇、李银林等：《智能信息处理》，北京理工大学出版社2021年版。

29. 金哲等编著：《新学科辞海》，四川人民出版社1994年版。

30. 廖非、邓永霞：《大学生创新思维》，航空工业出版社2021年版。

31. 刘峰主编：《中国领导科学评论（第2辑）》，中国发展出版社2009年版。

32. 刘振宇：《民族法视域下西南山地民族自发社会控制研究》，研究出版社2022年版。

33. 缪羽龙：《海德格尔域性时间思想研究》，上海交通大学出版社2021年版。

34. 秦伯未：《增补谦斋医学讲稿》，中国医药科学技术出版社2021年版。

35. 邱燕青：《人类生命活动探思》，中国书籍出版社2020年版。

36. 桑建平：《博雅：中西之间——武汉大学基础通识课优秀论文集（自然卷）》，武汉大学出版社2021年版。

37. 邵建华、顾柏平：《物理学》，上海科学技术出版社2013年版。

38. 王振彦、钟握军：《自然科学概论》，北京邮电大学出版社2022年第2版。

39. 魏拴成等：《社会创业学：社会创业思维·过程·实践》，机械工业出版社2022年版。

40. 文贤阁：《科普小课堂·星际穿越》，江西美术出版社2020年版。

41. 肖巍：《自然的法则：近代"革命"观念的一个解读》，复旦大学出版社1998年版。

42. 严明:《中西文化风物志》,上海交通大学出版社 2018 年版。

43. 张哲、韩凝玉:《面向竞争的规制》,东南大学出版社 2010 年版。

44. 张子睿:《乡村振兴人才创新思维与基础创新方法》,民主与建设出版社 2021 年版。

45. 杜丹:《数字资本主义时代的平台空间批判研究》,江苏人民出版社 2024 年版。

46. 何宝宏:《数字原生》,中译出版社 2023 年版。

47. 杜雨、张孜铭:《WEB3.0:赋能数字经济新时代》,中译出版社 2023 年版。

48. 佟新:《数字劳动:自由与牢笼》,中国工人出版社 2022 年版。

49. 蓝江:《一般数据、虚体与数字资本:历史唯物主义视域下的数字资本主义批判》,江苏人民出版社 2022 年版。

50. 姚建华:《数字劳动:数字前沿与在地经验》,人民出版社 2021 年版。

51. 杨新臣:《数字经济:重塑经济新动力》,电子工业出版社 2021 年版。

52. 徐焕:《当代资本主义经济发展与制度批判》,中央编译出版社 2019 年版。

53. 苏熠慧、姚建华:《回归劳动:全球经济中不稳定的劳工》,社科文献出版社 2019 年版。

54. 洪银兴、任保平:《数字经济基础》,高等教育出版社 2024 年版。

55. 程絮森、杨波、王刊良:《数字经济与数字化转型》,中国人民大学出版社 2024 年版。

56. 朱红根:《数字经济概论》,经济科学出版社 2023 年版。

57. 戎珂、周迪:《数字经济学》,清华大学出版社 2023 年版。

58. 郭为:《数字化的力量》,机械工业出版社 2022 年版。

59. [美]丹·席勒:《数字化衰退:信息技术与经济危机》,吴畅畅译,中国传媒大学出版社 2017 年版。

60. [加拿大]尼克·斯尔尼塞克:《平台资本主义》,程水英译,广东人民出版社 2018 年版。

61. [英]克里斯蒂安·福克斯:《数字劳动与卡尔·马克思》,周延云译,人民出版社 2021 年版。

62. [美]丹·席勒:《数字资本主义》,杨立平译,江西人民出版社 2001 年版。

63. [美]乔纳森·克拉里:《焦土故事:全球资本主义最后的旅程》,马小龙译,中国民主法制出版社 2023 年版。

64. [美]南希·弗雷泽:《食人资本主义》,蓝江译,上海人民出版社 2023 年版。

65. [意]内格里:《超越帝国》,李琨、陆汉臻译,北京大学出版社 2016 年版。

66. [德]韩炳哲:《倦怠社会》,王一力译,中信出版社 2019 年版。

67. [德]韩炳哲:《精神政治学》,关玉红译,中信出版社 2020 年版。

68. [德]哈特穆特·罗萨:《新异化的诞生:社会加速批判理论大纲》,郑作彧译,上海人民出版社 2018 年版。

69. [法]让-弗朗索瓦·利奥塔:《非人:漫谈时间》,夏小燕译,西南师范大学出版社 2019 年版。

70. [美]埃弗塞·多马:《经济增长理论》,郭家麟译,商务印书馆 1983 年版。

71. [美]奥利弗·E. 威廉姆森:《资本主义经济制度》,段毅才、王伟译,商务印书馆 2004 年版。

72. [德]阿尔伯特·赫希曼:《经济发展战略》,曹征海、潘煦东译,经济科学出版社 1991 年版。

73. [美]肯尼思·阿罗:《信息经济学》,何宝玉译,北京经济学院出版社 1989 年版。

74. [美]道格拉斯·B. 莱尼:《信息经济学:如何对信息资产进行定价、管理与度量》,曹雪会、扈喜林、朱琼敏译,上海交通大学出版社 2020 年版。

75. [法]列维-布留尔:《原始思维》,丁由译,商务印书馆 1981 年版。

76. [美]尼古拉·尼葛洛庞帝:《数字化生存》,胡泳、范海燕译,电子工业出版社 2017 年版。

77. [德]韩炳哲:《非物:生活世界的变革》,谢晓川译,东方出版中心 2023 年版。

78. [英]罗素:《西方哲学史(上卷)》,何兆武、李约瑟译,商务印书馆 2020 年版。

79. 中共中央马克思恩格斯列宁斯大林著作编译局编译:《列宁选集(第 2 卷)》,人民出版社 1995 年版。

80. 中共中央马克思恩格斯列宁斯大林著作编译局编译:《马克思恩格斯选集(第 4 卷)》,人民出版社 1995 年第 2 版。

81. [法]亚历山大·科瓦雷:《牛顿研究》,张卜天译,商务印书馆 2016 年版。

82. [德]马克斯·韦伯:《经济与社会(第一卷)》,阎克文译,上海人民出版社 2019 年版。

83. [美]保罗·兰德:《设计的意义:保罗·兰德谈设计、形式与混沌》,王娱瑶译,湖南文艺出版社 2019 年版。

84. [美]李·斯莫林:《时间重生》,钟益鸣译,浙江人民出版社 2017 年版。

85. [德]马克思:《德谟克利特的自然哲学和伊壁鸠鲁的自然哲学的差别》,贺麟译,人民出版社 1961 年版。

86. [美]戴安娜·马尔卡希:《零工经济——推动社会变革的引擎》,陈桂芳译,中信出版社 2017 年版。

87. [美]迈克尔·海姆:《从界面到网络空间:虚拟实在的形而上学》,金吾伦、刘刚译,上海科技教育出版社 2000 年版。

论文类:

1. 洪银兴、任保平:《数字经济与实体经济深度融合的内涵和途径》,《中国工业经济》2023 年第 2 期。

2. 孙晋:《数字平台的反垄断监管》,《中国社会科学》2021 年第 5 期。

3. 蔡跃洲、牛新星:《中国数字经济增加值规模测算及结构分析》,《中国社会科学》2021 年第 11 期。

4. 焦勇:《数字经济赋能制造业转型:从价值重塑到价值创造》,《经济学家》2022 年第 6 期。

5. 葛和平、吴福象:《数字经济赋能经济高质量发展:理论机制与经验证据》,《南京社会科学》2021 年第 1 期。

6. 李三希、黄卓:《数字经济与高质量发展:机制与证据》,《经济学》(季刊)2022 年第 3 期。

7. 张鹏:《数字经济的本质及其发展规律》,《经济学家》2018 年第 2 期。

8. 任保平:《数字经济引领高质量发展的逻辑、机制与路径》,《西安财经大学学报》2020 年第 2 期。

9. 周文、韩文龙:《平台经济发展再审视:垄断与数字税新挑战》,《中国社会科学》2021 年第 3 期。

10. 程文先、钱学锋:《数字经济与中国工业绿色全要素生产率增长》,《经济问题探索》2021 年第 8 期。

11. 郭晗、全勤慧:《数字经济与实体经济融合发展:测度评价与实现路径》,《经济纵横》2022 年第 11 期。

12. 盛斌、刘宇英:《中国数字经济发展指数的测度与空间分异特征研究》,《南京社会科学》2022 年第 1 期。

13. 裴长洪、倪江飞、李越:《数字经济的政治经济学分析》,《财贸经济》2018 年第 9 期。

14. 张昕蔚:《数字经济条件下的创新模式演化研究》,《经济学家》2019 年第 7 期。

15. 潘为华、贺正楚、潘红玉:《中国数字经济发展的时空演化和分布动态》,《中国软科学》2021年第10期。

16. 佟家栋、张千:《数字经济内涵及其对未来经济发展的超常贡献》,《南开大学学报(社会科学版)》2022年第3期。

17. 杨佩卿:《数字经济的价值、发展重点及政策供给》,《西安交通大学学报(社会科学版)》2020年第2期。

18. 江小涓、靳景:《中国数字经济发展的回顾与展望》,《中共中央党校(国家行政学院)学报》2021年第6期。

19. 李腾、孙国强、崔格格:《数字产业化与产业数字化:双向联动关系、产业网络特征与数字经济发展》,《产业经济研究》2021年第5期。

20. 郑琼洁、姜卫民:《数字经济视域下制造业企业数字化转型研究——基于企业问卷调查的实证分析》,《江苏社会科学》2022年第1期。

21. 刘诚:《数字经济与共同富裕:基于收入分配的理论分析》,《财经问题研究》2022年第4期。

22. 李诗博:《时间节奏"新异化"背景下人的存在危机与化解——基于乔纳森·克拉里对资本主义"无眠"体制的批判性分析》,《理论导刊》2023年第11期。

23. 苗翠翠:《当代社会的异化新形态——罗萨"社会加速逻辑批判"论析》,《国外理论动态》2020年第4期。

24. 聂阳:《空间资本化:数字资本主义时代的空间生产逻辑批判》,《当代中国马克思主义政治经济学》2023年第5期。

25. 于蒙蒙、赵春玲:《大数据技术体系视域下的数字资本主义:一个政治经济学批判的视角》,《改革与战略》2023年第1期。

26. 吴靖、郭宇驰:《马克思时空观视阈下的数字劳动研究》,《改革与战略》2024年第2期。

27. 常江、史凯迪:《克里斯蒂安·福克斯:互联网没有改变资本主义的本质——马克思主义视野下的数字劳动》,《新闻界》2019年第4期。

28. 蓝江:《一般数据、虚体、数字资本——数字资本主义的三重逻辑》,《哲学研究》2018年第3期。

29. 蓝江:《从物化到数字化:数字资本主义时代的异化理论社会科学》,《社会科学》2018年第11期。

30. 蓝江:《生存的数字之影:数字资本主义的哲学批判》,《国外理论动态》2019年第

3期。

31. 蓝江:《"智能算法"与当代中国的数字生存》,《中央社会主义学院学报》2021年第2期。

32. 牟岱、张岩:《超越"活在当下"的现代性自由困局——论马克思社会时间观与人的自由》,《国外社会科学》2016年第3期。

33. 孙亮:《资本逻辑视域中的"速度"概念——对罗萨"社会加速批判理论"的考察》,《哲学动态》2016年第12期。

34. 洪银兴:《新质生产力及其培育与发展》,《经济学动态》2024年第1期。

35. 周文、叶蕾:《新质生产力与数字经济》,《浙江工商大学学报》2024年第2期。

36. 魏小萍:《数字劳动分配正义问题探析》,《江海学刊》2023年第7期。

37. [美]兰登·温纳:《当代技术哲学与社会批判》,安军译,《科学技术哲学研究》2009年第10期。

38. 蓝江:《从智能拜物教到算法价值——数字资本主义的生产方式及其内在矛盾》,《当代世界与社会主义》2023年第10期。

39. 蓝江:《化用、承认与扰沌:数字时代自我意识的形态》,《华中师范大学学报》2023年第5期。

40. 张雄:《历史决定论的寻根——关于原始思维中历史决定意识的思考》,《社会科学》1992年第10期。

41. 颜晓峰:《世界的二重化与哲学的演化——对"拒斥形而上学"的思考》,《哲学研究》1989年第8期。

42. 石峰:《马克思哲学对"世界二重化"理论的破解》,《沈阳师范大学学报》2016年第3期。

43. 张曙光:《生存之维:经验视域与超验视域的分化与融合》,《天津社会科学》2000年第1期。

44. 张雄:《"数字化生存"的存在论追问》,《江海学刊》2022年第4期;《新华文摘》2022年第21期全文转载。

45. 王南湜:《马克思主义哲学的物质概念》,《哲学研究》2006年第9期。

46. 马正兵、杨胜:《从哲学思辨到科学实验——原子论的发展历程与启示》,《湖南社会科学》2007年第2期。

47. 汪信砚:《马克思论伊壁鸠鲁哲学中偏斜与自由的关系》,《北京大学学报(哲学社会科学版)》2015年第1期。

49. 周义澄:《马克思对古希腊原子理论的研究》,《复旦学报(社会科学版)》1983年第4期。

50. 倪梁康:《现象学背景中的意向性问题》,《学术月刊》2006年第6期。

51. 张雄:《无形经济:一个值得深究的经济哲学问题》,《哲学研究》2024年第3期。

52. 张雄、熊亮:《消费观念:改革开放四十周年的经济哲学反思》,《马克思主义与现实》2018年第5期。

53. 康雅琼:《数字社会中欲望的重构与反思》,《武汉大学学报(哲学社会科学版)》2020年第6期。

54. 董键铭:《数字帝国主义的演变与扩展——基于原始积累、资本积累角度的分析》,《河北大学学报(哲学社会科学版)》2024年第7期。

55. 涂良川:《数字资本主义"隐秘叙事"的历史唯物主义批判》,《河北大学学报(哲学社会科学版)》2024年第7期。

56. 王堂生、冯嘉朕:《数字资本的生成逻辑及其对人类生活的挑战》,《武汉理工大学学报(社会科学版)》2023年第5期。

57. 杨静、郑嵘:《数字劳动的理论化研究新进展》,《经济学动态》2024年第5期。

58. 石先梅:《数字资本逻辑与劳动正义》,《理论月刊》2024年第5期。

59. 徐昕:《数字技术资本主义应用的意识形态批判》,《中国地质大学学报(社会科学版)》2024年第3期。

60. 罗理章、李鸿旭:《数智时代人的数字异化:表征、原因及其克服路径》,《当代世界与社会主义》2024年第2期。

61. 周绍东、李靖:《数字化新质生产力发展的政治经济学研究》,《马克思主义理论学科研究》2024年第4期。

62. [英]克里斯蒂安·富克斯:《数字时代的资本主义、父权制、奴隶制与种族主义》,王珍译,《国外社会科学前沿》2020年第9期。

63. [德]菲利普·斯塔布、[德]奥利弗纳·赫特韦:《数字资本主义对市场和劳动的控制》,鲁云林译,《国外理论动态》2019年第3期。

外文文献:

1. Si Luo, Digital Finance Development and the Digital Transformation of Enterprises: Based on the Perspective of Financing Constraint and Innovation Drive, *Journal of Mathematics*, No. 3, 2022, pp. 1 – 10.

2. A. Cuzzoerea, A. Cuzzocrea, A framework for modeling and supporting data transformation services over data and knowledge grids with real-time bound constraints, *Concurrency and Computation: Practice and Experience*, Volume 23, Issue 5. 2011, pp. 436 – 457.

3. Ashot A. Khachaturyan, *Digital Transformation of Human Capital, Economy and Society: A World Experience*, Nova Science Publishers, Inc., 2024.

4. Rashmi Aggarwal, *Digital Entrepreneurship: Future Directions*, Nova Science Publishers, Inc., 2024.

5. Fernandez-Escobedo Rudy, Eguía-Peña Begoña, Aldaz-Odriozola Leire, Economic agglomeration in the age of Industry 4.0: developing a digital industrial cluster as a new policy tool for the digital world, *Competitiveness Review: An International Business Journal*, Volume 34, Issue 3. 2024, pp. 538 – 558.

6. Lorin P., Fazlagic A., Pettersson L. F., Fantana N., Dedicated solutions for managing an aging transformer population, *ABB Review*, No. 3, 2002, pp. 41 – 47.

7. Muiris MacCarthaigh, Managing state-owned enterprises in an age of crisis: an analysis of Irish experience, *Policy Studies*, Volume 32, No. 3, 2011, pp. 215 – 230.

8. Botsman R., Rogers R., *What's Mine is Yours: How Collaborative Consumption is Changing the Way We Live*, HarperCollins, 2010.

9. Bukht R., Heeks R., *Defining, Conceptualising and Measuring the Digital Economy*, University of Manchester, 2017.

10. Cairncross F., *The Death of Distance: How the communication Revolution Will Change Our Lives*, Harvard Business School Press, 1997.

11. Shane G., Tehnology and the new economy by Bai Chong-En, Chi-Wa Yuen, *Journal of Economic Abstracts*, Volume 42, No. 3, 2004, pp. 874 – 875.

12. DBCD, *Advancing Australia as a Digital Economy: An Update to the National Digital Economy Strategy*, Canberra, 2013.

13. H. Dietl, Andreas Grütter, Martin Lutzenberger, Defensive competitive strategies in Two-Sided Markets: The example of the mail industry, *Competition and Regulation in Network Industries Volume* 10, No. 1, 2009, pp. 3 – 16.

14. European Commission, *Expert Group on Taxation of the Digital Economy*, Brussels, 2013.

15. European Parliament, *Challenges for Competition Policy in a Digitalized Economy*, Brussels, 2015.

16. Peter Taylor, *The Lazy Winning Project Manager: Embracing Project and Personal Productivity in an AI Empowered World*, Taylor & Francis, 2024.

17. Gillain Emmanuel, *Demystifying Artificial Intelligence: Symbolic, Data-Driven, Statistical and Ethical AI*, DeGruyter, 2024.

18. Lennart P. L. Landsmeer, Max C. W. Engelen, Rene Miedema, Christos Strydis, Tricking AI chips into simulating the human brain: A detailed performance analysis, *Neurocomputing*, Volume 598, Issue. 2024, pp. 127953–127953.

19. Anna Leschanowsky, Silas Rech, Birgit Popp, Tom Bäckström, Evaluating privacy, security, and trust perceptions in conversational AI: A systematic review, *Computers in Human Behavior*, Volume 159, Issue. 2024, pp. 108344–108344.

20. Weihong Qi, Jinsheng Pan, Hanjia Lyu, Jiebo Luo, Excitements and concerns in the post-ChatGPT era: Deciphering public perception of AI through social media analysis, *Telematics and Informatics*, Volume 92, Issue. 2024, pp. 102158–102158.

21. Arran E. Gare, *Postmodernism and the Environmental Crisis*, Routledge, 1995.

22. Elena G. Popkova, *Game Strategies for Business Integration in the Digital Economy*, Emerald Publishing Limited, 2023.

23. Schilling Hannah, *Globalized urban precarity in Berlin and Abidjan: Young men and the digital economy*, Manchester University Press, 2023.

24. Bigyan P., Verma, *Managing Work in the Digital Economy*, Society Publishing, 2022.

25. Andrei Rudskoi, Askar Akaev, Tessaleno Devezas, *Digital Transformation and the World Economy*, Springer International Publishing, 2022.

后　记

习近平总书记指出:"加快构建中国特色哲学社会科学,归根结底是建构中国自主的知识体系。"[①]构建中国自主知识体系有着三层深意:追求中国式现代化的哲学社会科学知识产权的原创性,追求中国式阐释学及价值观的坚定持有,追求中国学术叙事的意义——世界历史普遍性与历史特殊性的辩证统一。21世纪数字经济导致数字智能化生存世界的到来,大量哲学问题沉浸式嵌入经济领域,催生了经济学与哲学的关联性思考,并为当代中国马克思主义经济哲学在新时代发展提供了重要契机。由中国社会科学院哲学研究所、中国马克思主义哲学史学会经济哲学研究分会主办,中国社会科学院哲学研究所《哲学研究》编辑部、上海财经大学人文学院哲学学科承办,《社会科学报》编辑部、《广西师范大学学报》编辑部协办的"数字经济的哲学大视野"暨第四届中国马克思主义经济哲学30人论坛于2024年6月28日—30日在上海财经大学召开。来自中国社会科学院哲学所、复旦大学、武汉大学、华东师范大学、上海交通大学、西安交通大学、华南师范大学、上海财经大学、中南财经政法大学、东北财经大学等全国三十余所重点高校及科研单位,《光明日报》《文汇报》《解放日报》《中国社会科学报》等媒体及企业家50人左右出席会议研讨。会议就数字化生存、数字经济与新质生产力范畴解析、AI技术哲学问题、数字幻象与"后真相"时代、数字化与美好生活五大问题展开深入讨论。从而为本书的问题意识及思考深度,增添了不少鲜活的素材和理念。感谢会议主办方和专家学者为本书深化研究所做的贡献!

本书的总创意、写作提纲的整体设计,以及对全文的审改和统稿,由全国经济哲学研究会会长、上海财经大学资深教授张雄先生承担。张教授对该书的写作付出了很大心血,带领团队展开多轮讨论、个别交流,几易其稿,不厌其烦。

[①]《习近平在中国人民大学考察时强调坚持党的领导传承红色基因扎根中国大地走出一条建设中国特色世界一流大学新路》,《人民日报》2022年4月26日第1版。

应当说,本书的撰写是集体智慧的产物。团队具体分工如下:导论由张雄(上海财经大学资深教授,复旦大学哲学专业博士)撰写。第一章第一节、第二节、第三节、第四节由董必荣(上海财经大学副教授,上海财经大学马克思主义中国化研究专业博士)撰写。第一章第五节、第五章第一节至第三节、第十四章由熊亮(上海应用技术大学计算机科学与信息工程学院党委副书记,武汉大学哲学硕士,上海财经大学马克思主义哲学专业博士)撰写。第二章和第三章第一节由李成彬(上海商学院讲师,上海财经大学经济哲学专业博士,上海交通大学应用经济学博士后)撰写。第三章第二节、第三节由吴琼(温州大学副教授,南京大学马克思主义哲学专业博士)撰写。第四章由李秀辉(杭州师范大学教授,复旦大学理论经济学博士后,英国剑桥大学访问学者)撰写。第五章第四节由曹东勃(上海财经大学党委常委,宣传部长,马克思主义学院党委书记、教授;上海财经大学经济哲学专业博士)撰写。第六章由任瑞敏(上海财经大学副教授,上海财经大学经济哲学专业博士)撰写。第七章由平成涛(扬州大学讲师,上海财经大学马克思主义哲学专业博士)撰写。第八章由康翟(上海财经大学副教授,复旦大学马克思主义哲学专业博士)撰写。第九章由张雄(上海财经大学资深教授,复旦大学哲学专业博士)和魏南海(上海财经大学助理研究员,上海财经大学马克思主义中国化研究专业博士)撰写。第十章由刘倩(华北水利水电学院讲师,上海财经大学经济哲学专业博士)撰写。第十一章由郝云(上海财经大学马克思主义学院前党委书记、教授,上海财经大学政治经济学专业博士)和李文静(上海财经大学马克思主义中国化研究专业博士)撰写。第十二章由王程(安徽财经大学教授,上海财经大学马克思主义中国化研究专业博士)撰写。第十三章由谭惠灵(上海财经大学助理研究员,上海财经大学马克思主义哲学专业博士)撰写。

感谢上海财经大学刘元春校长、徐飞副校长、姚玲珍副校长、李增泉副校长对本书的撰写和出版所给予的重视!感谢教育部课程教材研究所高校中心主任潘信林教授的参会指导!感谢上海财经大学中国式现代化发展研究院对本书的重视和支持!

撰写团队
2024 年 12 月

২